FREE LIBRARY SERVICE AND
PUBLIC LENDING RIGHT

公立図書館の無料原則と公貸権制度

INAGAKI Yukiko
稲垣行子

日本評論社

■ 本書の刊行にあたって

　本書は、中央大学で博士号を取得するために作成した論文をもとに加筆訂正して刊行したものである。博士論文の題名は、「公立図書館の今日的課題に関する一考察――図書館の無料原則と著作者の権利をめぐって」である。

　論文の内容は、次のとおりである。個人の人格の尊厳に価値を認め、かつ価値相対主義を基底とする民主制社会においては、個々人の人格の発展や社会的意思決定に資するために国民の知的要求を満たし、必要な情報を得る自由や権利を保障する必要がある。情報を得る自由・権利を実質化するためには、具体的な制度や装置が必要となる。多くの国民にとって最も身近な装置のひとつは「図書館」であり、図書館の中では「公立図書館」が最も身近な存在となっている。

　日本の公立図書館制度では、国民が必要とする情報を入手できるようにするために、資料を無料で利用することができる。その一方で、国民が図書館資料を無料で利用する際に、図書館資料を作成し提供している著作者の権利（貸与権）に制限をかけている（著作権法38条4項）。

　本書は国民の知る自由を確保するための重要な社会的装置である公立図書館を利用する際の無料原則と、図書資料の作者である著作者の権利との調整を、国民の知る自由の観点から改めて検討し、具体的調整方法（公貸権制度の導入）を提案する。

　また本書は、近年問題化されている、図書館の無料原則による図書の無料貸出サービスに伴う著作者の権利である貸与権への制限について扱い、このテーマは法律の研究分野では、扱われることが少ないので、その成果が世の中に伝播されることを希望している。

＊　＊　＊

本書は、多岐にわたる多くの人々の協力のおかげで完成することができた。特に指導教授である中央大学の佐藤恵太先生並びに佐藤信行先生、さまざまなアドバイスをいただいた新潟大学名誉教授の斉藤博先生、情報収集に甚大なご協力をいただいた元中央大学都心キャンパス事務室ビジネススクール図書室レファレンス担当の鈴木聖江さんには、感謝を申し上げたい。

2016年5月

稲垣 行子

注意事項

1．法律および命令などの内容および条文番号については 2015 年 12 月に確認したものである。それ以降の改正・修正などについては、都度確認してほしい。

2．引用している Web サイトの URL は 2015 年 12 月時点にアクセス可能なものである。それ以降変更になる可能性がある。

3．外国語文献の邦文引用文は、筆者が邦文訳をしている。

4．引用文中の下線および括弧内の注意書きは筆者による。

5．『図書館雑誌』（日本図書館協会発行）の発行の巻号の記述は、統一されて表記されていない。そのため正確を期すために、本書では雑誌に印刷されている表記をそのまま採用している号もある。

公立図書館の無料原則と公貸権制度

目　次

本書の刊行にあたって　　*i*

序 ……………………………………………………………………… *1*

第Ⅰ部　国民の知る自由と図書館

第1章　国民の知る自由と社会的装置および権利 ………… *11*

第1節　国民の知る自由 ………………………………………… *11*
　Ⅰ　知る自由の変遷　　*11*
　Ⅱ　民主制に貢献する利益　　*17*
　Ⅲ　人格的発展の利益　　*19*

第2節　知る権利および知る自由を確保する社会的装置および権利 ‥ *22*
　Ⅰ　情報公開制度・情報公開請求権　　*22*
　Ⅱ　通信の秘密・検閲の禁止　　*25*
　Ⅲ　教育を受ける権利および成人の生涯教育制度　　*28*
　Ⅳ　図書館　　*30*
　　1　本　質　　*30*
　　2　近代的な図書館の誕生　　*31*
　　3　日本における図書館の誕生　　*34*

4　日本法の定義　　35

第2章　国民の知る自由を確保する図書館の原則(1)
　　　図書館の自由…………………………………………　41

第1節　図書館の原則 ………………………………………………　41

第2節　図書館の自由とは何か………………………………………　42

第3節　アメリカ合衆国の図書館の知的自由宣言…………………　46
　　Ⅰ　「図書館の権利宣言」　46
　　Ⅱ　図書館蔵書をめぐる憲法判例　48
　　　1　プレジデンツ・カウンシル事件　　49
　　　2　チェルシー事件　　50
　　　3　ピコ事件　　51
　　Ⅲ　「図書館の権利宣言」の問題点　　53

第4節　日本の図書館の自由の成立…………………………………　54
　　Ⅰ　「図書館の自由に関する宣言」の成立過程　　54
　　Ⅱ　「図書館の自由に関する宣言」の改訂　　57

第5節　日本の図書館の自由の法的意義……………………………　59
　　Ⅰ　図書館の自由と知る自由の法的関係　　59
　　Ⅱ　図書館の自由の法的関係　　62
　　Ⅲ　図書館利用の権利性　　67
　　　1　図書館利用の権利性の概要　　67
　　　2　図書館利用の権利性に関する判例　　68

第6節　図書館利用の権利性と著作者の権利………………………　71

第3章　国民の知る自由を確保する図書館の原則(2)
　　　パブリック・ライブラリー要件…………………………　75

第1節　アメリカ合衆国に誕生したパブリック・ライブラリー要件…　75

- I　パブリック・ライブラリーの成立　75
  - 1　成立の過程　75
  - 2　成立に関する要因　78
- II　パブリック・ライブラリーの要件　80
- III　公立図書館の定義　82
- IV　「ユネスコ公共図書館宣言」へのパブリック・ライブラリー要件の継授　84

第2節　日本におけるパブリック・ライブラリー要件の継授 ………… 85
- I　明治初頭から図書館令の時代　85
  - 1　明治初頭から図書館令制定前まで　85
  - 2　有料制へ　88
- II　図書館法の時代　90

第II部　パブリック・ライブラリー要件と図書館制度の関係

第1章　パブリック・ライブラリー要件の「法的根拠を持つ」………… 97
- I　憲法と図書館　97
- II　教育基本法・社会教育法・図書館法　101
- III　地方自治法・地方教育行政法　104

第2章　パブリック・ライブラリー要件の「公費支弁」と「公開性」… 107

第1節　日本の国の政策 ……………………………………………… 107
- I　法整備と利用の無料化への政策変換　107
- II　設置と運営に対する国の基準　109
  - 1　定める根拠　109
  - 2　「望ましい基準」による貸出サービスの強化　111

第2節 日本の地方公共団体が有する設置と運営 ………………… *113*
 Ⅰ 設置 *113*
 Ⅱ 運営 *116*
 Ⅲ 利用図書館と保存図書館 *118*

第3節 日本・英国・アメリカ合衆国の図書館の役割の比較 ………… *121*
 Ⅰ 「ポスト公教育」を目指した日本の図書館 *121*
 Ⅱ 「職工学校と成人教育」を担う英国の図書館 *124*
 Ⅲ アメリカ合衆国の無償教育と同じ原則に基づく図書館 *127*

第3章 パブリック・ライブラリー要件の「利用の公開性」 …………… *131*

第1節 英国の「利用の公開性」………………………………………… *131*
 Ⅰ 「すべての住民を対象にする」サービスの2つの取組み *131*
 Ⅱ 英国の全域サービスの取組み *132*
  1 1850年の図書館法の時代 *132*
  2 1919年の図書館法の時代 *133*
  3 『ロバーツ・レポート』 *134*
  4 1964年の図書館法の時代 *136*
  5 1980年代から2009年頃までの国の政策 *139*
 Ⅲ すべての人のための図書館サービス *141*
  1 すべての階級のための図書館 *141*
  2 アウトリーチ・サービスの展開 *143*

第2節 アメリカ合衆国の「利用の公開性」……………………………… *145*
 Ⅰ 全域サービスへの展開 *145*
 Ⅱ 公立図書館設置・運営に関する連邦法の変遷 *149*
  1 図書館サービス法(LSA)(1956-1963)による連邦の資金提供 *149*
  2 ケネディ大統領の特別教書 *150*
  3 「図書館サービス及び建設法(LSCA)(1964-1995)」 *151*
  4 「図書館サービス及び技術法(LSTA)(1996-2003)」 *154*

目　次

　　　　Ⅲ　「不利な条件下の人々」へのサービス　*156*

第3節　日本の1960年代から1970年代の取組み………………………… *158*
　　　　Ⅰ　取組みの前提となる国の政策　*158*
　　　　Ⅱ　1960年代の取組み　*159*
　　　　Ⅲ　1970年代の取組み　*161*
　　　　　　1　『市民の図書館』　*161*
　　　　　　2　各地方公共団体の取組み　*162*
　　　　　　3　障害者サービス　*167*
　　　　Ⅳ　今日の目標と問題点　*170*

第4章　パブリック・ライブラリー要件の「無料原則」……………… *173*

第1節　アメリカ合衆国と英国の無料原則の由来と法的根拠………… *173*
　　　　Ⅰ　アメリカ合衆国　*173*
　　　　　　1　ボストン公立図書館成立の利用条件　*173*
　　　　　　2　州憲法　*176*
　　　　　　3　州図書館法　*178*
　　　　Ⅱ　英　国　*182*
　　　　　　1　『エワート報告（Ewart Report）』　*182*
　　　　　　2　1850年の公立図書館法　*185*
　　　　Ⅲ　アメリカ合衆国と英国の無料原則の相違　*188*

第2節　「ユネスコ公共図書館宣言」の無料原則と各国の対応……… *189*
　　　　Ⅰ　無料原則の変遷　*189*
　　　　Ⅱ　無料原則の各国の対応　*191*

第5章　日本の無料原則と図書館資料……………………………… *195*

第1節　無料原則と図書館資料…………………………………………… *195*
　　　　Ⅰ　無料原則　*195*
　　　　Ⅱ　資料利用の定義と範囲　*197*

第2節　図書館資料の範囲 …………………………………………… *198*
   Ⅰ　資料の範囲　*198*
   Ⅱ　電子書籍　*199*
   Ⅲ　オンライン・データベース等の利用　*201*

第6章　ドイツ連邦共和国とオランダの「法的根拠を持つ」の実態と課金制度 …………… *205*

第1節　ドイツ連邦共和国 ……………………………………………… *205*
   Ⅰ　「法的根拠を持つ」の実態　*205*
   Ⅱ　子どもの利用の「無料原則」と成人への課金体系　*207*

第2節　オランダ ……………………………………………………… *210*
   Ⅰ　図書館行政　*210*
   Ⅱ　図書館法廃止　*211*
   Ⅲ　子どもの利用の「無料原則」　*214*
   Ⅳ　課金体系　*216*
      1　アムステルダム公立図書館（OBA）の会員資格と料金　*216*
      2　マーストリヒト公立図書館（de Bibliotheek Maastricht）の課金体系　*218*
      3　2つの図書館の比較　*220*

第3節　ドイツ連邦共和国とオランダの課題とその検討 ……………… *221*

第Ⅲ部　図書館の無料原則が及ぼす今日的課題とその調整の考え方

第1章　図書館の無料原則が及ぼす今日的課題 …………… *227*

第1節　図書館の無料原則と著作者の権利（貸与権）との調整 ……… *227*
   Ⅰ　貸与権が存在していなかった時代の公立図書館と貸本屋　*227*

　　　　1　公立図書館と貸本屋の共存時代　227
　　　　2　図書館の無料貸出サービスの促進　229
　　　　3　21世紀初頭の無料貸本屋論　232
　　Ⅱ　貸与権の創設と図書館の貸出サービス　234
　　Ⅲ　図書貸出しと著作者との関係　236
　　　　1　図書資料と著作者の属性およびその関係　236
　　　　2　貸出サービス偏重による弊害　239

第2節　公設民営の図書館の出現……………………………………… 244
　　Ⅰ　図書館法を根拠としない公立図書館　244
　　Ⅱ　公設民営の公立図書館の運営　247
　　　　1　指定管理者制度　247
　　　　2　今後の課題　254

第3節　図書館の役割の変化（社会教育から生涯学習へ）
　　　　　　　　　　：公費支弁から受益者負担への転換……… 258
　　Ⅰ　ポスト公教育から、個人学習への転換　258
　　　　1　社会教育とは何か　259
　　　　2　図書館法における社会教育機関としての役割　259
　　　　3　社会教育から生涯学習へ　261
　　　　4　生涯学習における社会教育の位置　265
　　Ⅱ　生涯学習への法整備　266
　　Ⅲ　生涯学習への転換による受益者負担の可能性　267

第4節　アメリカ合衆国・英国・日本の図書館サービス「無料」の範囲
　　　　　　　　　　　　　　　　　　　　　　………………… 269
　　Ⅰ　アメリカ合衆国の図書館サービスの1970年代の有料制の議論と
　　　　サービスの現状　269
　　　　1　1970年代の有料制の議論　269
　　　　2　図書館サービスの現状　274
　　Ⅱ　アメリカ合衆国の無料原則存続の理由　277
　　Ⅲ　英国の図書館法の課金制度　279

Ⅳ　日本の「電子情報等」と「費用負担のあり方」　*282*
　　　1　電子書籍　*283*
　　　2　電子情報等　*283*
　　　3　費用負担のあり方　*284*

第5節　第1節と第4節で示した課題における調整の必要性　………　*287*
　　Ⅰ　無料原則と著作者の貸与権との法構造の調整の必要性　*287*
　　Ⅱ　「電子情報等」と「費用負担のあり方」における調整の必要性　*289*

第2章　図書館の無料原則が及ぼす今日的課題に関する問題の所在と調整の考え方　………　*293*

第1節　今日的課題に関する問題の所在　………………………………　*293*
第2節　図書館の無料原則と著作者の権利との調整の考え方　………　*295*
　　Ⅰ　調整の考え方　*295*
　　Ⅱ　調整方法　*298*
　　　1　国の文化支援政策　*298*
　　　2　公立図書館での図書貸出しに関する権利の創設　*301*
　　　3　損失部分への補塡：公貸権制度という調整方法　*303*
　　　4　検討する2つの調整方法　*305*

第Ⅳ部　図書館の無料原則と著作者の権利との調整方法の検討および提案

第1章　公立図書館での図書貸出しに関する権利の創設　…　*309*

第1節　92年EC閣僚理事会指令による貸出権の規定　……………　*309*
　　Ⅰ　指令が発せられた背景およびEU法の法源の種類　*309*
　　　1　背　景　*309*
　　　2　EU法の法源の種類　*310*

Ⅱ　本指令の概要　*311*
　　　　1　本指令における議論　*311*
　　　　2　本指令内容　*313*
　　　　3　最近の動向　*316*
　　Ⅲ　本指令の制限条項　*317*
　　　　1　概　論　*318*
　　　　2　特別な問題　*319*

第2節　貸出権の創設 …………………………………………………… *323*

第2章　損失部分への補塡：公貸権制度という調整方法… *325*

第1節　英国の公貸権制度 ………………………………………………… *325*
　　Ⅰ　公貸権獲得までの概観　*325*
　　Ⅱ　公貸権を著作権法の枠外に制定した理由　*329*
　　Ⅲ　Public Lending Right　*332*
　　　　1　位置づけ　*332*
　　　　2　定　義　*333*
　　Ⅳ　公貸権法の法的側面の考察　*340*
　　　　1　法目的　*340*
　　　　2　制定時の内容　*343*
　　Ⅴ　制度内容　*346*
　　　　1　制定時の内容　*346*
　　　　2　現行制度の内容　*349*
　　　　3　制度特徴　*353*
　　Ⅵ　課題とその検討　*354*
　　　　1　公貸権と貸出権の利用料の有無　*354*
　　　　2　公貸権報酬額の格差の問題　*357*
　　　　3　英国以外の受給対象国の問題　*359*
　　Ⅶ　公貸権制度の今後の展望　*360*

第2節　各国の公貸権制度 ………………………………………………… *364*

第3節　日本の文化審議会著作権分科会での公貸権の取扱い ………… *366*

第4節　アメリカ合衆国の公貸権制度の議論…………………………… *368*
　　Ⅰ　公貸権を著作権法（Copyright Act of 1976）の枠内に組み込む場合　*368*
　　　1　議論の枠組み　*368*
　　　2　強制使用許諾と追及権　*370*
　　　3　ファースト・セール・ドクトリンの例外規定　*376*
　　Ⅱ　公貸権を著作権法（Copyright Act of 1976）の枠外に制定する場合　*378*

第5節　アメリカ合衆国が公貸権制度を導入しなかった理由 ………… *380*
　　Ⅰ　法律的理由　*380*
　　　1　著作権法との関係　*380*
　　　2　議会提出法案不成立の要因　*383*
　　Ⅱ　経済的理由と支援体制の欠如　*385*
　　　1　経済的理由　*385*
　　　2　支援体制の欠如　*386*
　　Ⅲ　導入できなかった理由の総括　*388*

第3章　調整方法の提案 ………………………………………………… *389*

第1節　提案に至る理由 …………………………………………………… *389*

第2節　調整方法の提案と今後の課題 …………………………………… *391*
　　Ⅰ　提　案　*391*
　　　1　調整の対象となる著作者　*391*
　　　2　提案する公貸権制度の概要　*393*
　　Ⅱ　今後の課題　*397*

参考文献一覧　　*399*
判例一覧　　*414*

索　引　　*417*

序

　個人の人格の尊厳に価値を認め、かつ価値相対主義を基底とする民主制社会においては、個々人の人格の発展や社会的意思決定に資するために国民の知的要求を満たし、必要な情報を得る自由や権利を保障することには多言を要しない。しかし、ここで明記すべきは、情報はその保有者とそれを必要とする者が分離されているという非対称性を伴うので、この自由・権利を実質化するためには、具体的な制度や装置が必要となるということである。そして、こうした装置の中で多くの国民にとって最も身近な装置のひとつは「図書館」であり、図書館の中では「公立図書館」が最も身近な存在となっている。

　国民が必要とする情報を入手できるようにするために、日本の公立図書館制度では、「資料の利用は対価を徴収しない」と規定している（図書館法17条）。したがって、国民は公立図書館が有する資料を無料で利用することができる。一方では国民が図書館資料を無料で利用する際に、著作権法は図書館資料を作成し提供している著作者の権利（貸与権）に制限をかけている（著作権法38条4項）。また他方では、法1条で「文化的所産の公正な利用に留意しつつ、著作者等の保護を図り、もって文化の発展に寄与することを目的とする」と定め、この目的の下で、著作物の貸与から著作者が対価を得ることを認めている（同法26条の3）。

　すなわち、これらの制度を総合してみると、国民の図書館資料利用の無料原則は、特に書籍資料の著作者の負担により実現していると見ることができるのである。このことは、一面においては、長く続いてきた慣行であり、言わば「すでに定着した社会的コスト配分方法」であると見ることもできるが、他方では状況の変化に伴って、この方法を見直すべきとの考え方も主張

されている。その詳細については後述するが、ここにおいて、国民が知る自由を確保するために必要な情報を無料で入手できる権利と、それに相反する情報の作者である著作者の権利との調整が必要となっているのである。

そこで本書は、国民の知る自由を確保するための重要な社会的装置である公立図書館を利用する際の無料原則と、書籍資料の作者である著作者の権利との調整を、国民の知る自由の観点から、改めて検討するものである。その基本的な枠組みは次のとおりである。

まず第Ⅰ部では、出発点として、国民の知る自由を確保するための図書館の原則として、「図書館の自由」が宣言されていることを確認をする。図書館存在の理念については「ユネスコ公共図書館宣言」および「パブリック・ライブラリー要件」に掲げられている。理念の具体的内容は、「法的根拠を持つ[1]」「公費支弁」「資料の公開性および無料原則」である。

日本の近代的図書館制度は、明治維新期にその基礎があるが、現行法上の制度は、第2次世界大戦後において、アメリカ合衆国の影響を受けている。アメリカ合衆国の合衆国憲法修正1条の表現の自由と4条の押収・検閲の禁止の2つの条文は、図書館員が知的自由（intellectual freedom）と呼ぶ概念の土台となっている[2]。知的自由とは、「すべての図書館利用者に対して、制限されることなく、また自分の関心主題を他者に試されたり精査されたりすることなく、あらゆる主題についてあらゆる見解の情報を求めて受け取れる権利を授けている[3]」と考えられ、日本の「図書館の自由」の基礎となる理念となっている。第2次世界大戦後の日本の図書館の自由は、日本国憲法が保障する表現の自由に基礎を置いたため、図書館の自由は国民の知る自由とも関係を深めるようになった。

本書は国民の知る自由とそれを確保する社会的装置に着目するが、特にその中で図書館を重要視するものである。そして、国民の知る自由を確保する

---

1) 「法的根拠を持つ」に関しては、パブリック・ライブラリー要件においては、必須条件ではない。
2) *Intellectual Freedom Manual*, 7th, Compiled by Office for Intellectual Freedom of American Library Association, Chicago, American Library Association, 2006, p.3.
3) Ibid., p.3.

図書館の重要な原則として、図書館の自由が定められているということになる。

国民が利用する図書館の中で公立図書館が身近なものとして存在しているが、公立図書館はパブリック・ライブラリーとして「法的根拠を持つ」および「公費支弁」および「無料原則」並びに「公開性」の4要件をもとに運営されている。

公立図書館の上記4要件に従い、本書第Ⅱ部で伝統的な図書館の制度について検討する。そこでは、上記4要件のうち、サービスの無料原則の適用範囲をどこまでにするかという問題が浮上していることを明らかにする。日本の図書館サービスは、利用者から利用料金を徴収しないことを基本とするものであるが、資料の電子化に伴い、図書資料の範囲が問題となってきている。また諸外国では、次のような事例もある。アメリカ合衆国では、州法で規定している図書館法においては原則は無料としつつ、利用者にとって特別なサービスを行う場合には、有料とする図書館が存在している。英国[4]の近代的な公立図書館が期待されたのは労働者階級の道徳の向上および社会秩序の維持であったので、当然利用は無料だった。しかし図書館の目的は労働者の改良であったため、無料原則の思想は展開されず、現在では、図書館法（1964〈c.75〉8条）が改正され課金の制度が規定されている。

主要国では、「ユネスコ公共図書館宣言」を採択していることもあり、原則として図書館利用の無料原則を採用している。しかしドイツ連邦共和国とオランダでは、子どもの図書館利用は無料であるが、歴史的な経緯により成人の図書館利用は有料制をとっている。

図書館制度も年月を経るに従い、さまざまな課題が生じるようになってきている。本書第Ⅲ部第1章第1節から第4節において、4つの今日的な課題を取り上げる。

---

[4] 英国の正式名称は、United Kingdom of Great Britain and Northern Irelandである。元独立国であったイングランド、スコットランド、ウェールズ、北アイルランドを含んでいる。日本でイギリスと呼ぶ場合、連合王国（United Kingdom of Great Britain and Northern Ireland）を指しているが、「イングランド」として意味がとられることもある。そのため本書では、連合王国の国名について「英国」を用いることにする。

まず第1に、図書館の資料利用の無料原則と資料提供者である著作者の権利との法構造についてであるが、法構造そのものが著作者の負担によって成り立っているのであり、不公平であるとの批判がありうる。著作権法では、映画以外の著作物について、著作者の「貸与権」（法26条の3）を認めており、権利者は他人に対して著作物の利用を許諾することができる（法63条）としている。したがって著作物を利用（貸与行為）したい者は、権利者の許諾を必要とするが、日本語の貸与には、「有償」と「無償」との明確な区別がない。著作権法上では著作権の制限として、「無償」の貸与について規定している。営利を目的とせず、かつ、その複製物の貸与を受ける者から料金を受けない場合には、その複製物を公衆に（無料で）貸与することを認めている（法38条4項）のである。一方「有償」の貸与については、無償の貸与の反対解釈として、営利を目的として公衆から料金を受けるならば、貸与行為から経済的利益を得ることを認めることになる。この結果、一般図書を提供している職業作家の権利と図書館の資料提供との間に調整の必要性が生じている。具体的に言えば、公立図書館が言わば「無料の貸本屋」となっているにもかかわらず、著作者はそこから何らの経済的利益を得ることができないという問題提起がされることになる。

　第2に、地方公共団体の財政力の低下等を背景として、税負担ではなく、図書館利用者に対価としての利用料を求めるべきであるという問題提起がある。繰り返し述べるように、現在の図書館法には無料原則があるが、一般的な行政法の観点からすると、行政サービスに対価を求めること自体には問題がない。そこで、現行図書館法の枠組みにおける「図書館」とは別の「公の施設」を設けることで、その利用の対価をとればよいという、言わば脱法的手法が現実に検討されているのである。「公の施設」については、2003年の地方自治法の一部改正により、行政主体自身ではなく指定管理者による運営および管理の制度が導入されている。指定管理者は利用料を徴収できる（地方自治法244条の2第8項・第9項）ので、指定管理者は図書館が提供するサービスと同様のサービスを提供するが、図書館法上の図書館ではない公の施設の管理を代行するため、利用者から利用料を徴収することに法的な問題は生じない。すでに指定管理者制度を活用した「公設民営」の図書館が出現し

ているが、こうした施設ではサービスの有料化の可能性が認められる。

　第3は、図書館の役割の変化である。図書館法自体が「社会教育法の趣旨に基づき」と規定されているように、「公費支弁」の重要な根拠のひとつであったが、今日その役割が「生涯学習」の場へと変化してきている。政府は、1980年代から「社会教育から生涯学習へ」と政策を転換しているが、ここでいう生涯学習とは、個人の自立や自発性に基づくものであり、その経費については必ずしも公費をもって賄うべきとは考えられないことになる。すなわち、社会構成員を育てる社会教育には公費を用いることが許されるが、個人の人格発展のためのコストは当該個人が負担すべきものであるという考え方である。生涯学習の理念の下では、政府は個人自ら学習プログラムを作成して行うことを奨励するだけになる可能性があり、費用は受益者負担になる可能性が生じてきている。そのため、図書館もそのような流れの中に位置づけられるようになっている。

　第4に、ICT（Information and Communication Technology）等の発展により、従来図書館が収集してきた資料それ自体が変質してきて、無料原則が維持できなくなる可能性も生じている。たとえば、従来図書や雑誌論文の形で提供されてきた専門的資料の多くが、コンピューター・データベースを通じて提供されるデジタル・データへと変化してきている。図書館は、データベースへの利用権（アクセス権）を得ているにすぎず、デジタル・データ自体を図書館資料として収集することができなくなっている。こうした場合のデータベースへのアクセス料金までも図書館利用者は無料（換言すれば、図書館がデータベース会社へ従量制課金された料金を支払わなければならない）とすることが適切であるかどうかという、難しい問題が生じている。英国のイングランドとウェールズ地方の公立図書館法8条では、AV資料の貸出しや、電子的資料の閲覧等に課金すると規定されている。一方日本の図書館では、オンライン・データベースやインターネットによる情報サービスは図書館資料の範囲外とされているため、課金の可能性が考えられる。英国の図書館法の規定は、図書館資料の利用の無料の範囲について参考になると考えられる。

　さらに言えば、近時の「電子出版」が図書館に与える影響も大きいものがある。すなわち、出版者の観点からすると、いったん販売した図書が古書市

場で流通しても、また図書館によって貸し出されても経済的利益を得ることができないが、これを「電子出版」することで利用権を販売する方式に変え、さらにコピー禁止等のデータ保護技術を組み合わせるならば、長期にわたって収入を得ることができる可能性がある。将来的には出版者が従来のような図書の形で出版を続けること自体にインセンティブを失い、結果として図書館が所蔵すべき「紙媒体資料」が存在しなくなるという事態が想定される可能性がある。

このような今日的な問題の背景には、図書館の無料原則が大きくかかわっていると考える。特に第1の問題について、諸外国における対応を含め検討し、新規立法を含む日本型の解決を提案するものである。この際、国民の知る自由を守りつつ、著作者の利益をどのように確保することが適切なバランスであるのかということを中心的な視点としたい。

現行法では、図書館がさまざまなジャンルの資料について提供の自由（資料貸出しの自由）を有することを前提として、その図書館に図書資料を提供するために著作者の権利を制限（著作権法38条4項）するという法の構造を採用している。公立図書館の中でも市町村立図書館が行う無料貸出サービス（図書館法17条による資料提供の無料原則）と、それを行うために著作者が有する貸与権に課している制限（著作権法38条4項）とは一体化して考えられている。しかし、本来は別々の法律規定つまり法構造を採用しているものである。つまり著作者の貸与権は、営利目的の貸与と同様に図書館での貸出しについても権利を行使することが本来は可能である。国民の知る自由を確保するために図書館が利用者から利用料を徴収しないということが、同時に、著作者が有する貸与権を制限できるものではない、という問題を含んでいるのである。しかしこの問題は、単に図書館と著作者に関する法構造の調整を行えばよいというものではない。図書館とは国民にとって身近でありかつ重要な情報センターとして、国民の知る自由を確保する機能を果たす機関であるため、国民が図書館資料を利用する際に、図書館が利用料を徴収するようになれば、国民の知る自由が守られなくなるという問題も含んでいるからである。

本書第Ⅳ部では、問題の解決のための調整方法を検討し、その中で最適な

方法と思われる公貸権制度の導入を提案するものである。公貸権制度とは、著作者への損失の補填をするという報酬請求権であり、著作物利用の許諾権ではないため、著作権法上の権利ではない。加えて公貸権制度は国の文化支援という一端も担っているため、諸外国では国が基金を創設して、著作者に支援をしている。公貸権制度とは、2つの目的を有する制度である。

第Ⅰ部

国民の知る自由と図書館

第1章

国民の知る自由と社会的装置および権利

第1節　国民の知る自由

I　知る自由の変遷

　個人の人格の尊厳に価値を認め、かつ価値相対主義を基底とする民主制社会においては、個々人の人格の発展や社会的意思決定に資するため国民の知的要求を満たし、必要な情報を得る自由や権利を保障することが重要である。

　国民が必要な情報にアクセスできる状態ではない場合、国民の知りたいという要求は満たされず、思想の自由は保たれず、民主制が危機に瀕することになる。そこで日本国憲法には明文の規定はないものの、「知る自由」あるいは「知る権利」というものが、そこに内包されるとの解釈が有力に主張されることになった。もとより、その主体、具体的内容、救済方法等について学説および判例が完全に一致しているとは言えないが、これが憲法上の人権あるいは、少なくともそれを基礎とする派生的保護法益であることについては争いはないと言えるだろう。

　また、その前提として、憲法上の権利を解釈により拡張することについては、「日本国憲法における人権宣言は、明治憲法の『外見的人権宣言』と異なり現代人権宣言の持つべき要素を全て含み、自由権も社会権も、ともに『人間の尊厳』性に由来する自然権的な権利として保障していると解することができる。(略) このような日本国憲法における人権の観念は、憲法11条が、『国民は、すべての基本的人権の享有を妨げられない。この憲法が国民

に保障する基本的人権は侵すことのできない永久の権利として現在及び将来の国民に与えられる』と述べている点に、最もよく具現化されている[1]」という見解が広く認められていると言ってよいであろう。

　そこで最初に、日本において「知る自由」および「知る権利」という考え方が、どのように形成され、発展してきたかについて概観する。

　日本国憲法には、「知る自由」および「知る権利」を明示的に規定する条文はない。そこで、これらを認めるためには、学説を基礎とする判例法理の展開が重要となるが、日本で最初に「知る自由」および「知る権利」を取り上げたのは、日本国憲法施行 10 年が経過した頃の下級裁判所の判決であった。1958 年には、すでに地方裁判所の判決[2]に 2 つの判例が見られ、その内容は主権者の「知る自由」および「知る権利」を認めるものであった。

　1969 年には、最高裁の判決・決定の 2 例が「知る自由」および「知る権利」について言及した。1 例目のいわゆる「悪徳の栄え」事件[3]では、田中・色川両裁判官の反対意見において、知る自由について言及されている。色川裁判官は「憲法 21 条の表現の自由が言論、出版の自由のみならず、知る自由をも含むことについては恐らく異論がないであろう」と述べている。

　2 例目は、いわゆる博多駅フィルム事件[4]の決定である。同決定において、最高裁判所は、次のように述べている。「報道機関の報道は、民主主義社会において、国民が国政に関与するにつき、重要な判断の資料を提供し、国民の『知る権利』に奉仕するものである。したがって、思想の表明の自由とならんで、事実の報道の自由は、表現の自由を規定した憲法 21 条の保障のもとにあることはいうまでもない。また、このような報道機関の報道が正しい内容を持つためには、報道の自由とともに、報道のための取材の自由も、憲法 21 条の精神に照らし、十分尊重に値いするものといわなければな

---

1) 芦部信喜『憲法 第 5 版』岩波書店、2013 年、80 頁。
2) 1 例目は、「拘禁中の死刑囚と基本的人権」に関するものであった。大阪地判昭和 33 年 8 月 20 日行集 9 巻 8 号 1662 頁。
　2 例目は「名誉及び信用毀損による損害賠償及び慰藉料請求事件」である。東京地判昭和 33 年 12 月 24 日民集 20 巻 5 号 1118 頁。
3) 最大判昭和 44 年 10 月 15 日刑集 23 巻 10 号 1239 頁。
4) 最大決昭和 44 年 11 月 26 日刑集 23 巻 11 号 1490 頁。

らない。」

　このように、判例は日本国憲法が「知る自由」および「知る権利」を内包することを少なくとも一般論としては認めたが、その具体的内容等については、なお不明な点が多かった。たとえば、上記博多駅フィルム事件決定は、報道機関の報道の自由が、国民の知る権利に奉仕するという特殊な構造を持つ自由であることを認め、取材フィルムの提出を拒むことができる場合があることを認めているが、前提としての「知る権利」について、一般的な検討をするものではなかった。

　そこでこうした点については、1970年代における、「知る自由」および「知る権利」に関する研究に委ねられることとなった[5]。他方で、立法措置による「知る権利」の実質化については、少なくとも国のレベルでは、国民が行政機関の情報公開を求めることを認める1999年の情報公開法[6]が制定されるまで、相当の時間を要した。

　1970年代の「知る権利」についての研究者の議論は概ね次のようなものであった。まず1970年代初頭においては、博多駅フィルム事件決定の影響もあり、マス・メディアの憲法上の位置づけに着目して、表現の自由から知る権利を導き出すという構造の構築が行われた。

　佐藤幸治教授は「『自由な情報流通』のための権利[7]」という論文の中で、自由な情報収集―情報伝播―情報受領のダイナミズムの中で「表現の自由」を捉え直すことを提唱し、情報を収集する権利が承認されるならば、重要と思われる権利として「政府の情報の開示を求める権利」と「取材源秘匿

---

[5] この時期の重要な研究には、次のようなものがある。
　奥平康弘『表現の自由とはなにか』（中公新書）中央公論社、1971年2刷（1刷は1970年）109-130頁。
　奥平康弘「『知る権利』の法的構成」（『ジュリスト』No.449, 1970. 5. 1）45-53頁。
　奥平康弘『知る権利』岩波書店、1981年2刷（1刷は1979年）。
　佐藤幸治「『自由な情報流通』のための権利」（『中央公論』1972年1月号）79-101頁。
　清水英夫「知る権利の法的・社会的構造」（『自由と正義』Vol.22, No.10, 1971年）2-11頁。
　特集「国民の『知る権利』」（『法律時報』526号、1972年）8-64頁。
　石村善治「知る権利とマスコミ」（『ジュリスト』No.422, 1969. 5. 1）58-65頁。
[6] 行政機関の保有する情報の公開に関する法律（平成11年5月14日法律42号）。
[7] 佐藤幸治、前掲論文、79-101頁。

の権利」の2つを挙げる一方で、自由な情報流通はこの2つの権利の確立に尽きるのではなく、名誉棄損や猥褻等の問題も含めて、むしろ表現の自由全般にわたる問題であるとしている。さらに、自由な情報流通の追求は、プライバシーの権利と衝突しやすく、情報自由化の問題は、プライバシーとの関係の問題だけではなく、政治や行政の性質をどう理解するかという政治理論ないし政治哲学の問題であるかもしれないと述べている。情報の流通について検討をしているが、「情報の収集」を誰がするのかという点については、明確に述べられていない。

奥平康弘教授は『表現の自由とはなにか』という著書の中で「知る権利」について次のように述べている。「表現の自由を、受け手すなわち国民一般からみたばあい、さまたげられずに自由に表現をうけとる自由・権利が浮かびあがる。これを知る権利・読む権利・見る権利と呼ぶ[8]。」すなわち、表現の自由の中に自由権として知る権利等が内在していると述べている。

奥平教授の見解を踏まえて、清水英夫教授は、「いわゆる知る権利という概念は、コミュニケーション一般について成立するのではなく、受け手が国民一般であるような特殊なコミュニケーションの場合においてだ、ということになろう[9]」と述べている。国民が情報の「受け手」であるという情報を流通させる送り手とはいかなるものであるかが問題となるが、清水教授はさらに「一つは、国(公権力)を送り手とする場合がそれであり、他の一つは不特定多数の読者を対象とする巨大なマス・メディアに関してである。つまり知る権利というのは、原則的に国民と政府、国民とマス・メディアとの間において成立する概念だ[10]」と指摘している。

他方奥平教授は、次のような見解を述べている。さまざま情報が流通する「現代社会を『情報化社会』と特徴づけるのは、周知のとおりである[11]。」「『情報化社会』の舵とりをするのは、私的企業であり政府である。いきおい、情報は資本の論理のままに生産され流通する傾向があろう。国民にとっ

---

8) 奥平『表現の自由とはなにか』112頁。
9) 清水英夫「知る権利の法的・社会的構造」3頁。
10) 清水英夫「知る権利の法的・社会的構造」3頁。
11) 奥平『知る権利』2頁。

ては重要で必要な情報でも、資本の論理にのらなければ、そのような情報は、当然には市場に出回らないで棄てられるおそれがある。もう一つの舵とりをする政府も、自然的な傾向としては、権力の論理をなにものにもまして優先させて、情報を操作する、とみなければならない[12]。」知る権利を総括して「知る権利とは、情報を提供する機関の民主化（国民的なコントロール）を目標とし、これを達成する個々の道筋を個人の権利として主張する立場の現われである[13]」と述べている。さらに情報の流通について、「放置しておくと無意味な『情報氾濫』が生じる一方で、国民にとって不可欠で重要な情報は流れてこないおそれがある。どうしても不断に国民の知る権利の観点からの監視が必要である。そしてばあいによれば自由な情報の流れをせき止めている権力や企業に対して、（略）個人の知る権利の侵害であるとして、権利救済を請求する必要もある。ここでの権利主張は、自分の欲する仕方での情報の流れを回復するようにともとめているが、しかしそれは同時に自分一個の利益を超えて国民全体、社会全体のために自由でゆたかな情報の流れを要求しつつある[14]」との見解を示している。

　以上のように見ると1970年代の議論では、自由な情報の流通における送り手または、流通の舵取りについては、政府および私企業であるとされ、情報の流通については情報の送り手を中心に考えられていたという構造が明らかになったように思われる。しかし情報を受け取り活用するのは個人である国民である。国民の情報を受け取る自由については、当然のこととされていたため、「表現の自由」との関係で、言わば背景的な権利として考えられていたのである。

　しかし知る自由は受け手の権利（個人の権利）として、法的には熟してこなかったが、その理由について、奥平教授は次の3点を挙げている。第1に、「表現する自由が、不合理な公権力規制をうけずに、出版物その他の表現内容を思想交換市場にもちこむことが保障されていれば、あえて、このほかに、表現をうけとる自由・権利のごときを、別個に概念構成する必要がな

---

12) 奥平『知る権利』3-4頁。
13) 奥平『知る権利』4頁。
14) 奥平『知る権利』5頁。

いこと。(略) 送り手の自由の中に受け手の自由が吸収しつくされている[15)]」こと、第2に「公権力が表現する自由を規制せずに、もっぱら受け手の側の自由のみを規制するという事態は生じない。つまり、出版するのは自由だが、読むことは制限するという仕方は、公権力規制の方法として一般に採用されがたい。(略) 受け手の側が、一定の公権力的規制を、直接にじぶんにたいする権利・利益の侵害だと論ずる機会が生じにくい[16)]」こと、第3に「個人の権利・利益の救済を眼目とし、訴訟当事者の適格性(訴えの利益)の有無を厳格に解する傾向がある。その結果、公権力が特定の表現行為にたいして規制をくわえる場合、この規制が客観的には明らかに受け手の側の知る権利・読む権利をも制約するものであるにもかかわらず、規制の適法性を争える者は、表現をする行為の関係者(著作者・作成者・出版者・印刷者及び刑事事件で起訴されたかぎりにおける販売頒布者) にかぎられる。これらの関係者が争わないからといって、受け手のほうから知る権利・読む権利の名において争うことができない[17)]」。」

奥平教授は前述の著書『知る権利』の中で、知る権利に対する「法の発展は、従来法の世界では捨象され切り棄てられてしまいがちであった『受け手』の地位に着目し、それぞれの法律関係にふさわしい権利を、裁判所が承認する過程であった[18)]」と認め、知る権利を「『受け手』の権利化というあいまいないい方でしか目下のところは総括できないが、(略)『受け手』の側のいろいろな権利をつうじて、国民の知る権利と総称されうるものが、成立した[19)]」と述べている。1970年代の「知る権利」についての研究者の議論は、奥平のこの総括により、知る権利が国民の権利となる過程を示したのである。

「知る権利・知る自由」が、個人の権利としての方向での発展を検討するためには、法的に明確な根拠が必要である。日本国憲法においては、知る自

---

15) 奥平『表現の自由とはなにか』112頁。
16) 奥平『表現の自由とはなにか』112-113頁。
17) 奥平『表現の自由とはなにか』113頁。
18) 奥平『知る権利』48頁。
19) 奥平『知る権利』48頁。

由について明確に規定されていないが、国際法規の中では世界人権宣言の19条[20]および同宣言に拘束力を与えるものとして国際人権規約Bに規定[21]があることに留意する必要もある。個別の外国の法制では、ドイツ連邦共和国基本法（GG）の5条[22]にこの点に関する特徴的な規定がある。すなわち同条は、情報の送り手の権利である「表現の自由」と情報の受け手の権利である「知る自由」を併記して規定し、情報を受ける側の権利[23]を明確にしている。

国際的な動向や外国法の影響も受けた1980年代以降の議論の発展を通じて、「国民の知る自由」は個人主義を基調とする民主制社会ではきわめて重要な価値を有する権利であると理解することが一般的となっている。その際「国民の知る自由」は多義的な概念であることを認めつつ、主な要素として次の2つが考えられる。すなわち、①民主制に貢献する利益、②人格的発展の利益である。以下、この点について分けて説明する。

Ⅱ　民主制に貢献する利益

「社会と個人における自由・繁栄および発展は、人間の基本的価値である。この価値は、情報を十分に得ている市民が、社会において民主的権利を

---

20)「すべて人は、意見及び表現の自由に対する権利を有する。この権利は、干渉を受けることなく自己の意見をもつ自由並びにあらゆる手段により、また、国境を越えると否とにかかわりなく、情報及び思想を求め、受け、及び伝える自由を含む。」
http://www.mofa.go.jp/mofaj/gaiko/udhr/1b_002.html　（外務省仮訳文）

21) 国際人権規約B 19条2項「すべての者は、表現の自由についての権利を有する。この権利には、口頭、手書き若しくは印刷、芸術の形態又は自ら選択する他の方法により、国境とのかかわりなく、あらゆる種類の情報及び考えを求め、受け及び伝える自由を含む。」（『法学セミナー5月臨時増刊』1979年5月号、196頁。）
　国際人権規約Bの条文も世界人権宣言の条文とほぼ同じ趣旨であり、知る権利を承認している。

22) 5条1項「何人も、言語、文書および図画をもって、その意見を自由に発表し、および流布し、ならびに一般に入手できる情報源から妨げられることなく情報を得る権利（知る権利）を有する。出版の自由ならびに放送および放映の自由は保障する。検閲は、行わない。」（かっこ書きは筆者が追加和訳している）
http://www.gesetze-im-internet.de/bundesrecht/gg/gesamt.pdf

23)「知る権利」と和訳されることが多い（奥平『表現の自由とはなにか』121頁）。

行使する能力および、積極的な役割を果たす能力を通してのみ、達成される[24]」のであり、市民が「民主主義に建設的に参加し発展させるためには、十分な教育を受けられるだけでなく、知識・思想・文化および情報に自由かつ無制限にアクセスできることにかかっている[25]」のである。

国民が、社会において民主的権利を行使する能力および、積極的な役割を果たす能力を養うためには、国からの自由が保障されていなければならない。そのために日本国憲法の根拠として考えられるのは、15条の参政権、14条の平等権、21条の表現の自由のうち検閲からの自由および行政情報の自由な取得などである。

民主制的権利の中で、重要な権利は参政権である。なぜならば国民は、主権者として国の政治に参加する権利を有し、政治参加は議会の議員の選挙権・被選挙権を通じて達成されるものである[26]からである。

また、民主制に係る情報を得ようとする国民は、人種・信条・性別・社会的身分などにより差別されてはならない[27]。また、国民が民主制に係る情報を発信する場合、国からその情報が検閲されることなく社会に流通することが必要である[28]。

民主制に貢献する利益の中では、政治への参加が特に重要であり、そのためには行政からの正確な情報が必要となる。かつて政府は国民が混乱するおそれがあると判断した場合、情報を提供しないことがあったが、国民が正確な政治的判断をできるように、行政資料の公開が求められてきた。

つまり情報公開とは、知る権利の実定法上の権利として具体化し、政府に国民の要求した情報の開示を義務づけることである。知る自由が民主制に貢献する利益となるのは、政府へ情報公開の義務を課すことである。現在、これは情報公開制度として法制化されている。また、国の情報を開示する権利を「知る権利」として、認知されるようになった。

---

24) UNESCO Public Library Manifesto 1994、冒頭の1段落目。
   http://www.unesco.org/webworld/libraries/manifestos/libraman.html
25) 同上。
26) 芦部、前掲書、252頁。
27) 日本国憲法14条の法の下の平等。
28) 同法21条の表現の自由。

個人の表現の自由に公権力が作用して行われるものに、検閲と通信の秘密がある。
　検閲とは「公権力が外に発表されるべき思想の内容をあらかじめ審査し、不適当と認めるときは、その発表を禁止する行為[29]」と解されてきた。
　検閲の主体は、公権力である。裁判所による事前差止も検閲の問題になる。検閲の対象は、思想内容と解されてきたが、現代社会では表現内容とするのが妥当とされている。検閲の時期は、思想内容の発表前か後かで判断されてきた。表現の自由を知る権利を中心に構成する立場をとれば、思想・情報の受領時を基準として、受領前の抑制や事後規制も検閲の問題となりうると解される[30]。
　通信の秘密を憲法が保障しているのは、通信（はがき・手紙・電信・電話等すべての方法による通信）が他者に対する意思の伝達という一種の表現行為であることに基づく。公権力による通信内容の探索の可能性を断ち切ることが政治的表現の自由の確保に連なると考えられるからである[31]。

Ⅲ　人格的発展の利益

　国民が知的要求を満たすため、または生きていくためには、あらゆる情報が必要となる。つまり、国民の人格の発展には、「個人および社会集団の生涯学習、独自の意思決定および文化的発展のための基本的条件[32]」が必要であると考えられる。情報を得る源は、新聞・書籍・雑誌などの紙媒体の情報、テレビなどの映像放送、ラジオなどの音声放送などが考えられるが、これに加えてインターネット等のウェブからの情報、個人が発信するブログ・SNSなども重要な情報源となってきている。
　このようにさまざまな情報源があるが、その基本的条件を身近な地域で国民に提供できるのは「図書館」である。したがって、知識を得るための窓口

[29) 芦部、前掲書、190頁。
[30) 芦部、前掲書、190-191頁。
[31) 芦部、前掲書、213頁。
[32) UNESCO Public Library Manifesto 1994、冒頭の２段落目。

である図書館とあらゆる情報を受け取る自由、つまり知る自由とは深いつながりがあると言える。

　しかし情報が得られれば、どのような情報でもよいというものではない。文化的に偏らない情報が自由に得られることが重要である。国民の人格の発展のために文化的アプローチをするという点で、文化的交流権と位置づけることができよう。文化的交流権と考えられる日本国憲法の根拠は次のように考えられる。自由権としての21条の検閲の禁止および表現の自由から導き出される個人の知る自由、13条の幸福追求権および社会権として25条の生存権・26条の教育を受ける権利などである。

　あらゆる情報を得るための知る自由は、21条の表現の自由の情報を送り手から受け取る個人の権利として考えられているが、13条の幸福追求権からも新しい人権として主張されている。新しい人権として主張されているのは次のとおりである。「プライバシーの権利、環境権、日照権、静穏権、眺望権、入浜権、嫌煙権、健康権、情報権、アクセス権、平和的生存権など多数にのぼるが、最高裁判所が正面から認めたのは、プライバシーの権利と肖像権ぐらいである[33]。」この中に、知る自由と関係の深い「情報権」と「アクセス権」が入っている。

　最後に、人格の発展のために必要な日本国憲法の権利は、社会権の中の生存権と教育を受ける権利である。

　生存権とは、次のように考えられている。「国の積極的な配慮を求める権利であるが、『具体的な請求権』ではない。そのため、25条は国民の生存を確保すべき政治的・道義的義務を国に課したにとどまり、個々の国民に対して具体的権利を保障したものではないと、説かれることが多い。この見解を一般にプログラム説という[34]。」人格の発展のためには、生きていかなければならないので、生存を確保するためにも生存権が必要となる。

　社会権の中で、人格発展のために特に重要な権利は、26条の教育を受ける権利である。

---

33) 芦部、前掲書、120頁。
34) 芦部、前掲書、260頁。

「教育は、個人が人格を形成し、社会において有意義な生活を送るために不可欠の前提をなす[35]」ものである。しかし、教育を受ける権利は、子どもに対して保障されるので、学校を卒業した成人が、その後自己啓発を行いたい場合、生涯学習として行っていく必要が生じる。

したがって、生涯教育における人権としての教育権保障のための施設として図書館のあり方が問われてくるものである。図書館は、地域社会における国民の求める知識と情報の窓口、つまり生涯学習における国民の知る権利（自由）を保障するものである[36]。

ここで情報の受け手である国民が、あらゆる情報について知りたいという知的要求を満たす際に、「知る権利・知る自由」という言葉を情報の送り手により分けて考えたい。民主制に貢献する利益としての知りたいという要求は、情報公開法により実定法化され権利となったので、「知る権利」とする。一方、人格的発展の利益に関する場合には、「知る自由」とする。この場合の情報は、種々の情報が関係し、それを知ることが権利とは言えないものも含まれるからである。以降、本書では、「知る権利」と「知る自由」とを分けて考えることにする。

知る権利および知る自由を確保するためには、社会的装置や権利が必要であり、民主制に貢献するための装置等および人格的発展の利益に貢献する装置等には、次の4つが考えられる。民主制に貢献するための社会的装置および権利については、①情報公開請求権・情報公開制度および②通信の秘密・検閲の禁止などが考えられる。人格的発展の利益に貢献する社会的装置および権利については、③教育を受ける権利および成人の生涯教育制度および④図書館などが考えられる。以下、知る自由を確保するための社会的装置および権利について、個別に検討する。

---

35) 芦部、前掲書、264頁。
36) 中村睦男・永井憲一『生存権・教育権』（現代憲法大系7）法律文化社、1989年、258頁。同書は第Ⅰ部の生存権を中村睦男氏が執筆し、第Ⅱ部の教育権を永井憲一氏が執筆するという構成である。引用の箇所は第Ⅱ部の教育権からである。

第2節　知る権利および知る自由を確保する社会的装置および権利

I　情報公開制度・情報公開請求権

　知る自由を確保し民主制に貢献するための装置および権利の中で、最初に検討するのは情報公開制度・情報公開請求権である。
　「『情報公開』とは、公機関がその権限に基づいて取得し保有している情報を、原則としてそれを必要とするすべての人々に開示・提供することであって、これによって統治する者と統治される者の同一性を確保しようとする民主政治の基本的システムの一環である[37]」と定義される。
　情報公開制度は、国民の知る権利の実定法上の権利として具体化し、政府に国民の要求した情報の開示を義務づけることである。したがって、円滑な情報の公開とともに情報公開に関する法を制定することが必要となる。しかし、国は情報公開に関する法律を制定してこなかった[38]。一方、政府より先に地方自治体では、条例により情報公開を行うようになっていた。

---

37) 石塚栄二「地方自治体における情報公開制度と公立図書館の役割」(〈図書館と自由 第8集〉『情報公開制度と図書館の自由』日本図書館協会、1987年) 32頁。
38) 諸外国の情報公開法の制定は次のとおりである。
　◎アメリカ合衆国：情報自由法 FOIA (Freedom of Information Act: Public Law 89-487, July 4, 1966, 5 U.S.C. §552)
　「FOIA（情報公開法）の基本理念は、政府情報の自動的情報公開であり、政府は国民から請求されるまでもなく、積極的に自ら情報の公開をする義務がある。」(バゼル山本登紀子「米国における市民の知る権利と図書館」(〈『情報の科学と技術』47巻12号、1997年〉658頁より)。情報公開法の概要は次のとおりである。「個人、法人や国籍に関係なく何人も、理由の如何を問わずに、あらゆる分野の連邦政府の行政機関の、既存の同定可能な記録の公開を請求できる（5 U.S.C. §552(a)(3))。連邦議会や、連邦裁判所の記録等は対象外である。情報公開法は1974年、1976年、1986年、1996年、2007年と改正されている。」(廣瀬淳子「アメリカ情報公開法の改正―― 2007年政府公開法」〈『外国の立法』No.237、2008年9月〉4頁より。)
　◎英国：情報自由法 Freedom of Information Act 2000（c.36)
　「これまでの制定法によらない政府情報のアクセスに関する実施要領に代わるものであり、政府の省、議会、地方公共団体等の公的部門が保有する記録情報に対するアクセス権を創設するものである。」田中嘉彦「英国における情報公開―2000年情報自由法の制定とその意義」(『外国の立法』No.216、2003年5月) 1頁より。

第1章　国民の知る自由と社会的装置および権利

　1982年3月に、最初の情報公開制度である山形県金山町の「金山町公文書公開条例」が制定された。続いて1983年4月には「神奈川県の機関の公文書の公開に関する条例」が施行された。いずれも「原則公開」であり、非公開を限定的に考える点は同じである。公開の対象とする情報は、公文書に記録されている情報としている。情報開示請求権者の範囲については、金山町は住民に限り、神奈川県は県の行政に利害関係を有するものとしている。開示の方法などの実務的な方法[39]については、その後の情報公開法の基礎となっている。

　地方自治体が情報公開を行うようになってから20年ほどの後、国による情報公開に関する法[40]が制定された。法律が制定された背景には、知る権利の実体法化の要請、夜警国家から福祉国家へと変化したことに伴い市民生活の全分野を覆うようになったこと、情報化社会への対応が必要となったこと[41]などが考えられる。

　情報公開制度と図書館との関係は、次のように考えられている。書籍のように市販されているものや、博物館、図書館などで一般の方が閲覧できる歴史的資料などを開示請求できる文書から除外していることおよび、公立図書館は資料の公開を原則としていることなどから、情報公開制度における公立図書館の役割はないとされている。しかし情報公開の体系において、公立図書館は情報提供施設として位置づけられている[42]ため、知る権利（知る自

---

39)　石塚、前掲論文、33-34頁。
40)　情報公開法には、行政機関の保有する情報の公開に関する法（平成11年法律42号）と独立行政法人等の保有する情報の公開に関する法律（平成13年法律140号）が含まれる。
41)　『情報公開制度と図書館の自由』日本図書館協会、1987年、14頁。
42)　『情報公開制度と図書館の自由』18頁より。「情報公開法に基づいて、アメリカ合衆国では連邦政府刊行物の寄託図書館制度がある。連邦政府内で作成される印刷物を無料で全国の図書館に2部ずつ配布するという制度である。この配布は情報公開つまり知る権利と図書館の関係を示すものである。日本では、図書館法9条を2002年に改正して、同様な規定を盛り込んでいる。」
　図書館法9条1項（平成14年法律41号）の条文内容は以下のとおりである。
　「政府は、都道府県の設置する図書館に対し、官報その他一般公衆に対する広報の用に供せられる独立行政法人国立印刷局の刊行物を2部提供するものとする。」
　図書館法3条7号「時事に関する情報及び参考資料を紹介し、及び提供すること。」

由）の保障および、住民自治の発展に対応する[43]施設と考えられている。

　情報公開法の目的規定に「知る権利」の文言を用いるべきかについては、制定過程で議論の対立があったところである[44]。「情報公開法要綱案の考え方（1996 年 12 月 16 日行政改革委員会)[45]」の中で、「知る権利」の扱いについて、次のように述べられている。「(略) 我が国における情報公開法の制定に関する議論の中で、『知る権利』という言葉は、国民の情報公開法制に対する関心を高め、その制度化を推進する役割を果たしてきたところである。しかしながら、法律の条文の中でその言葉を用いることが適当であるかどうかは、法律問題として別に検討する必要がある。『知る権利』については、憲法学上、国民主権の理念を背景に、表現の自由を定めた憲法 21 条に根拠付けて主張されることが多い。この主張は、表現の自由は、国民が広く思想や情報を伝達し、またそれを受け取れる自由のみならず、政府が保有する情報の開示を求める権利（政府情報開示請求権）をも含むという理解であり、この場合、後者が特に『知る権利』と呼ばれている。このような理解に立つ場合でも、『知る権利』は基本的には抽象的な権利であるにとどまり、法律による制度化を待って具体的な権利となるという見解が有力である。(略) 最高裁判所の判例においては、請求権的な権利としての『知る権利』は認知されるに至っていない。(略) 本要綱案では、情報公開法の目的規定に『知る権利』という言葉を用いることはしなかったが、1(1)（情報公開法の目的）に述べたとおり、『国民主権の理念にのっとり』という表現によって、憲法の理念を踏まえて充実した情報公開制度の確立を目指していることを明確にしておきたい[46]。」

　この行政改革委員会の考え方により、「知る権利」とは、政府が保有する情報の開示を求める権利（政府情報開示請求権）であることが明確に宣言され

43）『情報公開制度と図書館の自由』22-23 頁。
44）IAM（行政管理研究センター）編集『情報公開制度 改善のポイント』ぎょうせい、2006 年、4 頁。
45）後藤仁・鈴木庸夫監修（まちづくり資料シリーズ 28 地方分権 2)『変革期を迎えた情報公開制度の設計と運用―情報公開法とこれからの自治体条例』地域科学研究会、1999 年、21-38 頁。
46）後藤・鈴木監修、上掲書、22-23 頁。

た。政府情報開示請求権としての「知る権利」と、国民が広く思想や情報を伝達し、またそれを受け取る自由とを区別している。

情報公開法が制定されるまでは、「知る権利」と「知る自由」という言葉は、概念が曖昧であったため、同意義的に使用されていた。しかし、奥平教授は、1979年刊行の『知る権利』の中で、すでに知る権利を「政府情報にアクセスする権利こそが知る権利の中核をなす[47]」ものと述べて、知る権利の概念を示していた。「情報公開法要綱案の考え方」が「知る権利」の概念を明確にし、その後情報公開法が成立したことにより、奥平が示してきた知る権利の概念は法的根拠を有するようになった。

「知る権利」の概念が示されたことで「知る権利」とは別に、国民が広く思想や情報を伝達し、またそれを受け取る自由については、「知る自由」という概念で認知されるようになった。

II　通信の秘密・検閲の禁止

民主制に貢献するための2番目の装置および権利は、通信の秘密および検閲の禁止である。

日本国憲法21条2項は、検閲の禁止および通信の秘密について規定している[48]。

検閲とは「公権力が外に発表されるべき思想の内容をあらかじめ審査し、不適当と認めるときは、その発表を禁止する行為[49]」と考えられている。

通信の秘密における「通信」とは、はがき・手紙などの信書および電信・電話などに加えて、20世紀の終わり頃から利用が盛んになったインターネ

---

[47] 奥平『知る権利』18頁。
[48] 高橋郁夫・吉田一雄「『通信の秘密』の数奇な運命（憲法）」（『情報ネットワーク・ローレビュー』Vol.5, 2006.5.17）45頁。表現の自由と通信の秘密との関係の解釈について、次のように述べている。
「通信の秘密と表現の自由との関係の意義付けでは、比較法的に見て、諸外国においては、『通信の秘密』を表現の自由と切り離して規定する例が多いとして、わが国における位置付けを特異なものとするかのごとく分析する立場が多数である。」
[49] 芦部、前掲書、190頁。

ット上の情報流通[50]にまで及ぶ。高度な情報通信ネットワーク社会が構築されるようになってきたため、通信の秘密も発信者の匿名性や、違法または有害な情報の流通の問題など、情報の検閲に係るような状況が生じている。

　通信の秘密について、次に異なる2つの判決がある。1つ目は「郵便法の右の諸規定は、通信の秘密を侵してはならないという憲法21条の要求に基づいて設けられており、憲法は思想の自由や言論、出版等の表現の自由を保障するとともに、その一環として通信の秘密を保護し、もって私生活の自由を保障しようとしているのである[51]」という内容である。通信の秘密には、「表現の自由の一部であるとともに、他方では私生活の自由を構成する[52]」という2つの意味を持たせている。

　2つ目の判決は、表現の自由の保障面から「通信の秘密」の保護を説明している[53]。「人が通信を利用して社会的生活を営むに際し、通信の内容が逐一吟味されるものとすると、これら通信による情報伝達の委縮効果をもたらし、自由な表現活動ないし情報の流通が阻害されることになる[54]」というように、私人による通信の秘密侵害まではカバーしていないとする憲法規定の私人間効力について間接適用説をとる通説・判例の立場を踏襲している[55]。

　また、通信の秘密は「公権力による通信内容の探索の可能性を断ち切ることが政治的表現の自由の確保に連なる[56]」という考え方も導き出される。こ

---

50) 斉藤啓昭「インターネット上の情報流通について」(『情報の科学と技術』47巻9号、1997年) 442頁より以下引用。
「インターネット上の情報については、電気通信事業法が保障する通信の秘密(4条)として保護されてきた。電子メールのような特定人に宛てた通信については、電話による通信と同様に、通信の秘密が保護される必要性がある。しかし、インターネットのホームページ等の『公然性を有する通信』については、不特定多数の者に対して通信内容を公開することを前提としているので、発信者には通信内容を秘密にする意思がない場合が多いと考えられる。」
51) 大阪高判昭和41年2月26日高刑集19巻1号58頁。
52) 平松毅「通信の秘密―盗聴」(『体系・憲法判例研究II 有倉遼吉教授還暦記念』日本評論社、1974年) 216頁。
53) 齊藤雅俊「憲法21条の『通信の秘密』について」(『東海法科大学院論集』3号、2012年) 113頁。
54) 大阪地判平成16年7月7日判時1882号87頁。
55) 岡崎俊一「信書の範囲と通信の秘密」(『千葉大学法学論集』10巻3号、1996年) 66頁。

の考え方によると通信の秘密が保護されないと、検閲の禁止と同様に、思想・情報の送り手に公権力が及び、思想・情報の受け手である国民の知る自由を抑制し民主制に貢献することを阻むと解することができる。しかし通信の秘密の保護と検閲の禁止の２つの装置の中で、国民の知る自由を確保するためにより密接に関係するものは、検閲であると考える。

　検閲の主体は、公権力であり、主として行政権である。しかし裁判所による言論の事前差止も検閲の問題となる。検閲の対象は、思想内容に加えて、表現内容と解するのが妥当である。発表前の抑制が検閲と解されてきたが、表現の自由を「知る権利」を中心に構成する立場をとれば、むしろ思想・情報の受領時を基準として受領前の抑制や、思想・情報の発表に重大な抑止的な効果を及ぼすような事後規制も、検閲の問題となりうる[57]と解されている。

　公権力による検閲の対象は、思想内容と解されるため、思想・情報の送り手に対して行われるものである。しかし、表現の自由を知る権利を中心に構成する立場をとると、思想・情報の受領時を基準とした受領前の抑制や、思想・情報の発表に重大な抑止的な効果を及ぼすような事後規制とは、思想・情報の受け手である国民が検閲に係る場面が相当する。それは、図書館の資料が公権力からの検閲を受け廃棄されたために、閲覧することが不可能になる場合である。図書館資料が公権力からの検閲を受けた段階で、受領前の抑制が働き、検閲を受けて資料が廃棄され閲覧が不可能になった段階で事後抑制が働くと解される。

　検閲は、言論活動によって国民が政治的意思決定に関与するという民主制の利益に貢献することを阻むものである。したがって、思想・情報の受領前の抑制や、思想・情報の発表に重大な抑止的な効果を及ぼすような事後規制を可能にするには、思想・情報を資料として保管している図書館に、公権力から検閲を受けない自由が必要となる。国民の「知る自由」を確保する図書館の原則として「図書館の自由」が認められるのである。

---

56) 芦部、前掲書、213 頁。
57) 芦部、前掲書、190-191 頁。

第Ⅰ部　国民の知る自由と図書館

Ⅲ　教育を受ける権利および成人の生涯教育制度

　国民の知る自由を確保するために必要な社会的装置や権利について、前項までは、民主制に貢献するための装置や権利等について述べてきた。本項からは、人格的発展の利益に貢献する社会的装置および権利について検討していく。

　国民の知る自由を確保するために必要な人格的発展の利益に貢献する権利は、教育を受ける権利と考えられる。

　教育を受ける権利とは、一般的に次のように解されている。憲法26条1項の解釈は、「その性質上、子どもに対して保障される。その権利の内容は、子どもの学習権を保障したものと解される[58]。」26条2項の解釈は、「子どもの教育を受ける権利に対応して、子どもに教育を受けさせる責務を負うのは、第1次的には親ないし親権者である。（略）教育を受ける権利の社会権としての側面として、国は、教育制度を維持し、教育条件を整備すべき義務を負う。この要請を受けて、教育基本法および学校教育法等が定められ、小・中学校の義務教育を中心とする教育制度が設けられている[59]」とされる。

　憲法26条1項の条文を解釈すると、学校教育を受けることが教育を受ける権利であると解釈できる。学校教育を受けて知識が身についたとしても、それが人格的利益を発展させることができるとは限らない。学校を卒業してからのほうが、むしろ学習の場が必要となり、その学習により人格的利益を発展させることができる場合がある。

　教育を受ける権利について、成人の学習権まで含めるとした学説の流れが2つある。1つ目は、通説とされるものである。「教育を受ける権利とは、日本の憲法学界では、経済的保障説といわれる考え方が通説であった。すなわち教育を受ける権利は、経済的に貧しいために学校教育を受ける機会すら失うようなことがないようにするために、学校教育を受ける機会の均等を経

---

[58]　芦部、前掲書、264頁。
[59]　芦部、前掲書、264頁。

済的側面において保障しようとするもの、という考え方であった。つまり、学校教育を受ける機会均等を経済的に保障する、というところにとどまっていた。そこで問題なのは、一つは教育の機会均等ということが、学校教育を中心にしか考えられていなかったという点である[60]」というものである。

これに対する反論として、「一つは、教育を受ける機会が権利として保障されるというなら、それが義務教育という期間に限定されるのはおかしい[61]」というものであり、「もう一つは、教育を受ける機会というのは、けっして学校に限らない[62]」というものである。

「そして、教育を受ける権利は、家庭においても、学校においても、いいかえれば社会教育の場においてもしかも生涯を通じて、この教育を受ける権利は権利として保障されていかなければならない[63]」という主張がされるようになり、成人のための生涯学習の必要性が、認められるようになったのである。

2つ目は、学習権の関係から、教育を受ける権利を知る自由（知る権利[64]）の根拠であるとする奥平教授の説である。「憲法が保障する教育を受ける権利の主体は子どもとは限らず、教育の場も学校とは限らない。『教育の目的は、あらゆる機会に、あらゆる場所において実現されなければならない（教育基本法2条第1文）』からである。また教育法学では、教育を受ける権利を学習権としてとらえる立場が支配している。学校教育における子どもの権利としてとらえられていた学習権も、国民一般の学習権へと発展するようになり、またこの学習権は知る権利を教育の面からとらえたものにほかならない。知る権利は憲法26条に根拠を有する[65]」と述べられている。さら

---

60) 中村・永井、前掲書、253頁。
61) 中村・永井、前掲書、253頁。
62) 中村・永井、前掲書、253頁。
63) 中村・永井、前掲書、253-254頁。
64) この学説が発表された時期は、国民の知る自由について「民主制に貢献するため」の「知る権利」と、「人格的発展の利益に貢献するため」の「知る自由」とが、明確に分かれていなかった。
情報公開法が制定される前で、まだ知る権利と知る自由が分化されずに使用されていた。
65) 奥平『知る権利』34-35頁。

に、この説では知る自由（知る権利）と成人の社会教育における学習権との関係について重複したものと解している。「学習の場を、公民館、図書館、博物館などの社会教育部門に求めたとする。ここでの学習権は、主権者たる国民の自己教育という側面であれ、それ以外のどんな側面であれ、知る権利（知る自由）とおなじことである。公民館、図書館などの文化施設の設置運営はマス・メディアなどと全く同様に、自由でゆたかな情報の流れを形成し確保する役目に任ずるので、その意味でも学習権と知る権利は、重複している[66]」と述べられている。

この奥平説からも、知る自由と社会教育施設でもある図書館の役割とは密接な関係にあることがわかる。

Ⅳ 図書館

1 本質

国民の知る自由を確保する社会的装置のうち、一番身近な装置は図書館である。図書館の本質を考えた時に、図書館業（Librarianship）に対する科学的基礎づけを試みたピアス・バトラー[67]は、自著の序文にて、図書館とは何かについて次のように述べている。それは「文化は、本質的に経験の社会的蓄積であるから、それは個人を超越する。このことによって、各世代の人びとは、先人が学んだことを、少なくとも潜在的に保有するようになる。図書館は人類の記録を保持する一つの社会的メカニズムであり、図書館とは、これ（人類の記憶）を現に生活している人びとの意識に移す一つの社会的装置である[68]」というものである。

この文章は図書館の本質を言い表しており、文化を「情報」に、人類の記録を「図書」と置き換えると、図書館の機能がより明白になると考える。

---

66) 奥平『知る権利』37 頁。
67) Butler, Pierce: 1886-1953. シカゴ大学図書館学教授。
68) Butler, Pierce, *An Introduction to Library Science*, Chicago ILINOIS, The University of Chicago Press, 1933, p.vi (Introdution).
http://archive.org/details/introductiontoli011501mbp （Chicago University のアーカイブ図書館より調査）

また図書館とは、図書を保持する社会的メカニズムであり、図書を生きている公衆に利用させる装置である。一方で、個人でも多くの図書を蔵書して利用している者がいる。どちらも図書を蔵書するという点では、類似点があるが、図書館と個人の蔵書との機能面からの相違点として、次の３点が考えられる。それは①蔵書の永続性、②資料利用の公共性、③公衆が読みたい本・見たい本をほぼ網羅して収集できる点[69]である。

　図書館と個人の蔵書との機能面からの相違点の①蔵書の永続性については、個人の蔵書は収集した人の没後は散逸されがちであるが、図書館に蔵書されていれば、長く保存され利用される。次に相違点の②資料利用の公共性については、個人の蔵書は利用しうる人の範囲が限られているが、図書館に保管されていれば、その資料を必要とする人々がいつでも利用することができる。最後に相違点の③公衆が読みたい本を網羅できる点については、図書館の施設の物理的な面積・収集能力と、個人の収集面積・能力とは格段の相違がある。収集能力という点からも公共施設としての図書館の意義は大きくなっている[70]と考えられるのである。この中でも蔵書の永続性と誰でも利用できるという公共性が、図書館と個人の蔵書との大きな相違点となっている。

2　近代的な図書館の誕生

　近代的な図書館は1850年頃の同時期に、アメリカ合衆国と英国に誕生したと言われる。それまでの図書館と次のような相違点が見られる。

　古代における図書館とは、「ほとんど王が建てたものだった。支配体制の維持に役立ったばかりでなく、芸術品のコレクションなどと共に支配者の権利を内外に誇示する意味を持っていた。（略）図書館利用者は、ローマの一時期を除いてほとんどが貴族階級・僧侶階級に属する人々だった。（略）そして19世紀半ばに、真に民衆のための、しかも地方自治体（市）によって維持運営される図書館—公立図書館—が出現する[71]」ことになった。近代的

---

[69] 森耕一『図書館の話』（改訂版）（至誠堂新書35）至誠堂、1969年、175-176頁。
　　森耕一（1923-1984年）1964年から大阪市立天王寺図書館館長、その後大阪市立図書館館長を経て、1980年には京都大学教授だった。
[70] 森『図書館の話』（改訂版）175-176頁。

な図書館とは、民衆のために自治体が維持運営する公立図書館を指すものである。

1852年に設立したと言われるアメリカ合衆国の近代的公立図書館は、パブリック・ライブラリーという考え方に基づいて発展してきた。パブリック・ライブラリーとは、1852年のボストン公立図書館成立の条件[72]として示された「公開・公費支弁・無料制等」が基本となっている。そして、これらの条件は、その後の公立図書館の運営に多大な影響を与えるものとなった。

英国のうちイングランドとウェールズ地方では、1850年に図書館法(Public Libraries Act 1850〈13 & 14 Vict. c.65〉)[73]が制定され、近代的図書館が成立し、公立図書館の条件・設置方法などが法律により規定され運用されることになった。英国の図書館法を、アメリカ合衆国で生まれパブリック・ライブラリーの成立要件として確立した「公費支弁・利用の公開性・無料原則」と照らし合わせると、公費支弁（Ⅲ）と利用の無料（Ⅶ）という要件は備えている。公開性という要件は明確には記されていないが、人口1万人以上のバラ[74]に創設する（Ⅰ）ということが公開の要件と考えられる[75]。

現在でも英国は、全国を対象とする図書館法は存在していない。地方ごとの法律と1つの命令が制定されている。イングランドとウェールズ地方には、Public Libraries and Museums Act 1964 (c.75)[76]が制定されている。ス

---

71) 森『図書館の話』（改訂版）122-124頁。
72) ボストン公立図書館設立の際の報告書『1852年報告』の中で示されたものである。『1852年報告』とは、次のドキュメントのことである。City Document-No.37., *REPORT of the trustees of the Public Library of the City of Boston*, July, 1852.
73) An Act for enabling Town Councils to establish Public Libraries and Museums. 条文の掲載は、*THE STATUTES of THE UNITED KINGDOM of GREAT BRITAIN AND IRELANDS, 13 & 14 Victoria. 1850*, London, Her Majesty's Printers, 1850, pp.387-389.
74)「英国は不文憲法の形式をとっているために、柔軟な地方自治の改革が行えている。」（山田光夫『パリッシュ』北樹出版、2004年、19頁。）
1850年代当時の地方自治は次のようである。「1835年都市団体法は、中世以来の団体に代えてイングランド及びウェールズに直接公選のバラ(borough)を創設した。」（田中嘉彦「英国における権限委譲」『諸外国における地方分権改革—欧州主要国の憲法事例』国立国会図書館の国会関連情報『調査資料』2006年、83頁より。）
75)（Ⅰ）などの番号は、1850年の図書館法の条文番号である。

第1章　国民の知る自由と社会的装置および権利

コットランド地方には、公立図書館を規定している図書館法 Public Libraries (Scotland) Act 1955（3 & 4 Eliz. 2 c.27)[77]と公立図書館のサービスを規定している「公立図書館統合法 (Public Libraries Consolidation〈Scotland〉Act 1887〈c.43〉)[78]」が制定されている。北部アイルランドには、教育および図書館令として The Education and Library (Northern Ireland) Order 1986[79]が施行[80]されている。

　これらの法律の中で、イングランドとウェールズ地方の公立図書館法 Public Libraries and Museums Act 1964（c.75）が、英国の公立図書館全体に影響を与えている。イングランドとウェールズ地方の公立図書館法の1条は、担当大臣が各図書館設置体に対して設置体が行うサービスの監督とアドバイス義務の明記をし、4条は図書館設置体となれる地方当局の明記をしている。これらの条文が公費支弁に該当する。7条は、図書館設置体に包括的で効率的なサービスを提供する義務を課しているため、公開性の条件に相当

---

76) http://www.legislation.gov.uk/ukpga/1964/75/pdfs/ukpga_19640075_en.pdf
77) オリジナル版：http://www.legislation.gov.uk/ukpga/1955/27/pdfs/ukpga_19550027_en.pdf
　改訂版：http://www.legislation.gov.uk/ukpga/Eliz2/3-4/27/section/2
78) http://www.legislation.gov.uk/ukpga/Vict/50-51/42
79) Northern Ireland Orders in Council 1986 No.594 (N.I.3)：http://www.legislation.gov.uk/nisi/1986/594
　オリジナル版：http://www.legislation.gov.uk/nisi/1986/594/pdfs/uksi_19860594_en.pdf
80) 北部アイルランドの教育および図書館令は、1972年に出されたが、その後1986年に改正されている。英国公貸権法の5条に、適用図書館法令が3つあると規定されている。そのうちのひとつである北部アイルランドの教育および図書館令は、現在も1972年の命令のまま改正されていない。
このように、北部アイルランドの教育および図書館令は、他の法律の条文中などで、1972年の命令と1986年の命令の2種類の命令が混在していることになるが、1986年の命令を適用する。図書館サービスに関する規定は、この命令のうち第5部「図書館サービス」の73条から78条Aである。
なお、英国著作権法178条の小定義における「公立図書館」の定義では、改正された1986年の命令の名称を記述している。その条文は、「公立図書館」とは、以下のいずれかにより、またはそのために運営される図書館のことを言う。(a)イングランドおよびウェールズにおいては、1964年の公立図書館および博物館法の意味における図書館当局 (library authority)。(b)スコットランドにおいては、1955年の公立図書館（スコットランド）法の意味における法定図書館当局 (statutory library authority)。(c)北部アイルランドにおいては、<u>1986年の教育および図書館令の意味における教育および図書館委員会 (Education and Library Board)</u>と、規定されている。

33

する。8条の無料原則は、本条に規定する場合以外のサービスを無料としている。そのため無料サービスの範囲は、レファレンスと紙媒体の図書の貸出サービスのみとなっている。

3　日本における図書館の誕生

日本の近代的図書館は、図書館令（明治32年勅令429号）の発令により公立図書館が設立されてから始まっている。しかし、図書館令による公立図書館は、パブリック・ライブラリーの成立の要件について継授せず、図書館利用の有料制をとってきた。国立図書館にしても、無料制だった時期は限られていて、利用者の混雑を間引くために有料制をとるようになり[81]、昭和24年に上野の図書館が国立国会図書館の上野支部として国立国会図書館に統合されるまでの74年間有料であった[82]。

古い意味でのパブリック・ライブラリーとは、料金を徴収する図書館でも蔵書利用ができるのであれば（開放されていれば）よいとされていた。つまり蔵書の利用が開放されていれば設立の主体の公私を問わないし、有料・無料の区別も特に問われないものであった[83]から、利用の有料制だけで、パブリック・ライブラリーとしての是非を問うものではない。しかし利用者の混雑を間引くために有料制にした日本の場合は、誰もが利用できるという公開性の要件を欠くことになる。

日本の創生期の公立図書館および国立図書館は有料制をとっていたこと、無料制から有料制へ変更になった理由は、利用者の混雑を間引くためであり、そのことで公開性の要件も欠いていたことなどにより、日本の公立図書館が明確に初期のパブリック・ライブラリー成立の3要件を導入した時期は、図書館令が廃止され図書館法（昭和25年4月30日法律118号）が制定されてからと考えられる。

図書館法が制定されて、日本の公立図書館はパブリック・ライブラリー成

---

81)『上野図書館八十年略史』国立国会図書館支部上野図書館、1953年、76-77頁。
82) 小倉親雄「パブリック・ライブラリーの思想とわが国の公共図書館」（『図書館学会年報』12巻1号、1965年）10頁。
83) 小倉「パブリック・ライブラリーの思想」12頁。

立要件が1つ増えて4要件（公費支弁・利用の公開性・利用の無料・法的根拠を有する）を満たすことになり、近代的図書館制度が開始された。

　図書館には、2つの形態がある。資料の保存を目的とする保存図書館（都道府県立図書館および市町村立の中央図書館など）と住民が資料の利用を目的とする利用図書館（市町村立図書館）である。本書では、公立図書館の中でも利用図書館の図書館サービスについて扱う。

4　日本法の定義
(1)　図書館法の定義

　憲法には、図書館の定義は規定されていないが、日本法の中には、図書館に関する法令や条文が規定されている。法令の中でも図書館法は、図書館に関する単独法である。

　図書館法の2条1項において、図書館を定義している。「『図書館』とは、図書、記録その他必要な資料を収集し、整理し、保有して、一般公衆の利用に供し、その教養、調査研究、レクリエーション等に資することを目的とする施設で、地方公共団体、日本赤十字社又は一般社団法人若しくは一般財団法人が設置するもの（学校に附属する図書館又は図書室を除く）をいう」とし、さらに図書館を「（略）地方公共団体の設置する図書館を公立図書館といい、日本赤十字社又は一般社団法人若しくは一般財団法人が設置する図書館を私立図書館という[84]」と具体的に示している。図書館法で扱う図書館は、この定義により公立図書館と私立図書館とが含まれることになる。

　また「『図書館』とは、図書、記録その他必要な資料を収集し、整理し、保有して、一般公衆の利用に供し」と定義されていることより、図書館資料の一般公衆への「公開性」を定めている。

　図書館法では図書館という名称を独占していないので、法2条の定義に合致しない施設でも図書館という名称は使用することができる。私人でも自分の蔵書を開放して個人の図書館という看板をかけて町の人に利用させても不都合はないということになる[85]。

84）図書館法2条2項。

地方公共団体の設置する図書館のことを、「公立図書館」の名称を使用する代わりに「公共図書館」と呼ぶことも多いが、本書では図書館法2条2項の定義により地方公共団体が設置する図書館のことを「公立図書館」とする。

本書では図書館法の定義に合わせて「公立図書館」の名称を使用することにしているが、図書館協会に関係する記述および引用した論文等の記載が「公共図書館」となっている場合には、「公共図書館」の名称を使用することがある。

図書館法の制定当初、2条において公立図書館以外の図書館については、民法34条の法人が設置するものとして定義がされていた。しかし「一般社団法人及び一般財団法人に関する法律[86]」が新たに制定され、公益法人が一般社団法人および一般財団法人となった。そのため、平成18年法律50号に基づき、民法の条文より削除され、現在では一般社団法人および一般財団法人として民法33条2項に規定されている。それに伴い、図書館法の2条でも「一般社団法人若しくは一般財団法人が設置するもの」と改正されている。

なお、学校図書館に関して、図書館法2条における定義により学校に附属する図書館を除くと規定しているために、図書館法では(小・中・高等)学校に附属する図書館については含まれない。

(2) 著作権法の図書館の範囲

著作権法で「図書館」と明記して規定されているは、31条(図書館等における複製)および42条の4(国立国会図書館法によるインターネット資料の収集のための複製)である。

法31条は国立国会図書館および図書館等(政令で定めるもの)において、一定の要件を遵守することを条件に、権利者の許諾を得ることなく、利用者の求めに応じて複写サービスができるとする規定である。具体的な図書館については、著作権法施行令1条の3「図書館資料の複製が認められる図書

---

85) 西崎恵『図書館法』日本図書館協会、1999年、新装第2刷(初版は1970年)、47-48頁。西崎恵氏は、図書館法立法当時の文部省社会教育局長である。
86) 平成18年6月2日法律48号。

等[87]」にて明記されている。

　法31条1号は、「調査研究の用に供するために、公表された著作物の一部分の複製物を一人につき一部提供する場合」と規定されている。つまり学校図書館での複製は「調査研究の用」ではないとされているので、法31条1項により複製することができない。図書館という形態をとっていても、著作権法で適用されない権利があることに注意が必要である。

　法42条の4は、平成21年改正法（改正された当時は法42条の3であった）により、納本とは別に国・地方公共団体・独立行政法人等が提供しているインターネット資料を収集して、国立国会図書館が記録媒体に記録する権限が規定された（国立国会図書館法25条の3）ものである。

　著作権法で、「図書館」の名称を明確に使用している条文は上記のとおりであるが、図書館の貸出しに関する「貸与権（26条3）」の条文では、「図書館」の名称を使用せず、貸与の主体も限定していない。さらに非営利目的の貸与については、著作権法38条4項で制限をしている。

　非営利目的の貸与を行う「非営利の施設」については、文化庁著作権審議会の第1小委員会の審議では当初公立図書館等を念頭に置いていたが、審議の過程で「非営利の施設」を特定して規定しない[88]ことになった。したがって、これを受けて著作権法では貸与権の主体を限定していない。これは「営利を目的としない貸与」が行われているのが、著作権法施行令に規定されている「図書館」だけではなく、小・中・高等学校図書館・視聴覚ライブラリー等にも及ぶと考えられるため、限定していないのである。

　では38条4項で示されている主体の2要件「営利を目的とせず」かつ「料金を受けない」場合に該当する施設とは、どのようなものが考えられる

87）二　図書館法第2条第1項の図書館
　三　学校教育法（昭和22年法律26号）第1条の大学又は高等専門学校に設置された図書館及びこれに類する図書館
　四　（略）法令の規定によって設置されたもの
　五　学術の研究を目的とする研究所、試験所その他の施設で法令の規定によって設置されたもの
　六　（略）一般社団法人等が設置する施設で前2号に掲げる施設と同種のもの
88）文化庁著作権審議会第1小委員会議式次第、1983年8月23日、資料2、1頁「(3)非営利目的での貸与の取扱い」

であろうか。公立図書館、小・中・高等学校図書館、私公立大学図書館、国立大学図書館、視聴覚ライブラリーなどが該当すると考えられている。

(3) 公の施設としての公立図書館

近年図書館法を根拠とせず、地方自治法[89]244条の「公の施設」を根拠とする公立図書館が出現している[90]。2000年の日本図書館協会の調査では、「公の施設」とする図書館がすでに150館[91]ほど存在していた。

「公の施設」とする図書館を検討する際に、そもそも「公の施設」とは何かということが問題になる。「公の施設」の要件は地方自治法244条1項により、①住民の福祉を増進する目的をもって設けるものであること、②住民の「利用」に供するためのものであること、③「施設」であること、④「地方公共団体」が設けるものであること、の以上4つの要件が定められている[92]。

また「公の施設」とは、地方公共団体の公有財産である。公有財産は地方自治法238条に、範囲と分類が規定されている。公有財産は、行政財産と普通財産とに分類される（同条3項）。行政財産はさらに、公用財産と公共財産とに分かれる（同条4項）。

公用財産は「地方公共団体が事務事業を執行するために保有しているもの」であり、これには庁舎・議事堂・試験研究所の建物および敷地などが該

---

89) 昭和22年4月17日法律67号。
90) 山梨県山中湖村山中湖情報創造館（公の施設にあたる）に設置されている図書館が、公の施設の管理・運営を民間業者にも広げる「指定管理者制度」を活用した、第1号の図書館である。この図書館の運営に参入しているのはNPO法人である。
また同館の設置及び管理条例によれば、「図書館法による図書館機能を有する施設」との記述があるため、山中湖情報創造館は、公立図書館を内包する「施設」と捉えることができる。http://www.vill.yamanakako.lg.jp/ordinance/reiki_honbun/ae65803581.html
山梨県山中湖村山中湖情報創造館の運営規則
http://www.vill.yamanakako.lg.jp/ordinance/reiki_honbun/ae65803611.html
91) JLA図書館調査事業委員会「公共図書館の条例・規則調査の結果について」（『図書館雑誌』2000年8月号）578頁。
92) 総務省「地方自治制度の概要」第2編 普通地方公共団体 公の施設
http://www.soumu.go.jp/main_sosiki/jichi_gyousei/bunken/gaiyou.html
同条のWebサイトの「公の施設とは」
http://www.soumu.go.jp/main_content/000088820.pdf

当する。公共用財産は「住民の一般的な共同の利用に供するために保有しているもの」であり、これには、道路・河川・公園・学校・図書館等が供される建物および敷地が該当する。「公の施設」とは、この公共用財産の範疇の施設のことを指す[93]。これにより、公立図書館が「公の施設」とされるのである。しかし、公立図書館を「公の施設」として扱っている場合は、他の施設も同居している総合施設に含まれる場合[94]が多い。

(4) 学校および大学図書館の定義

学校図書館については、図書館法が定義する図書館ではない（法2条）ことから「学校図書館法[95]」にて別に規定されている。「学校図書館法」は小学校、中学校および高等学校での設備として図書館を規定している。

大学図書館については、私公立大学と国立大学とでは設置規定が異なる。私公立大学の設置規定として「大学設置基準[96]」があるが、この基準の36条1項3号にて「図書館、医務室、学生自習室、学生控室」を備えることを大学側に求めている。この基準により図書館が設置されている。

国立大学の図書館[97]については、「国立大学法人法[98]」に基づき各大学ごとに設置規定が設けられている。たとえば、東京大学附属図書館などは、東京大学基本組織規則[99]の20条に「東京大学に、附属図書館を置く」と規定されている。

(5) 図書館法の定義と著作権法の図書館の範囲との関係

本書は、公立図書館の無料原則と著作者の権利との関係を検討するもので

---

93) (財)地方自治総合研究所監修『逐条研究 地方自治法Ⅳ』敬文堂、2000年、437頁。
94) 山梨県山中湖情報創造館、東京都武蔵野市武蔵野プレイスなど。
95) 昭和28年8月8日法律185号。
96) 昭和31年10月22日文部省令28号。
　　最終改正：平成27年3月30日文部科学省令13号。
97) 全国の国立大学・放送大学の付属図書館および4大学共同利用機関の図書館施設の合計91の図書館は、これらの図書館施設を会員とする「国立大学図書館協会」（http://www.janul.jp/）を組織して、図書館機能の向上を支援している。
98) 平成15年7月16日法律112号。
99) http://www.u-tokyo.ac.jp/gen01/reiki_int/reiki_honbun/u0740593001.html

ある。著作者の権利の中で図書資料の貸出しについて権利の調整が必要になる場合があるため、図書館法と著作権法それぞれの図書館の定義および範囲について整理をする。

著作権法で想定している「非営利目的の場合」とは、公立図書館・学校図書館・私公立大学図書館・国立大学図書館・視聴覚ライブラリーなどの広範囲にわたる。つまり「図書館法」で規定されている公立図書館、「学校図書館法」で規定されている図書館、「大学設置基準」で規定されている図書館および「国立大学法人法」に基づく各国立大学の付属図書館などが、著作権法でいう「非営利目的の場合」と考えられている。

一方で、本書で扱う公立図書館は「図書館法」で規定されている図書館である。つまり公立図書館とは、著作権法の貸与権で想定している「非営利目的の場合」の一部分でしかないのである。

著作権法が想定している「非営利の施設」と図書館法が規定している図書館とが共通しているのは、公立図書館だけである。また地方自治法の「公の施設」による図書館は、著作権法の「非営利施設」の範疇に入ると考えられる。

したがって、著作権法で「非営利目的の場合」に関する制限を廃止したり改正したりすると、公立図書館以外の大学図書館や学校図書館・私立図書館などの利用に影響が及ぶことになる。

なお、「非営利目的の場合」に「私立図書館の運営費に充当場合」が含まれる。「私立図書館の運営費に充当場合」について、政府の見解[100]が出ているので、その見解を反映している。

100）第159国会の質問96号（平成16年5月13日提出）において、図書館の営利性について質問がされた。「今国会提出の著作権法の一部を改正する法律案に於ける暫定措置廃止後の法律の運用に関する質問主意書」
http://www.shugiin.go.jp/itdb_shitsumon_pdf_s.nsf/html/shitsumon/pdfS/a159096.pdf/$File/a159096.pdf
答弁96号（平成16年5月25日受領）で、非営利性と営利性の境目について政府は回答した。「衆議院議員川内博史君外一名提出今国会提出の著作権法の一部を改正する法律案に於ける暫定措置廃止後の法律の運用に対する質問に対する答弁書」
http://www.shugiin.go.jp/itdb_shitsumon_pdf_t.nsf/html/shitsumon/pdfT/b159096.pdf/$File/b159096.pdf

第2章

国民の知る自由を確保する図書館の原則(1)
図書館の自由

第1節 図書館の原則

　国民の知る自由を確保する社会的装置のうち、一番身近な装置は図書館である。図書館とは地方公共団体が設置する公立図書館のことを指す場合が多い。公立図書館の運営およびサービスなどが、設置する地方公共団体および国の意向により行われるようでは、利用者である国民の知る自由に貢献できなくなる。図書館の使命は、利用者が「なんでも読める・自由に読める」ようにサービスを行うことである。利用者が「なんでも読める・自由に読める」とは、日々の暮らしや仕事、学習、楽しみのために必要な図書館の資料を自由に入手（アクセス）し利用できる[1]ことである。

　利用者が資料に自由にアクセスできるように、図書館界は、1954年に図書館が利用者へのサービスを自由に行えるための指針を「図書館の自由に関する宣言」として公表した。この宣言は、第2次世界大戦中に、国からの資料の検閲や閲覧停止などを図書館界が受け入れたことで、国民の知る自由に対して制限が加えられてしまったという反省から作成されたものである。これは資料の検閲や閲覧停止を受けることなく、国民の知る自由を確保するために図書館の原則が必要となったため、「図書館の自由」という形になって現れたのである。

　図書館の自由とは、図書館の使命を示す原則であるが、設置および運営に

---

1) 平成22年第96回全国図書館大会奈良大会展示「なんでも読める・自由に読める」、日本図書館協会図書館の自由委員会 2010年3月。

関する原則も考えられてきた。それは公立図書館が成立するための要件について、どのように考えていくかということを示すものである。その考え方はパブリック・ライブラリーの要件として成立していった。パブリック・ライブラリーの要件とは、1852年のボストン公立図書館成立の条件[2]として示された「公開・公費支弁・無料制」が基本となっている。そして、これらの条件は、その後の公立図書館の運営に多大な影響を与えるものとなった。パブリック・ライブラリー成立の要件は、図書館の設置やサービスの利用条件などを示し、図書館の運営等に係るものであり、図書館の自由や知る自由に言及してはいない。

　ユネスコ加盟国に図書館の運営・設置に関するガイドラインを示している「ユネスコ公共図書館宣言」（1949→1972→1994年）はパブリック・ライブラリーの成立要件を引き継いでいる。しかし「ユネスコ公共図書館宣言」は民衆教育のための機関としての公共図書館の可能性を述べたものであって、図書館の自由や知る自由について言及しているものではない[3]。ボストン公立図書館成立の条件や「ユネスコ公共図書館宣言」の要件[4]により、パブリック・ライブラリー要件として成立していった「法的根拠を持つ・公開性・公費支弁・無料原則」は、国民の知る自由を確保するための図書館の重要な原則となっている。パブリック・ライブラリー要件については、次節にて扱う。

第2節　図書館の自由とは何か

　1950年に制定された図書館法（昭和25年4月30日法律118号）1条では、図書館の目的を「この法律は社会教育法（昭和24年6月10日法律207号）の精神に基き、図書館の設置及び運営に関して必要な事項を定め、その健全な

---

2) 第Ⅰ部第1章脚注72) を参照。
3) 堀部政男「図書館法の法学的検討—図書館の自由を中心として」（『図書館法研究—図書館法制定30周年記念　図書館法研究シンポジウム　記録』日本図書館協会、1980年）128頁。
4) ボストン公立図書館の成立条件に「法的根拠を持つ」が入る。

発達を図り、もって国民の教育と文化の発展に寄与することを目的とする」と明記している。

しかし図書館法の「国民の教育と文化の発展に寄与すること」という目的が侵される可能性が生じていた時代が存在していた。1952年4月にサンフランシスコ講和条約が発効し、日本は独立が回復したが、7月に破壊活動防止法（昭和27年7月21日法律240号）が施行され逆コースの風潮が政治に現れた。「読書の自由」を確保するために、図書館界は「図書館と中立性」について議論した。「図書館と中立論争」が行われている[5]最中に、「図書館倫理要綱」を作成したいという意見が台頭してきた[6]。「図書館倫理要綱」を作成する際の参考に、アメリカ図書館協会が1948年に採択した「図書館憲章」の草案が紹介された[7]。図書館界は、民衆の知る自由を擁護する[8]ため、その理念を「図書館の自由に関する宣言」の草案として作成し、1954年5月の第7回全国図書館大会で可決した[9]。裁判所も1958年に、2つの判例[10]において国民の「知る権利」について言及している。

日本がお手本にしたアメリカ図書館協会の「図書館憲章」の中心をなす考

---

5) 『図書館雑誌』では、「図書館の抵抗線」という特集で意見募集をして、それをもとに『図書館雑誌』誌上で誌上討論を5回行った。
「図書館の抵抗線」（『図書館雑誌』46巻10号1952年：6-16頁、46巻11号：12-17頁、46巻12号：13-20頁、47巻2号1953年：21-23頁、47巻3号：10-14頁）
6) K生「図書館の自由と責任」（『図書館雑誌』1952年10月号）10頁。（意見募集のため、本名が不明）
7) そうや生「図書館の主体性が根本問題」（『図書館雑誌』1952年12月号）13-14頁。
所属が埼玉県立図書館とされているので草野正名氏ではないかと言われている。〔森耕一「図書館の自由に関する宣言」（『図書館の自由に関する宣言の成立』〈図書館と自由・1〉《覆刻版》日本図書館協会、2004年）〕11頁より。
8) 埼玉県の図書館が、この運動に積極的だった。1952年11月30日の熊谷で行われた埼玉県図書館大会にて「日本図書館憲章（仮称）」の制定を決議して、日本図書館協会に申し入れた（『埼玉県立浦和図書館50年誌』埼玉県立浦和図書館編著、1972年、50頁）。
NEWS「『図書館憲章（仮称）』制定を埼玉県図書館大会で申し入れ」（『図書館雑誌』47巻2号、1953年、1頁。）
9) 『埼玉県立浦和図書館50年誌』50頁。
10) 1例目は、「拘禁中の死刑囚と基本的人権」に関するものであった。大阪地判昭和33年8月20日行集9巻8号1662頁。
2例目は「名誉及び信用毀損による損害賠償及び慰藉料請求事件」である。東京地判昭和33年12月24日民集20巻5号1118頁。

え方は「資料と施設」を提供することではなく、「検閲」からの脱却である。アメリカ図書館協会は、図書館の自由を「図書館における知的自由[11]」と位置づけ、「知的自由」について次のように考えている。「知的自由」とは、「出版資料への反検閲運動で種がまかれ、幹となり、その幹に複数の枝が派生してきた[12]」ものとした。

　知的自由について、堀部政男教授も「『知的自由』とは、アメリカ合衆国憲法修正1条（宗教・言論・プレス・集会・請願の自由）とりわけ言論・プレスの自由との関連において議論されている[13]」という見解を示している。

　1954年に制定された日本図書館協会の「図書館の自由に関する宣言」は、「図書館の社会的任務の中で、資料収集の自由について及び資料提供の自由について並びに検閲の問題について、そういう自由が侵された時にはどうするのかという3つの問題について解説した[14]」ものと位置づけた。そして「図書館の自由を守ろうということは、図書館及び図書館員の自由を守るためではなく、民衆の知る自由を擁護するという意味で、図書館の自由を問題にしている。したがって図書館の自由宣言の根本は民衆のための宣言であ

---

11) ジョン・J・ボル、裏田武夫訳「ALAと知的自由」（『図書館雑誌』48巻5号、1954年）8頁より引用。アメリカ合衆国にファシズムが吹き荒れている最中の発言である。略した箇所は、本来の知的自由は、どんな資料にもアクセスできること（検閲を阻止するという点で）であるが、必ずしも資料提供はできないとか、利用できる図書館は1地区1館のみというような発言のため、知的自由の本質とは異なると判断した。
「アメリカの図書館は、伝統的に探究の自由と思想の自由を支えてきた。図書館は指導に反対するのではなくて、検閲を嫌悪するのだ。わけても、図書館の感じていることは、問題のあらゆる角度についての資料が利用できるということで、それも必ずしも1館だけでというものではない。（略）読者が関心を持つ問題のあらゆる面について知る権利があるとは、大多数の図書館員は信じていると申して過言ではないだろう。そこで図書館員が知的自由について語れば、その自由に対する読者の権利を指すのが普通である。ただ派性的にのみ、図書館員が読者の便をはかる権利におよぶのである。」
12) アメリカ図書館協会（ALA）は「知的自由の原則」を図書館サービスに適用する際に、あらゆる問題に直面した場合の回答となるものとして「図書館における知的自由マニュアル（Intellctual Freedom Manual）」というものを作成している。その中で説明している。*Intellectual Freedom Manual*, 7th, Compiled by Office for Intellectual Freedom of American Library Association, Chicago, American Library Association, 2006, pp.14-15.
13) 堀部政男「図書館の自由と知る権利」（『法律時報』52巻11号、1980年）27頁。
14)「第7回全国図書館大会議事録」（『図書館の自由に関する宣言の成立』〈図書館と自由・1〉《覆刻版》日本図書館協会、2004年）26頁。

る[15)]」としている。

　1979年に改訂をした「図書館の自由に関する宣言」は、憲法を根拠とする国民の知る自由に奉仕するための図書館の理念として変革を果たした。制定当初から自由宣言は、「知る権利」とせず「知る自由」の文言を使用し続けてきた。情報公開法が制定される前は、「知る権利」に変えたほうがよいという意見[16)]もあった。しかし、国民の知る権利の実定法上の権利として具体化し、政府に国民の要求した情報の開示を義務づける情報公開法は「図書」のような市販の資料は情報公開にあたらないとした。図書館の資料は、市販の「図書」が大部分を占めることにより、手に入りやすい資料等を公開している図書館および博物館は除外された。国民があらゆる書籍を読みたいと思うことは、「読書の自由」であり、読書の自由が確保されて、国民があらゆる資料を求める「知る自由」につながるものである。

　アメリカ図書館協会・アメリカ出版者協議会共同宣言である「読書の自由」の最後の部分に、日本の図書館の自由の考え方に近い意見が述べられている。その内容は、「われわれは、人々が何を読もうと大したことではない、と気楽に信じて以上の提議を述べているのではない。われわれは、むしろ、人々が何を読むかということは非常に重要なことであり、思想は危険な場合がある。だがしかし思想を圧迫することはデモクラシーの社会にとっては致命的であるということを信ずるのである。自由それ自身は人生の危険な道である。けれどもそれはわれわれのものなのである[17)]」というものである。

　すでに述べてきたように、日本の図書館界はアメリカ合衆国の図書館協会が作成した「図書館の権利宣言」を参考にして、「図書館の自由」を作成して、図書館の活動の理念としている。

---

15) 『図書館の自由に関する宣言の成立』26頁。
16) 堀部「図書館法の法学的検討―図書館の自由を中心として」126頁。
17) 「アメリカ図書館協会・アメリカ出版者協議会共同宣言『読書の自由』」(『図書館雑誌』47巻10号、1953年) 13頁。

第3節 アメリカ合衆国の図書館の知的自由宣言

I 「図書館の権利宣言」

アメリカ合衆国の図書館サービスの基本理念として挙げられるのは「図書館の権利宣言（Library Bill of Rights）[18]」である。「図書館の権利宣言」は、知的自由（intellectual freedom）に関するアメリカ図書館協会（the American Library Association: ALA）の基本方針である[19]。

「図書館の権利宣言」の経緯とその内容は次のとおりである。「図書館の権利宣言」の文面は the Des Moines Public Library の図書館員であった Forrest Spaulding により作成された独自の主張に由来し、1938年11月21日に「図書館の権利宣言」として the Des Moines Public Library に採用された[20]。Forrest Spaulding により作成された主張は、4項目であった。

1939年にサンフランシスコで開催された ALA の通常総会で、ALA 評議会（Council）は the Des Moines Public Library の精神を保持しながら「図書館の権利宣言」としてこの主張を採択した。採択する時に、第1番目以外の項目について修正を加えた[21]。この宣言は「図書館の知る自由：Intellectual Freedom」の根幹をなすものである。

「図書館の権利宣言」は、1948年、1961年、1967年、1980年と修正を加え、1996年1月23日採択の宣言より現在の内容になった。1948年の宣言から、Library's Bill of Rights を Library Bill of Rights の名称に変更して現在に至っている[22]。

現在の「図書館の権利宣言」は全部で6項目から成立している。宣言の冒頭で「アメリカ図書館協会は、すべての図書館が情熱と思想の交流の場であ

---

18) http://www.ala.org/advocacy/intfreedom/librarybill
19) *Intellectual Freedom Manual*, 7th, Compiled by Office for Intellectual Freedom of American Library Association, Chicago, American Library Association, 2006, p.57.
20) Ibid., p.57.
21) Ibid., p.58.
22) Ibid., pp.60-70.

り、以下の基本方針が、図書館サービスの指針となるべきであるということを確認する」として6項目を挙げている。それは、①著作者の出身、経歴、見解を理由とする資料排除の禁止、②党派や主義を理由とする資料排除の禁止、③検閲の禁止、④表現の自由や思想の抑圧に抵抗する個人・団体との協調、⑤個人の出身、年齢、経歴、見解を理由とする図書館利用の拒否・制限の禁止、⑥個人・団体への展示スペースや集会室の公平な提供などである[23]。

しかし、現代において図書館の理念として重要な役割を果たしている「図書館の権利宣言」を制定したのは、アメリカ図書館協会（ALA）であって、連邦政府や州政府が制定したのではない。したがって、この「図書館の権利宣言」は法的拘束力はないが、図書館員の図書館への理念の根拠として定着している。それは、「知的自由」という存在があるからである。

合衆国憲法修正1条の表現の自由と4条の押収・検閲の禁止は、アメリカの図書館業務に深くかかわっている。この2つの条文は図書館員が知的自由（intellectual freedom）と呼ぶ概念の土台となっている[24]。知的自由とは、「全ての図書館利用者に対して、制限されることなく、また自分の関心主題を他者に試されたり精査されることなく、あらゆる主題についてあらゆる見解の情報を求めて受け取れる権利を授けている[25]」とされている。

「知的自由の原則」を図書館サービスに適用する際に、あらゆる問題に直面した場合の回答となるものとして「図書館における知的自由マニュアル（Intellctual Freedom Manual）」を、アメリカ図書館協会は用意している[26]。このマニュアルは1974年の第1版から版を重ね、2010年の第8版まで出版されている。

「知的自由」の定義については、多義的な言葉であるとしてALAは統一した定義を承認していない。1970年代にALAの知的自由委員会の委員長を務めたデイヴィッド・K・バーニングハウゼンは、独自に定義を行ってい

---

23) Ibid., pp.55-56.
24) Ibid., p.3.
25) Ibid., p.3.
26) Ibid., p.vi（Preface）.

る。まず、「知的自由：Intellectual Freedom」とは何かということで、これを3つに分類し、その中で図書館に関するものを定義している。3つの分類は、①学術的な自由（academic freedom）、②報道の自由（freedom of the press）、③図書館を通じてすべての人が全見解に自由にアクセスすること（free access to all point of view for all people through libraries）とした。3番目が、図書館に関する自由であり、それについて詳しく定義をしている。図書館業における知的自由とは、「図書館業における知的自由の一般用語は、通例すべての図書館利用者が論争的な全問題に関してあらゆる見解を表現したものに自由にアクセスできるように努力するという図書館員の義務を意味してきた[27]」である。

ALAは、「図書館における知的自由マニュアル」で、「知的自由」について次のように考えている。「知的自由」とは、出版資料への反検閲運動で種がまかれ、幹となり、その幹に複数の枝が派生してきたものである。その枝は次のような複数の関係によるものとしている。それらの枝は、図書館利用者が図書館蔵書のあらゆる資料にアクセスすること、図書館員が専門業務を実施すること（専門業務とは、すべての利用者にあらゆる出版資料を選択し提供することおよび、利用者が報復のおそれなく自由に図書館を利用できるよう保障するために利用者記録の秘密性を守ること）、図書館員の個人的な知的自由が危機に瀕する場合もあるので、図書館員が自分が選んだ生活様式を追求する権利を持つこと、制度としての図書館や社会変化や教育における図書館の役割と関係していることなど[28]と考えられている。

II　図書館蔵書をめぐる憲法判例

「アメリカ合衆国の図書館界において『検閲』にかかわる事例が知的自由（Intellectual freedom）の問題として多く論じられている。したがって、知的

---

27) Berninghausen, David K., *The Flight from Reason: Essays on Intellectual Freedom in the Academy, the Press, and the Library*, Chicago, ILL., American Library Association, 1975), p.xiv (Definitions Intended).
28) *Intellectual Freedom Manual*, 7th, op.cit., pp.14-15.

自由の問題は、連邦憲法修正第1条が保障する言論、出版の自由の問題と不可分なものである[29]」と考えられている。

アメリカ合衆国の検閲にかかわる典型的な事例として図書館の蔵書の隠匿が挙げられる。これについての事件は、学校図書館をめぐる判例に見られる。1970年代に立て続けに出された学校図書館の蔵書に係る主な3つの事件について扱う。3つの事件とは、プレジデンツ・カウンシル事件[30]、チェルシー事件[31]およびピコ事件[32]である。

1 プレジデンツ・カウンシル事件

プレジデンツ・カウンシル事件は、教育委員会が先に下した学校図書館蔵書の除去の決定が、表現の自由を保障する連邦憲法修正第1条を侵害しているので無効であることが争われたものである。ニューヨーク市クィーンズの第25学区教育委員会は、1971年、学区内の一部の父母の反対を受けて、Piri Thomas の小説 *Down These Mean Streets* を同学区内の中学校図書館から除去する決定をした。

原告は、第25学区プレジデンツ・カウンシル、中学生3名、父母・保護者7名、教師2名、図書館員、中学校長である。被告は第25学区教育委員会、教育長などである。

原告は、教育委員会による除去決定が違憲であるとする宣言的判決 (declaratory relief) 並びに、被告に当該図書を各図書館において通常の閲覧に供することおよび学区内の学校図書館による当該図書の新規購入を妨害しないことを命じる判決を求めた。

第1審 (ニューヨーク東地区連邦地裁) は、原告の申立てを却下した。控訴審 (第2巡回区連邦控訴裁) は、1972年3月21日に控訴を棄却して原判決を確定した[33]。

---

29) 大滝則忠「図書館蔵書をめぐる米国憲法判例の動向」(『法律時報』52巻11号、1980年) 45頁。
30) Presidents Council, District 25 v. Community School Board No.25.
31) Right to Read Defense Committee of Chelsea v. School Committee of the City of Chelsea.
32) Pico v. Board of Education, Island Tress Union Free School District.

控訴審判決の主な骨子は次のとおりである。①州議会は公立学校図書館における資料選択の責任を教育委員会に委ねている。裁判所は委員会の決定の妥当性または有効性のいずれについても審査しない。②教育委員会による除去の決定は、修正第1条を侵害していない。③当該蔵書を図書館内に保存して、生徒には貸し出さず、父母の求めに応じてのみ利用できるようにすることは、教育委員会が修正第1条を侵害することにはならない。④当該図書が「実質的に教室内の活動を崩壊させたり、他人の権利について実質的な無秩序を招来することを含んでいない。⑤図書が一度書架に備え付けられたら、書架上にとどまる権利 (tenure) を持つに至るということにはならない、などである。

その後原告により連邦最高裁に申立てがされたが、1972年11月6日に却下された[34]。この事件の重要性は、連邦最高裁判決のダグラス判事の反対意見である。

ダグラス判事は、控訴審判決の「当該蔵書を図書館内に保存して、生徒には貸し出さず、父母の求めに応じてのみ利用できるようにする」という方法では、子どもが直接当該図書を借りられないことを重視した。そして「修正第1条は、言論、出版の権利のみならず、聞く権利、習う権利、知る権利をも含んでおり、この知る権利は学校においても特に重要である[35]」と述べた。聞く権利、習う権利、知る権利などが図書館固有の問題として争点となってきたのである。

2 チェルシー事件

チェルシー事件[36]は次のとおりである。マサチューセッツ州のチェルシー市教育委員会が、1977年青春著作集 (Male and Female Under 18) をチェルシー高校図書館の蔵書から除去することを決定した。この選集に収録されているニューヨークの15歳の女子高校生の詩 "The City to a Young Girl" が猥

---

33) 457 F.2d. 289 (2d. Cir. 1972). (判決文は、LexisNexis より調査)
34) 409 U.S. 998 (1972). (判決文は、LexisNexis より調査)
35) 409 U.S. 998, 999 (1972).
36) 454 F. Supp. 703 (1978). (判決文は、LexisNexis より調査)

褻であるとされたからである。

原告は、同校の生徒3名、同校の英語科教師2名、図書館員、（この紛争を契機に組織された）チェルシー読む権利擁護委員会である。被告はチェルシー市教育委員会および教育長である。

原告は被告の行為が生徒、教職員（教師および図書館員）の修正第1条の権利を侵害しているとして、当該図書の除去の差止め命令を命じる判決をマサチューセッツ地区連邦地裁に求めた。同地裁は、本提訴とともに原告から出されていた仮差止め命令の申立てを認め、当該図書を図書館に戻し、父母または保護者の許可書を持参した生徒が利用できるようにすることを命じた。

被告は、学校図書館の蔵書を除去する州法に基づく権限があることを主張した。同地裁は、1978年7月5日、当該図書の除去は、同校の生徒および教職員の修正第1条の権利の侵害にあたるとして原告の請求を容認した。

判決理由の中で、重要なことは、「読む権利および論争的な思想や言葉にさらされる権利は、修正第1条の保護を受ける貴重な権利である[37]」としたことである。これにより、読む権利が、憲法の保護を受ける権利と認められた。

3 ピコ事件

最後にピコ事件である。ニューヨーク州のアイランドトリー・ユニオン自由学区教育委員会は、1976年、学校図書館および教育課程において9タイトルの図書を除去することを決定した。他に1タイトルの図書が利用については父母の同意が必要とされた。

原告は同学区内の生徒ピコなどであり、同教育委員会を被告として、図書館員の学問の自由への侵害をニューヨーク州高位裁判所（Supreme Court）に提訴した。連邦憲法上の重要な論点を扱うものとして、連邦地裁の審理に移された。クラス・アクションとして提起され、原告は略式裁判（summary judgement）を求め、許可された。

ニューヨーク東地区連邦地裁は、1979年8月2日に、裁判所の教育委員

---

[37] 454 F. Supp. 703, 714 (1978).

会および各教育委員の決定に対する管轄権を認めたが、クラス・アクションについては認可しなかった。さらに修正第 1 条は裁判所が教育委員会に対して図書館および教育課程から図書を除去することを禁じるよう求めてはいないと判断して、原告の訴えを却下した[38]。

判決理由の主な骨子は次のとおりである。①代表当事者としての原告の請求または抗弁はそのクラス・メンバーの請求または抗弁の典型とは認められず、クラス・アクションとしての要件を満たしていない。②原告には、図書館員の学問の自由を主張して争う当事者適格がない。③教育委員会による当該決定は、原告生徒の修正第 1 条の権利を侵害していない。④本件の先例となるのは、プレジデンツ・カウンシル事件である。⑤図書が書架にとどまる権利を持つという "book tenure" の考え方は、地域社会のいかなる価値が伝え残されるべきかを決定する選挙によって選ばれた教育委員会の自由裁量権を侵害するものである。

ピコ事件は、その後第 2 巡回区連邦控訴裁に提訴され、1980 年 10 月に事実審に差し戻された[39]。控訴審は「学校図書館から本を除去した本当の動機は、学区の子どもたちの福祉と教育に向けられていなかった。被告は、動機が修正第 1 条に適合した方法であったことを証明することに失敗している。さらに、たとえ止むをえない行為であったとしても、原告は提示された正当化が単なる口実であったという事実を発見することを説得する機会を奪われた。被告の動機を審理するために事実審に差し戻すべきである」と述べた。

ピコ事件は、1982 年 6 月に連邦最高裁で、「事実審に差し戻す」と判断された[40]。ブレナン判事の相対的多数意見では、「裁判所は学校制度の日常的な運営において起こる紛争の解決に際し、基本的な憲法上の価値に直接的かつ明確に関連していない限り介入すべきではない[41]」とした。「思想を送るという送り手側の修正第 1 条の権利から、思想を受け取るという権利が必然的に導かれる[42]」と情報を知る権利について言及している。

---

38) 474 F. Supp. 387 (E.D.N.Y.1979). (判決文は、LexisNexis より調査)
39) 638 F.2d. 404 (1980). (判決文は、LexisNexis より調査)
40) 457 U.S. 853 (1982). (判決文は、LexisNexis より調査)
41) 457 U.S. 853, 906 (1982).

さらに「本判決は図書を選択する教育委員会の自由裁量権には影響を及ぼさない。思想の抑圧を扱っているのであり、もっぱら図書を除去する自由裁量権に影響を及ぼす。教育委員会の手続きは非常に変則的でその場限りのものであった。除去の決定が図書の思想に異議があること、または、自らの政治的な正当性を生徒に押し付けたいという願望に基づいていたことが決定的な理由であった可能性を証拠は示唆している。重要事実について審理より明らかにされなければならず、事案を事実審に差し戻す[43]。」

　ピコ事件の最高裁判決は、図書館蔵書の内容を評価した判決であるが、不可解なものである。絶対多数意見を構成しておらず、7つの別の意見があり、そのうち3つは相対的多数意見であり、残り4つは反対意見というものである。反対意見の多くは、ブレナン判事の「思想を受け取る権利」について先例がないとして、認めていない。

　この判決の意見は、「思想を受け取る権利」が知る自由・知る権利として認められる過程が確認できるものである。

　アメリカ合衆国の学校図書館で起きた図書の除去は、生徒への教育的見地から行われた。しかしそれが修正憲法第1条との関係を導き出し、1970年代から80年代にかけて個人の知る権利の思想を形成すること[44]になっていった。知る権利については、日本でも1970年代の同時期に研究者により思想が形成されていった[45]。

Ⅲ　「図書館の権利宣言」の問題点

　「図書館の権利宣言」について、次のような問題点が指摘されている。まずは、権利宣言の具体的な内容についての指摘である。それは、「『図書館の権利宣言』は、いくつかの矛盾する事柄により説得力を減退させている。第

---

42) 457 U.S. 853, 912-913 (1982).
43) 457 U.S. 853 (1982).
44) 「アメリカ合衆国の図書館に関する事件で、1970年代になると『知る権利・読む権利』などが争点となっている。」堀部「図書館法の法学的検討─図書館の自由を中心として」131-132頁より。
45) 第Ⅰ部第1章脚注5)を参照。

1に、『図書館の権利宣言』は具体性を欠く語句で、アメリカ合衆国の文化と歴史に由来する知的自由への不確かな献身を表明している。第2に、図書館業務への外部介入に抵抗するという図書館員の関心を具体化している。第3に、合衆国憲法修正第1条、第14条の保護を少ししか具体化していないなどの点である[46]」というものである。

権利宣言は法的根拠を持たないため、法的な保障についての問題は次のように指摘されている。「『図書館の権利宣言』とは異なり、法は政府の行為と私的な行為を区別している。修正第1条は政府の行為だけを制限する。私的なグループや個人は言論を禁止できるし、そのようにしている。したがって教会は教会員の言論や意見を理由にかれらを除籍できる。私立学校は生徒や教職員の言論を理由にかれらを罰することができよう。他の私的団体も憲法上の抑制に拘束されない[47]」というものである。

また「図書館の権利宣言」は、知的自由に関するアメリカ図書館協会（ALA）の基本方針である[48]という二重構造になっているため、どちらが上位概念であるのか権利宣言の位置づけが難しい。したがって、法的根拠を考えにくいとされている。

第4節　日本の図書館の自由の成立

I　「図書館の自由に関する宣言」の成立過程

図書館は、かつて明治15年の文部省の「図書館示諭事項」における思想善導[49]の思想を具現化し、資料の検閲や閲覧禁止を受け入れてきた。特に昭和8年の改正図書館令（昭和8年7月1日勅令175号）により、中央図書館制

---

46) Baldwin, Gordon B., "The Library Bill of Rights- A Critique" *Library Trends*, Summer 1996, 45(1), p.7.
47) Ibid., p.9.
48) *Intellectual Freedom Manual*, 7th, op. cit., p.57.
49) 「善良ノ書籍ハ乃チ善良ノ思想ヲ伝播シ不良ノ書籍ハ乃チ不良ノ思想ヲ伝播スレハ則チ其不良ナルモノヲ排棄シ而シテ其善良ナルモノヲ採用スルヲ要スルナリ」（『図書館雑誌』昭和2年1月　第21年1号、21頁）。

度が制定されたことで、各図書館内での資料の検閲・閲覧禁止が助長された。中央図書館制度とは、道府県を単位としてその管内の図書館を指導援助して活動させ連絡統一を図って使命達成を行うことを目的[50]とし、そのために管内の図書館の監視が強化されたのである。そして国の検閲からの脱却は、1946年に日本国憲法が制定され21条2項で検閲の禁止を規定されるまで時間を要した。

また「公開、公費支弁、無料原則」を掲げる近代的な公立図書館の運営の指針とされるパブリック・ライブラリーの考え方[51]が、日本に根付くようになるのは、改正図書館令が廃止され1950年に利用者の無料原則などを規定した図書館法（昭和25年4月30日法律118号）が制定されてからである。

しかし図書館法の「国民の教育と文化の発展に寄与すること」という目的が侵される可能性が生じていた時代が存在していた。それは、サンフランシスコ講和条約の発効により一連の占領法規が失効するため、政府は図書館法制定の翌年である1951年から、治安立法と労働三法の改正に取り組んでいた。1952年4月にサンフランシスコ講和条約と日米安全保障条約が発効すると、それらに対するメーデー事件が起きた。メーデー事件をきっかけに、治安立法として1952年8月1日に破壊防止法（昭和27年7月21日法律240号）が施行された[52]。

破壊防止法の施行は、治安維持法の復活を思い出させるもので、国民の読書の自由の保障が懸念された。しかし、図書館界は、図書館大会で破防法のことを論議しなかった。参加者のひとりは「図書館法の精神が冒される可能性必ずしも皆無とはいえない現在、文化の使徒たるべき図書館人が現状を自認していいものであろうか。再軍備問題、破防法問題その他、何よりもまして、まず最初に取り上げ、本大会の名において図書館人の態度を表明すべき最も重要なことを本大会は忘れていたのではないかと今改めて反省させられ

---

50)『埼玉県立浦和図書館50年誌』27頁。
51) ボストン公立図書館の『1852年報告』より。Shera, Jesse H., *Foundations of the Public Library*, The Shoe String Press, Inc., reprinted 1965, p.275 ("Report" の p.9)
52) 森耕一「図書館の自由に関する宣言」(『図書館の自由に関する宣言の成立』〈図書館と自由・1〉《覆刻版》日本図書館協会、2004年) 9-10頁。

る[53]」という感想を述べている。一方で、「図書館界が、『破防法』について直接発言することは戒むべきであると信じる。図書館が本当に information center として、客観的に資料を提供することを以ってその本質とするならば、図書館は一切の政治や思想から中立であるべきである[54]」と図書館の中立性を論じる意見が出された。図書館界では、この意見を受けて「図書館と中立性問題」について議論をしていた[55]。この当時の図書館界の中立性論争は「総じて図書館活動の実態を離れた観念的なものであり、中立そのものの捉え方をめぐる論議、平和の追求や民衆への奉仕が抽象的に語られることが多く、いかにして自由を守るかという実践的な課題の追求とはならなかった[56]」というような評価をされている。

「図書館と中立論争」が行われている最中に、「図書館倫理要綱」を作成したいという意見が生じてきた[57]。「図書館倫理要綱」を作成する際の参考に、アメリカ図書館協会が1948年に採択した「図書館憲章」の草案が紹介された[58]。

これらの状況を受けて、埼玉県の図書館は1952年9月に「図書館と中立性」座談会を開催した。そして、11月30日の県図書館大会（熊谷）において、「日本図書館憲章（仮称）」制定の決議を行い、その実施方法を日本図書館協会に申し入れた[59]。日本図書館協会は、この決議を受け入れ、1953年6月1日の日本図書館協会総会に図書館憲章制定の件が提案された[60]。7月14日の常任理事会で、図書館憲章の成案を作成するために、拡大委員会を結成し理事長が委員を指名することに決した[61]。

---

53) 坂口静一「図書館大会感想」（『図書館雑誌』1952年8月号）24頁。
54) 森「図書館の自由に関する宣言」10頁。
55) 『埼玉県立浦和図書館50年誌』50頁。
　「図書館中立性論」は、『図書館雑誌』で誌上討論がされ、「図書館の抵抗線」という題名でまとめられていた。本章脚注5) 参照。
56) 塩見昇・天満隆之輔「図書館の自由—とくに"中立性論争"について—」（文献レビュー）（『図書館界』23巻1号、1971年）21頁。
57) K生「図書館の自由と責任」より。
58) そうや生「図書館の主体性が根本問題」より。
59) 本章脚注8) 参照。
60) 「第7回日本図書館協会総会」（『図書館雑誌』1953年7月号）25-29頁。

1953年8月に「図書館憲章拡大委員会」が発足し[62]、委員会案[63]が検討された。その結果1954年5月の第7回全国図書館大会で「図書館憲章草案」は民衆の知る自由を擁護する「図書館の自由に関する宣言」と名称を変えて提出され、可決された[64]。

1954年の「図書館の自由に関する宣言[65]」の中心をなす宣言は、①図書館は資料収集の自由を有する、②図書館は資料提供の自由を有する、③図書館はすべての不当な検閲に反対する、の3つである[66]。民衆[67]の知る自由のために、図書館は「資料と施設」を提供することを任務としている。先に議論されていた「図書館の中立性」を中心にした自由宣言である。しかし図書館界は、国の政策を待たずに、この時点で国民の知る自由のための情報センターとして奉仕していくことを宣言している。

Ⅱ 「図書館の自由に関する宣言」の改訂

1954年に採択された「図書館の自由に関する宣言」は、図書館活動の指針となる『中小都市における公共図書館の運営』が1963年に刊行される頃にも、単なる理念の表明にとどまっていた。

その一方で『中小都市における公共図書館の運営』の指針を受けて、図書館サービスの状況は、1965年の東京都日野市立図書館の開館から始まる図書の貸出しを中心とする資料提供を核として発展をしていく。

---

61)「事務局通信」(『図書館雑誌』1953年8月号30頁)の議題の(5)図書館憲章拡大委員会には、「図書館憲章の成案を作成するために、拡大委員会を結成し理事長が委員を指名する」と明記されている。
62)『埼玉県立浦和図書館50年誌』50頁。
63)「図書館憲章(委員会案)」(『図書館雑誌』47巻10号1953年) 10頁。
「図書館憲章(委員会案)」とともに、アメリカ図書館協会・アメリカ出版者協議会共同宣言である「読書の自由」(『図書館雑誌』47巻10号1953年、11-13頁)が掲載されている。
64)『埼玉県立浦和図書館50年誌』50頁。
65) 1954年版の原文は、『図書館の自由に関する宣言の成立』(〈図書館と自由・1〉《覆刻版》日本図書館協会、2004年)の41-42頁に掲載されている。
66)『埼玉県立浦和図書館50年誌』50頁。
67) 原文のまま。まだ国民の知る自由と規定されていない。

1967年7月にNETテレビ制作のテレビドラマのシナリオに、図書館の貸出カードを犯罪捜査に利用するシーンが含まれていることを知った図書館員たちがシナリオの修正を求めた事件が起こった（練馬テレビ事件）。「貸出し」という図書館の日常的なサービスが「図書館の自由」と結びつくことが明らかになった。利用者のプライバシー保護が図書館サービスに重要であることが認識された。これは1974年東京都東村山市の図書館設置条例の6条「利用者の秘密を守る義務」[68]に、「図書館は資料の提供活動を通じて知り得た利用者の個人的な秘密を漏らしてはならない」と規定された。

　しかしその後、1973年にこの「図書館の自由宣言」を破るような行為が山口県立図書館で起きた[69]。山口県立図書館では、新館舎の開館にあたり旧館舎時代に開架に置かれていた反戦平和問題関係図書など50数冊が段ボールに詰められ、書庫の片隅に放置され利用できない状態に置かれていたことが利用者の指摘により明るみになった。これは「資料提供の自由」を損なう行為であると批判された。

　山口事件[70]を受けて、1973年10月に高知市で開かれた全国図書館大会で、「図書館の自由宣言」の再確認の決議を採択した。この採択により、1974年11月日本図書館協会に調査委員会が設置されることを決定した。その目的は、①宣言の趣旨の普及を図る、②図書館の自由に関する調査研究を行う、③図書館の自由に関し必要な情報を提供することを任務とする、とした。その後の調査・検討の結果、1979年5月の日本図書館協会の定期総会にて、改訂された「図書館の自由に関する宣言」を満場一致で採択したのである[71]。

　1979年改訂の主な特徴は、次の4項目である。①宣言の基礎を、日本国

---

68) 昭和49年3月30日条例第18号。
http://www.city.higashimurayama.tokyo.jp/reiki_int/reiki_honbun/af20006021.html
69) 山口県立図書館図書抜き取り放置事件。
防長新聞1973年8月31日11面の記事「課長が特定書籍隠す 県教組など教育長に抗議」。防長新聞1973年9月5日3面社説「県教育行政の姿勢を問う」。
70) 破防法を契機に第1次論争の結果として1954年版「図書館の自由に関する宣言」が制定され、この山口事件を契機に第2次論争の結果として1979年版「図書館の自由に関する宣言」が制定された。（渡辺重夫『図書館の自由と知る権利』青弓社、1989年、140-142頁。元藤女子大学図書館情報学課程教授。）

憲法が保障する表現の自由に置いたこと、②利用者のプライバシー保護を、主文のひとつとして重要な柱に位置づけたこと、③主文のみでなく、宣言を実践していく具体的指針としての副文をも一体のものとして採択したこと、④全国図書館人の組織体である日本図書館協会によって採択され、今後の維持に安定した基礎を確保したこと、などである[72]。利用者のプライバシー保護を主文に入れたため、主文は3つから4つに増えることになった。

　資料提供の自由および国民の知る自由と利用者のプライバシー保護は、少年事件の報道を載せている雑誌の閲覧[73]などと衝突する場面が生じるようになってきた。そのほか人種差別に係ると思われる図書の提供など、図書館の自由の問題と関係する事例が、続いて生じている。憲法が保障する表現の自由に基礎を置いたため、図書館の自由は国民の知る自由とも関係を深めるようになった。そのため図書館は国民の知る自由を確保する装置としての役割を果していると言える。

第5節　日本の図書館の自由の法的意義

I　図書館の自由と知る自由の法的関係

　日本の「図書館の自由に関する宣言」は、1952年に雑誌誌上でアメリカ図書館協会の「図書館の権利宣言（Library Bill of Rights）[74]」を紹介し[75]、これを参考に作成している。1954年の最初の「図書館の自由に関する宣言」は「図書館の中立性」を中心に作成されたが、1979年の改訂版は「日本国憲法」を根拠に作成されている。しかし、実際には「図書館の自由に関する

---

71) 日本図書館協会図書館の自由委員会編『「図書館の自由に関する宣言1979年改訂」解説 第2版』日本図書館協会、2007年、11-12頁。
72) 図書館の自由委員会編、上掲書、12頁。
73) 1997年の神戸連続児童殺傷事件における少年被疑者の顔写真を掲載した『フォーカス』（1997年7月9日号）および、その事件の検事調書を掲載した『文藝春秋』（1998年3月号）などである。
74) http://www.ala.org/advocacy/intfreedom/librarybill
75) 『図書館雑誌』1952年12月号。

宣言」には法的根拠はない。そこで、1979年の改訂版の「図書館の自由に関する宣言」の法的根拠について検討が必要となる。「図書館の自由に関する宣言」と記述した場合、今後特に指定がなければ、「1979年の改訂版の図書館の自由に関する宣言」を示すものである。

　図書館の自由の基礎となるのは、やはり国民の「知る自由」が根拠となると考えられる。知る自由の国内法規の根拠については、国民主権の原理の直接的表現である15条の参政権、学問の自由の観点から23条の学問の自由、精神的・文化的最低限度の生活を営む観点から25条の生存権および26条の教育を受ける権利等に根拠を求めることができる。つまり、図書館の自由は、国民の知る自由と密接な関係にあると考えられる。

　国際法規の中に、公立図書館の自由の根拠を見出すとすると、やはり知る自由が根拠と考えられる。知る自由の根拠は、第1章でもふれたように世界人権宣言19条[76]および同宣言に拘束力を与えるものとして国際人権規約Bに規定されている19条2項[77]が相当すると考えられる。世界人権宣言と同様に国際人権規約Bの19条2項は知る権利を承認しているからである。

　しかし、日本が図書館の自由を宣言した1954年版の「図書館の自由に関する宣言」では、かっこ付の「知る自由」の文言を採用している。過去には知る自由ではなく知る権利を用いたほうがよかったのではないかという見解[78]もあった。しかし1999年に、情報公開法（平成11年5月14日法律42号）が制定されたことで今まで曖昧であった知る権利と知る自由という文言の概念が明確になった。知る権利と知る自由について混同して使われることが多いので、前述しているが、確認のため、再度記述する。

　「情報公開法要綱案の考え方（1996年12月16日行政改革委員会）[79]」の中で、知る権利の扱いについて、次のように述べられている。「『知る権利』については、憲法学上、国民主権の理念を背景に、表現の自由を定めた憲法21条に根拠づけて主張されることが多い。この主張は、表現の自由は、国

---

76) 第1章脚注20) を参照。
77) 第1章脚注21) を参照。
78) 堀部「図書館法の法学的検討―図書館の自由を中心として」126頁。
79) 後藤・鈴木監修『情報公開制度の設計と運用』21-38頁。

民が広く思想や情報を伝達し、またそれを受け取れる自由のみならず、政府が保有する情報の開示を求める権利（政府情報開示請求権）をも含むという理解であり、この場合、後者が特に『知る権利』と呼ばれている。このような理解に立つ場合でも、『知る権利』は基本的には抽象的な権利であるにとどまり、法律による制度化を待って具体的な権利となるという見解が有力である。（略）最高裁判所の判例においては、請求権的な権利としての『知る権利』は認知するに至っていない。（以下省略）[80]」

この「情報公開法要綱案の考え方」により、知る権利とは、政府が保有する情報の開示を求める権利（政府情報開示請求権）であることが明確に宣言された。政府情報開示請求権としての「知る権利」と、国民が広く思想や情報を伝達し、またそれを受け取れる自由とを区別している。情報公開法が制定される前には、知る権利と知る自由という言葉は便宜的に同意義に使用されてきたが、この「情報公開法要綱案の考え方」が双方の概念を明確にしたことで、知る権利とは別に、国民が広く思想や情報を伝達し、またそれを受け取れる自由については、知る自由という概念で認知されるようになっている。

1954年の「図書館の自由に関する宣言」ではかっこ付の「知る自由」であったのが、1979年版ではかっこが抜きになり、知る自由が広く認知され市民権を得た[81]ことを示すものである。

このように情報公開法が制定されたことで、知る権利の定義が定められ、知る権利との対比で知る自由の概念もようやく認められるようになってきた。しかしそれまで知る自由が、権利として法的に熟してこなかったのは、国家から規制されない自由権ではなく、私人が娯楽的なものを含むどのような情報でも正当な理由なくして「知ることを干渉されない自由権」であると考えられるからである。一方、知る権利は相手が拒否しても情報を入手する積極的な権利と考えられる[82]。また、知る権利は憲法21条の出版報道の自由として出発し、情報の受け手の自由は、送り手の自由を吟味・保障すれば

80）後藤・鈴木監修、上掲書、22-23頁。
81）渡辺重夫、前掲書、28頁。
82）清水英夫『言論法研究2』学陽書房、1987年、99頁。

それで足りていたため、送り手の自由が中心に考えられていたことにもよるものである。

　さらに情報公開制度ができたことで、図書館と知る権利との関係も、明確になった。書籍のように市販されているものや、博物館、図書館などで一般の方が閲覧できる歴史的資料などを除外していることおよび、公立図書館は資料の公開を原則としていることなどから、情報公開制度における公立図書館の役割はないとされている。しかし情報公開の体系において、公立図書館は情報提供施設として位置づけられている[83]ため、知る権利（知る自由）の保障および、住民自治の発展に対応する[84]施設と考えられている。これは、「図書館の自由に関する宣言」の主文「図書館は、基本的人権のひとつとして知る自由をもつ国民に、資料と施設を提供することを、もっとも重要な任務とする」に表明されている[85]。

II　図書館の自由の法的関係

　「図書館の自由に関する宣言」と「知る自由」との法的関係は前述のとおりであるが、「図書館の自由に関する宣言」自体に関する法的意義や根拠についての研究はなかなか進んでいない状況である。1984年前後には「図書館の自由に関する宣言」の公表30年を記念して、「図書館の自由に関する宣言」に関する研究が行われた。法学者の中では、1980年に堀部政男教授が初めて法律的意義や根拠について論文を発表している。堀部教授が、図書館の自由について研究を行っていた1980年頃は、情報公開制度が確立されておらず、知る権利と知る自由の概念が曖昧であった。1999年に、情報公開法（平成11年5月14日法律42号）が制定されたことで今まで曖昧であった「知る権利」と「知る自由」という文言の概念が明確になった。

　知る権利と知る自由の概念が明確になったこと、情報公開法と図書館との

---

83)『情報公開制度と図書館の自由』日本図書館協会、1987年18頁。
　　第1章脚注42) を参照。
84)『情報公開制度と図書館の自由』22-23頁。
85) 渡辺重夫、前掲書、29頁。

関係が定まったことおよび図書館に関する裁判例が積み上がってきたことなどを受けて、2000年頃から、元東京都立図書館の山家篤夫（やんべあつお）[86]氏による「図書館の自由に関する宣言」に対する法的意義の研究[87]が進むようになった。

堀部教授は「図書館の自由に関する宣言」を3つの構成部分に分けることができるとしている。第1の部分は、宣言の主文である「図書館は、基本的人権のひとつとして知る自由をもつ国民に、資料と施設を提供することを、もっとも重要な任務とする」から続く副文6つである。第1の部分は宣言の中で、前文に該当するものである。第2の部分は、この宣言の主要な4つの標語を掲げている。最後の部分（第3の部分）は、「図書館の自由が侵されるとき、われわれは団結して、あくまで自由を守る」という宣言とそれに続く副文4つとしている[88]。

堀部教授は、「図書館の自由に関する宣言」の第1の部分の中の副文1が言及している「　」がとれた知る自由に着目して国内法規の根拠について見解を述べている。また「知る自由」を「情報へのアクセス権」という、より積極的に主張する思想もあらわれてきているので、新たな視点が必要となってきている[89]とも述べている。

宣言の中核をなす第1の部分の内容は、次のとおりである。

「図書館は、基本的人権のひとつとして知る自由をもつ国民に、資料と施設を提供することを、もっとも重要な任務とする。
1　日本国憲法は主権が国民に存するとの原理にもとづいており、この国民主権の原理を維持し発展させるためには、国民ひとりひとりが思想・意見を自由に発表し交換すること、すなわち表現の自由の保障が不可欠である。知る自由は、送り手に対して保障されるべき自由と表裏一体をなすものであり、知る自由の保障があってこそ表現の自由は成立する。知る自由は、ま

---

86) 山家（やんべ）篤夫氏は日本図書館協会図書館の自由委員会副委員長でもある。
87) 山家篤夫「第6章 図書館の自由と図書館法」（塩見昇・山口源治郎編著『新図書館法と現代の図書館』日本図書館協会、2009年）332-346頁。
88) 堀部「図書館法の法学的検討―図書館の自由を中心として」125-126頁。
89) 堀部「図書館法の法学的検討」126頁。

た、思想・良心の自由をはじめとして、いっさいの基本的人権と密接にかかわり、それらの保障を実現するための基礎的な要件である。それは、憲法が示すように、国民の不断の努力によって保持されなければならない。
2 すべての国民は、いつでもその必要とする資料を入手し利用する権利を有する。この権利を社会的に保障することは、すなわち知る自由を保障することである。図書館は、まさにこのことに責任を負う機関である。
3 図書館は、権力の介入または社会的圧力に左右されることなく、自らの責任にもとづき、図書館間の相互協力をふくむ図書館の総力をあげて、収集した資料と整備された施設を国民の利用に供するものである。
4 わが国においては、図書館が国民の知る自由を保障するのではなく、国民に対する『思想善導』の機関として、国民の知る自由を妨げる役割さえ果たした歴史的事実があることを忘れてはならない。図書館は、この反省の上に、国民の知る自由を守り、ひろげていく責任を果たすことが必要である。
5 すべての国民は、図書館利用に公平な権利をもっており、人種、信条、性別、年齢やそのおかれている条件等によっていかなる差別もあってはならない。外国人にも、その権利は保障される。
6 ここに掲げる『図書館の自由』に関する原則は、国民の知る自由を保障するためであって、すべての図書館に基本的に妥当するものである[90]。」

堀部教授は第1の部分のうち、図書館の自由と知る自由との関係に注目して法的根拠について見解を述べている。しかし第1の部分の全体についての法的根拠を検討していくと、憲法21条（副文1前半）、21条の知る自由（副文1後半）、19条の思想良心の自由（副文4）、14条の法の下の平等（副文5）などが妥当するとしている。第2の部分は、本章第2節で取り上げた読書の自由でも触れたように、利用者の秘密保護を柱に加えた点が重要と考える。それは、第4の「図書館はすべての検閲に反対する」（憲法21条）という標語となって表れている。第3の部分は、「団結して自由を守る」という図書館界の図書館の自由を守るための闘いを宣言しているのであって、特に法的な意義はないと思われる。堀部のこの部分の見解は「図書館の自由を守るた

---

[90]『「図書館の自由に関する宣言1979年改訂」解説 第2版』5-6頁。

めの闘いがいかに重要か容易に理解できるであろう。『1979年改訂』が『1954年宣言』を引き継いで『権利のための闘争』を明記していることに注目しなければならない[91]」と結んでいる。

「図書館の自由に関する宣言」には法的根拠はないが、図書館の自由が権力により侵害されることなく遂行されることが、国民の知る自由を確保していくものであると考える。国民の知る自由と図書館の自由の法的根拠は重なると考えられる。しかし図書館の自由を法的に保障する問題は残ることになる。

一方、山家篤夫氏が考える「図書館の自由に関する宣言」の構成は、副文6つを含む前文と4つの主文から成るものとしている。4つの主文とは、第1の資料収集および第2の資料提供では図書館の実務を、第3の利用者の秘密厳守および第4の検閲・自己規制排除では図書館の目的を提示している[92]。

山家氏も堀部教授と同様に、「図書館の自由に関する宣言」の第1の部分（宣言の前文に該当する）の中の副文1に法的意義を見出している。この前文の部分に図書館の役割と3つの命題を示している。前文の中の副文1の「知る自由は、表現の送り手に対して保障されるべき自由と表裏一体をなすものであり、知る自由の保障があってこそ表現の自由は成立する」の部分は、図書館の役割が憲法21条に準拠する[93]ことを明確に示している。

宣言の前文（堀部の構成によれば第1の部分に相当する）の副文2以下では宣言の意味が述べられ、図書館の命題として3つが提示されていると述べている。その命題とは、第1に権利性（住民は図書館からサービスを受けることに権利を持つこと）としている。これは、住民は図書館からサービスを受けることに権利を持つものであることを根拠としている。第2に価値中立性（図書館サービスは価値中立性を基本にすること）としている。これは、図書館サービスは価値中立性を基本とすることを根拠としている。第3に公平性（その権利は住民に公平に保障されること）としている。これは、図書館からサービス

---

91) 堀部「図書館法の法学的検討―図書館の自由を中心として」126頁。
92) 山家「第6章 図書館の自由と図書館法」334頁。
93) 山家「第6章 図書館の自由と図書館法」332-333頁。

を受ける権利は、住民に公平に保障されるものであることを根拠としている[94]。

宣言の前文の副文2以下で、この3つの命題を具体的に次のように適用させている。副文2と3は、内容により部分ごとに各命題を当てはめているため、細かく分かれている。副文2から5までの各命題への適用は次のとおりである。

「《副文2》すべての国民は（公平性）、いつでもその必要とする資料を（価値中立性）入手し利用する権利を有する（権利性）。《副文3》図書館は、権力の介入または社会的圧力に左右されることなく（価値中立性）、自らの責任にもとづき（価値中立性）、図書館間の相互協力をふくむ図書館の総力をあげて（公平性）、収集した資料と整備された施設を国民の利用に供するものである。《副文4》図書館が国民の知る自由を保障するのではなく、国民に対する『思想善導』の機関として、国民の知る自由を妨げる役割さえ果たした歴史的事実があることを忘れてはならない（価値中立性）。《副文5》すべての国民は、図書館利用に公平な権利をもっており、人種、信条、性別、年齢やそのおかれている条件等によっていかなる差別もあってはならない。外国人も、その権利は保障される（公平性）[95]。」

山家氏は、副文に続く宣言の主文の4つについては、次のような見解を述べている。「4つの主文のうち副文を含む『第1　資料収集の自由』と『第2　資料提供の自由』は図書館実務を示すものであるが、この2つの主文には3命題（権利性・価値中立性・公平性）を適用した指針を提示しているものである。また精神的自由権保障という図書館の目的から、主文の『第3　利用者の秘密厳守（権利性）』と『第4　検閲・自己規制排除（中立性）』を提示しているものである[96]」という見解である。

以上のように山家は、図書館の命題を具体的に宣言の前文の副文2から5までの中に見出し、その命題を宣言の主文の4つにも適用させる見解を述べている。

---

94) 山家「第6章 図書館の自由と図書館法」333頁。
95) 山家「第6章 図書館の自由と図書館法」333頁。
96) 山家「第6章 図書館の自由と図書館法」334頁。

Ⅲ 図書館利用の権利性

1 図書館利用の権利性の概要

　図書館の3命題（権利性・価値中立性・公平性）のうち、特に重要な命題は権利性と考える。権利性とは「住民は図書館からサービスを受けることに権利を持つものである」と考えられているが、サービスの主要部分は図書の閲覧および貸出しである。閲覧・貸出しに供される図書館資料がなければ、このサービスは成り立たない。閲覧・貸出しに供される図書館資料の著作者にも、住民に図書資料が提供されることでその思想・意見等を公衆に伝達できるという権利性が発生する。

　山家氏は、住民は図書館からサービスを受けることに権利を持つという命題を次のように概観している[97]。

　行政法での図書館の扱いは、現在は「公の施設」となっている。しかし1963年の地方自治法の改正前までは、国や自治体が設置し、住民の一般利用に供する施設は営造物と称されていた。「営造物とは、行政の主体によって直接に特定の行政の目的に供せらるる継続的の一体の施設をいう[98]。（略）人が普通利用[99]を為し得ることは権利ではない、したがって公権でもない。換言すれば普通利用は権利利用でもない。行政の主体は、その営造物を公共の利用に供し、行政の客体はただその結果として之を利用し得るのみ。即ち利用者は営造物設定の反射たる利益を享受し得るに過ぎない[100]」とされていた。つまり営造物を設置・管理・運営する主体と目的は、国および自治体であり、住民は営造物を利用する反射的利益を受けるのみであるとされ、住民は設置・管理・運営にあずかる権利のない「お客様」であった。1963年の地方自治法改正により、244条「地方公共団体は、住民の福祉を増

---

97) 山家「第6章　図書館の自由と図書館法」334-335頁。
98) 磯崎辰五郎「公物・営造物法」（『新法学全集第4巻行政法』日本評論社、1936年）58頁。
99) 「普通利用とは営造物をその本来の用方に従い、且つ通常の程度に於いて利用することをいう。例えば、道路を徒歩又は車馬にて通行し、図書館にて図書を閲覧し、学校にて授業を、受けるが如し」（磯崎、上掲書、87頁）。
100) 磯崎、前掲書、92頁。

進する目的をもってその利用に供するための施設（これを公の施設という）を設けるものとする」が新設された。主体と目的は行政であるという構成は変わらなかったが、住民の利用については、設置者である自治体は「正当な理由」がない限り拒んではならない（2項）と、「不当な差別的取扱い」をしてはならない（3項）を設け、行政の自由裁量を規制し、住民の利用の権利性を拡張する仕組みが設けられたのである。

2　図書館利用の権利性に関する判例

　行政法的に、住民の図書館利用の権利性を拡張する仕組みが設けられたとはいえ、それがすぐに適用されていくわけではない。その後図書館の資料の提供の自由と住民が図書館サービスを受ける権利性について言及している事件の判決が2つ、関連する事件の判決が1つ出された。関連する事件の判決としては、1983年のよど号ハイジャック記事抹消事件[101]の最高裁判決が挙げられる。図書館サービスを受ける権利性について言及している事件の判決の1つ目は2001年の東大和市立図書館『新潮45』閲覧拒否事件[102]であり、2つ目は2007年の大阪府熊取町立図書館の協力拒否損害賠償請求事件[103]である。2つ目の事件の判決により、「住民の図書館利用で受ける利益」に拡大されることになった。

　先に、関連する判決とされる1983年のよど号ハイジャック記事抹消事件の判決を検討する。この事件は、未決勾留によって拘禁された者に対する新聞紙の閲読の自由を制限しうる旨を定めた監獄法31条2項、監獄法施行規則86条1項の各規定、昭和41年12月13日法務大臣訓令および昭和41年12月20日法務省矯正局長依命通達は、思想および良心の自由を保障した憲

---

101) 最大判昭和58年6月22日民集37巻5号793頁。
102) 東京地判平成13年7月18日。判例集未登載。平成12年（行ウ）第175号。雑誌閲覧禁止処分取消請求事件。
　東京高判平成14年1月29日。判例集未登載。平成13年（行コ）第212号。
　一審と控訴審の判決文は『現代の図書館』41巻2号、2003年、113-117頁に記載されている。
103) 大阪地判平成19年6月8日。判例集未登載。平成17年（ワ）第10224号。
　判決文は『図書館年鑑2008』日本図書館協会、2008年、402-410頁に掲載されている。

法19条並びに表現の自由を保障した憲法21条の各規定に違反し無効であることを求めた事件である。

よど号ハイジャック記事抹消事件の最高裁判決が、図書等の閲読の自由の権利性を認めたことにより、図書利用の権利性の拡張が可能になったと考えられる。最高裁は「意見、知識、情報の伝達の媒体である新聞紙、図書等の閲読の自由が憲法上保障されるべきことは、思想及び良心の自由の不可侵を定めた憲法19条の規定や、表現の自由を保障した憲法21条の規定の趣旨、目的から、いわばその派生原理として当然導かれるところであり、また、すべて国民は個人として尊重される旨を定めた憲法13条の規定の趣旨に沿うゆえんでもある」と判断し、新聞・図書等の閲読の自由は、憲法上保障されるべき権利であるとした。

雑誌に実名報道された堺通り魔事件の容疑者少年が、少年法61条に違反した報道によって名誉・プライバシーを侵害されたとして出版社等に損害賠償を求める訴訟を起こした。東大和市在住の原告はその雑誌記事を読みたいと思い、市立図書館で閲覧を求めたが拒否されたため、憲法21条が保障する知る権利を侵害されたとして国家賠償法1条に基づいて、損害賠償を求めた。この事件を東大和市立図書館の雑誌閲覧拒否事件と呼んでいる。

東大和市立図書館の雑誌閲覧拒否事件の主な判断は次の3つである[104]。①憲法21条が保障する知る権利は消極的自由権として、国民が情報の受領に際して国家からこれを妨げられないことを保障しているにすぎず、国民または住民が国や地方公共団体に対して、情報の提供等にかかわる何らかの措置を請求する権利を保障するものとまで認められない。②図書館の管理に関する定めは地方自治法244条の2第1項に基づき教育委員会が定める規則に委任している。東大和市図書館運営規則10条「中央館長は、特に必要と認めた資料について、その利用方法を制限することができる」は図書館に対して閲覧の可否を定める裁量を認めたものである。③地方自治法244条2項は、普通地方公共団体は正当な理由があれば、住民が公の施設を利用することを拒むことができるとしている。そのため本件閲覧禁止は図書館長の裁量

---

104)『現代の図書館』41巻2号、114-115頁。

権の範囲内にあり、違法ではないとした。この判決は「図書館利用者の権利性を認めない伝統的な解釈」を踏襲したものであり、よど号ハイジャック記事抹消事件の最高裁判決が、新聞・図書等の閲読の自由は、憲法上保障されるべき権利であるとした判断より、後退してしまった。

　大阪府熊取町立図書館の協力拒否損害賠償請求事件は、熊取町の一住民が町立図書館の図書除籍が館の除籍基準に基づいて適正に行われているかを調査する目的で町立図書館に協力貸出しを申し込み続けた（2005年8月に36冊）が、図書館長からその受付を拒否された。そこで国家賠償法1条に基づき町に損害賠償を請求した事件である。大阪地裁は、船橋西図書館事件最高裁判決を引用して、「公立図書館は住民に対して思想、意見その他種々の情報を含む図書館資料を提供してその教養を高めること等を目的とする公的な場」とし、続けて「住民も公立図書館から上記のような図書館資料の提供を受けることにつき法的保護に値する人格的利益を有するものと解される」と、判例では初めて住民の利用に「人格的利益」を認めた。住民の図書館利用について地方自治法244条2項の規定からさらに踏み込んだものと考えられるため、営造物法の「図書館利用者の権利性を認めない伝統的な解釈」から脱却することができたと解される。

　大阪府熊取町立図書館の協力拒否損害賠償請求事件の判決は4つの判断が注目されるが、住民の権利性についての判断は①のみで、②から④の判断については公平性の侵害に該当すると考えられる。①「法的保護に値する人格的利益」の内容を、<u>住民が「公立図書館から思想、意見その他の種々の情報を含む図書館資料の提供を受けること」</u>（利用の権利性）に拡大したこと、②国家賠償法1条1項の適用の根拠に「公務員の職務義務違反」を用いず、自治体が公の施設の利用を拒むことができる「正当な理由（地方自治法244条2項）」の不在を挙げ、適用の幅を広げたこと、③拒否処分の動機が思想差別でなくても法的救済の対象としたこと、④除籍基準に当たる内部規程がなく、熊取町立図書館の協力貸出しの運用実態から拒否処分の不当性を導いたこと等[105]である。

105）山家「第6章 図書館の自由と図書館法」344頁。

第6節　図書館利用の権利性と著作者の権利

　図書館の蔵書破棄について資料提供者の著作者と図書館が争った船橋市西図書館の蔵書破棄事件[106]がある。船橋市西図書館の蔵書破棄事件の争点は、前の2つの図書館事件の利用者の権利性と異なり、蔵書とされた著者の権利性である。

　船橋市西図書館の蔵書破棄事件の東京地裁は、図書館の蔵書にされた著作が市民の閲読に供されることは著者の「法的保護に値する利益」であるとする原告の主張について「図書館が、その自由裁量に基づいて自らの責任と判断で原告（著者）らの書籍を購入し、市民の閲覧に供することとしたことによって反射的に生じる事実上の利益にすぎないものであって、法的に保護された権利や利益ということはできない。したがって、本件除籍等により原告がこれらの事実上の利益を失ったとしても、何ら違法ということはできないから、原告のこれらの主張は理由がない[107]」と退けた。著者の権利も住民の利用の権利と同様に、伝統的な営造物法の考え方「市民の閲覧に供することとしたことによって反射的に生じる事実上の利益」を採用している。

　また原告らが主張している除籍基準は、「図書等の資料のうち除籍や廃棄を相当とする物の基準を示すために定めた図書館管理の内部基準のひとつにすぎない。（略）本件除籍基準は、被告船橋市が図書館の職員に対して図書管理上の義務を課すものであっても、被告船橋市自身や図書館の職員に、図書館において保管・管理している書籍の著者との関係で何らかの法的義務を負わせたり、その著者に対して何らかの権利を付与したりするものではない[108]」と判断し、行政の内部規則が外部に及ぶ効果を排除した。控訴審判決は、これらの判断を引用した。そのため、原告は上告した。最高裁の判決

---

106) 東京地判平成15年9月9日民集59巻6号1579頁。東京高判平成16年3月3日民集59巻6号1604頁。最一小判平成17年7月14日民集59巻6号1569頁。
107) 東京地判平成15年9月9日民集59巻6号1579頁。争点2（本件除籍等の違法性の有無）イ　憲法21条違反の判断。
108) 上掲判決。

は、原審とはまったく反対の判断をして、本件を原審に差し戻した。

　原判決と本判決の相違は、公立図書館において閲覧に供されている図書の著作者が著作物によってその思想、意見等とを公衆に伝達する利益の捉え方に掛かっている。原判決は、その法的権利性を否定し、公立図書館の自由裁量に基づく図書の取捨選別によって反射的に生じる事実上の利益にすぎないとしているのに対し、本判決は法的保護に値する人格的な利益であるとしたうえ、公立図書館の図書館職員が図書の廃棄につき不公正な取扱いをした時は、同利益を侵害するものとして国家賠償法上の違法になるとしている。

　本件の論点は、①図書の著作者が著作物によってその思想、意見等を公衆に伝達する利益は法的保護に値する利益であるか、②上記利益の侵害が国家賠償法上の違法と評価されるか、という2点である[109]。

　そこで論点①の人格的利益とは何かが問題になってくる。人格的利益は人格権の概念から次のように考えられている。「人格権は、人格に尊属する個人の自由・名誉・身体・精神・生活等の人格的権利ないし法的利益の総称として包括的権利概念であり、その下位に名誉権・肖像権・氏名権・プライバシーの権利があり、これらの権利が全体として人格権を構成し、この人格権の外延に権利性まで認められないが、不法行為上の法的保護に値する人格的利益が存在すると理解すべき[110]」と考えられている。

　人格的利益は広範囲な内容を含み、被侵害利益の範囲が無制限に広がるおそれもあることから、人格的利益の侵害を理由とする権利救済を考えるには、これが法的保護に値する利益と言えるか否かの判断が重要となる。最高裁が法的保護に値する利益を認めた事例は、前科等をみだりに公開されない利益（最三小判昭和56年4月14日民集35巻3号620頁）、自己の宗教上の信念に基づき輸血を伴う医療行為を拒否する意思決定をする権利（最三小判平成12年2月29日民集54巻2号582頁）等がある。

　論点②の国家賠償法の違法性が問題になる場面は多岐にわたる。公の施設における著作物の閲覧、処分等にかかわる公権力の行使が問題になった事例

---

109) 本多健司（千葉家庭裁判所判事補）公立図書館図書破棄事件（判タ1215号、2006年9月25日）92-93頁。
110)「石に泳ぐ魚」事件。最三小判平成14年9月24日集民207号243頁。

は、自己の作品を県立美術館で非公開および売却・図録の焼却等をされた著作者が、表現の自由を侵害され、作品を他人に鑑賞してもらう知る権利を侵害されたとして、県に対して損害賠償を求めたものである。一審判決は「作品を他人に鑑賞してもらう自由は憲法 21 条 1 項に保障する表現の自由に含まれるものの、これは作品の作者が公権力に対して展覧会での展示や美術館による購入等の当該作品を提供するための作為を求める事までを意味するものではなく、したがって、県立美術館により作品非公開の措置は作者の表現の自由を侵害するものではない[111]」として同損害賠償の請求を棄却した。控訴審は、県立美術館は地方自治法 244 条 1 項にいう公の施設であるとし、県立美術館が所蔵する美術品を住民が特別閲覧することは、公の施設を利用することにほかならないから、県教育委員会は地方自治法 244 条 2 項に定める正当な理由がない限り、住民のした特別観覧許可申請を不許可とすることは許されないと解すべきであるという前提を示し、本件がそれに該当するか否かを判断した。本件非公開措置には、地方自治法 244 条 2 項に定める「正当な理由」があるというべきであるから、違法性は認められず、損害賠償請求は理由がないとした。鑑賞者の知る権利に係る本件売却および本件図録焼却については、美術館美術品管理要綱 8 条および富山県会計規則 131 条に定められた手続きを経ているため、県教育委員会および県立美術館長がその裁量を逸脱して行ったとは認めることができないとして、再び棄却した[112]。

　船橋市西図書館の蔵書破棄事件の最高裁の判決の位置づけであるが、論点①の著作者の利益については、「著作者が著作物によってその思想、意見等を公衆に伝達する利益は、法的保護に値する人格的利益である」と判示した。根拠は、「公立図書館は、住民に対して思想、意見その他の種々の情報を含む図書館資料を提供してその教養を高めること等を目的とする公的な場」であること、「公立図書館で閲覧に供された図書の著作者にとって、その思想、意見等を公衆に伝達する公的な場でもある」とし、「閲覧に供されている図書を著作者の思想や信条を理由とする等不公平な取扱いによって破

---

111) 昭和天皇コラージュ訴訟事件。富山地判平成 10 年 12 月 16 日判タ 995 号 76 頁。
112) 昭和天皇コラージュ訴訟事件控訴審判決。名古屋高金沢支部判平成 12 年 2 月 16 日判タ 1056 号 188 頁。

棄することは著作者が著作物によってその思想、意見等を公衆に伝達する利益を不当に損なうもの」であり「著作者の思想の自由、表現の自由が憲法により保障されている基本的人権であることをかんがみると、公立図書館において、その著作物が閲覧に供されている著作者が有する上記利益は法的保護に値する人格的利益であると解するのが相当」と認めたのである[113]。

　論点②については、著作者が有する利益は法的保護に値する人格的利益であると認めたうえで、公立図書館の図書館職員により不公正な取扱いに基づく図書の破棄は、著作者の人格的利益を侵害するものとして国家賠償法上違法になると判示した。

　本判決により、図書館に図書として蔵書されている著作者の著作物を住民に読まれる利益は、不法な侵害から法的に救済されるべきとする憲法13条の基本的人権の外延にある利益であると、判断されたと考えられる。

　著作者の人格的利益は、法的保護に値する権利とまでは判断されなかったが、図書館に図書として蔵書されている著作者の著作物を住民に読まれる利益が存すると判断されたことは、資料提供者の利益について今後検討していく道筋ができたと理解できるものである。

　本書は、図書館の無料原則による図書の貸出サービスが著作者に負担をかけているという問題意識を持ち、著作者の経済的利益について検討を試みるものである。著作者の人格的利益については、本件である船橋市西図書館の蔵書破棄事件の検討により充当するものである。

---

113) 最高裁の判断は「訴えの利益拡大論」の手法を使用したと考えられる。訴えの利益拡大論とは「原告適格を、『権利を侵害された者』から、『法律上保護されている利益』あるいは、『法律上保護に値する利益』を侵害された者にまで拡大することによって、従来『反射的利益』に留まるとされていた公共用物利用者の利益を、これらの『法律上保護されている利益』、『法律上保護に値する利益』に該当するとして、司法救済を認めていこうとする見解である。」（松島諄吉「公物管理権」〈『現代行政法大系』9巻、有斐閣、1984年〉309頁より。）

第3章

国民の知る自由を確保する図書館の原則(2)
パブリック・ライブラリー要件

第1節 アメリカ合衆国に誕生したパブリック・ライブラリー要件

Ⅰ　パブリック・ライブラリーの成立

1　成立の過程

　一般に、英語の"Public Library"に対応する日本語が「公共図書館」であるように考えられているが、これは正確ではない[1]。"Public Library"の歴史をたどることで、「公費支弁・利用の公開性・無料原則」などを備えた公立図書館を示すことが判明してくる。したがって本書では、"Public Library"について検討する際は、日本語の訳語を当てはめずにそのまま「パブリック・ライブラリー」を使用する。

　アメリカ合衆国において、近代パブリック・ライブラリーの歴史をたどることは社会機関としての図書館の成長を検証することである。パブリック・ライブラリーの歴史は、偏狭な保存機能から民衆教育の推進を目指す広範なプログラムへの移行の記録でもある。パブリック・ライブラリーの目標の変化は、社会自体の変容を反映しているにすぎない。また、近代パブリック・ライブラリーは、民主主義にとって啓蒙的な選挙民が必要であるということを代弁している[2]のである。

　アメリカ合衆国におけるパブリック・ライブラリーの成立の時期について

---

1) 森耕一「図書館立法の歴史と現代的課題」(『法律時報』52巻11号、1980年) 38頁。
2) Shera, Jesse H., *Foundations of the Public Library*, The Shoe String Press, Inc., reprinted 1965., p.iv.

は、多くの主張がある。この論争は、パブリック・ライブラリーという語が正確に定義されていないことに由来している[3]と考えられている。

　パブリック・ライブラリーの定義について、図書館の利用に注目したシカゴ大学のカールトン・ジョッケル[4]は次のように述べている。それは、「一般的な性質の無料図書館サービスをある特定のコミュニティあるいは、そういうコミュニティの一部に対して提供するために、公的に責任を持たされてきたか、自発的に責任を負ってきたような図書館なら、どれでもパブリック・ライブラリーと考えられる。結局のところ、定義を正確に述べることは難しいだろう。しかし図書館がコミュニティのパブリック・ライブラリーとして認識されることを示すのは比較的易しい[5]」というものである。この定義では、パブリック・ライブラリーを正確に表すものとは言えない。むしろパブリック・ライブラリーの定義を正確に述べることが難しいという結論が重要である。

　しかしパブリック・ライブラリーの用語の定義をしなければ、パブリック・ライブラリー運動の開始時について主張ができない[6]のである。

　1850年にスミソニアン・インスティチューション（Smithsonian Institutions）の図書館部長チャールズ・ジューエット[7]は、連邦議会に図書館の報告書[8]を提出している。同報告書では、パブリック・ライブラリーを7つに類型化している。その類型は、①州立図書館（States libraries）：州政府の管轄下にある図書館・議会図書館も含む、②ソーシャル・ライブラリー（Social libraries）：アセニアム（Athenaeum 図書室、文庫）・ライシアム（Lyceums 公会堂、文化会館）・青年会・職工学校・商事図書館等を含む、③カ

---

3) Ibid., p.156.
4) Carleton Bruns Joeckel, 1886-1960.
5) Joeckel, Carleton Bruns, *The Government of the American Public Library*, Chicago Illinois, The University of Chicago Press, 1939, p.x, (Introdution).
http://archive.org/details/governmentofthea010579mbp （Chicago Universityのアーカイブ図書館より調査）
6) Shera, op.cit., p.156.
7) Charles C. Jewett, 1816-1868.
8) Smithsonian Reports, *Notices of Public Libraries in the United States of America*, by Charles C. Jewett, 1851, p189.

レッジ・ライブラリー（学生図書館を除く）、④学生図書館（Students' libraries）：カレッジ・専門学校などにあり、学生団体が相互向上を意図して組織した図書館、⑤専門学校の図書館（Libraries of professional schools）とアカデミー（academies）：神学校・法律学校・医学校・アカデミー等の図書館、⑥学術団体の図書館（Libraries of Learned Societies）：科学協会・歴史協会等の図書館、⑦学校区図書館（Public school libraries）：タウンシップや学校区を区域に、当該区域に住む全住民を対象にした図書館[9]、などの7つである。つまり1800年代後半のパブリック・ライブラリーとは、現在の「公立図書館」だけではなくさまざまな図書館を含んでいたのである。

したがって古い意味でのパブリック・ライブラリーとは、料金を徴収する図書館でも蔵書利用ができる（開放されていればよい）とされていた。つまり蔵書の利用が開放されていれば設立の主体の公私を問わないし、有料・無料の区別も特に問われないものであった[10]。

それを示しているのはアメリカ図書館協会が編纂した1943年の *Glossary of Library Terms* における2つの公立図書館の定義のうち、2番目の定義に見られる。2番目の定義では「初期の時代では、コミュニティの全住民が利用できる図書館をいい、必ずしも無料である必要はない。個人文庫と区別して、この語が使われてきた。したがって、諸団体の図書館（Society library）や会員制図書館（Subscription library）も、パブリック・ライブラリーであった[11]」としている。しかしこれには大学や学校関係の図書館が含まれていない。定義をした時が、1900年代半ばであるため、パブリック・ライブラリーの範囲が限定されてきていると思われる。

パブリック・ライブラリーの初期の時代とは、ボストン公立図書館の設立された1854年頃を指すと思われる。アメリカ図書館協会の用語集の定義の2番目によると、この頃のパブリック・ライブラリーは必ずしも無料ではな

---

9) Ibid., p.189.
10) 小倉親雄「パブリック・ライブラリーの思想とわが国の公共図書館」（『図書館学会年報』12巻1号、1965年）12頁。
11) *A.L.A. Glossary of Library Terms,* Chicago, American Library Association, 1943, p.108..

かったということを示しているため、無料のパブリック・ライブラリーをフリー（無料）という文字をつけて「フリー・パブリック・ライブラリー」と呼んでいた。

1885年にサンフランシスコ公立図書館館長のフレデリック・パーキンスは、「300冊以上の蔵書をもつパブリック・ライブラリーを約5000館とし、蔵書合計1300万冊、利用冊数合計1000万冊とした。そしてかなりの館は、あらゆる人の利用のために税や寄付で支えられている『フリー・パブリック・ライブラリー』である[12]」と言及している。無料のパブリック・ライブラリーが多かったことが、この言及により判明する。

1903年に、ニューヨーク・パブリック・ライブラリー初代館長ジョン・ビリングスは「現在の大多数のパブリック・ライブラリーは、市政府から充当される資金で大部分あるいはすべてを賄っている[13]」と述べている。さらに1904年には、図書分類のデューイ十進分類法の考案者であるメルヴィル・デューイ[14]が慈善的意味を持つ「フリー」という文字を取り去るように提言している[15]。デューイの提言により19世紀の終わりから20世紀初頭にかけて、パブリック・ライブラリーとは「公立図書館」を意味するようになっていったのである。

2　成立に関する要因

近代的な図書館が始まったとされる1850年代にパブリック・ライブラリーと呼ばれた図書館にはさまざまな形態のものが含まれていた。複数の形態のパブリック・ライブラリーから、新しい社会機関としての図書館（パブリック・ライブラリー）と認められるようになるには、ある要因だけが影響してできるものではない。

パブリック・ライブラリーという新しい図書館の形態が形成されるには、

---

12) Perkins, Frederic B., "Public Libraries and the public" *Library Journal*, Vol.10, 1885, p.223.
13) Billings, John S., "The public library" *Library Journal*, Vol.28, 1903, p.293.
14) Melvil Dewey: 1851-1931. アメリカ図書館協会を設立した。
15) Dewey, Melvil, "On libraries for librarians" in *New international encyclopedia*, New York, Dodd, Mead & Company, 1904, p.197.

長期間に蓄えられた多くの諸力が収斂していった[16]結果である。パブリック・ライブラリーの出現に貢献した要因について、次のような要因が考えられる。それは①経済力、②学術・歴史研究・資料保存への要求、③地元の誇り、④普通教育の社会的重要性、⑤自己教育とライシアム運動[17]、⑥職業的影響、⑦宗教・道徳・教会などである[18]。

これらの要因に加えて、ヨーロッパがアメリカ合衆国のパブリック・ライブラリーに2つの影響を与えた。直接的には、実際に組織形態を移植することで、パブリック・ライブラリーの促進に寄与した。ブック・クラブ、ソーシャル・ライブラリー、貸本屋などはすべてヨーロッパの模範に由来するか、企業心旺盛な商人がアメリカ合衆国に持ち込んだものであった。また間接的には、ヨーロッパは厖大な蔵書と組織を例示することで、興隆する文化の統合に図書館が重要であることをアメリカ人に示唆したのである[19]。

つまり、歴史研究や保存への要求、国や地元の誇りという力、普通教育の重要性に対する信念の成長、職業的問題への関心の増大、宗教の貢献等の要因が、アメリカ合衆国自身の経済力に助けられ、さらにヨーロッパからの刺激を受け、すべての人に無料の図書館を形成したのである。各要因の基礎にあるのは、アメリカ合衆国国民自身の影響であり、多くの個人が、パブリック・ライブラリーへの信念を持ち、図書館の社会的価値をはっきりと信じていたことである[20]。

アメリカ合衆国がヨーロッパからの影響を受けたことを示す英国のパブリック・ライブラリーの状況を説明している文章がある。これは18世紀および19世紀初頭の英国において、「古い意味のパブリック・ライブラリー」が存在していたことを示している。*Penny Rate: Aspects of British Public*

---

16) Shera, op.cit., p.200.
17) Shera, op.cit., p.226 より引用。「カレッジ卒業者は文芸協会に常に馴染んでおり、文芸協会はカレッジの経験を拡大する重要で一般的な方策であると考えられていた。カレッジの壁の外では、ライシアム（公会堂）やインスティチュート（職業学校を意識している）が対応し、1830年から1850年に突如として目立つ存在になった。」
18) Shera, op.cit, pp.200-237 (Chapter Ⅶ Causal Factors in Public Library Development). 要因の詳しい内容は、pp.200-237を参照のこと。
19) Shera, op.cit., p.243.
20) Shera, op.cit., p.243.

Library History 1850-1950 の著作者である W. A. Munford が自著の序文で次のように言及している。「全国の大図書館はみな、18世紀および少なくとも19世紀初頭にあっては公共図書館（Public Library）であった。ジョンソン博士（Dr. Johnson）がこの言葉（Public Library）を何度か引用している。またローランドソン（Rowlandson）の1809年の魅力的な論文『ケンブリッジ公共（実は大学）図書館の内部観察』も良い例であろう。1820年頃までは多数の私営の図書館もこの言葉（Public Library）を使用していた[21]。」これによると、英国では、アメリカ合衆国よりも50年以上も前から古い意味でのPublic Library が存在していたことになる。

II　パブリック・ライブラリーの要件

　パブリック・ライブラリーが成立する条件（要件）については、ボストン公立図書館設立の際の報告書『1852年報告[22]』の中で、次のように示されている。「シティ・ライブラリーの利用条件に触れれば、個々の図書の性格や、図書の保全にとって必要な以外は、利用に一切の制限を設けない（公共性～共同利用）。（略）多くの図書を若者の家、貧しい家庭、安い下宿など図書が最も人生に影響を与え、人格と境遇の向上に役立つと思われるあらゆる場所に持ち込む。これは偉大な事業と考えて良い。図書館の扉は多くの階級の人々に、ただちに広く開かれねばならない（公開性）。警察官を含む市の全官吏、本市在住の全牧師、市のすべての宣教師、公立学校の全教員、グラマー・スクールおよびハイ・スクールの卒業時にメダルや賞を取ったすべての若者、上流階級と呼ばれる層に属するすべての人は、氏名と身分を保証するだけであらゆる貸出用の図書を1回につき1冊無料で（freely）借りる権利（限定つき利用料無料・公費支弁）を持つ。これ以外の範疇に属する本市の男女

---

21) Munford, W.A., *Penny Rate: Aspects of British Public Library History 1850-1950*, London, The Library Association, 1951 (reprinted by 1968), p.v.
22) City Document-No.37., *REPORT of the trustees of the Public Library of the City of Boston*, July, 1852. 原本は、Shera, *Foundations of the Public Library*, pp.267-290 の巻末に掲載されている。

を問わない全住民は、当該図書館の価値相当分の保証金あるいは、セット物の分冊の場合は、全巻分の価値相当分の保証金を預けることで、同じ貸出しの権利を得る[23)24)]。」

ボストン公立図書館設立の際の報告書『1852年報告』では、「利用の公開性」「公費支弁」「『無料』で『1回1冊の館外貸出しの権利』」という4つの条件を挙げている。

その後、アメリカ合衆国教育局（U. S. Bureau of Education）が公表した『1876年報告[25)]』の中で、パブリック・ライブラリーの定義について次のように言及されている。「パブリック・ライブラリーとは、州法の下で設立され、地方税や自発的寄付で賄われ、公の信託として運営され、さらに図書館を維持している市や町の全住民が、調査相談と貸出しの特権において同等の権利を持っている図書館である[26)]」という内容である。

アメリカ合衆国教育局が公表した『1876年報告』のパブリック・ライブラリーの定義では、ボストン公立図書館の4つの利用条件から、「利用の公開性」「公費支弁」「無料原則」の3条件を選び[27)]、加えて、「州法の下で設立され」と法的根拠を持つものとしている。

ボストン公立図書館設立の際に、図書館の利用条件として考案された、「利用の公開性」「公費支弁」「無料原則」というパブリック・ライブラリーが有する条件は、連邦政府も認めて発展してきたものである。アメリカ合衆

---

23) Shera, op.sit., p.286.（"Report"の20頁）
24) ハーバード大学教授で、ボストン図書館設立ための理事会の理事であるジョージ・ティクナが執筆したと言われている。
25) U.S. Bureau of Education, *Public Library in the United States of America: 1876 Report*, by William F. Poole, Washington, D.C., Government Printing Office, 1876. http://archive.org/details/publiclibrariesi04unit （Chicago Universityのアーカイブ図書館より調査）
26) Ibid., p477.
27) Ladenson, Alex, *Library Law and Legislation in the United States*, Muchen, N.J. & London, The Scarecrow Press, Inc.,1982, p.123. より、以下引用。「連邦政府は、図書館立法の分野に遅れて参入した。建国から100年の間、連邦政府は連邦政府諸機関に奉仕するものだけに注意を払い、図書館にはほとんど注意を払わなかった。（略）連邦政府の図書館に対する最初の真剣な取組みは、1876年に発行された教育局の報告書により示された」と言われるように、ボストン公立図書館の設立が連邦政府に刺激になったようである。

国教育局が『1876年報告』を出した1876年という年は、アメリカ合衆国建国100年目にあたり、アメリカ図書館協会（ALA）が創立された年である。アメリカ図書館協会の発足により、全国の図書館に一定の基準を浸透させる機会を設ける[28]ことができるようになった。

現在ではパブリック・ライブラリーとは、「利用の公開性」「公費支弁」「無料原則」を有する図書館のことを示すが、この近代的図書館の定義は、アメリカ合衆国のボストン公立図書館が設立される時に、利用条件を検討する中で考案され、その後図書館の成長とともに形成されていったものである。

III 公立図書館の定義

パブリック・ライブラリーの要件が定着して、それが公立図書館として認められるようになっていった。公立図書館の定義を確立していったのは、アメリカ図書館協会等、図書館界からであった。アメリカ図書館協会（ALA）が「公立図書館の定義」を定めてから、英国の実務側が定め、アメリカ合衆国連邦政府が法律で定義を規定した。国際的要請においては、「ユネスコ公共図書館宣言（UNESCO Public Library Manifesto 1994）」が公立図書館の条件を定めている。「ユネスコ公共図書館宣言」は、1949年に最初の宣言を行い、その後1972年と1994年に改訂をして現在の内容になっている。

アメリカ図書館協会（ALA）が編纂した *Glossary of Library Terms* の公立図書館の定義のうち1番目の定義[29]では、「無料でコミュニティ、地区（district）または地方（region）の全住民の利用に供し、財政的に全額または一部が、公費で維持されている図書館[30]」としている。

一方、英国の図書館員Harrodが作成した *Harrod's Librarians' Glossary and Reference Book 7th ed.*[31] の公立図書館の定義は、「経費の全額または一

---

28) Seymour, Jr.,W. North and Elizabeth N. Layne, *For the People: Fighting for Public Libraries*, New York, Doubleday & Company, Inc., 1979, p.9.
29) 定義には1と2の2つがある。2番目については、本章で前述している。
30) *A.L.A. Glossary of Library Terms*, Chicago, American Library Association, 1943, p.108.

部が公費によって負担され、利用がコミュニティの特定の階層の人々に限られることなく、すべての人が無料で利用できる図書館」としている。

この2種類の用語集の定義により、公立図書館の「公開性」「公費支弁」「無料原則」の3項目が重要な要件として導き出され、公立図書館の基礎単位は、「自治体」が基本であることがわかる。

アメリカ合衆国は、公立図書館に関する事項について、州の権限を留保している[32]ため、公立図書館の設置および運営は各州の議会が制定した法律により行われている。パブリック・ライブラリーの要件である「利用の公開性」「公費支弁」「無料原則」は、公立図書館設立の条件に引き継がれ、各州の図書館法または州憲法により規定され運営されている。

公立図書館運営は、連邦政府の権限ではないので、連邦政府は長い間図書館政策を行わなかったが、1938年になり常設の図書館サービス部を合衆国教育局の中に創設した[33]。

1956年には、アイゼンハワー（Dwight D. Eisenhower）政権（1953-1961）のもとで、連邦法として「図書館サービス法[34]（Library Services Act: LSA）(1956-1963)」が成立した。この立法措置の主な目的は、図書館サービスが行われていないか、あるいは十分でない地方自治体に連邦資金を提供する[35]というものであった[36]。

「図書館サービス法（LSA）」の9条(c)には"public library"の定義規定を置いている。この条文の文言は、アメリカ図書館協会が *Glossary of Library Terms* の中で定めた「公立図書館の定義」とまったく同じ字句を使用している。したがって、パブリック・ライブラリーの要件は、「図書館サービス法（LSA）」の9条(c)に規定されることで、アメリカ合衆国として法的根拠を持つに至った。

---

31) *Harrod's Librarians' Glossary and Reference Book*, 7th ed., London, Gower Publishing Company Ltd., 1990, p.504.
32) *Bill of Right*, Amendment x.
33) Ladenson, op.cit., p.124.
34) Public Law 597 -June 19 1956, 70 STAT.
35) P.L. 597, Sec.2(a).
36) Ladenson, op.cit., p.124.

Ⅳ 「ユネスコ公共図書館宣言」へのパブリック・ライブラリー要件の継授

最後に、図書館の理念および運営等に関する国際的要請では、公立図書館運営においてパブリック・ライブラリーの要件がどのように継授されているのかを検討する。

パブリック・ライブラリー要件は、「ユネスコ公共図書館宣言」により示され、加盟国はこの宣言を順守することにより、公立図書館の設置および運営を行っている。

1949年の最初の宣言では、公立図書館設立の条件として、パブリック・ライブラリーの要件を「公共図書館―教育のための民主的な機関」の項にて、次のように盛り込んだ。「（冒頭の部分省略）人民のために人民によって運営される民主的な施設として、公共図書館は、明確な法の権威のもとに設立され維持され、完全にまたは主として、公費で賄われ、職業、宗教、階級または人種に関わりなく、地域社会の全住民に対して平等に、無料で公開されなければならない[37]」。この宣言により、公共図書館とは、法による運営、公費で賄われることおよび無料で公開されることの4つの条件を盛り込むことになった。

この4つ条件は、1972年の改訂と1994年の改訂を経て現在も維持されている。1994年版のユネスコ公共図書館宣言（UNESCO Public Library Manifesto 1994[38]）では、「公開性」については大きな変更はない[39]が、「公費支弁」と「無料原則」「法的根拠を持つ」については、次のようにより具体的な内容に改訂された。「公共図書館は原則として無料とし、地方および国の行政機関が責任を持つものとする。それは特定の法令によって維持され、国および地

---

37) United Nations Educational, Scientific and Cultural Organization, *The Public Library: a living force for popular education*, UNESCO/LBA/1 (Rev.) Paris, 16 May 1949.
38) http://archive.ifla.org/Ⅶ/s8/unesco/eng.htm
39) 「公開性」については、同宣言の冒頭「公共図書館」の項で、「図書館サービスは、年齢、人種、性別、宗教、国籍、言語、あるいは社会的身分を問わず、すべての人が平等に利用できるという原則に基づいて提供される」と示された。

方自治体により経費が調達されなければならない[40]」。この中で、無料原則に関しては、1994年にオンラインでの情報提供などの特別なサービスへの課金を勘案して、「原則として」と緩和されている[41]。

「ユネスコ公共図書館宣言」は、パブリック・ライブラリーの「利用の公開性」「公費支弁」「無料原則」の3つの要件に加えて、「明確な法的根拠」を満たした図書館を公立図書館としている。つまりユネスコは、パブリック・ライブラリーを継授しながら、図書館の根拠として「特定の法令により維持される（図書館法を持っている）」ことを加盟国に要請しているのである。1994年の改訂の際に、この宣言が発展途上国の図書館振興には大きな意味を持つと確認されている[42]。

第2節　日本におけるパブリック・ライブラリー要件の継授

I　明治初頭から図書館令の時代

1　明治初頭から図書館令制定前まで

日本の図書館が、アメリカ合衆国などのパブリック・ライブラリーの影響を受けた時期は、幕末から明治の初期にかけての時期と図書館法が制定された時期とが考えられる。

幕末から明治の初期にかけて、パブリック・ライブラリーについては、次の人々から紹介されている。幕末には、福澤諭吉が『西洋事情』で「図書館の持つ公共性と公開性」を初めて日本に紹介したと言われている[43]。海外の国立図書館の無料公開[44]については、明治4（1871）年11月10日から明治

---

40) 宣言の中の「財政・法令・ネットワーク（Funding, legislation and networks）」の項において規定されている。
41) 村上泰子・北克一「1994年ユネスコ公共図書館宣言改訂の動向」（『図書館界』47巻5号、1996年）293頁。
42) 柳与志夫「CA939『ユネスコ公共図書館宣言』改訂へ」（「カレントアウェアネス」No.177、1994.05.20.）。柳与志夫氏は2004年9月から2007年3月まで東京都千代田図書館館長。2007年4月から千代田図書館への指定管理者制度導入を行う。
43) 小倉「パブリック・ライブラリーの思想」2頁。

6(1973)年9月13日にかけて米欧の視察を行った岩倉具視を全権大使とする遣米欧使の一行の報告書『特命全権大使 米欧回覧実記』にて紹介されている[45]。

岩倉具視を全権大使とする遣米欧使が帰国した後、明治8(1875)年5月17日に、日本での最初の国立図書館にあたる「東京書籍(しょじゃく)館」が開館した。開館当時は、「国立で、無料の公開図書館」であった[46]ので、遣米欧使の一行の報告書『特命全権大使 米欧回覧実記』によるパブリック・ライブラリーの考え方を反映していると考えられる。その後東京書籍館は、明治10(1877)年に東京府に移管され「東京府書籍館」と改められ明治13(1880)年には文部省直轄下に戻りさらに「東京図書館」と改められた。

「東京図書館」は明治18(1885)年に、東京教育博物館に合併され上野へ移転された。その合併の時に、利用の無料制から有料制に切り替わった[47]のである。したがって「東京書籍館」開館の1875年から1885年までの10年間が、日本で初めてパブリック・ライブラリーの考え方を「国立図書館」で実践した時期であった。それについては、アメリカ合衆国教育局が公表した『1876年報告』のIntroduction(序説)の中のJapanの項で「東京書籍館」として紹介されていることで明らかである。

紹介されている内容は、「東京書籍館は、内外人を問わず、調べることを希望するすべての人々に開放されている"パブリック・ライブラリー"である。一般的には図書の館外持ち出しはしない。しかしある特別な階級の人々には、図書館から図書を借りることを許されている。現在では暫定ながら、東京市内の古い孔子廟の中に設けられているため、建物自体は別段図書館としてふさわしいものではないが、東京の中では最も美しいものであった。図書館は文部省により設立され、1875年に公衆に公開された。所蔵されている洋書の中核は、かつて米国駐在日本代表であった森有礼から購入したコレ

---

44)『特命全権大使 米欧回覧実記 第3篇』太政官記録掛蔵版、明治11年10月、53頁。
(国立国会図書館近代デジタルライブラリーより調査)
45) 小倉「パブリック・ライブラリーの思想」7頁。
46) 小倉「パブリック・ライブラリーの思想」8頁。
47) 小倉「パブリック・ライブラリーの思想」8-10頁。

クションであり、蔵書数は洋書約 6000 冊、和漢書 4000 冊であること[48]」などである。

　明治 18（1885）年に「東京図書館」が東京教育博物館に合併されて、利用が無料制から有料制に切り替わった理由は、次のようである。「図書の閲覧は、従来、無料であったが、そのために利用者は、日々に増加して、館内は頗る雑踏を極め、真正に読書する人の妨害となる憂がないでもなかった。これを理由として、館内の調整を図る意味で閲覧料を徴収することとした。その費（ママ）は、一人一回金一銭五厘とし、篤志者のために回数券を発行し、十回分を金十銭と定め、開館の日より実施した[49]」というものである。

　東京図書館から現在の国立国会図書館が設立されるまで、利用の有料制をとっていた経緯は次のとおりである。東京図書館は、国立図書館の必要性が高まり、明治 30（1897）年 4 月 22 日勅令 110 号をもって帝国図書館となる。政府は国会議員の調査研究に資するため[50]、昭和 22 年 4 月 30 日法律 84 号をもって国会図書館法を制定した。政府は続いて、同年 12 月 4 日に政令 254 号をもって帝国図書館を国会図書館と改称した[51]。昭和 23（1948）年 2 月 9 日の国立国会図書館法[52]（法律 5 号）の制定により、国会図書館は昭和 24 年 3 月 31 日に廃止され、翌 4 月 1 日に国立国会図書館（昭和 36 年に永田町移転）の支部図書館として発足し、名称も支部上野図書館と改められた[53]。

　国立国会図書館の発足に伴い、利用規則が定められた。昭和 24（1949）年 4 月 1 日より、利用規則による利用の無料が定められた[54]。つまり昭和 24 年に上野の図書館が国立国会図書館の上野支部として国立国会図書館に統合されるまでの 64 年間有料制であり、明治 8（1875）年に無料制の「東京書籍館」が開館してから実に 74 年ぶりに無料制へ復帰したのであった[55]。国立

48）*Public Library in the United States of America: 1876 Report*, p.xxx iv．
49）『上野図書館八十年略史』国立国会図書館支部上野図書館、1953 年、76-77 頁。
50）国会法 130 条「議員の調査研究に資するため、国会に国会図書館法を置く。国会図書館は、一般にこれを利用させることができる。」
51）『上野図書館八十年略史』135 頁。
52）官報 6318 号、昭和 23 年 2 月 9 日、15-16 頁。
53）『上野図書館八十年略史』145 頁。
54）上掲書 163 頁。
55）小倉「パブリック・ライブラリーの思想」10 頁。

図書館の利用料については、現行法の国立国会図書館に至るまで根拠法[56]によるものではなく、館内規則により定められている[57]。

2 有料制へ

日本の国立図書館が、東京書籍館の無料の時代を経て、明治18（1885）年の東京図書館での有料制へと切り替わったことは、その後公立図書館に影響を与え続けた。明治32（1899）年に公布された図書館令は、公立図書館に関する単独法であるが、公立図書館の図書閲覧について使用料も徴収することが可能であった[58]。国の図書館政策は、幕末に米欧にて近代的な図書館を視察し、パブリック・ライブラリーの思想を実践しようと試みた。しかし、公立図書館の運営は最初からパブリック・ライブラリーの考え方を正確に継授していなかった。

昭和4（1929）年3月に、公立図書館の有料制の調査が行われている[59]。それによると、府立図書館については、38館のうち5館（13.2％）が有料である。市立図書館は67館のうち12館（17.9％）が有料である。町村立図書館は20館のうち1館（5％）である。有料制をしている図書館は、全体の平均は14％である。公衆に身近な町村立図書館はほとんど無料であった。これは、昭和初期の段階では、「古い意味でのパブリック・ライブラリーとは、料金を徴収する図書館でも蔵書利用ができる、（開放）されていれば良いとされていた。つまり蔵書の利用が開放されていれば設立の主体の公私を問わないし、有料・無料の区別も特に問われないものであった[60]」と言われるように、パブリック・ライブラリー成立の過渡期の状況であったと考えられる。

---

56) 国立国会図書館法昭和23年2月9日法律5号のことを指す。
57) 現行の規則は「国立国会図書館資料利用規則」（平成16年9月28日国立国会図書館規則5号）である。「利用の無料」は5条に規定されている。
58) 図書館令7条「公立図書館ニ於テハ図書閲覧料ヲ徴収スルコトヲ得」
　　改正図書館令（昭和8〈1933〉年勅令175号）13条「公立図書館ニ於テハ閲覧料又ハ附帯施設ノ使用料ヲ徴収スルコトヲ得」
59) 「全国図書館一覧表」（『図書館雑誌』115号、昭和4年6月）202-215頁。
60) 小倉「パブリック・ライブラリーの思想」12頁。

第 3 章　国民の知る自由を確保する図書館の原則(2)　パブリック・ライブラリー要件

　日本で、公立図書館利用の有料制の規定が立法時に制定されたのは、5つの理由[61]が考えられる。それは、①教育に対する受益者負担の思想、②有料公教育の影響、③江戸期貸本屋の営業形態の影響、④新聞縦覧所の有料制、⑤中央および地方の財政貧困などである。これらの要因を検討すると、5番目の中央および地方の財政貧困に原因の根源があるように思われる。国立図書館を創設して国民の社会教育を発展させるという意欲的な思想に政府さえもついていけず、何度も費用の削減を余儀なくされている。明治39年開館の上野の帝国図書館についても、予定の4分の1の規模でしか開館することができなかった[62]ことを考え合わせると、公立図書館の利用を有料制にせざるをえなかったということのようである。

　図書館令により、有料の公立図書館が出現する[63]ようになり、パブリック・ライブラリーの思想が崩れかけた時期、パブリック・ライブラリーについて研究をしていた学者がいた。東京大学図書館館長を明治30年から27年間務め、その後東京大学教授に昇進した和田万吉である。和田は、大正8年8月の東京大学文学科大学公開講習会において、講習した内容を『図書館管理法大綱』として発表した。この著作の「序」にパブリック・ライブラリーについて次のように記している。「第一九世紀の中頃から一般文運の隆興と共に図書館に対する観念に一大変化を見た。それは、従来永い間の閉鎖主義

---

61)　岩猿敏生「戦前のわが国公共図書館における有料制の問題について」(『同志社図書館情報学　別冊』No.14, 2003 年) 4-10 頁。
62)　『上野図書館八十年略史』119 頁および 123 頁。
63)　小谷誠一「フリー・パブリック・ライブラリー」(『図書館雑誌』昭和 10 年 1 月 29 巻 1 号) 26 頁。小谷誠一氏は、東京市立日比谷図書館館長であった。市立図書館の有料と無料の図書館について、次のように述べている。図書館令で、利用料を徴収できると規定しているが、市内の全図書館で利用料を必ずしも徴収していたわけではないようである。
「日比谷図書館最後の大正 4 年度東京市立図書館一覧を見ると、『日比谷、深川の二館を除く他の十五館はあえて館名に簡易の二文字を加えて前二館と区別せしが大正二年四月に至り全く之を削除し、市立自由図書館として館名を現在の如く（日本橋図書館等々）改称云々』となっている。当時東京市立の図書館は総て十七館、其の中日比谷、深川の二図書館のみが閲覧料を徴して居て、其の他の十五館は無料であった事実とこれを照会して見て、自由図書館と云う名称は、その無料であった十五図書館に対する呼称であり、前記日比谷及び深川二図書館の有料館と区別せんが為の斯く呼びなされたこと明確なる事実である。」

から一転して開放主義になったことである。委しく言えば、図書館は常に書籍を保存するばかりの処では無くして、之を利用させて行く処であり、而もその利用は学者、研究家などに限るのでは無くして、人民一般、貴賎上下の諸階級に通じ、また老幼男女を別たず、広大普遍であらねばならぬと云うことになった[64]。(略) 図書館の如き読書機関が如何なる職業の人にも必要になる。亦人間は二六時中業務を執り続けては居られね。時々気を緩め骨を休めねばならぬのは、生理上自然の要求であるが、之に対しても図書館は最も健全なる娯楽物を提供してくれる。是等は公共の性質を帯びた仕事であるから、恰も普通教育を公共費で弁じると同じ理屈で図書館も亦公共の費用で建設維持せらるべきである。そこで図書館の最も普通の形は公共図書館となる。即ち公開にして無料の図書館が国内至る処に普及すればその集合した勢力が一国の公民養成に寄與する所のものの偉大なるは言うまでもない。此道理に基づいて今日米国には既に二万近くの大小公共図書館を置いたが、尚此れを以て不足とし、日に月に其数を増しつつある。欧州諸国亦公共図書館の社会教育に緊切なることを悟って、米国の好例に倣い、昨今瀬に図書館を増設しつつある[65]。」

パブリック・ライブラリーの考え方を正確に伝えているが、日本の現状については検討をしていない。特に「利用の有料」については、言及していない。

Ⅱ 図書館法の時代

日本の公立図書館に、パブリック・ライブラリーの考え方が初めて取り入れられたのは、図書館法の制定によるものである。「公費支弁」については、図書館法の10条(自治体の条例による設置)および法20条(国から図書館を設置する地方公共団体に補助)にて規定されている。「公開性」については、2つの規定が当てはまると考えられている。1つ目は、利用料を徴収しない

---

64) 和田万吉『図書館管理法大綱』丙午出版社、1922年、5頁。(国立国会図書館近代デジタルライブラリーより調査)
65) 和田、上掲書、7-8頁。

という無料公開（法17条）である。2つ目は、住民の図書館に対する要望・意見を図書館奉仕を実施する館長に反映させるために図書館協議会が設置されたこと（法14条）である[66]。「公開性」については、パブリック・ライブラリー思想とは異なり、「公立図書館の公共性」と捉えている。公立図書館の公共性とは「第一に、公立図書館の無料公開の原則である。（略）第二に、図書館協議会の制度が図書館法ではじめてとりあげられたことである[67]」とされている。

　図書館法自体が、図書館を主体に規定されているため、法17条の無料原則は、「公立図書館は、入館料その他図書館資料の利用に対するいかなる対価をも徴収してはならない」と反対解釈をした規定となっている。

　17条の文言では、「無料公開」と明確に規定されていないが、無料公開は当然であると、立法に係った西崎恵は述べている。その内容は「公立図書館が真に住民全部のためのものであり、利用しようとする人に常に公開さるべきものであるためには、この報告書（昭和21年3月のジョージ・ロ・ストダード博士を団長とする米国教育使節団の報告書）をまつまでもなく、無料公開にさるべきは当然である[68]」というものである。

　2つ目の「公立図書館の公共性」は、図書館協議会の設置により図られるというものである。図書館の公共性という文言が、「図書館の公開性（誰もが利用できる図書館）」と同意義になるとは考えにくい。したがって、「公費」で維持され、「無料で誰でも利用できる」というパブリック・ライブラリーの考え方を、日本の公立図書館は正しく継授しているとは考えにくい。

　以上、パブリック・ライブラリー要件が日本に継授されてきた経緯を概観した。アメリカ合衆国はパブリック・ライブラリーとして3つの要件（公費支弁・無料原則・公開性）を定めてきた。「ユネスコ公共図書館宣言」において、公共図書館の要件とされたのはアメリカ合衆国の3つの要件に「法的根拠を持つ」を加えて4つとなっている。この4つの要件が、図書館制度と深くかかわっている。

66）西崎『図書館法』98-101頁。
67）西崎、上掲書、98-100頁。
68）西崎、上掲書、99頁。

「法的根拠を持つ」「公費支弁」および「無料原則」並びに「公開性」の4つの要件は、図書館法に次のように定められている。まず「法的根拠を持つ」であるが、法1条の「この法律の目的」により定められている。「公費支弁」については、法2条の「図書館とは地方公共団体が設置するもの」という条文および法10条の「公立図書館の設置は地方公共団体の条例で定める」により定められている。

「無料原則」については法17条により、入館料およびその他図書館資料の利用について、定められている。また「図書館は、その定義[69]においても明らかなように、一般公衆の利用に供されることが目的であるから、公立図書館であると私立図書館であるとを問わず、その公共性が重視されねばならないことは勿論である。しかし住民の税金によって設置運営される公立図書館においては、私立図書館におけるよりも一層その公共性が強調されるべきであり、(略)公立図書館は無料公開を原則にされるべきは当然である[70]」との見解により、無料原則と公開性の関係は密接なものと考えられる。なお「公開性」については、法2条1項の定義規定から導き出される。

パブリック・ライブラリーの要件のうち「法的根拠を持つ」および「公費支弁」並びに「公開性」については、図書館制度(設置および運営)および役割に関する要件である。また「無料原則」および「公開性」については主に利用する住民に関係する要件であるため、図書館サービスに関係する要件となっている。

また日本の図書館法で定める公立図書館は、一般公衆の利用に供するために地方公共団体が設置するもの(図書館法2条)と性格づけている。これは一般公衆のために公開された図書館を示すものであるため、図書館制度および役割についても、パブリック・ライブラリーの要件「公費支弁」に「公開性」も加える。2つの関係性については本書第Ⅱ部第2章にて詳しく扱っている。

---

69) 図書館法2条1項「『図書館』とは、図書、記録その他必要な資料を収集し、整理し、保有して、一般公衆の利用に供し」と定義されていることより、図書館資料の一般公衆への「公開性」を定めている。
70) 西崎、前掲書、98-99頁。

第3章 国民の知る自由を確保する図書館の原則(2) パブリック・ライブラリー要件

　第Ⅱ部では、パブリック・ライブラリー要件と図書館制度の関係および日本の制度との関係について概観する。さらに近代図書館制度を構築してきたアメリカ合衆国と英国が要件をどのように運用しているかについて比較する。最後に市民に公開している図書館の歴史の長い主要国の中では、ドイツ連邦共和国とオランダが利用の有料制をとっているので、その経緯を概観する。

第Ⅱ部

パブリック・ライブラリー要件と
図書館制度の関係

第 1 章

パブリック・ライブラリー要件の
「法的根拠を持つ」

I　憲法と図書館

　図書館法（昭和25年4月30日法律118号）2条に規定されている図書館とは「図書、記録その他必要な資料を収集し、整理し、保有して、一般公衆の利用に供し、その教養、調査研究、レクリエーション等に資することを目的とする施設」を指している。

　法2条に規定されている図書館の機能とは、法3条にて「図書館は、図書館奉仕のため、土地の事情及び一般公衆の希望に沿い、更に学校教育を援助し、及び家庭教育の向上に資することとなるように留意し、おおむね次に掲げる事項の実施に努めなければならない」と規定し、その事項を9号にわたり例示している。そのため図書館の機能は多岐にわたっている。図書館機能の多様性を反映して、図書館を利用する国民の権利は、憲法の規定には「図書館」の文言はないが、憲法が保障している基本的人権と深く関係していると考えられる。憲法の権利とは、自由権、参政権、社会権、生存権および幸福追求権などが考えられる。

　図書館の機能の中で、図書館法3条1号に規定されている資料の収集および一般公衆の利用に供する機能は、憲法の基本的人権のうち、思想の自由および表現の自由・検閲からの自由（憲法21条）などの自由権が深くかかわっている。これらの自由権は「国家からの自由[1]」と言われている。これらの自由権を根拠として、第2次世界大戦当時における公権力による思想統制の

1）芦部信喜『憲法 第5版』有斐閣、2013年、83頁。

一環として出版物の検閲が強化され、既刊の図書にも閲覧規制の措置がとられたことで、図書館員の自主規制を余儀なくされ、さらに図書館の資料提供機能が阻害されていき、その結果図書館自体が「思想善導」の機関としての役割を果たすことになった反省を基盤として「図書館の自由に関する宣言[2]」が図書館界で宣言された[3]。

図書館利用者である国民が、国政への参加のために行政の資料および情報について知ろうとすれば、それは自由権の確保に仕える参政権（15条）が考えられる。参政権は「国家への自由[4]」と言われている。図書館法においても、情報公開制度を利用して国民が行政資料を収集できるように、法3条7号「時事に関する情報及び参考資料を紹介し、及び提供すること」および法9条「政府は、都道府県の設定する図書館に対し、官報その他一般公衆に対する広報の用に供せられる独立行政法人国立印刷局の刊行物を2部提供するものとする。2　国及び地方公共団体の機関は、公立図書館の求めに応じ、これに対して、それぞれの発行する刊行物その他の資料を無償で提供することができる」の規定を置いている。

「国家による自由[5]」と言われる社会権と図書館とのかかわりは、教育を受ける権利と生存権が考えられる。図書館は、社会教育機関（社会教育法9条1項）であり、学校教育を援助し、および家庭教育の向上に資することとなるように留意し（図書館法3条1項）、学校、博物館、公民館、研究所などとも協力することが求められている（図書館法3条1項9号）。これらの規定により国民の「教育を受ける権利（26条）」と関係が生じる。

国民の教育を受ける権利は、経済的に貧しいために学校教育を受ける機会を失うことがないようにするために、学校教育を受ける機会の均等を経済的側面において保障しようとする経済的保障説が通説であった。学校教育の機会均等を経済的に保障するというところにとどまっていたので、学校教育を

---

2) 同宣言は、1954年5月に開催された全国図書館大会および日本図書館協会総会で採択された。その後、時代に即して、1979年に改訂された。
3) 日本図書館協会図書館の自由委員会編『「図書館の自由に関する宣言1979年改訂」解説第2版』日本図書館協会、2007年、10頁。
4) 芦部、前掲書、84頁。
5) 芦部、前掲書、84頁。

中心に考えられていた点が問題であった。これに対し教育を受ける機会とは、学校に限らないという反論がある。教育を受ける権利は、家庭においても、学校外においても、社会教育の場においても、生涯を通じて保障されていかなければならないと主張されるようになった[6]。学校外の場においても、社会教育の場においても、生涯を通じて、教育を受ける権利を保障していくとすると、学校外における国民の教育を受ける権利を保障する教育施設である図書館との関係も無関係ではない。図書館の規模・設備・図書資料の選択など、市民からの要求に基づいて提供していく必要があるからである。

社会権には「すべての国民は、健康で文化的な最低限度の生活を営む権利を有する」という生存権（25条）がある。従来は、教育を受ける権利は、生存権を文化的側面において具体的に保障するためのものと位置づけられ、生存権を経済的側面から保障するものとして存在するのは国民の勤労権（27条）・労働基本権（28条）と考えられていた（文化的権利説）。

永井憲一教授は、文化的権利説を否定して教育を受ける権利を前提とする主張をしている。つまり教育を受ける権利は、人間の発達の基礎となるもので、人間が生存し生活するための前提として不可欠なものであり、そのために必要とする労働の能力と意欲を習得することを目的とする権利であると評価される権利である。このように評価されるとすれば、教育を受ける権利は、25条の社会的生存権ないし文化的生存権や27条・28条の勤労権および労働基本権を保障する前提として不可欠なものとして保障される基本的権利と位置づけを直されるべきである。つまり教育を受ける権利は個人の尊厳を重んじる立場からの、人間の成長発達権であり、また人間の持って生まれた生来的権利[7]と考えられるのである。永井教授は、図書館に係る教育を受ける権利を「主権者教育権」という評価をしている。図書館とは、教育基本法の精神（教育基本法の前文と1条）が要請するような国民の主権者教育権（国民の教育を受ける権利）を保障する教育施設でなければならない[8]という主張である。

---

6) 永井憲一「国民の知る権利と図書館の任務」（『季刊教育法』No.37）139-140頁。
7) 永井、上掲論文、141頁。
8) 永井、上掲論文、141頁。

住民が地方公共団体に図書館の設置を要求して、所属している地方公共団体に設置能力がない場合に、文化的で最低限度の生活を保障する憲法25条の生存権を直接の根拠として、住民が図書館の設置を求めることはできない。生存権は、プログラム規定とされるため、地方自治体が、図書館の設置を具体化するまでは、図書館未設置の地域が存在していても具体的な義務は発生しないのである。

　図書館は、利用者が資料を利用することで、教養、調査研究、レクリエーション等に奉仕する施設である（図書館法2条）とされている。図書館の目的のひとつとして、国民のレクリエーションへのかかわりを明確に定めている。図書館令1条では、図書館の目的を「教養及学術研究ニ資スル」と規定していたのと比べると、図書館法の目的は大きく変更している。図書館法制定に係ったひとりである井内慶次郎氏は「住民の図書館に対する要望を考えてみると、教養の向上とか調査研究活動とかいうものより、もっとくだけた寛いだやわらかいものも非常に欲している。毎日毎日の営みの疲れを休め、新しい元気をつけてくれるような、平易でしかも高尚な音楽や芸術を求めている。（略）自然な要望に応えてゆくのが、<u>住民の図書館</u>である。このようなレクリエーションのための施設としての性格を、新しい図書館は持つようになった[9]」と述べている。井内氏は、レクリエーションの持つ意義と図書館とレクリエーションとのかかわりを説明している。また図書は、人間の楽しみの対象のひとつであり、芸術や文化の一分野でもある。多数の人々にとって、図書は研究や学術のためではなく、娯楽や芸術および文化への興味として存在するなら、その図書を収集し提供する図書館がレクリエーションのための施設であるということは意義深い[10]。レクリエーションのために図書館を利用することに関する権利を憲法で保障するならば、公衆の幸福追求権（13条）に相当すると考えられる。

　近年、住民以外の人々に当該図書館を利用させる地方公共団体が増えてきている。図書館は、その地域の住民の税金で設置され運営されている。税金

---

9) 井内慶次郎「図書館法の解説」（『日本現代教育基本文献叢書　社会・生涯教育文献集Ⅵ 52』日本図書センター、2001年）36頁。
10) 渡辺重夫『図書館の自由と知る権利』青弓社、1989年、130頁。

を払っていない非住民が利用してもよいのかという問題がある。公立図書館が、憲法で保障している各種の基本的人権とかかわる施設と考えられるため、14条の法の下の平等の趣旨を踏まえて、非住民にも住民同様の扱いをするのが妥当であると考えられる。

　以上のように知る自由を確保する社会的装置である図書館は、これらの憲法の基本的人権との関係を有する機関でもある。憲法の基本的人権を根拠として、図書館界では、図書館サービスの理念を表す「図書館の自由宣言」が採択されている。「図書館の自由宣言」により図書館の自由（資料収集の自由・資料提供の自由・利用者の秘密を守る・すべての検閲に反対する）が確保されることで、国民の知りたいことを妨げられないという「知る自由」を確保するという関係にもなっている。

II　教育基本法・社会教育法・図書館法

　図書館行政の行政の作用的側面からの法体系は、教育基本法[11]に基づき社会教育法[12]が制定され、社会教育法9条2項の規定により、図書館について図書館法[13]が制定されている。この法体系は行政作用法といい、図書館行政作用法の側面から検討するものである。

　図書館法は、国民の教育と文化の発展に寄与する図書館のあり方について、設置および運営の面から、必要な事項を規定する（図書館法1条）ことが目的である。この目的で規定する際に、社会教育法の精神に基づくとしている。その社会教育法の上位法は「教育基本法」である。教育基本法は教育に関する根本法規である。つまり社会教育法の精神は、上位法である教育基本法の精神である。

　また社会教育法9条1項により、図書館は社会教育のための機関[14]と規定

---

11) 平成18年2月22日法律120号。教育基本法（昭和22年法律25号）全部を、改定したもの。
12) 昭和24年6月10日公布。法律第207号。
13) 昭和25年4月30日法律118号。
14) 社会教育法9条1項「図書館及び博物館は、社会教育のための機関とする。」

され、同条2項において図書館に関し必要な事項は、別に法律をもって定めると規定されている。したがって図書館に関する法律である図書館法制定の根拠は社会教育法となる。

　社会教育法の上位法である教育基本法では、前文に引き続き憲法の精神および憲法で保障する権利に則する規定を定めている。2条の教育の目標の規定において、「教育は、その目的を実現するため、<u>学問の自由を尊重し</u>つつ、次に掲げる目標を達成するよう行われるものとする」とし、5項目が平成18年改正で追加された。法4条1項では教育の機会均等について「すべて国民は、ひとしく、その能力に応じた教育を受ける機会を与えられなければならず、人種、信条、性別、社会的身分、経済的地位又は門地によって、教育上差別されない」と引き続き規定している。4条の追加条文2項では「障害者への支援」が言及されている。この4条2項は、障害者への公平な図書館利用の根拠となる規定である。

　憲法で規定されている「学問の自由」は、大学における学問の自由を保障するのみならず、個人の人権としての学問の自由を保障する[15]ものである。永井教授は、図書館を利用する市民の「学問の自由」は保障されなければならない。そういう面からの図書館の自由は、つねに保障されなければならない。それは（改正前の）教育基本法2条に規定された「いつでも、どこでも[16]学問の自由が保障される」ような要請でもある[17]と述べている。永井教授は、図書館を利用する市民と学問の自由の保障を結びつける見解をとっている。

　教育基本法2条の追加事項で「公共の精神に基づき、主体的に社会の形成に参画し、その発展に寄与する態度」「我が国と郷土を愛する」態度など、人間の思想や内面にかかわる価値や態度を法定化した。これらの目標が社会教育や家庭教育にも及ぶかが、改正時に問題になった。改正法16条「教育

15）芦部、前掲書、164頁。
16）「教育の目的は、<u>あらゆる機会に、あらゆる場所において</u>実現されなければならない。この目的を達成するためには、学問の自由を尊重し、（略）」の規定は平成18年改正により「教育は、その目的を実現するため、学問の自由を尊重しつつ、（略）」に変更になった。
17）永井、前掲論文、144頁。

は、法律の定めるところにより行われるべきもの」の規定を合わせ読むと、自主的な学習が本来であるはずの社会教育や図書館における学習に、権力的志向や指導が持ち込まれる論拠となるおそれの可能性も否定できない[18]。

　教育基本法における社会教育の規定は、12条（平成18年改正前は7条）にて「個人の要望や社会の要請にこたえ[19]、社会において行われる教育は、国及び地方公共団体によって奨励されなければならない。2　国及び地方公共団体は、図書館、博物館、公民館その他の社会教育施設の設置、学校の施設の利用、学習の機会及び情報の提供その他の適当な方法によって社会教育の振興に努めなければならない[20]」と規定されている。

　法12条は、国民の「教育を受ける権利」について、学校教育とともに、社会教育に関しても保障されるべきであるという見地に立ち、それゆえ国および地方公共団体の社会教育「奨励」の任務と「奨励」の方法を明示したものである。社会教育奨励の方法として図書館を筆頭とする「施設の設置」と「施設の利用」を挙げている。改正前の教育基本法でも同様の規定（7条2項）が定められている。これは、戦後の社会教育行政が「団体主義」から「施設主義」に転換したことを示す所以である[21]。

　教育基本法の趣旨に基づき、社会教育法3条1項にて、国および地方公共団体の社会教育に関する任務を明示している。「国及び地方公共団体は、この法律及び他の法令の定めるところにより、社会教育の奨励に必要な施設の設置及び運営、集会の開催、資料の作製、頒布その他の方法により、すべての国民があらゆる機会、あらゆる場所を利用して、自ら実際生活に即する文化的教養を高め得るような環境を醸成するように努めなければならない」と規定している。

　教育基本法の12条より、国および地方公共団体には「社会教育施設である図書館等の設置」により「社会教育の振興に努める義務」があるとされて

---

18) 塩見昇「憲法・教育基本法と図書館法」（塩見昇・山口源治郎編著『新図書館法と現代の図書館』日本図書館協会、2009年）14頁。
19) 旧7条「家庭教育及び勤労の場所その他」となっていた。
20) 旧7条2「国及び地方公共団体は、図書館、博物館、公民館等の施設の設置、学校の施設の利用その他適当な方法によって教育の目的の実現に努めなければならない。」
21) 森耕一編『図書館法を読む 補訂版』日本図書館協会、1995年、22-23頁。

いる。国および地方公共団体は、社会教育施設を設置して社会教育の振興に努める義務はあるが、社会教育施設設置そのものの義務はないということになる。図書館法も、地方公共団体に対して設置を義務づけていないが、設置する時の基準（法1条）や役割（法3条）を明記している。

社会教育に対し社会教育法の3条の趣旨は、社会教育の活動は国民が自主的に行う自己教育活動であり、国および地方公共団体は、その自己教育活動を側面から奨励するものである。国および地方公共団体の役割は、国民に対するサービス活動ということになる。したがって図書館法は設置法ではなく、国民に対するサービス活動を行うサービス法である[22]と言える。

Ⅲ 地方自治法・地方教育行政法

公立図書館の行政組織と運営的側面からの法体系（行政組織法）は、地方公共団体の種類や組織運営に関する事項を定めている地方自治法をもとに、地方教育行政法でより具体的な運営を規定している[23]。

地方教育行政法にて地方公共団体は、学校、図書館などの教育機関を条例にて設置することができる[24]と規定され、図書館は地方公共団体が設置すべき教育機関とされている。

地方教育行政法33条で、「教育委員会の規則制定権」を定めている。これにより地方教育行政法が、図書館の運営について想定しているのは、設置は条例で、管理は教育委員会規則で行うということになる。

地方自治法180条の8の規定で、教育委員会の職務権限として、学校その他の教育機関の管理・執行について別の法律で定め[25]、教育委員会が行うものとしている。その他の教育機関とは、図書館が相当する。具体的には、地方教育行政法21条の教育委員会が行う事務の中に「その他の教育機関」と

---

22) 西崎恵『図書館法』日本図書館協会、新装第2刷、43頁。
23) 船橋市西図書館の蔵書破棄事件（最一小判平成17年7月14日民集59巻6号1569頁）において、図書館の定義を行ったうえで、図書館の行政作用法体系と公立図書館の行政組織法体系の確認をしている。
24) 地方教育行政の組織及び運営に関する法律（昭和31年6月30日法律162号）30条
25) 地方教育行政法、学校教育法、社会教育法など。

して図書館の設置、管理および廃止に関する規定がある。

　1963年の地方自治法の改正前までは、国や自治体が設置し住民の一般利用に供する施設は、営造物とされていた。この規定により図書館は営造物とされていたため、「住民は営造物を利用する反射的利益を受けるのみ」であった。これについては、奥平教授が次のように述べている。「国家を行政主体という言葉で呼び、その相手方たる市民を行政客体といいました。客体に利益を与えるけれども、それはできるだけ主体のさまざまな目的上行う、行うか行わないかは国家の勝手で、行政客体に権利を与えるわけではありません。行政客体は、サービスを提供され施設を設けられたことを事実として、反射的に利益を受けるだけです[26]。」図書館利用者つまり国民には、図書館を利用する権利を有しなかったということになる。

　1963年の地方自治法改正により、244条「地方公共団体は、住民の福祉を増進する目的をもってその利用に供するための施設（これを公の施設という）を設けるものとする」が新設されたことで、利用者である国民は利用の権利性を主張できるようになった。主体と目的は行政であるという構成は変わらなかったが、住民の利用については、設置者である自治体は「正統な理由」がない限り拒んではならない（2項）と、「不当な差別的取扱い」をしてはならない（3項）を設け、行政の自由裁量を規制し、住民の利用の権利性を拡張する仕組みが設けられるようになった[27]。

　地方自治法および地方教育行政法の規定の中で図書館の設置および運営については、次章第2節「地方公共団体が有する設置と運営」にて扱うので、ここでは法律の紹介にとどめる。

---

26) 奥平康弘「図書館を利用する権利の法的位置づけ―図書館所蔵資料の閲覧請求を中心に」(『現代の図書館』41巻2号、2003年) 103頁。
27) 山家篤夫「第6章　図書館の自由と図書館法」(塩見昇・山口源治郎編著『新図書館法と現代の図書館』日本図書館協会、2009年) 334-335頁。

第2章

パブリック・ライブラリー要件の
「公費支弁」と「公開性」

第1節　日本の国の政策

I　法整備と利用の無料化への政策変換

　公立図書館に対する国の政策の第1は、法整備である。最初の図書館に関する単独法令である図書館令（明治32年11月11日勅令429号）は、明治32年に文部省勅令として公布された。

　図書館令は、1950年7月30日の図書館法（昭和25年4月30日法律118号）施行に伴う廃止まで効力を持っていた。しかし、昭和8年に全面改正されたため、改正後の図書館令を「改正図書館令（昭和8年勅令175号）」と称し、それ以前の図書館令と区別して扱っていることが多い。

　図書館の利用に関して、無料という政策の変換を行ったのは、図書館法によるものである。図書館令および改正図書館令における図書館の利用料に関する条文を次に比較する。

　図書館令では、7条にて「公立図書館ニ於テハ図書閲覧料ヲ徴収スルコトヲ得」と規定されている。改正図書館令では、13条にて「公立図書館ニ於テハ閲覧料又ハ附帯施設ノ使用料ヲ徴収スルコトヲ得」と規定されている。

　図書館令では、図書の閲覧料について料金を徴収することができるとし、改正図書館令では、閲覧料または附帯施設の使用料を徴収することができるとしている。入館料の徴収については、図書館令および改正図書館令ともに明記されていない。

　また図書館令上、閲覧料等の料金を徴収することが可能であったが、昭和

4年3月の調査で、徴収していない図書館は、府県立および市立図書館では8割以上、町村立および私立図書館では9割以上存在していた[1]。

公立図書館の利用料の無料化については、図書館法17条の規定「公立図書館は、入館料その他図書館資料の利用に対するいかなる対価をも徴収してはならない」により実施された。私立図書館については、図書館法28条の規定により「私立図書館は、入館料その他図書館資料の利用に対する対価を徴収することができる」とされ、入館料および資料利用の料金の徴収が可能である。

図書館法17条の規定は、「入館料その他図書館資料の利用に対する対価」と規定されているため、「図書施設の利用及び資料の移動費用など」受益者負担が可能となる。受益者負担については地方公共団体の政策判断によるものである。

公立図書館と同様に使用されている「公共図書館」という言葉がある。図書館法で「公共図書館」としなかった理由は次のとおりである。公共図書館とは「『学校図書館』やその他の特殊な図書館と区別されて、一般の国民が利用する図書館という意味である。そのため図書館に関する立法が研究されていた時も、当初『図書館法案』と言わないで、『公共図書館法案』と言われていた。しかし図書館という言葉は日常使われている言葉で、社会通念としても図書館と言えば公共性を持つ図書施設について使われている。この社会通念をあくまで尊重して立法すべきであるとして、公共図書館という名称を避けて、単に図書館という名称を用いることとした[2]」のである。

図書館法では、地方公共団体が設置する図書館のことを「公共図書館」ではなく「公立図書館」と規定されているが、公益社団法人日本図書館協会の出版物では、「公共図書館」と明記されている。本書では図書館法に合わせて「公立図書館」の名称を使用することにしているが、図書館協会に関係す

---

1)「全国図書館一覧表」(『図書館雑誌』115号、昭和4年6月) 202-215頁。
　府県立図書館では、調査館38館のうち閲覧料を徴収している館は5館 (13.1 %) であった。市立図書館では、67館のうち12館 (17.9 %) であった。町村立および私立図書館では20館のうち1館 (5 %) であった。
2) 西崎『図書館法』48-49頁。

る記述および引用した論文等の記載が「公共図書館」となっている場合は、「公共図書館」の名称を使用する。いずれも「公開性」の要件をもつ。

II　設置と運営に対する国の基準

1　定める根拠

　改正図書館令までの日本の図書館政策は、文部省の思想善導[3]の思想により資料の検閲や閲覧禁止を行ってきた。この政策への反省もあり、図書館法[4]制定以降、国は政策も援助もほとんど行っていない。しかし、図書館法7条の2（18条を元とする）の「図書館の設置及び運営上望ましい基準」の規定では、文部科学大臣は、図書館の健全な発達を図るために、図書館の設置及び運営上望ましい基準を定め、これを公表することとされている。

　図書館設置運営の基準を設けるとは、次のように定められている。「図書館法は、図書館奉仕というサービスの活動を中心に規定されているため、設置は地方公共団体の義務ではなく、設置に際しての認可制も廃されているのである。したがって図書館奉仕の機能を達成するためにぜひとも要求される基本的諸条件が満たされないおそれがあるとしなければならない。このおそれを除くために、図書館設置運営に関しての一定基準を確保するための手段が講じられなければならない。図書館法はそのために2つの基準について規定している[5]。」

　この立法の主旨とは、図書館が旧図書館令では、文部大臣の監督の下で運営されていた場合と異なり、新図書館法では地方公共団体の自発的運営によることになったため、「全国一律の参照しうる基準を設けてその恐れを取り除こうとした[6]」ことにより基準を設けた[7]のである。

　2つの基準とは、法18条で示された「公立図書館の基準」および法19条の「国庫補助を受けるための公立図書館の基準[8]」を指していた。法18条

3）第I部第2章脚注49）を参照のこと。
4）昭和25年4月30日法律118号。
5）西崎、前掲書、103頁。
6）森編『図書館法を読む 補訂版』173頁。

は、図書館設置運営の「望ましい基準」と言われている基準を定めた規定である。文部科学大臣が「望ましい基準[9]」の本文を公示し、施行したのは図書館法制定後 50 年余り経った 2001 年であった。

　しかし法 18 条と法 19 条は平成 20（2008）年法律 59 号における改正時に削除され、法 18 条は法 7 条の 2 として新たに規定されている。法 18 条の条文と新たに規定された法 7 条の 2 の条文はまったく同じものではないため、基準を適用する図書館の対象や目的が異なっている。法 18 条の条文を、「文部大臣は、図書館の健全な発達を図るために、公立図書館の設置及び運営上望ましい基準を定め、これを教育委員会に提示するとともに一般公衆に対して示すものである」とした。一方、改正された法 7 条の 2 は「文部科学大臣は、図書館の健全な発達を図るために、図書館の設置及び運営上望ましい基準を定め、これを公表するものとする」となった。

　改正された法 7 条の 2 における基準の大きな改正は次のとおりである。規則の対象である公立図書館から「公立」の文字が削除されたこと、「基準を定めて教育委員会に提示し一般公衆に対して示す」代わりに「公表する」だけになったこと等である。そのため、公立図書館だけでなく私立図書館までも基準を定めなければならなくなった。それは、文部科学省は具体的な「望ましい基準」をすでに 2001 年に告示しているからである。また基準は「公表さえすればよいので、公立図書館でも教育委員会の所管でなくてもよいということになる。

7）文部省は、第 2 次世界大戦以前の図書館令により思想統制を行った悪しき前例を繰り返さないようにしているためである。この精神は「図書館の自由に関する宣言 1979 年改訂」（日本図書館協会 1979 年 5 月 30 日総会決議）の前文の 4 に表されている。
　4「わが国においては、図書館が国民の知る自由を保障するのではなく、国民に対する『思想善導』の機関として、国民の知る自由を妨げる役割さえ果たした歴史的事実があることを忘れてはならない。図書館は、この反省の上に、国民の知る自由を守り、ひろげていく責任を果たすことが必要である。」
8）19 条「国から第 20 条の規定よる補助金の交付を受けるために必要な公立図書館の設置及び運営上の最低基準は、文部省令で定める。」
　20 条「国は、図書館を設置する地方公共団体に対し、予算の範囲内において、図書館の施設、設備に要する経費その他必要な経費の一部を補助することができる。」
9）「公立図書館の設置及び運営上の望ましい基準」（平成 13 年 7 月 18 日文部科学省告示 132 号）http://www.mext.go.jp/a_menu/sports/dokusho/hourei/cont_001/009.htm

法18条を改正して新たな法7条の2としたのは、「望ましい基準」が告示された2001年から2009年の間に、公立図書館の設置運営について外部委託が進んだためそれに対応するように改正されたと考えるものである。特に法19条の「国庫補助を受けるための公立図書館の基準」が削除されたことは、外部委託を導入している「公設民営」の図書館でも国庫補助が受けやすくするためと思われる。

　2001年に出された「望ましい基準」の市町村立図書館の職員の基準の二(八)職員は、「館長は、図書館の管理運営に必要な知識・経験を有し、図書館の役割及び任務を自覚して、図書館機能を十分発揮させられるよう不断に努めるものとする。館長となる者は、司書となる資格を有する者が望ましい」と定めている。都道府県立図書館の職員の基準についても、この市町村立図書館の職員の基準を準用するものである。しかし1999年の図書館法改正（平成11年法律87号）で13条3項の「国庫補助を受けるための図書館の司書資格要件」の規定をすでに削除していた。

2　「望ましい基準」による貸出サービスの強化

　文部科学省が2001年に出した「望ましい基準」は、図書館法18条（現行7条の2）に基づく公立図書館の設置及び運営の具体的な基準である。市町村立図書館と都道府県立図書館の運営上の役割の違いについて明記している。保存図書館（都道府県立図書館および市町村立の中央図書館など）としての役割を担う都道府県立図書館の運営は、図書館資料である書籍の貸出しを行わないので書籍の著作者・出版者には直接影響を及ぼすことは少ない。問題になるのは、市町村立図書館の運営である。二の市町村立図書館の望ましい運営として、「住民の要求に応えるため、新刊図書及び雑誌の迅速な確保並びに他の図書館との連携・協力により図書館の機能を十分発揮できる種類及び量の資料の整備に努める[10]」ものとし、「貸出の充実を図り、予約制度などにより住民の多様な資料要求に的確に応じるよう努めるものとする[11]」を

---
10)「公立図書館の設置及び運営上の望ましい基準」二　市町村立図書館 (二) 資料の収集、提供等より。

挙げている。

　図書館法が制定されて以来ずっと文部省が、望ましい基準を公示しなかったため、その間日本図書館協会が、図書館サービスの目標について公表してきた。それが1960年代の「中小レポート」であり、1970年代の『市民の図書館』である[12]。サービスの目標は、1960年代は「館外貸出」の実施であり、1970年代は貸出点数の増加である。図書館法制定以来、図書館が目指してきたサービスは「館外貸出」であるが、2001年の文部科学省の「望ましい基準」は、それを追認するものであった。

　サービスの評価が「数字」で表されるので、貸出サービスは図書館にとっても取り組みやすいサービスである。また、図書館サービスのうち「貸出し」を外部委託することは、行政の構造改革の「民でできる事は民で」の構想にマッチするものであった。そのため、2003年地方自治法の一部改正により創設[13]された指定管理者制度により、図書館サービスは外部委託できる業務となり、導入した公立図書館はより一層貸出サービスに力を注ぐようになっている。

　図書館法制定以来50年経ってようやく出された公立図書館の設置運営上の「望ましい基準」の具体的内容が「貸出しの充実と予約制度」であるため、貸本屋が行っていることと変わりはない状況だった。

　しかし「望ましい基準」は、2012年に全面改正（平成24年12月19日文部科学省告示172号[14]）され、この改正基準は今後の図書館の方向性を示すものと思われる。市町村立図書館と都道府県立図書館の役割が明確になり、私立図書館が新たに加わり、市町村立図書館のサービス基準に準じた基準が定められている。さらに運営の主体が館長から教育委員会に移行している。これにより公設民営の図書館が出現しやすくなったと言えるであろう。

　全面改正された「望ましい基準」における市町村立図書館のサービス内容

11）「公立図書館の設置及び運営上の望ましい基準」二　市町村立図書館（二）資料の収集、提供等より。
12）「中小レポート」および『市民の図書館』については本部第3章第3節ⅡとⅢで扱う。
13）244条の2第3項
14）「図書館の設置及び運営上の望ましい基準」

に、新たに加わった重要な方針として、①図書館サービスその他図書館の運営に関する方針を定め、公表するよう努めること（1 管理運営）、②「情報サービス」としてインターネット等や商業データベース等の活用にも留意しつつ、利用者の多様な資料要求に的確に応えるよう努めること（3 図書館サービス）、が挙げられる。「貸出サービスの充実を図る」については、以前の基準にも明記されており、貸出重視の方針は変わらない。

　「望ましい基準」が告示されてから、電子情報等が著しく発展したので、2012年にこのサービスを積極的に取り入れた基準に改正したことは、評価に値する。さらに、図書館資料の収集に関する方針を定め、公表するよう努めること等の方針を新たに定めたことも、図書館が国民の知る自由を確保する装置であること、つまり「図書館の自由」を国が認めたと考えられるものである。

第2節　日本の地方公共団体が有する設置と運営

I　設　置

　図書館法では、公立図書館の設置を、地方公共団体が自主的に条例を根拠として設置するという条文を制定した。図書館法10条は「公立図書館の設置に関する事項は、当該図書館を設置する地方公共団体の条例で定めなければならない」と規定され、立法当時から現在もこの条文の変更はない。

　立法当時の図書館の設置と管理については、次のように考えられていた。図書館法の立法前から「公立図書館の設置は地方公共団体の設置にすべき[15]」という声があった。また、図書館のような施設が、あらゆる地方公共団体に設置され運営がされることは、住民にとっても喜ばしいことであり、国としても文化国家として好ましいものである。しかし、直ちに全地方公共団体が理想的な図書館を持つという状態までもっていくのは多額の経費がなければ不可能である。義務教育の実施による経費の負担がかかっている財政

---

15) 西崎、前掲書、55頁。

状態にある地方公共団体に図書館設置をさせるということは、経費をさらに負担させることになる。また、国の財政にゆとりがあって、地方公共団体に要する図書館の経費の一部を必ず負担できるのならまだしも、現状はこれを望めない。このような状態で、公立図書館の義務設置は、困難である。したがって図書館法は、公立図書館の義務設置のことを規定せず、図書館の設置はまったく地方公共団体の自由とした[16]のである。

また法律的には図書館は営造物であるから、地方自治法の原則によるものとした。昭和22年制定当時の地方自治法213条では「普通地方公共団体は、法律又は政令に特別の定があるものを除く外、財産の取得、管理及び処分並びに営造物の設置及び管理に関する事項は、条例でこれを定めなければならない[17]」と規定されていた。

ただし、教育委員会の管理に属する事項は、教育委員会規則で定められることになっているので、図書館の設置に関する事項のみを条例事項としている。公民館は、図書館とは異なり社会教育法24条で「市町村が公民館を設置しようとするときは、条例で、公民館の設置及び管理に関する事項を定めなければならない」と規定されている。社会教育法には、公民館とは異なり図書館の設置及び管理に関する事項は規定されていないため、図書館の管理に関する事項も地方自治法の原則で条例事項とされている[18]。

図書館の設置に関する条例は、その議案の作成および提出について、教育委員会法（昭和23年7月15日法律170号。昭和31年法律162号にて廃止[19]）の61条の規定が準用されることになっている。「教育委員会は、法令により地

---

16) 西崎、前掲書、56頁。
17) この条文は、現行の地方自治法237条の「財産の管理及び処分」に改訂されている。財産は公有財産、物品および債権並びに基金をいう。図書館に関する規定は238条の「公有財産」に該当する。238条3項により「公有財産は、これを行政財産と普通財産とに分類する。」行政財産は238条4項にて「公用と公共用」に分類される。
「『公用財産』とは、普通地方公共団体が直接に公務のために使用する財産で、例えば、官舎、議事堂等が該当し、また『公共財産』とは、直接に住民の使用・利用に供することを目的とする財産で、例えば、学校、住民の利用に供する会館、図書館、道路、公園等の敷地及び建物が該当する。」（松本英昭『地方自治法の概要〈第4次改訂版〉』学陽書房、2012年、318頁より引用。）
18) 西崎、前掲書、57頁。
19) http://www.houko.com/00/01/S23/170.HTM（法庫より検索）

方公共団体の議会の議決を経るべき事件のうち、左に掲げる事項その他教育事務に関するものの議案の原案を、地方公共団体の長に送付する。1〜4号（略）。」この条文により、図書館の設置に関する条例の議案の原案は、教育委員会が作成して、当該地方公共団体の長に送付するものなのである。これは公民館の設置及び管理に関する条例の場合も同じである[20]。

　図書館を営造物としていた地方自治法213条（当時第9章に規定されていた）は、その後の改正を経て、昭和38年の地方自治法7次改正（昭和38年法律99号）の時に全面改正され現行法の体系になった。それまでの「財産及び営造物」関係規定中、財産は「第9章　財務」の「第9節　財産」に、営造物は「第10章　公の施設」に分けて規定されることになった[21]。

　この改正の趣旨は次のとおりである。これまでの地方財務会計制度では現金の取扱いに比べ、財産の取扱いがおろそかにされてきたことにより、現金の収支異動と併せて財産、物品、債権債務等、広い意味での財産の変動を総合的に明らかにするという財務会計制度の本来の目的が達成できないという理由に基づき、国の関係法制（国有財産法、物品管理法、国の債権の管理等に関する法律）の整備を受けて、「財産」の範囲を明らかにし、その管理・処分規定等を定めたものである[22]。

　旧213条では、「営造物」とされていた図書館は、地方自治法7次改正後には、238条の「公有財産」の範囲の「行政財産」に分類され、さらに「公の施設」と分類された。

　「行政財産」は、さらに公用に供するもの（公用財産）と住民が利用する公共用（公共財産）とに分類される。「公用財産」とは、普通地方公共団体が事務または事業を執行するため直接使用するために保有しているものをいい、官舎・議事堂・研究所などをいう。「公共財産」とは、住民の一般の利用に供するために保有しているものをいい、道路・学校・公園・病院および図書館等の敷地および建物等である。この「公共財産」について、公共の利用に供するために人的サービスを伴い、または公共の利用の目的のために施設管

---

20) 西崎、前掲書、57-58頁。
21) ㈶地方自治総合研究所監修『逐条研究　地方自治法Ⅳ』敬文堂、2000年、422頁。
22) ㈶地方自治総合研究所監修、上掲書、383頁。

理サービスが行われているものを「公の施設（法244条）」という[23]。

図書館の設置に関する条例は、その議案の作成および提出について、教育委員会法（昭和23年7月15日法律170号）の61条の規定が準用されていた。教育委員会法が、昭和31年法律162号にて廃止され、「地方教育行政の組織及び運営に関する法律（昭和31年6月30日法律162号）」が施行された。「地方教育行政の組織及び運営に関する法律」は「地方教育行政法」と称されることが多い。教育委員会の委員の選出等に関して、教育委員会法では住民による公選（教育委員会法7条2項：委員）としていたが、地方教育行政法では地方公共団体の長が地方議会の同意を得て任命する（地方教育行政法4条：任命）ことに改められた。図書館の設置に関する規定は、地方教育行政法第3章教育委員会及び地方公共団体の長の職務権限の「教育委員会の職務権限」21条1項「教育委員会の所管に属する第30条に規定する学校その他の教育機関（以下「学校その他の教育機関」という）の設置、管理及び廃止に関すること」にて規定されている。

以上のように、公立図書館の設置については、図書館法制定以来、当該地方公共団体の条例によるとしたことにより、設置は義務ではなく当該地方公共団体の自由裁量とされ、設置と管理に関して地方自治法の原則に従うことになった。当該地方公共団体は、図書館を設置する場合には、「図書館条例」により設置を行い、図書館の運営等に必要な図書館規則を制定して実際の運営を行っている[24]。これらのことが公費支弁の根拠である。

II 運営

図書館の運営とは、パブリック・ライブラリーの考え方の「すべての住民を対象（公開性）」にして行うことが基本である。そのためには、まず図書館の設置数が問題になってくる。図書館法では、地方公共団体に図書館設置を義務づけてはいない[25]ため、当該地方公共団体の財政状況により設置の割合が異なる。市区の段階の設置率は98％であるため、ほぼ全市区に図書館

---

23) ㈶地方自治総合研究所監修、上掲書、437頁。

が設置されている。しかし町村の段階では、全部の地方公共団体に図書館が設置され図書館サービスが行われているわけではない[26]。

　図書館の設置数が伸びれば、量的な問題は解決するが、今度は質が問題になってくる。質を高めるためには、広い行政地域に大規模な図書館が1館だけというような事態を避け、狭い行政地域に図書館を設置していくことが必要である。したがってこれを行っていくと図書館が設置されていない地域がなくなっていく状況になる。一方、質の問題としては、住民の身近な距離に図書館が設置されることを目指すようになり、「図書館サービスの全域サービス」を目指すことになる。

　公立図書館の運営は、当該地方公共団体の責任において行われるものであるが、1950年に図書館法が制定されたからといってすぐに積極的な図書館サービス（奉仕）を行うことは困難であった。「『地域社会の民衆との直結』という点では大いに反省しなければならない状態[27]」にあった。さらに

24）図書館の運営を、民間に委託する指定管理者制度を利用している図書館と、従来どおり当該地方公共団体の職員により直営している図書館がある。
　◎直営図書館の設置条例・使用規則
　「東京都北区立図書館設置条例」
　http://www.ikebukuro-net.jp/2nd/jyousai/kita/%81%9B%93%8C%8B%9E%93s%96k%8B%E6%97%A7%90%7D%8F%91%8A%D9%90%DD%92u%8F%F0%97%E1.html
　「東京都北区立図書館使用規則」
　http://www.city.kita.tokyo.jp/reiki/42094070002300000000/42094070002300000000/42094070002300000000_j.html
　◎指定管理者制度を導入している図書館の設置条例・使用規則
　「新宿区立図書館条例」
　http://www1.g-reiki.net/shinjuku/reiki_honbun/g105RG00000630.html
　「新宿区立図書館の管理及び運営に関する規則」
　http://www.ikebukuro-net.jp/2nd/jyousai/shinjyuku/%90V%8Fh%8B%E6%97%A7%90%7D%8F%91%8A%D9%82%CC%8A%C7%97%9D%8By%82%D1%89%5E%89c%82%C9%8A%D6%82%B7%82%E9%8BK%91%A5.html

25）図書館法10条。「公立図書館の設置に関する事項は、当該図書館を設置する地方公共団体の条例で定めなければならない。」図書館法で設置を定めるのではなく、当該地方公共団体の条例で定めるため。

26）2011年10月1日現在。市（区）の設置率は98.3％。町村の設置率は60.1％である。政府統計の総合窓口社会教育調査図書館調査より。
　http://www.e-stat.go.jp/SG1/estat/GL08020103.do?_toGL08020103_&tclassID=000001047459&cycleCode=0&requestSender=dsearch

1960年に入り、図書館の運営の課題は「予算の伸び悩み」や「図書館サービスの改善の手づまり」である[28]ことが判明した。そこで、図書館界は、「公共図書館の中核であり、第一線に立って直接民衆に触れるべき中小都市の図書館の在り方について一つの在り方を打ち出す[29]」ために、公立図書館の実態調査を行い、『中小都市における公共図書館の運営』という報告書にまとめている。

Ⅲ 利用図書館と保存図書館

公立図書館の具体的な分類は、次のように考えられている。地方公共団体の設置する図書館を公立図書館（図書館法2条2項）といい、公立図書館には、都道府県が設置する都道府県立図書館と、市町村が設置する市町村立図書館の2種類がある。

文部科学省が図書館法18条に基づいて定めた2001年告示の「公立図書館の設置及び運営上の望ましい基準[30]（「望ましい基準」と略されて使用されることが多い）」による市町村立図書館のサービスの基本は、次のとおりである。①資料の収集・提供等、②レファレンス・サービス等、③成人サービス・児童サービス・高齢者サービス・障害者サービス・外国人サービスなど利用者ごとのサービスの提供、④学習機会の提供に努め学習活動の場の提供、設備や資料の提供などによりその奨励が求められている[31]。

また市町村立図書館の資料収集・提供の具体的内容[32]は、次のとおりである。①住民の要求に応えるため、新刊図書および雑誌の迅速な確保並びに他の図書館との連携・協力により図書館の機能を十分発揮できる種類および量

---

27)　中小公共図書館運営基準委員会報告『中小都市における公共図書館の運営』（日本図書館協会、1963年）序。
28)　「公共図書館は沈滞しているか」（『図書館雑誌』1960年9月号）。
29)　『中小都市における公共図書館の運営』序。
30)　平成13年7月18日文部科学省告示第132号。
31)　平成13年告示「公立図書館の設置及び運営上の望ましい基準」二　市町村立図書館。
32)　「公立図書館の設置及び運営上の望ましい基準」二　市町村立図書館　㈡　資料の収集、提供等。

の資料の整備に努める、②郷土資料および行政資料、新聞等の整備に努める、③視聴覚資料の収集に努める、④電子資料の作成、収集および提供並びに外部情報の入手に関するサービスに努める、⑤書誌データの統一や、インターネット等を活用した検索システムの整備に努める、⑥貸出しの充実を図り、予約制度などにより住民の多様な資料要求に的確に応じるよう努める[33]等が求められている。求められている運営の基本を検討すると、市町村立図書館は住民の利用を目的とする「利用図書館」ということになる。

2012年に「公立図書館の設置及び運営上の望ましい基準」は全面改正された[34]が、図書館サービス[35]を市町村立図書館が行う1項目として挙げて、具体的なサービスを列挙している。図書館サービスとして、①貸出サービス等、②情報サービス、③地域の課題に対応したサービス、④利用者に対応したサービス（ア：児童・青少年に対するサービス、イ：高齢者に対するサービス、ウ：障害者に対するサービス、エ：乳幼児とその保護者に対するサービス、オ：外国人等に対するサービス、カ：図書館に来館が困難な者に対するサービス）、⑤多様な学習機会の提供、⑥ボランティア活動等の促進、などについて具体的に定め、サービスの実施に努めるように推奨している。

また、2001年の「望ましい基準」は、図書館法制定以来50年余り経ってから公表されたため、資料収集の選定基準は時代に対応している。1960年代の古いタイプの資料選択理論は「図書の価値が優先」の選択理論であった[36]。それが1970年代になると『市民の図書館』による「利用者要求の優先」理論へ変化する。利用者不在の良書厳選主義を批判し、市民の要求に応える選択をすることを主張した[37]。文部科学省が公表した「望ましい基準」は、1970年以降図書選択理論の中心であった「利用者の要求の優先」を取

---

33)「公立図書館の設置及び運営上の望ましい基準」二　市町村立図書館㈡〜㈤
34)「図書館の設置及び運営上の望ましい基準」（平成24年12月19日文部科学省告示172号）http://www.mext.go.jp/a_menu/01_1/08052911/1282451.htm
35) 平成24年告示「図書館の設置及び運営上の望ましい基準」第二　公立図書館 一 市町村立図書館　3　図書館サービス
36) 伊藤昭治・山本昭和「1970年以降の公立図書館図書選択論」（『現代の図書選択理論』日外アソシエーツ、1989年）30頁。
37)『市民の図書館 増補版』日本図書館協会、2005年、68頁。

り入れたものと考えられる。

　文部科学省が図書館法18条に基づいて定めた2001年の「公立図書館の設置及び運営上の望ましい基準」による都道府県立図書館の運営の基本は、住民の需要を広域的かつ総合的に把握して資料および情報を収集、整理、保存および提供する立場であること、その立場から市町村立図書館に対する援助に努め、都道府県内の図書館間の連絡調整等の推進に努めるものである。都道府県立図書館は、図書館以外の社会教育施設や学校等とも連携しながら、広域的な観点にたって住民の学習活動を支援する機能の充実に努めるものとされている。

　都道府県立図書館が行う市町村立図書館に対する具体的援助[38]とは、①資料の紹介・提供を行うこと、②情報サービスに関する援助を行うこと、③図書館の資料を保存すること、④図書館の運営の相談に応じること、などである。③の資料を保存するということにより、都道府県立図書館は、「保存図書館」と考えられるため、市町村立の利用図書館よりは国民の「知る自由」を確保する図書館となっている。また市町村立図書館でも、規模の大きい自治体の中央館[39]は、「保存図書館」の機能を果たしている図書館がある。

　都道府県立図書館の運営の基本は、2012年に改正された内容も、2001年版の基準を踏襲しているため、特に問題になる事項はないと思われる。

　むしろ2012年の改正で、「私立図書館」が加わったことのほうがより重要であると思われる。私立図書館を運営するにあたり、「図書館サービスその他図書館の運営に関する適切な指標を選定し、これらに係る目標を設定した上で、その目標の達成状況等に関し自ら点検及び評価を行うよう努めるものとする[40]」と目標設定がされた。図書館サービスを行ううえで、指標となる基準が示されたので、私立図書館のサービスも、向上していくと思われる。

---

38) 平成24年告示基準　第二　二　都道府県図書館　1　域内の図書館への支援
39) たとえば、東京都の区立図書館の中央館などである。
40) 平成24年告示基準第三　私立図書館　一　管理運営　1　運営の状況に関する点検及び評価等

第3節　日本・英国・アメリカ合衆国の図書館の役割の比較

I　「ポスト公教育」を目指した日本の図書館

　明治5（1872）年の学制により、日本の公教育は始まる。公教育とは、社会によって公式に制度化されている教育のことを意味する。近代社会においては、制度化とは法制化とほとんど同義であるから、公教育とは、法の定めに応じて一定の行政行為を伴う教育活動のことである[41]。

　学制により、国民教育制度を確立したことにおいて画期的な意味があった。しかし欧米の教育制度を模範として定めたものであって、実地の経験を基礎としたものではなかったために、考慮すべき多くの問題を含んでいた。当時の国力・民情および文化の程度においては、全国的に実施することが困難であった。このような情勢から学制全般を検討し改革すべきという要望が起こってきた。それを受けて、学制を廃止して1879年の教育令（明治12年9月29日太政官布告40号）が公布された[42]。

　文部科学省は「教育令は、学制の中央集権的、画一的性格を改めて、教育の権限を大幅に地方にゆだね、地方の自由に任せた[43]」と述べている。教育令の第1条は「全国ノ教育事務ハ文部卿之ヲ統摂ス故ニ学校幼稚園書籍館等ハ公立私立ノ別ナク皆文部卿ノ監督内ニアルヘシ[44]」と規定され、教育の統制を行っていた。また翌年に改正教育令（明治13年12月28日太政官布告59号）が公布された。20条にて、府県立の公立学校幼稚園書籍館の設置廃止は、文部卿の認可を必要とし、町村立の公立学校幼稚園書籍館の設置廃止

---

41) 朝比奈大作『図書館員のための生涯学習概論（JLA図書館情報学テキストシリーズⅢ　別巻）』日本図書館協会、2013年、38頁。朝比奈大作氏は元横浜市立大学国際総合科学部教授。
42) 文部科学省「学制百年史」第一編　第一章　第一節　四　教育令の公布。
http://www.mext.go.jp/b_menu/hakusho/html/others/detail/1317583.htm
43) 文部科学省「学制百年史」四　教育令の公布。
44) 石井敦『図書館史　近代日本篇』教育資料出版会、1989年、47頁。石井敦氏は元東洋大学社会学部教授。

は、府知事県令の認可によるとした。21条で、私立学校幼稚園書籍館の設置は府知事県令の認可により、廃止は府知事県令に開申する[45]ものとした。教育令が、公立幼稚園書籍館の設置廃止には認可制を求めていなかったことと比べると、政府の教育・学習への監視が強くなったと考えられる。しかし教育令に、図書館が学校と同じ基準で規定されていることは、図書館が公教育の役割を果たす機関と定められたわけである。図書館の役割は、ポスト公教育を目指したと考えられる。

当時の先進国である英国の小学校教育法（The Elementary Education Act 1870[46]）が制定されたのは1870年であり、日本の学制より2年前である。この法律は無償教育も義務教育も導入しなかったけれども、両方を可能にしていた[47]。また英国の近代的な図書館法（Public Libraries Act 1850〈13 & 14 Vict. c.65〉）[48]は1850年に制定されており、小学校より、図書館のほうが先に制度化されたことになる。つまり税金で学校を建てるより先に、税金で義務設置ではないにしても図書館を作ることが制度化された。図書館のほうが、学校よりも先に制度化されたということは、英国では社会教育が学校教育に優先していたとも考えられるのである[49]。

日本の教育令に書籍（しょじゃく）館として図書館が規定されているが、これが図書館が法律に初めて定められたものである。その後明治23（1890）年の小学校令等にも書籍館に関する規定が定められ、各地に図書館が設置されていった。明治25年には日本文庫協会（1908年に日本図書館協会と改称）が発足した。このような情勢の中、単独の図書館に関する法律が必要とされ、明治32年に図書館令（明治32年勅令429号）が公布された。

日本の公教育は、このように政府の監督の下に進められていった。「富国

---

45) 石井、上掲書、47頁。
46) 33 & 34 Vict. c.75, pp.443-483. http://www.educationengland.org.uk/documents/acts/1870-elementary-education-act.html
47) Lawson, John and Harold Silver, *A Social History of Education in England*, London, Methuen & Co Ltd., 1973, p.314.
48) *THE STATUTES of THE UNITED KINGDOM of GREAT BRITAIN AND IRELANDS, 13 & 14 Victoria.* 1850 (Vol.90), London, Her Majesty's Printers, pp.387-391.
49) 朝比奈、前掲書、38頁。

強兵」「殖産興業」を国策として掲げ、この国家目標を達成するために、教育の力を必要とした。この場合の教育とは、個人の発達を社会全体で支えていくという現在の生涯学習の理念に基づくようなものではなく、国策遂行のために有用な人材の育成を目指していた[50]。

　公立図書館は設置廃止について認可制をとらされていたため、自由な運営を行うことが困難なうえ、明治 15 年の文部省の「図書館示諭事項」における思想善導の思想を具現化し、資料の検閲や閲覧禁止を受け入れてきた。図書館は、国策遂行のために有用な人材の育成に協力させられてきたのである。

　昭和 8 年の改正図書館令（昭和 8 年勅令 175 号）により、中央図書館の制度が制定されたことで、各図書館内での資料の検閲・閲覧禁止が助長された。中央図書館制度とは、道府県を単位としてその館内（中央図書館内）の図書館を指導援助して活動させ連絡統一を図って使命達成を行うことを目的[51]とし、そのために館内の図書館の監視が強化されたのである[52]。

　図書館は、思想善導の思想を励行したことにより、若者を国策遂行のために有用な人材として育てあげ、戦場に送り出してしまったことへの反省により、1954 年に基本的人権のひとつとして「知る自由」を持つ民衆に、資料と施設を提供することは図書館の最も重要な任務であると宣言をして「図書館の自由に関する宣言」を作成することになった。1979 年に改訂された時に前文の 4 に「わが国においては、図書館が国民の知る自由を保障するのではなく、国民に対する『思想善導』の機関として、国民の知る自由を妨げる役割さえ果たした歴史的事実があることを忘れてはならない。図書館は、この反省の上に、国民の知る自由を守り、ひろげていく責任を果たすことが必要である」と掲げた。

---

50) 朝比奈、前掲書、39 頁。
51) 埼玉県立浦和図書館編著『埼玉県立浦和図書館 50 年誌』1972 年、27 頁。
52) 1950 年に改正図書館令が廃止され図書館法が制定されるまで、改正図書館令の条文は、改正されることはなかった。

Ⅱ 「職工学校と成人教育」を担う英国の図書館

　英国の近代の一般市民向け図書館の先駆は、職工学校における図書館サービスである。1741年ラナークシャの鉱山地帯レッドヒルズに創設された会員制図書館が、初期のうちでは整備されていたものであった[53]。

　またウェールズと北部工業地帯では、日曜学校が成人教育も引き受けていたが、全体では成人教育は成人学校および職工学校により提供されていた。成人教育の最初の目標は、貧しい人々に聖書の読み方を教えるという識字教育であった。最初の成人学校は1798年にノッティンガムに創設された。職工学校のほうは、1820年代初頭に、エジンバラ、グラスゴーおよびロンドンなどで、最初は知的水準の高い受講者層を対象にして増加していった[54]。

　このような労働者への教育を受けて、リバプール選出議員のウィリアム・エワート（William Ewart）は、1850年図書館法（Public Libraries Act 1850〈13 & 14 Vict. c.65〉)[55]の法案を下院に提出した際に、次のように主張した。「（この法案は）わが国の人口の密集した町に住む労働者階級に、彼らの精神を癒し、彼らの科学および芸術に対する趣味を洗練するための適切な手段を与えるように考えられたものである。また労働者は、もし彼らが公立図書館によって与えられるような機会をもっていたら、他の国々の労働者階級よりははるかに進んでいたであろう[56]。」図書館を利用することにより、労働者階級が精神的に向上し、技術など仕事に関係することも学べて、経済も向上していくと主張したのである。

　1850年図書館法の法案が提出された当時、初等教育は義務でも無料でもなかった。1860年頃から大都市では、教育施設の不足に関する関心が高まっていた。1870年にグラッドストーン内閣の下で通過した教育法は、教育の必要性への回答であった。改良家たちが唱導してきた普遍初等教育の原理

---

53) Kelly, Thomas and Edith, *Books for the People*, London, Andre Deutsch, 1977, p.57.
54) Ibid., p.61.
55) *THE STATUTES of THE UNITED KINGDOM of GREAT BRITAIN AND IRELANDS, 13 & 14 Victoria.* 1850 (Vol.90), London, Her Majesty's Printers, pp.387-391.
56) Kelly, Thomas & Edith, *Books for the People*, p.79.

が初めて受け入れられ、イングランドとウェールズでは、義務教育は 1876 年と 1880 年に導入された。初等教育が無料になったのは 1891 年（スコットランドでは 1893 年）であった[57]。

　図書館法案での図書館利用の無料の必要性について、2 人の議員が次のように主張した。ブラザートン（Brotherton）は 2 つの主張を行い、下院議員のスレイニー（R. A. Slaney）もまた同じことを述べ、禁酒問題に触れている[58]。ブラザートンの主張は次のとおりである。「ここに、罪人を罰するために毎年 200 万ポンドが支出されているのに、議員諸君は犯罪の予防のためにコミュニティが 1 ポンド当たり半ペニーの課税をすることを許すのに反対している。私の意見によれば、人々に読むことを教えても、その獲得した能力を適用する対象である図書を、その後彼らに提供しなければほとんど役に立たない。労働者階級の大多数は自分で本を購入する手段を持っていないことはよく知られている。それゆえ、次善の策は、すべての町図書館に彼らが無料で利用できるように本を集めることである。この目的のための支出は、長い目で見れば、限りない道徳的善の点ばかりでなく、物質的な公共経済そのものの点でも、生産的であると、私は確信している」と主張し、別の機会に「この法案は、創設することのできる中で最も安い警察を提供する」とさらに強調した[59]。

　スレイニーは「労働者がパブから遠のく習慣を奨励することによって、図書館は自堕落な生活および怠惰の結果としての犯罪への衝動を弱めるものである。そして、労働者による犯罪はこの法案の下に建設できるすべての図書館よりはるかに多くの出費を国に与えるものである」と主張した[60]。

　図書館設立に関して、次の点についてほとんどの議員が同意した。それは図書館は労働者階級が利用するためのものであるという点である。この点については、20 世紀に入っても繰り返し議論されることになる。チャールズ・ディケンズは、1852 年のマンチェスター公立図書館開館の時に、「図書

---

57) Ibid., pp.83-84.
58) Ibid., pp.79-80.
59) Ibid., pp.79-80.
60) Ibid., p.80.

館開館により利用可能になった図書は、わが国の最も貧しい人々の小屋、屋根裏部屋および地下室での、楽しみと向上の源であることが証明されるであろう」と図書館への希望を表明した[61]。

図書館設立の採択を支持した改良家たちは、スレイニーの主張と同様の主張を行っていた。それは「公共図書館は労働者階級に対して酒を飲む機会をへらし、勤勉になり、良い生活を送れるようにする故に、社会の平和、秩序および繁栄に寄与する」というものである。しかし地主と商店主たちは、本を読んでぶらぶら過ごすことしかしない多数の怠け者の利益のために税金を払うことに反対した。パブの主人、書店主および有料貸出図書館の所有者たちも、反対派の利害関係者たちであった[62]。有料の貸出図書館が無料図書館の利害関係者であるということから、この当時すでに有料の貸出図書館が存在していたことがわかる。

しかし公立図書館を設立するには、図書館法成立以来1890年代までは、納税者の投票による採択という手続きが必要だった。多くの場所において、公立図書館を設立するべきか否かについて議論がされていた。バス（Bath）、ハル（Hull）、デプトフォード（Deptford）およびセント・メリルボン（St. Marylebone）は4度否決された。イズリントン（Islington）は5度否決された[63]。

納税者たちが、公共図書館設立の是非を投票で行っていた一方で、図書館サービスにおける教育的要素の重要性が1860年代後半以降高まってきた。1870年に成立した教育法は、その結果である。改良家たちが、長い間主張してきた初等教育の原理が公式に受け入れられた。イングランドとウェールズでは、義務教育は1876年と1880年に導入され、1891年には、初等教育が無料になった[64]。

経済的な要求からも、労働者階級の教育が必要となっていた。必要性を決めたのは1867年のパリ博覧会での英国の出品者たちの粗末な展示であっ

---

61) Ibid., p.80.
62) Ibid., p.81.
63) Ibid., p.81.
64) Ibid., pp.83-84.

た。この状況により教育の体系的措置の必要性が明らかになった。1889年には技術教育法（Technical Instruction Act 1889 c.76[65]）が成立した。同法は、職工学校および他の関連機関が地方当局に移管されたことにより、技術教育の広範な発展の出発点になった。このような背景から、公立図書館は社会改良の道具としてばかりでなく、国民教育の前進運動の一部と考えられるようになった。その後図書館の多くは、読書資料を提供することによってばかりでなく、図書館自身が直接あるいは間接に、技術教育・成人教育に関与していった[66]のである。

すなわち、英国では公立図書館は労働者のための機関で、改良主義的な目的が期待されたため、図書館利用は無料を必要とされていた[67]。

Ⅲ　アメリカ合衆国の無償教育と同じ原則に基づく図書館

近代的図書館のはじめと言われるボストン公立図書館設立時の『1852年報告』の中に、図書館の役割を見出すことができる。この報告書を作成したのは、設立の検討をするための委員会の委員であるエドワード・エヴァレット（Edward Everett）とジョージ・ティクナ（George Ticknor）の2人である。またエヴァレットはパブリック・ライブラリーの理事会（Trustees）の理事長でもあり、ティクナは理事の一員でもあった[68]。

エヴァレットは、「印刷術はすぐに驚くほど優秀な水準に到達し、活版印刷による聖書の初版本のできばえは、以後の諸版と変わらないほどである。（略）印刷術が発明された時と同じように、図書はさらに廉価で豊富になった。

その結果、欧米の図書館数が飛躍的に伸びたことは、改めて指摘するまでもない。ヨーロッパ諸国の大多数の首都に、公費による大量の図書が蔵書さ

---

65) 52 & 53 Vict. c.76. pp.384-388. http://www.educationengland.org.uk/documents/acts/1889-technical-instraction-act.html
66) Kelly, Thomas & Edith, op.cit., pp.84-87.
67) 川崎良孝「英米における無料原則の由来と動向」（塩見昇・山口源次郎編著『新図書館法と現代の図書館』日本図書館協会、2009年）315頁。
68) 川崎「英米における無料原則の由来と動向」313頁。

れ、維持されるようになった。図書館は、すべての高等教育機関に必要な構成要素となり、ついで学校も図書館を設けるようになった。大多数の科学協会や文学協会も蔵書をそなえ、あらゆる国で多数の個人が文庫をもつようになってきた。(略)

　ボストンの公教育制度は、世界のどこと比較しても劣らないであろう。学校が完全であるとは言えないまでも、学校の基礎となる一般原則と計画が完璧に近いことは正しいと考えて良い。その原則とは、初等教育から最高学府にいたる学校で実践され、すべての人に開放され、非常に潤沢な公費によって維持される、一大教育制度を構成するというものである。(略)すべての青少年層に、公費で一流の学校教育を与えるという制度である。

　この目的の達成は最高に重要なもののひとつであるが、われわれの公教育制度は学校教育の時点で終了してしまう。すべての思慮深い人が知っているように、学校教育は言うに及ばず、カレッジや大学でさえも教育の第一段階にすぎない。それにもかかわらず、社会はこの大事な事業を推し進める手立てを講じていない。(略)コミュニティの大衆について一般的に言えば、現在のところ学問の基礎に関する限り、毎年公費で何百人もの若者が教育されている。しかし、いざ彼らが個人的学習を継続し、実際的な効果を得ようとすると、社会は何一つ手段を用意していないのである[69]」と述べ、さらに「公教育制度を完成する手段として、大規模なパブリック・ライブラリーが最も重要であると考える[70]」と述べている。エヴァレットは、上記の見解により公立図書館を「公教育制度」の補完機関と位置づけている。

　一方ティクナは、図書館の設立の必要を説くことで、図書館の役割を主張した。「無償教育と同じ原則に基づき、また公共政策ないし義務として、健全で滋養に富む図書をすべての人に供すべき必要があることは論議をまたない。実際、この種の図書の提供は、すべての人に対する教育の一部分であり、それも最も重要な構成要素と言える。(略)できるだけ多くの人に、広く情報伝達の手段が行き渡っていることで、多数の人が読書をし、社会秩序

---

69) Shera, Jesse H., *Foundations of the Public Library*, The Shoe String Press, Inc., reprinted 1965, pp.271-273.
70) Ibid., p.275.

の根底に立ち入る問題を理解することが重要である。(略) 情報伝達の手段を浸透させることは実現可能と言える。手段としての図書館設立は実行できる[71]」という主張をしたのである。

　公立図書館とは「公教育制度」の補完機関であり、無償教育と同じ原則に基づく機関として必要とされている。図書館の役割に期待されているのは、社会生活を行ううえでの義務を果たし、自己判断のできる住民、ひいては民主政治に参加できる住民の育成を目指すものである。住民の公教育制度が終わったあとに、公立図書館がその後の住民の能力開発を引き受けることができる機関である。したがって無償教育と同じ原則とは、公立図書館は公教育制度と同様に、無料でなければならないこととアメリカ合衆国では考えられている。

---

71) Ibid., p.281.

第3章

パブリック・ライブラリー要件の「利用の公開性」

第1節 英国の「利用の公開性」

I 「すべての住民を対象にする」サービスの2つの取組み

　パブリック・ライブラリー要件の「公開性」は、「すべての住民を対象にする」サービスを展開することである。英国およびアメリカ合衆国の「すべての住民を対象にする」サービスを検討し、日本の図書館サービスの展開の変遷と比較する。

　公立図書館がパブリック・ライブラリーであるための4つの要件のうち、「公費支弁」の公費とは地方税で賄われていることを意味している。そして「利用の公開性」とは、地方税を負担している当該地方公共団体の住民を対象に図書館の利用を公開することである。つまり図書館サービスは、地方税を負担している当該地方公共団体の住民に対して行われなければならない。

　図書館サービスを「すべての住民を対象にする」ために、まず第1に取り組むことは「図書館の設置」である。図書館が設置されなければ、住民が利用することができないからである。図書館の設置が少ない時代には、設置する「図書館数」が問題になるが、図書館がある程度設置されてくると、図書館数よりも「図書館の設置率」のほうが重要になってくる。

　「すべての住民を対象にする」サービスを展開するには、図書館数と図書館設置率を総合して判断しなければならない。当該地方公共団体にある程度図書館が設置されていたとしても、住民が電車やバスに乗ったりして図書館まで行くのであれば、「住民の日常生活の中で身近に利用できる」という状

態ではない。住民の住居地から近いところに図書館があれば、「住民の日常生活の中で身近に利用」でき、「すべての住民を対象にする」と言えるであろう。

「すべての住民を対象にする」ことの第2の取組みは、「施設に入っている人（病院、刑務所、高齢者ホームなど）、寝たきりの人、障害者、現在居住している国の言語を理解できない外国人など、実際に図書館サービスを利用できない人々へのサービスを行うことである。これらの人々も視野に入れないと、「すべての住民を対象にする」サービスを実施しているとは言えない[1]のである。

「すべての住民を対象にする」サービスの2つの取組みは、しばしば「全域サービス」という言葉の範疇の中で一緒に考えられることが多い。しかし、第1は自治体による図書館の空白地帯をなくすという建物に関する取組みであり、第2は住民全員への図書館サービス提供の取組みであるため、まったく別の取組みである。本章では、公開性に関するこの2つの取組みを、分けて述べていく。

II　英国の全域サービスの取組み

1　1850年の図書館法の時代

日本の自治体は、住民の福祉のためであれば、法による授権がなくても当該業務ができる「包括的権限（general competence）」を付与されている。英国の自治体は、包括的権限は制限され、個別の業務ごとに各法により授権されている。これを「越権行為の法理（Ultra Vires）」という[2]。

1850年の公立図書館と博物館法（Public Libraries and Museums Act 1850〈13 & 14 Vict. c.65〉）[3]が成立したことで、自治体は図書館サービスが行えるよう

---

1) 川崎良孝「〈講演記録〉全域サービスを考える：日米での歴史と現状」（『京都大学生涯教育学・図書館情報学研究』9巻、2010年）194頁。
2) 『英国の地方政府改革の系譜』財団法人自治体国際化協会編、2006年、8頁。
   執筆は、関西学院大学専門職大学院教授の稲澤克祐氏に依頼したものである。
   http://www.clair.or.jp/j/forum/series/pdf/31.pdf

になったが、納税者の投票を実施し、3分の2以上の賛成票を得ることが必要であるという任意法であった。図書館設置とサービスは「義務制」ではなく「任意制」であった。図書館に関して、一般的に1850年の図書館法という。

1850年法により図書館サービスに加えられていた制限は、その後の立法により削除および修正された。1855年法により税率の上限を1ペニーに引き上げ、図書館当局は、税収を図書館および博物館の建物・図書・新聞・地図・標本などや科学技術学校の設立まで使用できるようになった[4]。

人口の制限は、1855年に1万人から5000人に引き下げられ、1866年法(Public Libraries Amendmet Act, 29 & 30 Vict. 〈c.114〉)ではまったく制限がなくなった[5]。これにより図書館成立の法律採択の権限をバラばかりでなく、他の地方自治体単位まで拡大する必要が生じた[6]。

1850年法により最初に開館された大規模な市民図書館は、1852年9月に開館したマンチェスター市の図書館である。数千人もの「仕事熱心な事務員および職人」たちからの寄付を含む1万3000ポンド以上の公衆の寄付により元オーウェン科学館を購入して図書館用に改修した。この図書館はすぐに生活の中で重要な位置を占めるようになった。1856年までに、この図書館はマンチェスター市におけるすべての階級の人々によって広く利用されるようになった[7]と言われている。

2　1919年の図書館法の時代

1919年11月28日、教育局の国会書記であるハーバート・ルイス氏は公立図書館界が長い間待っていた図書館法修正案を提出した。修正された図書館法は、12月11日、下院で承認され[8]、Public Libraries Act 1919（9 & 10

---

3) THE STATUTES of THE UNITED KINGDOM of GREAT BRITAIN AND IRELANDS, 13 & 14 Victoria. 1850（Vol.90), London, Her Majesty's Printers, pp.387-391.
4) Kelly, Thomas and Edith, Books for the People, p.87.
5) THE STATUTES of THE UNITED KINGDOM of GREAT BRITAIN AND IRELANDS, 29 & 30 Victoria. 1866, London, George E. Eyre and William Spottiswoode, pp.421-423.
6) Kelly, Thomas and Edith op.cit., p.87.
7) Kelly, Thomas and Edith op.cit., p.89.

Geo.5. c.93)[9]として成立した。

　図書館法改正は、図書館協会およびカーネギー英国財団の働きかけ、さらに復興省成人教育委員会の勧告もあって、実行できたものである[10]。1919年の改正により、イングランドおよびウェールズに60年以上続いた1ペニー以内という税率の上限が外されたばかりでなく、すでに図書館ができている地区を除いて、地区内のいかなる場所でも法を採択することのできる権限、そして教育委員会（Education Committee）に与えられていた権限をカウンティ評議会（County Councils）に持たせたのである。既存の図書館当局（Library Authority）は、カウンティ[11]を放棄し、カウンティも法律の一部が無効となった。これにより、大規模なカウンティから脱退した新しい地域で、どこでも自分たちの図書館委員会を作り、図書館長を任命できるようになった[12]。

　1919年の図書館法（Public Libraries Act 1919〈9 & 10 Geo.5. c.93〉）は、図書館サービス区域に関する論争が起こったため、その解決として国が組織体制の検討を行い、その結果新たな図書館法として制定されることになる。

3　『ロバーツ・レポート』

　1946年に開かれた第2次世界大戦後最初の会議で、図書館協会が行った

---

8) Munford, *Penny Rate*, p.35.
9) *The Law Reports*, King George the fifth, 1919. Vol.LVII, London, Eyer & Spottiswoode, Ltd., pp.435-439.
10) 森耕一「図書館立法の歴史と現代的課題」（『法律時報』52巻11号、1980年）39頁。
11) カウンティの説明は以下である。
　「1888年地方政府法は、イングランドおよびウェールズに、62のカウンティ・カウンシル（county council）（ロンドン・カウンティ・カウンシル〈LCC〉を含む。）と、61のカウンティ・バラ・カウンシル（county borough council）が設置された。1888年法は、二層制のシステムを構築しようとするものであったが、5万人以上の人口の都市については、カウンティからの独立を認められ、カウンティ・バラとしてカウンティとバラの双方の機能を有することとなった。スコットランドにおいては1889年地方政府（スコットランド）法により、33のカウンティ・カウンシルのほか、イングランドにおけるカウンティ・バラと同様の4のカウンティ・オブ・シティ（county of city）が設置された。」（田中嘉彦「英国における権限委譲」『諸外国における地方分権改革―欧州主要国の憲法改正事例』国立国会図書館の国会関連情報『調査資料』2006年、83頁）
12) Munford, op.cit., p.37.

図書館サービス区域に関する勧告は、投票の結果否決された。特にスコットランドの北部地方全域を1つの図書館サービス区域にするという提案は激しい反論を巻き起こした[13]。この解決を図るために、政府は1957年ロバーツ博士を委員長とする「イングランドおよびウェールズにおける公共図書館サービスの組織体制を検討し、必要な場合どのような改革をおこなうべきか勧告する」ことを任務とする特別委員会を設置した[14]。

委員会は、カウンティ・特別バラ・首都バラ・ロンドン市[15]を引き続き図書館当局として、存続させることで合意した。普通バラと都市ディストリクトは見解が対立したので、英国図書館協会が提示した方針に沿って、人口だけでなく図書館支出額も考慮した基準を採用することになった。委員会の勧告は、1959年に『ロバーツ・レポート (Roberts Report)[16]』として刊行された。普通バラと都市ディストリクトの既存の図書館当局については、年間図書費として5000ポンドか、人口1人当たり2シリングかのいずれか高いほうを最低限計上していることを条件に存続を認めることにするように勧告している。レポートは、職員の配置や施設の改善、図書館相互協力の法的制

---

13) Kelly, Thomas and Edith, op.cit., p.193.
14) Kelly, Thomas and Edith, op.cit., p.195, 197.
15) 1946年当時は、カウンティ・バラが存在し、1972年に廃止された。
「1894年地方政府では、ディストリクト・カウンシル (district council) が設けられ、市部と農村部ごとにそれぞれ535のアーバン・ディストリクト・カウンシル (urban district council) と472のルーラル・ディストリクト・カウンシル (rural district council) が設置された。スコットランドにおいても1900年タウン・カウンシル (スコットランド) 法により同様の措置がなされた。
首都ロンドンについては、1899年ロンドン政府法により、LCCの下に28の首都区カウンシル (metropolitan borough council) が設置され二層制が導入された。1963年ロンドン政府法により、グレーター・ロンドン・カウンシル (GLC)、32のロンドン区、1のシティ、GLCの特別委員会である内ロンドン教育庁 (ILEA) が設置された (1965年施行)。
1972年地方政府法は、ロンドンを除くイングランドおよびウェールズにおいて、カウンティ・バラを廃止するとともに、カウンティの数も削減した。」(田中「英国における権限委譲」83-84頁)
保守党のサッチャー政府 (1979-1990) が1985年地方自治法により、一層制へ改革して以来、種々の改革が行われている。本書ではこれ以上記述をしない。
16) Ministry of Education, *The Structure of the Public Library Service in England and Wales: Report of the Committee appointed by the Minister of Education in September 1957 (Chairman, Sir Sydney Roberts)*, London, HMSO, 1959 (Cmnd660).

度、政府による図書館サービスの監督なども勧告している。政府は、勧告の大半を受け入れ、さらに、①効果的な図書館サービスを行うための基本的要件、②図書館相互協力のための機構、の2つについて調査委員会を設置した。調査委員会は、1962年に、『イングランド及びウェールズにおける公共図書館サービスの基準 (Standards of Public Library Service in England and Wales)[17]』を提出した[18]。

『ロバーツ・レポート』の勧告から『図書館サービスの基準』等の作成により、1964年の公立図書館と博物館法 (Public Libraries and museums Act 1964 〈c.75〉) が制定され、1965年4月1日に発効し、それまでの図書館法令はすべて破棄された[19]。

4 1964年の図書館法の時代

現在英国では、全国を対象とする図書館法は存在していない。地方ごとの法律と1つの命令が制定されている。イングランドとウェールズ地方には、Public Libraries and Museums Act 1964 (c.75)[20]が制定されている。スコットランド地方には、公立図書館を規定している図書館法 Public Libraries (Scotland) Act 1955 (c.27 3 & 4 Eliz.2)[21]と公立図書館のサービスを規定している「公立図書館統合法 (Public Libraies Consolidation 〈Scotland〉 Act 1887 〈c.42〉)[22]」が制定されている。北部アイルランドには、教育および図書館令として The Education and Library (Northern Ireland) Order 1986[23]が施行[24]されている。

---

17) *Standards of Public Library Service in England and Wales: Report of the Working Party*, HMSO, 1962.
18) Kelly, Thomas and Edith, op.cit., p.197.
19) Kelly, Thomas and Edith, op.cit., p.197.
20) http://www.legislation.gov.uk/ukpga/1964/75/pdfs/ukpga_19640075_en.pdf
21) オリジナル版:http://www.legislation.gov.uk/ukpga/1955/27/pdfs/ukpga_19550027_en.pdf
　改訂版:http://www.legislation.gov.uk/ukpga/Eliz2/3-4/27/data.pdf
22) http://www.legislation.gov.uk/ukpga/Vict/50-51/42
23) Northern Ireland Orders in Council 1986 No.594 (N.I.3) http://www.legislation.gov.uk/nisi/1986/594
24) 詳しい説明は第Ⅰ部第1章脚注80)を参照のこと。

イングランドとウェールズ地方の公立図書館法 Public Libraries and Museums Act 1964（c.75）が、英国の公立図書館全体に影響を与えている。特に影響を与えている項目は、公立図書館サービスの一般原則である 7 条の「包括的かつ効果的な図書館サービス（Comprehensive and Efficient Library Service）」と 8 条の「無料原則（Restriction on charges for library facilities）[25]」である。

　本章で現行の「図書館法」と呼ぶ場合にはイングランドとウェールズ地方の公立図書館法 Public Libraries and Museums Act 1964（c.75）のことを指している。1964 年の公立図書館と博物館法（Public Libraries and Museums Act 1964〈c.75〉）での全域サービスについて検討する。

　この法では、全域に図書館設置の義務を規定（1～3 条）し、7 条で「包括的かつ効果的な図書館サービス」を規定している。成立当初 4 条および 5 条では、小規模図書館設置体の統合の意図が読み取れる。さらに 6 条では人

---

[25] 北アイルランドの教育および図書館令：The Education and Library Board within the Education and Libraries（Northern Ireland）Order 1986（http://www.legislation.gov.uk/nisi/1986/594）では act 77(1)に、「本条に規定する場合を除き、図書館サービスのための委員会により課金されない（"no charges shall be made by a board for library services."）」と規定されている。また 77(2)(a)項の規定では、「著作権と関連する権利に関する規則（S.I.1996/2967）」により図書資料の貸出しも有料としている。この規則では公貸権の範囲内にある書籍の貸出しは侵害されないとしているため、公貸権範囲の書籍の貸出しは無料と解釈できる。
　公貸権とは、次のように定義されている。「公貸権とは、図書館の図書貸出しによる著作者への損失の補塡をする報酬請求権である。著作者に支払う報酬は国が創設した基金から支払うため、国の文化支援の一端を担うものである」（Mayer, Daniel Y., "Literary Copyright and Public Lending Right" *Case Western Reserve Journal of International Law*, Vol.18, 1986, p.483）詳しくは、本書第Ⅳ部第 2 章Ⅲを参照のこと。
　なお、スコットランドの図書館サービスを規定している Public Libraries Consolidation（Scotland）Act 1887（c.42）の act 32 で、公立私立を問わずすべての図書館の館外貸出しを無料と規定されている。
　スコットランド図書館法（Public Libraries〈Scotland〉Act 1955〈c.27〉）は、図書館行政、公立図書館と私設図書館との連携、図書館資源の提供（貸出し）などに関する規定であり、具体的な条文は地方自治法や著作権法に代替する構成となっている。スコットランド図書館法における図書館の貸出しの規定 4 条(2)は、「著作権と関連する権利に関する規則（S.I.1996/2967）」の regs.1(2)、11(7)に置き換えられていて、公立図書館が書籍の貸出しを行っても公貸権の範囲であれば著作権侵害にはならない。これは、北アイルランドの図書館令と同じ構成をとっている。

口4万人未満の小さな自治体には原則として図書館設置体となる権限を与えない方針も読みとれる。1972年地方自治法の改正の結果、地方自治体の構成および種類に変化があり、現在この4条(1)および6条は削除されている。これらの改正により図書館の統合が実現していった[26]。

1964年に公立図書館と博物館法が成立した時には、図書館設置体に対して公立図書館サービスの一般原則である7条の「包括的かつ効果的な図書館サービス（Comprehensive and Efficient Library Service）」を義務づけると同時に零細図書館の統合の方針を打ち出したということになる。つまり自治体および国が国民から税金を徴収している対価として、十分な図書館サービスを提供する義務を図書館法上に規定したのである。

7条は、1964年に制定されてから改正されることなく現在に至っている。7条(1)は、公立図書館の理念を示している。「利用を望むすべての人々のために、包括的で効果的な図書館サービス（Comprehensive and Efficient Library Service）を提供するのはすべての図書館当局（library authority）の責務である。図書館当局は、すべての人に、本やその他の資料の貸出しをできるように図書館施設を整えなければならない。しかし、この項の規定により、その図書館地域に居住し、就業又は就学している人以外の人にまでサービスする義務があるわけではない。」

これは、公立図書館と博物館法（Public Libraries and Museums Act 1964〈c.75〉）が、図書館当局に対し、包括的で効果的な図書館サービスの提供を義務づけたのである[27]。しかし、長い間この原則について「政府からの具体的な基準」は示されず、2000年5月に公共図書館基準案を示した。翌2001年1月には「公立図書館基準（Standards For Modern Public Libraries）[28]」が公

---

26) 組原洋・西川馨「英国の図書館法 Public Libraries and Museums Act 1964」（『改革を続ける英国の図書館—最新事情・見学報告』リブリオ出版企画、2003年）14頁。

27) 西川馨編「1-3 英国の図書館法 Public Libraries and Museums Act 1964」（『改革を続ける英国の図書館』リブリオ出版企画、2003年）16頁。

28) *Comprehensive, Efficient and Modern Public Libraries: Standards and Assessment*, DCMS, 2001.
http://webarchive.nationalarchives.gov.uk/+/http://www.culture.gov.uk/PDF/libraries_pls_assess.pdf

表された。この基準も 2009 年には、中央政府の自治体への関与の弱まりを象徴するように廃止された[29]。

5　1980 年代から 2009 年頃までの国の政策

1980 年代から 2000 年代のサッチャー政府・メジャー政府・ブレア政府の各政府は、地方自治制度の権能について、縮小・拡大を繰り返した。サッチャー政府およびメジャー政府は保守党である。1980 年代後半になり「小さな政府」政策の弊害が明らかになってきたためメジャー政府は弊害を打開する政策をとった。20 年間続いた保守党政権も 1997 年には労働党のブレア政府に代わった。ブレア政府で労働党は 3 期連続政権を担ったが、労働党としては初めてのことであった。労働党はブレア政府の次のブラウン政府まで 10 年以上政権を担った。

各政府は図書館サービスについてもさまざまな政策を打ち出している[30]。各政府の公立図書館政策は次のとおりである。

サッチャー（Margaret Hilda Thatcher）政府（1979-1990）は、1980 年代を通して行政サービスを縮小する「小さな政府」政策をとった。税制や補助金制度の改革によって自治体財政の引締めを図った。図書館サービスについても、サービスの財政の見直しの提案[31]を行ったが見送られた。

メジャー（John Roy Major）政府（1990-1997）は、「小さな政府」政策の弊害を打開しようと公共サービスの向上に取り組み、1991 年から「市民憲章政策[32]」を展開した。1997 年には、中央政府としての公立図書館のビジョ

---

29) 須賀千絵「英国の公共図書館・博物館法と中央政府の役割の変容」（『情報の科学と技術』59 巻 12 号、2009 年）580-581 頁。

30) サッチャー政府からブレア政府の間の図書館政策については、須賀千絵「英国の公共図書館・博物館法と中央政府の役割の変容」（『情報の科学と技術』59 巻 12 号、2009 年、579-584 頁）、須賀千絵「英国における公共図書館経営改革政策：『モデル基準』と『全国基準』の比較を中心に」（*Library and Information Science*, No.45, 2001, pp.1-29.）と Leach, Robert and Janie Percy-Smith, *Local Governance in Britain*, London, Palgrave, 2001, pp.174-178 を参考にした。

31) *Financing Our Public Library Service: Four Subjects for Debate*, 1988（cm324）, p.21.（House of Commons Parliament Papers Online より調査）

32) *The Citizen's Charter: Raising the Standard*, 1991（cm1599）, p.51.（House of Commons Parliament Papers Online より調査。）

ン (*Reading the Future*)[33]を公表し、将来ビジョンの提言をした。

英国図書館協会は、1993年には「公立図書館のためのサービス憲章のモデル[34]」を作成し、公表した。さらに1995年には、「図書館サービス基準のモデル[35]」を作成し、公表した。

ブレア (Anthony Charles Lynton Blair) 政府 (1997-2007) は、中央政府主導で公共サービスの改善を進める方針は引き継がれ、1999年地方自治法[36] (Local Government Act 1999〈c.27〉) の第1部 (1～29条) に、ベストバリュー (Best Value) の規定を設けた。

2001年には、公立図書館のサービス目標値を設定し、それを全国の公立図書館の基準[37]として、文化・メディア・スポーツ大臣 (the Secretary of State for Culture, Media and Sports) の名前で公表した。

中央政府による積極的な図書館行政が展開された時期は長く続かず2003年頃から再度消極的な方向へ逆戻りしてきた。ブレア政府は、2001年に公表した「全国基準」を2006年に改定した。次のブラウン (James Gordon Brown) 政府 (2007-2010) により、「全国基準」は2009年に廃止された。これらは、中央政府の自治体への関与の弱まりを象徴するものである。

メジャー政府下では、政府に先駆けて、図書館のサービスの基準を英国図書館協会が作成して発表したことについて、図書館界にとって意味があると考えられる。一方ブレア政府では、ようやく政府主導で図書館のサービス目標値を作成し公表できたことに意義があると考えられる。

---

33) *Reading the Future: A Review of Public Libraries in England*, Department of National Heritage, 1997.
34) *A Charter for Public Libraries*, London, The Library Association, 1993.
35) *Model Statement of Standards*, London, The Library Association, 1995.
36) Local Government Act 1999 (c.27).
http://www.opsi.gov.uk/acts/acts1999/pdf/ukpga_19990027_en.pdf
37) 公立図書館基準 (Standards For Modern Public Libraries)。発表誌は本章の注28)を参照のこと。

Ⅲ　すべての人のための図書館サービス

1　すべての階級のための図書館

　全域サービスには、すべての人々へのサービスも含まれていることを考えると、英国が「図書館は労働者階級のためのものから、すべての階級のための図書館」という考え方に変わったことを認識することは必要である。しかしその正確な時期は不明である。労働者階級のための図書館の壁を破ったのは大都市の図書館が持つ大規模な参考コレクションであった。すべての人々のための図書館へと移行していった時期に 1927 年の『ケニヨン・レポート (Kenyon Report)[38]』は、公式の政府文書の中で労働者階級のための図書館という通念を廃したのである[39]。

　『ケニヨン・レポート』では現在の図書館サービスの原理にもつながるような報告をしている。図書館がすべての階級に支持され利用されるようになってきた経緯を述べている。「今日でもまだわれわれは、公立図書館の可能性について十分に理解しているとは言えないであろう。公立図書館とは、もっぱら貧しい階級にどうでもよい小説を提供するために存在しているのだという非難が簡単には拭い去れないほどの真実味を持っていた時代からそう遠くはない。しかし普通教育制度の下で育った第 2 世代の登場とともに、図書館を利用するということがもっと広く捉えられるようになった。我が国でもアメリカに比べて歩みが遅いものの、商工業関係者の間では、研究や調査は発展のためばかりか生存競争に勝ち抜くためにも不可欠であるということが、理解されてきている。」

　そして、図書館が地域の情報センターとして機能することを期待して次のように述べている。「公立図書館は、サービスの対象とする地域の知的生活の中心となるべきである。この知的生活の中には、知性が目覚め始めたばかりの人間のちょっとした好奇心から高度の教育を受けた専門家の高等な学術

---

38) Kenyon, Frederic, *Report on public libraries in England and Wales.* Presented by the president of the Board of education to Parliament by command of His Majesty, London, HMSO, 1927. (Cmd.2868).
39) Kelly, Thomas and Edith, op.cit., p.168.

研究に至る、あらゆる段階のものがある。図書館は真摯に知識を探求している人々だけではなく、ちょっとした好奇心を満足させるだけの人々や、気晴らしやレクリエーションを求めている人々に対してもサービスを提供しなければならない。(略) 図書館サービスの根底にある原理は、それが良き市民を育成するために存在しているのだということである。それは、印刷された文献から得られるもので、市民の知的・道徳的・精神的な諸能力を伸ばすのに役立つものはすべて提供するように努めなければならない。」

『ケニヨン・レポート』では「ちょっとした好奇心を満足させるだけの人々や、気晴らしやレクリエーションを求めている人々に対してもサービスを提供しなければならない」と言いつつ、労働者階級が好んで求めるだろうと思われる新刊書の購入を抑える発言をしている。それは、「数カ月遅らせれば、新刊書の大部分は淘汰されてしまうだろうし、不用意なあるいは私情にとらわれた批評の悪影響が自然に消えるのを待つこともできよう。最新の本を新しいうちに利用したいという人たちの要求は、会員制図書館で十分満たされる」というものである。

この報告からもわかるように、営利的な会員制図書館の存在が、図書館の利用に階級差別を残すことになった。公立図書館の状態が改善されるようになり、中産階級の経済的圧迫が高まって初めて、そのような差別が、少しずつなくなっていった[40]。

『ケニヨン・レポート』が発表された後、ハムステッド図書館 (Hampstead public library) のライオネル・マッコルビン (Lionel McColvin) が、すべての階級(人々)のための図書館という考え方を明快に、自著 *Libraries and the Public* の中で次のように述べている。「公立図書館は、それを利用できるあらゆる人々にサービスを提供すべきであり、またそれはあらゆるものを進んで受け入れ、いかなる党派心や偏見からも包括的で自由であるべきである。(略) 公立図書館が特定の階級のためのものであるとかないとか言う者は否定する者であり、研究者であろうと貧民街の目の不自由な人であろうと、学生であろうとビジネスマンであろうと、牧師であろうと詩人であろうと、以

---

40) Kelly, Thomas and Edith, op.cit., p.169.

上のような人々の要求をできるだけ満たそうとすることができない者は、それに背く者である。公立図書館がすべての階級のためのものであると主張する根拠は多い。地方税（rates）を通してあらゆる人々により維持されている。提供されるサービスこそ、誰に対してであれ、あらゆる人々に有益であろう。そのサービスが有益であるのに、それを提供すべきではないと言うのは、根拠がない。ある人にとって、ある階級にとって、ある年齢層にとって、そしてある職業にとって有益なものは、必要な調整を施せば、その他の者にとっても有益でありうる[41]。」

　マッコルビンの、「ある人、ある階級、ある年齢層、そしてある職業」に対応する図書館サービスを行うという考え方は、図書館サービスの種類と範囲をあらゆる年齢層の利用者に対して拡大させる要因になり[42]、『ケニヨン・レポート』の考え方とともに、病人や年配の人など弱者に対する「アウトリーチ」サービスにつながっていく。

2　アウトリーチ・サービスの展開

　1927年の『ケニヨン・レポート（Kenyon Report）』では「真摯に知識を探求している人々だけではなく、ちょっとした好奇心を満足させるだけの人々や、気晴らしやレクリエーションを求めている人々に対してもサービスを提供しなければならない」と述べていることで、労働者のための図書館という通念が払しょくされ、公立図書館はすべての階級（人々）のための図書館へと移行していった。

　図書館は、すべての人々のためにサービスを提供するという考え方に移行していく過程で、図書館に来られない人々などにサービスを展開し始めた。

　図書館に来られない人々とは、①高齢者、②恵まれない人、③施設収容者、④身体障害者、⑤英語をよく理解できていない人等を言う。これらの人々は、公立図書館のサービス地域の中に在住しながら、サービスを享受していないあるいはサービスを享受できない人々であるため、これらの人々へ

---

41) McColvin, Lionel, *Libraries and the Public*, London, G. Allen & Unwin, Ltd., 1937, pp.26-27.
42) Kelly, Thomas and Edith, op.cit., p.171.

のサービスを行うことを、総称的にアウトリーチ・サービスと呼んでいる[43]。

英国では、病院や刑務所内の人々に対してアウトリーチ・サービスを、1930年頃から始めた。病院図書館は、第1次世界大戦中に赤十字社とセント・ジョン修道会が協力して傷病兵のために設けた施設にその起源があった。英国図書館協会はこの事業に関心を持ち、1931年に同協会内の特別委員会が英国中の病院で図書館サービスが提供されるようになるべきであり、そのサービスに対する責務は公立図書館当局が負うべきであると勧告している。しかし、当初その普及にはむらがあり、専門的能力を持つ職員の下で運営されることはまれであった[44]。

さらに英国図書館協会は、1936年に刑務所図書館サービスに関心を持つようになった。同協会の提言で、刑務所員は受刑者用に慣習として設置されていた図書館にどのような図書を置くのが適切かということを助言することを任務とする図書館員団を任命することに同意した。1939年頃には、地域の刑務所と直接つながりを持ち、援助を行うようになった公立図書館がいくつか出現してきた[45]。

病院と刑務所のアウトリーチ・サービスに加えて、あらゆるタイプのアウトリーチ・サービスが普及していった。多くの図書館が、英国婦人ボランタリー・サービスやその他のボランタリー組織からの援助を受けながら、個人宛て配本か各種施設宛ての一括配本により外出できない読者（高齢者や身体障害者）に特別なサービスを提供している。目の不自由な人たちには、点字図書館が主に点字図書やトーキング・ブックなどを提供している。一般の公立図書館でも点字図書を備えているところもある。ほとんどの公立図書館では弱視の利用者のために大活字本を提供するようになっている[46]。

---

43) 川崎「全域サービスを考える：日米での歴史と現状」203頁。
44) Kelly, Thomas and Edith, op.cit., pp.173-174.
45) Kelly, Thomas and Edith, op.cit., p.174.
46) Kelly, Thomas and Edith, op.cit., p.230.

第3章 パブリック・ライブラリー要件の「利用の公開性」

第2節 アメリカ合衆国の「利用の公開性」

I 全域サービスへの展開

　近代的図書館の始まりと言われているボストン公立図書館は、1854年3月20日に間借りの校舎を新しい図書館の仮住まいとしてボストン市民に開かれた[47]。ボストン公立図書館が、近代的図書館の始まりと言われるゆえんは、「公開・公費支弁・利用の無料制」等を条件として創設されたことによる。

　ボストン公立図書館の開館当時は、校舎の仮住まいだったため、1858年にはボイルストン（Boylston）街に新館を建設し、1895年にはコプリー広場（Copley Square）に壮大な中央図書館を設置する。ボストン市内の図書館サービスについては、ジャスティン・ウィンザー（Justin Winsor）館長時代（1868-1877）から市全域へのサービスを目指して分館設置に着手していく。つまり地方自治体[48]などが最初に取り組む全域サービスとは、「図書館数」を増やすことであった。アメリカ合衆国の最初の分館であるイースト・ボストン分館（1871）を皮切りに、ボストン市は次々と分館を設置していき、1877年には中央館に加えて8館の分館[49]を持っていた。分館はいずれも「固定施設、専任職員、固有の蔵書」を有していた。1876年頃のボストンの人口はおよそ30万人とされているが、それで計算すると、住民3万7500人に1館の図書館があり、年間住民1人当たり蔵書冊数は1.15冊、住民1人当たりの貸出冊数は3.94冊、住民2288人に1人の正規職員を擁していた。住民が日常的に利用できるという意味での図書館整備は、ボストン公立図書館では1880年には一定の水準に達していた[50]と言える。

---

47) Williams, Patrick, *The American Public Library and The Problem of Purpose*, Connecticut, Greenwood Press, Inc., 1988, p.1.
48) アメリカ合衆国の地方行政は日本の場合と異なる。地方団体の説明は、この項で後述している。
49) 分館は、East Boston (1871), South Boston (1872), Roxbury (1873), Charlestown, Brighton (1874), Dorchester (1875), South End, Jamaica Plain (1877) などである。

145

その後1890年代から、大都市での分館整備は積極的に行われ、1910年代頃までは、「図書館数とサービスの拡張期」であると言われている。図書館数の増加については、①アンドリュー・カーネギー（Andrew Carnegie: 1835-1919）の寄付、②州図書館委員会の活動、③カウンティ・ライブラリーの開始などが深く関係している[51]。

アンドリュー・カーネギーは19世紀の終わり頃、慈善活動に転じた。最も顕著な転換は、図書館の寄贈を増やしたことである。1899年だけで、26の市に図書館の寄贈を約束した。これは1886年から1899年の13年間に資金を提供した図書館数の合計の2倍に相当する。その後寄贈の館数は増え続け、1903年が寄贈をした頂点であり、204の町に寄贈をしている。1886年から1917年までに、カーネギーは4100万ドル以上を寄付し、1412の市町村に1679の図書館を寄贈している[52]。そして、カーネギーが提供した資金で建てられた公立図書館は、「カーネギー図書館（Carnegie Libraries）」と呼ばれ、アメリカ合衆国で最も多数の公共建築物[53]となっている。

中小の地方団体および大都市の公立図書館は、カーネギーの寄付を利用して積極的に分館を設置し、図書館システムを構築した。1896年当時のアメリカ合衆国の人口は約7200万人で図書館数が971館なので、約7万4000人に1つの図書館があったことになる。1923年には人口1億1000万人で図書館数が3873館なので、約2万8000人に1つの図書館があることになり、図書館設置の観点から見ると1920年頃にはかなりの水準に達していた[54]。図書館設置の水準が高いことは、カーネギーの貢献によるところが大きい。

次に、州図書館委員会の活動の件であるが、これは人口の少ない地方自治体への図書館サービスについて措置を講じたものである。公立図書館がない地方自治体の場合、住民は図書や情報の獲得という点で不利な立場に置かれ

---

50) 川崎「全域サービスを考える：日米での歴史と現状」195頁。
51) 川崎「全域サービスを考える：日米での歴史と現状」196頁。
52) アビゲイル・A. ヴァンスリック，川崎良孝・吉田右子・佐橋恭子訳『すべての人に無料の図書館：カーネギー図書館とアメリカ文化 1890-1920年』日本図書館協会、2005年、20頁。
53) ヴァンスリック、上掲書、まえがき xix頁。
54) 川崎「全域サービスを考える：日米での歴史と現状」196頁。

る。それを解消するためにマサチューセッツ州が、1890 年に州図書館委員会を設置し、小さなコミュニティでの図書館発展に力を注ぎ、図書館建設、巡回文庫、停本所の開設を行った。マサチューセッツ州が 1890 年に州図書館委員会を成立した時点では州の 341 のコミュニティのうち約 3 割の 103 のコミュニティに公立図書館が存在していなかった。103 のコミュニティの州人口比は 6 ％であった。これは人口希薄地域に図書館建設が進んでいないことを示している。州が図書購入等に補助金を拠出したため、1899 年には 103 のうち 96 のコミュニティに公立図書館が設置された[55]。

マサチューセッツ州は、カーネギーの寄付が始まる前に、すでに図書館空白地帯はなくなっていた。図書館空白地帯をなくすために、図書館設置運営の主体である地方自治体ではなく州が援助を行ったことに意味がある。

最後に、カウンティ・ライブラリーである。アメリカ合衆国の地方団体の主なものは、カウンティ（County）、地方自治体（Municipality）、タウンシップ（Township）、タウン（Town：ニューイングランド諸州）、および特別区（Special District）などである[56]。

これらの地方団体の特色は、①設立に係る目的と経緯の違いにより地方自治体（市・町・村）と準地方自治体（カウンティ・タウンシップ・タウン・特別区）とに区分される、②取り扱う行政事務の範囲により一般目的の地方団体（カウンティ・地方自治体・タウンシップ・タウン）と特定目的の地方団体（特別区）に区分される、③地域的に存在する地方団体の種類が異なる、④タウンシップおよびタウンの存在する州では、カウンティは同区域内のタウンシップおよびタウンに対する上位団体であり広域団体である、⑤南部および西部諸州ではタウンシップやタウンが存在せず、地方自治体と並んでカウンティが最も基本的な地方団体である、⑥種類の異なった地方団体の管轄区域は通常重複しているとみてよい、⑦特別区は数多く散在しているが、学校教育は学校地区によって行われる場合が多い、⑧カウンティおよび大規模な地方自治体に対して、州は立法および行政に関する権限のほかに、制限的範囲では

---

55) Adams, Herbert B., *Public libraries and popular education*（*Home Education Bulletin*), New York, University of the State of New York, 1900, pp.111-112.
56) 金子善次郎『米国連邦制度―州と地方団体』良書普及会、1977 年、9 頁。

第Ⅱ部　パブリック・ライブラリー要件と図書館制度の関係

あるが、裁判権を授権していることがある、となっている[57]。

③について説明を補足する。カウンティは全米をカバーする最も普遍的、伝統的な団体である。市、町および村のような地方自治体は全州において存在するが、この地方自治体の区域に属さない区域も広大である。相互に重複するため、1972年の全米カウンティ人口は約1億8000万人、地方自治体の人口は1億3200万人、タウンシップおよびタウン人口は合わせて4600万人となっている。1970年調査によるアメリカ合衆国の人口は約2億300万人であり、人口の9割がカウンティの区域に住み、地方自治体の区域には約65％が住んでいることになる[58]。

このように、カウンティは、アメリカ合衆国の地方団体の中で重要な地位を占めている。そのカウンティに図書館を設置しようと考え、カウンティ・ライブラリーを開拓したのはカリフォルニア州である。カリフォルニア州は、1911年に州議会で採択された法律により、カウンティ理事会の裁量でカウンティ・ライブラリーを設立できると定めた[59]。

カウンティと地方自治体の市町村は重複して存在しているため、カウンティ・ライブラリーは、カウンティ内にある市町村立図書館を自動的に排除するが、市町村立図書館がカウンティ・ライブラリーに参加を申し出た場合には、カウンティ・ライブラリーに参加できる。1925年頃になると、カリフォルニア州内の58のカウンティのうち42のカウンティに、カウンティ・ライブラリーが設置されていた。そして地方自治体の市町村立図書館がカウンティ・ライブラリーに参加するようになったのは、独立性と自立性を侵害されずに、広範なサービスが提供できると考えたからである[60]。

カウンティ・ライブラリーの特徴は、人口希薄な地域に図書館サービスを広めたこと、図書館という施設よりサービスを重視したことの2点である。特にサービスを重視したため、学校・店・役場などに図書館の蔵書を置き、

---

57) 金子、上掲書、9頁。
58) 金子、上掲書、9頁。
59) Held, Raymond E., *The Rise of the Public Library in California*, Chicago, American Library Association, 1973, pp.140-141.
60) 川崎「全域サービスを考える：日米での歴史と現状」197頁。

蔵書を頻繁に交換した。カウンティ・ライブラリーは全域サービスを広めるために、サービスに重点を置いた。これはカーネギー図書館と言われるようにカーネギーの寄付が建物に重点を置いたことと大きく異なる[61]。

カーネギー図書館の資金援助の影響がまだ残っていた1920年頃までは図書館数は、かなりの水準を保っていた。しかし、1950年代になると、図書館サービスの空白地帯が目立つようになった。そこで、連邦政府が、その空白地帯を埋め全域サービスを行えるように、立法措置をとるようになった。その詳しい経緯は次項にて扱う。

Ⅱ　公立図書館設置・運営に関する連邦法の変遷

1　図書館サービス法（LSA）(1956-1963) による連邦の資金提供

連邦政府は長い間図書館立法を行わなかったが、1938年になりようやく常設の図書館サービス部を合衆国教育局の中に創設した。1956年に、アイゼンハワー（Dwight D. Eisenhower）政権（1953-1961）のもとで、「図書館サービス法（Library Services Act: LSA）(1956-1963)[62]」が成立した。この立法措置は、図書館サービスが行われていないか、あるいは十分でない地方自治体に連邦資金を提供する[63]ものであった[64]。したがって、連邦政府の資金提供は、図書館サービスを行う地方自治体にとって、全域サービスを行える絶好の機会であった。

「図書館サービス法」が制定される前のアメリカ合衆国の全域サービスと英国の全域サービスの普及の違いについて、アメリカ合衆国の図書館員が言及している。この図書館員は1951年から1952年にかけて英国に留学していて、当時の英国の図書館サービスについて次のように述べている。「英国の市民は公立図書館サービスを受けるのに1マイル以上歩く必要はない。ところが、合衆国では2600万人が公立図書館サービスを受けられないし、その

---

61) 川崎「全域サービスを考える：日米での歴史と現状」197頁。
62) Public Law 597, June 19, 1956, 70 STAT.
63) Public Law 597, Sec.2(a).
64) Ladenson, Library Law and Legislation in the United States, p.124.

ほかに5000万人がきわめて不十分な図書館サービスしか受けられていない[65]」というものである。しかし、これは英国の都市部の図書館サービスの状況であり、地方に行けば、図書館がない地域も存在していた[66]。

2 ケネディ大統領の特別教書

「図書館サービス法」の制定後も、図書館サービスは十分に展開されてこなかったため、ケネディ（John F. Kennedy）大統領（1961-1963）が、図書館サービスの向上と、「図書館サービス法」の改正を宣言した。それは、1963年1月29日のケネディ大統領の「教育に関する連邦議会への特別教書（Special Message to the Congress on Education）」の演説の冒頭で宣言された。それは「個人にとって、学校、図書館、大学への扉は、われわれの自由な社会への最も豊かな宝へと導いてくれる。すなわち、知識の力とは高収入の雇用のために必要な訓練と技術、あるいは、生活を豊かにする知恵、理想および文化、さらに今日変わりゆく挑戦的な世界における、良き市民のために必要とされる社会への創造的で自己訓練できる理解へと、導くものである[67]」というものである。大統領が図書館の諸問題について明確に触れたのは、これが最初であった[68]。

ケネディ大統領は、この特別教書の演説「Ⅵ Continuing Education」の結論で、図書館サービスが不十分な地域または存在していない地域への提供を宣言し、「1956年図書館サービス法（LSA）」が修正されてこなかったことを指摘した。

図書館の諸問題に関するケネディ大統領の演説の結論の内容は、次のとお

---

65) Shores, Louis, "Public Library U.S.A.", in *Libraries for the People*, ed., Robert F. Vollans, London, Library Association, 1968, pp.239-240.
66) 英国政府は、これを解決するためにロバーツ博士を委員長とする調査委員会を設置し、『ロバーツ・レポート』を1959年に刊行した。
67) *Public Papers of the Presidents of the United States John F. Kennedy 1963, Containing the Public Messages, Speeches, and Statements of the President, January 1 to November 22, 1963*, U.S Government Printing Office, Washington, 1964, p.105.
1月29日の特別教書は、105頁から116頁である。
http://quod.lib.umich.edu/p/ppotpus/4730928.1963.001?view=toc
68) Ladenson, op.cit., p.125.

りである。「公立図書館は継続教育のために重要な機関である。しかしながら1800万人の国民が地元の公立図書館サービスを受けられていない状況であり、1億1000万人以上の国民が不十分なサービスしか受けられていない状況である。

1963年現在のアメリカ合衆国の公立図書館の建物の特徴は、古くて、狭いスペースおよび近代的な設備を備えていないというものである。改築される割合は驚くほど少ない。10年間に2％ほどである。図書館のために利用できるカーネギー基金はもう40年もの間存在していないのだ。

公立図書館の建物は、どのコミュニティでも使用されている最も古い行政の建物のひとつであることが多い。ある豊かな中西部の州でも全公立図書館の建物の30％は、1910年以前に建てられたものであり、85％の図書館は、1920年以前に建てられたものである。他の多くの州でも同様の状況にある。

私は、図書館法の修正を促す。その内容は、地方の図書館と同様に都市の図書館も運営と建築を同様に許可する3年間のプログラムを公認するというものである[69]。」ケネディ大統領の演説は、以上である。

1956年図書館法の2条(a)は、図書館サービスが不十分または存在していない地域への図書館サービスの提供を規定しているが、大統領が、サービスが不十分であると指摘しているということは、図書館サービスがまだ整備されていなかったということを示していると考えられる。建物についても、カーネギー図書館が設置されて以来、新しい建物は増えていないという大統領の指摘により、カーネギー図書館がアメリカ合衆国の公立図書館の建物の設置に果たした役割は大きい。

3 「図書館サービス及び建設法（LSCA）（1964-1995）」

ケネディ大統領の特別教書を受けて、1964年から65年にかけて、「図書館サービス及び建設法（Library Services and Construction Act: LSCA）[70]」「初等・中等教育法（Elementary and Secondary Education Act）」「高等教育法

---

69) *Public Papers of the Presidents of the United States John F. Kennedy 1963*, p.115.
70) Public Law 88-269 Feb.11, 1964, 78 STAT.

(Higher Education Act)」「医学図書館援助法（Medical Library Assistance Act)」などの法律が制定された[71]。

1964年に制定された「図書館サービス及び建設法（LSCA）（1964-1995)」は、「図書館サービス法」を修正して立法されたものである[72]。

「図書館サービス及び建設法」は、公立図書館サービスが不十分な地域、またはまったく存在していない地域に対して公立図書館サービスを拡大する目的のため、州図書館行政機構に補助を行うことを定めていた[73]。そしてこの法律は、地方の図書館のみならず都市およびすべての館種の図書館を対象とする法律としてアメリカ合衆国の図書館政策の基本となった[74]。

「1964年図書館サービス及び建設法」は、すぐに追加および修正され1966年法[75]が制定された。64年法では、「Ⅰ 図書館サービス」「Ⅱ 公立図書館の建設」であったが、66年法では以下の2項目を新設した。それは「Ⅲ 図書館の相互協力」と「Ⅳ 特別な州図書館サービス」として必要される「A 州制度の図書館サービス」と「B 身体障害者（視覚障害者も含む）への図書館サービス」である。

アメリカ合衆国の公立図書館振興策は、「図書館サービス及び建設法（LSCA)」を受けて、1970年頃までは順調に行われた。しかし、Yaborough上院議員は、1970年9月18日にLSCAを1976年6月30日まで、LSCAの表題Ⅰの下に障害者の図書館サービスプログラムを統合し、さらに表題Ⅰに貧困者への特別図書館サービスも提供できるように追加する法案を提出した。Yaborough上院議員の主張は次のとおりである。「影響力のあるこの連邦の図書館へのプログラム（LSA／LSCA）は、とても目覚ましいものがある。1957年より、このプログラムにより4500万冊の図書と、さらに650車の移動図書館の提供を行ってきた。またこのプログラムは、5000万人の人々にサービスをするであろう1500館の図書館の建物への資金を提供して

---

71) Ladenson, op.cit., p.125.
72) Public Law 88-269, Sec.10.(a).
73) Ladenson, op.cit., p.125.
74) 金容媛「米国の図書館・博物館政策の動向—関連法規および政策諮問機構の統合を中心に」（『文化情報学』第15巻第2号、2008年）38頁。
75) Public Law 89-511 July 19, 1966, 80 STAT.

きた。もしわれわれが国民の要求に応じられるのであれば、このプログラムの拡張を続けていかなければならない[76]」と述べている。この法案は、1970年の12月30日に、1976年までの時限法（P.L. 91-600）として成立した[77]。

1973年にDaniel J. Flood下院議員により提出された法案は、労働省および健康・教育および福祉省の325億ドルの割当てを持っていた。この法案はLSCAへの割当て5870万ドル余りを含んでいた。当時の大統領はニクソン（Richard Milhons Nixon）大統領（1969-1974）であり、ニクソンは1973年7月1日に、P.L.93-52の法律に署名をした[78]。

その後、LSCAへの、1973年、1974年および1975年の財政支援では、3つの妨害をされた。1つ目は、「高齢者サービス」に財政支援はされなかった（P.L.93-29）。2つ目は、「公立図書館」の定義を拡張して調査図書館を含むようにしたことである（P.L.93-133）。3つ目は、「1974年の教育修正条項」により修正されて追加されたプログラムは、英語を話す能力を持つ人に限定したサービスであった[79]（P.L.93-380）。

しかしながら、1956年のLSAおよび1964年のLSCAは、アメリカ合衆国の公立図書館の発展に大きく貢献をした。特に直近の20年間の図書館サービスの水準は驚異的な改善を遂げている[80]。

しかし順調に運営されてきた図書館サービスも1970年半ばには、サービスの低下を招いていた。これに危機感を持った大統領が出現した。1976年8月の大統領選挙の声明で、ジミー・カーター（Jimmy Carter）が図書館サービスに関して次のように言及している。

「よく整備された蔵書をすべての人々に開放している図書館は、われわれの民主主義政府の基本である。1963年にケネディ大統領が述べているように、『良い図書館は、教育と教養を身に付けた人にとって、学校組織と同様に必要不可欠なものである。図書館は、われわれの文化遺産の管理人である

---

76) Fry, James W., "LSA and LSCA, 1956-1973: A Legislative History" *Library Trend*, Vol.24, 1975, pp.18-19.
77) Ibid., pp.19-20.
78) Ibid., pp.22-23.
79) Ibid., p.23.
80) Ibid., p.23.

ばかりでなく、知識の進歩と発展の鍵でもある。』

　連邦予算の削減と地方予算の逼迫が理由で、学術・研究図書館は資料の購入を大幅に切り詰めることを余儀なくされてきた。大都市の公立図書館のいくつかは、開館時間の短縮、職員の一時解雇、活動の縮小をせまられてきた。また小学校では、図書館員を全員整理し、書物を各教室に分散して図書館を閉めてしまったところもある。図書館を閉鎖しながら、アメリカにおいて実質ある教育の復活を望むことは無理である。子どもたちが書物を借りて読むということを学ばせられない。

　われわれは、われわれの図書館を守り、それを非識字者と無学に対する強靭な要塞となす新しい活力に満ちた努力が必要である。

　それは、もっとも一助にはなるであろうが、単に連邦政府援助の問題ではない。他の分野と同様に図書館の分野においても、限られた資源の健全な管理と効率性が考慮されなければならない。国民に効果的なサービスを提供するために、図書館サービスの組織化が必要である。人々の要求に適切に対応し、無駄と重複を避けるための連邦政府の図書館補助の調整が実行されなければならない。（以下、略）[81]」

4　「図書館サービス及び技術法（LSTA）(1996-2003)」

　「図書館サービス及び建設法（LSCA）」は、1996年に技術の利用と資源の共有を強調する「図書館サービス及び技術法（Library Services and Technology Act: LSTA）(1996-2003)[82]」として制定され[83]現在に至っている。LSTAと呼ばれるこの図書館サービス法は、Omnibus Appropriations Act, 1997の中の"Title Ⅱ Museum and Library Services" "Subtitle B ― Library Services and Technology"として制定されている。そしてこの法律は1997

---

81) Seymour, Jr.,W. North and Elizabeth N. Layne, *For the People: Fighting for Public Libraries*, New York, Doubleday & Company, Inc., 1979, p.173.
82) (20 U.S.C. 9101 note) Enacted September 30, 1996, P.L. 104-208, title Ⅶ, sec.702, 110 STAT. 3009-295. (United States Code Congressional and Administrative News 104th Congress- Second Session 1996, Vol.3 Public Law 104-208 to 104-325, West Group, 110 STAT. 3009-295)
83) 金、前掲論文、38頁。

年から 2002 年まで議会歳出予算化の権限を持つものである[84]。

　2003 年に図書館と博物館への補助金事業を統合した「博物館・図書館サービス法（Museum and Library Services Act: MLSA）(2003-)[85]」が成立した。それに伴い補助金事業の管理運営および図書館関係の施策に係る業務を担当する「博物館・図書館サービス振興機関（Institute of Museum and Library Service: IMLS)[86]」が創設された[87]。

　2003 年に制定された「博物館・図書館サービス法（MLSA)[88]」は、上記のように 1996 年に制定された「図書館サービス及び技術法（LSTA）」が 2002 年まで与えられた議会歳出予算化の権限を 2009 年まで延長し[89]、図書館・博物館関連政策の制度的改革を反映するために制定された再授権法である。MLSA の成立により、図書館と博物館に対する連邦政府の助成の規模が拡大し、それにより州の財政支出の伸びが連邦政府の助成を上回るという派生効果も生じている[90]。

　2003 年の「博物館・図書館サービス法（MLSA）」の第 9163 条（20 U.S.C. Chapter20 §9163）には、「州及び地方の主導権」について規定している。この規定により、この法律が州や地方図書館法または図書館条例の上位法として位置づけられているものではないと理解できる。条文の内容は次のとおりである。「この節（subchapter）のいかなる規定も、図書館サービスを運営する州及び地方の指導権及び責任を妨げるものと解釈してはならない。図書館の管理、職員の選考、図書館の図書及び資料の選択並びにこの節の目的に合致する範囲内で、この節に基づき提供される資金の最善の使用に関する決定

---

84) (20 U.S.C. 9123) Sec.214 (a)(1). P.L. 104-208, 110 STAT. 3009-296.
85) P.L. 108-81-Sept.25, 2003, 117 STAT. 991
86) IMLS の一番の使命は、全米にある 12 万 3000 館の図書館（公立図書館だけでなく学校図書館や私設の図書館なども含む）と 3 万 5000 館の博物館を支援することである。http://www.imls.gov/about-us
87) 「第 5 章 アメリカの公共図書館」（『諸外国の公共図書館に関する調査報告書』文部科学省 2005 年）153 頁。
　http://www.mext.go.jp/a_menu/shougai/tosho/houkoku/06082211.htm
88) P.L. 108-81-Sept.25, 2003, 117 STAT. 997.
89) Sec.203 (1)(a) 20 U.S.C. 9123.
90) 金、前掲論文、39 頁。

については、州及びその地方支部局に確保されなければならない[91]」と規定されている。このように、連邦政府が行う図書館政策と州が行う図書館サービスとは明確に業務分担がされている。

Ⅲ 「不利な条件下の人々」へのサービス

最後に、図書館サービスにおける障害者、貧困者および高齢者へのサービスについて検討する。これらの人々は、総称して「不利な条件下の人々 (the disadvantaged)」と言われる。しかし一般的に認められた定義はない。不利な条件を確認する最も一般的な要素は、経済と教育のレベルである。この点から見ると、貧困者、高齢者、教育を受けていない人、失業者、少数民族などが考えられている[92]。

公立図書館は、不利な条件下の人々にどんな援助ができるのであろうか。社会の不利な条件下にいる人々が、生きることだけでなく豊かな生活を築くうえで、図書館は強力な援助者となる可能性を持っている。読書能力を向上する訓練、専門的情報の提供等によって援助することができるからである。しかし一般の図書館利用者が持っている図書館利用の動機と性格を欠いている人々を、一般の図書館利用者にすることは困難である[93]。

アメリカ合衆国の図書館は、不利な条件下の人々の図書館利用について、来てもらうのではなく、図書館のほうから出向いていくという方法を採用した。それをアウトリーチ・プログラム[94]と呼んでいる。アメリカ合衆国のアウトリーチ・プログラムは、1940年代にボルティモアのイノック・プラット図書館員が、荷馬車に本を積んで貧困地区に出かけていったことに始まり、その後数十年をかけてさまざまな形態をとって発達してきたものである。①図書館を路上へ持ち出す（ブックモービルでの図書館）、②人が集まる場

---

91) http://www/imls.gov/sites/default/files/mlsa_2010_asamended.pdf
92) Seymour, Jr. and E. N. Layne, op.cit., p.76.
93) Seymour, Jr. and E. N. Layne, op.cit., p.78.
94) アウトリーチについては、次の著書が詳しい。Hanna, Patricia Brennan, *People Make It Happen: The Possibilities of Outreach in Every Phase of Public Library Service*, London, The Scarecrow Press, Inc., 1978.

所に図書館を置く（人が集まる場所に分館を置く）、③地域の巡回、④伝統障害を取り除く（少数民族の言語・文化の障害を克服する）などのプログラムを実行してきた[95]。

「1964年図書館サービス及び建設法」が66年に修正され、身体障害者へのサービスの項目が追加されたことにより、連邦政府も不利な条件下の人々に対する援助を1960年代から1980年代にかけて政策として行った。1964年にジョンソン (Lyndon Baines Johnson) 大統領 (1963-1968) の提案 (The War on Poverty, 1964-1968) で、貧困者対策として、Office of Economic Opportunity（経済機会局）が設立された。これは貧困者への教育等を管轄した大統領府の機関であり、1975年には廃止され、Community Services Administration[96]（地域サービス局）がこれに代わった[97]。

政府の貧困者政策は、1960年代の図書館の活動に影響を与えた。ニューヨーク市やクリーブランドなどの多くの公立図書館は、移民が市民権を獲得するために識字プログラムや教育プログラムを提供して成功を収めた。この活動は、図書館におけるアウトリーチ・サービスの拡大と考えられている。拡大と呼ばれる理由は、移民だけでなく多種多様な人々が図書館サービスの向上を必要とし、図書館がそれを実施したからである[98]。

「不利な条件下の人々」へ図書館ができる援助を、図書館のほうから出向いていくという方法（アウトリーチ・プログラム）として開始したが、それが移民対策になり、多種多様な人へのサービス（アウトリーチ・サービス）となっていった。

以上のように、図書館サービスの全域サービスについては、公立図書館のそれぞれの立場での努力が重ねられてきたものである。

---

95) Seymour, Jr. and E. N. Layne, op.cit., pp.80-84.
96) 低所得者の経済的自立を援助する連邦政府機関である。1981年に廃止された。
97) Garson, G. David, "Economic Opportunity Act of 1964." http://wps.prenhall.com/wps/media/objects/751/76950/Documents_Library/eoa1964.htm
　　David氏は、現在、公立学校と国際問題を専門とするノースカロライナ州立大学の教授である。
98) Samek, Toni, *Intellectual Freedom and Social Responsibility in American Librarianship, 1967-1974*, North Carolina, and London, McFarland & Company, Inc. Publishers, 2000, p.43.

第3節 日本の1960年代から1970年代の取組み

I 取組みの前提となる国の政策

　図書館法立法当時の18条には、公立図書館の設置及び運営上望ましい基準を定めると規定されている。これがいわゆる「望ましい基準」である。この基準は、図書館法制定以来50年近くなってようやく、2001年に文部科学省から示された[99]。しかし、「望ましい基準」を公布する前に図書館法を改正し、18条の「望ましい基準を定め、これを教育委員会に提示するとともに一般公衆に対して示すものとする」および19条の「国庫補助を受けるための公立図書館の基準を文部省が定める」を削除（平成20年6月11日法律59号）した。これに関連のある13条3項および21条並びに22条は1999年にすでに削除（平成11年法律87号）されている。13条3項削除により、国庫補助を受けるための図書館の「国庫補助を受けるための図書館の司書資格要件」が外され、21条および22条の削除により「国庫補助を受けるための公立図書館の最低基準」が外されることになった。これらの削除を受けて、図書館法の「望ましい基準」の規定は、7条の2として新設（平成20年法律59号）された。「文部科学大臣は、図書館の健全な発達を図るために、図書館の設置及び運営上望ましい基準を定め、これを公表するものとする」と、教育委員会と一般公衆への縛りを解いている。特に教育委員会の縛りを解くと、地方公共団体の首長が図書館の運営に直接関与できるようになる。図書館を公の施設として管理運営できるようにするための改正である。

　図書館を公の施設として設置した場合、地方自治法244条の2第3項の規定「設置の目的を効果的に達成するため必要があると認めるときは、条例の定めるところにより、法人その他の団体であって当該普通地方公共団体が指定するものに、当該公の施設の管理を行わせることができる」により、指定

---

[99]「公立図書館の設置及び運営上の望ましい基準」（平成13年7月18日文部科学省告示132号）http://www.mext.go.jp/a_menu/sports/dokusyo/hourei/cont_001/009.htm

管理者制度という民間への委託を促進する制度が導入できる。
　この制度は施設系サービスの業務委託として2003年地方自治法の一部改正[100]によりこの条文が創設された。
　国の図書館政策は、図書館法制定以来消極的であったが、21世紀に入り図書館サービスを「施設系サービスの業務委託」に位置づけるようになった。
　国の「望ましい基準」がなかなか発表されなかったため、図書館界では日本図書館協会が中心になって、図書館の運営や活動について調査や討論等を重ね、実践してきた。1960年代の成果は、1963年に報告された『中小都市における公共図書館の運営』である。「中小図書館こそ公共図書館のすべてである」という方針のもと、資料提供・館外奉仕の重視・図書費の確保などの課題提起をした。1970年には、『中小都市における公共図書館の運営』の内容を前進させて、公共図書館活動の当面の重点を、①貸出し、②児童サービス、③全域サービスの3点に置いた『市民の図書館』を刊行した[101]。
　日本図書館協会の活動による『中小都市における公共図書館の運営』および『市民の図書館』の方針は、日野市立図書館の開館および東京都の図書館振興策並びに滋賀県の図書館振興策など、地方公共団体の政策へ波及していった。

II　1960年代の取組み

　今後の中小都市の公共図書館のあるべき姿を描き出すために図書館界は次のような取組みをした。文部省の国庫補助を受けて1960年から1962年に行う3年計画を立て、その運営のために中小公共図書館運営基準委員会を設置した。基準委員会では、検討の結果、公共図書館のあるべき姿を『中小都市における公共図書館の運営[102]』としてまとめ上げた。

100）平成15年6月13日法律81号。
101）『市民の図書館　増補版』(1976年：はじめに)
102）中小公共図書館運営基準委員会報告『中小都市における公共図書館の運営』日本図書館協会、1963年。

『中小都市における公共図書館の運営』は、通称「中小レポート」と呼ばれている。「中小レポート」では、公立図書館の本質的な機能を「資料を求めるあらゆる人々やグループに対し、効果的にかつ無料で資料を提供するとともに、住民の資料要求を増大させるのが目的である[103]」と考え、資料提供という機能については、「公共図書館にとって本質的、基本的、核心的なものであり、その他の図書館機能のいずれにも優先するものである[104]」としている。また、「中小公共図書館こそ公共図書館のすべてである[105]」と宣言した。

この「中小レポート」は、都道府県立図書館から中小公立図書館への転換並びに館内閲覧から館外貸出しへの転換を図るという、これまでの実践を覆す新しい考えを打ち出した[106]。

「中小レポート」では、「資料の提供」について次のように報告している。「わが国の公共図書館では、館内閲覧偏重の傾向が強く、館外貸出しが軽視されてきた。（略）提供といっているのは、館内で利用することはもちろん、自由に館外へ持ち出すことができることを意味している。しかもそれはたんに図書資料のみではなく、フィルム、レコードなど視聴覚資料も当然含まれるべきである。これらの貸出しが一切無料であることはことわるまでもない[107]」と館外貸出しを軽視してきたことを明らかにした。

「中小レポート」が基準委員会の報告書として出された1963年以降、公立図書館は館外への貸出サービスを重視していくようになる。しかし、資料の貸出しについては、「グループ」を単位として考えていて、個人に資料の貸出しをするまでには至っていなかった[108]。

60年代の図書館サービスは、「中小レポート」が示した2つのサービスを開始している。それは貸出重視のサービスおよび「奉仕計画[109]」による全

---

103) 上掲書21頁。
104) 上掲書21頁。
105) 上掲書21-22頁。
106) 川崎「全域サービスを考える：日米での歴史と現状」206頁。
107) 『中小都市における公共図書館の運営』22頁。
108) 上掲書103頁より引用。
「館内奉仕の中で、団体貸出しについて重視し、また努力を傾けるべき仕事である。」

域サービスへの取組みである。

Ⅲ　1970 年代の取組み

1　『市民の図書館』

　1968 年以降行われてきた「公共図書館振興プロジェクト」の成果として、1970 年に日本図書館協会は『市民の図書館』を発行した[110]。『市民の図書館』は、「中小レポート」の理論と日野市立図書館の実践を視野に入れて、明快な主張を行っている[111]。

　『市民の図書館』は、公立図書館を「国民の知的自由を支える機関であり、知識と教養を社会的に保証する機関である[112]」と規定した。また、公立図書館の基本的機能を次のように定めた。それは、「資料を求めるあらゆる人々に、資料を提供することである。公共図書館は、住民が住民自身のために、住民自身が維持している機関であるから、資料を求める住民すべてのために無料でサービスし、住民によってそのサービスが評価されなければならない。公共図書館は、資料に対する要求にこたえるだけでなく、資料に対する要求をたかめ、ひろめるために活動する[113]」というものである。

　これらを実践するために、市立図書館がやらなければならない目標を 3 つ定めた。それは、①市民の求める図書を自由に気楽に貸し出すこと、②児童の読書要求にこたえ、徹底して児童にサービスをすること、③あらゆる人々

---

109)　上掲書 69-78 頁。
110)　『市民の図書館 増補版』日本図書館協会、1976 年、はじめに。
　　　初版の発行は 1970 年であるが、入手できたのは 1976 年版のものであるため、本書では 1976 年版を使用している。
111)　川崎「全域サービスを考える：日米での歴史と現状」207 頁。
　　　『市民の図書館 増補版』11-12 頁より引用。
　　　12 知的自由と公共図書館「住民は、一人一人の自由意思によって公共図書館を利用するものであり、どのような強制も押し付けもあってはならない」と述べて、ロンドンの北方にある某タウンの住民の図書館の利用例と日野市立図書館の活動について紹介している。「私達の住む日野市には、その魔法の杖があります。おかげで市民はタダで思う存分読書ができ、大人も子どもも一人 4 冊まで 2 週間借りられます。（以下、略）」
112)　『市民の図書館 増補版』1976 年、11 頁。
113)　『市民の図書館 増補版』10 頁。

に図書を貸し出し、図書館を市民の身近に置くために、全域にサービス網を張りめぐらすこと[114]、である。

　3つの目標のうち、①の市民に図書を貸し出すこととは、「個人への図書の貸出し」を行うものであり、日野市立図書館の活動を取り入れるものである。③のあらゆる人々に図書を貸し出すとは、「私立図書館の機能は児童、老人、婦人などすべての人に正しく生かされて始めて公共図書館の名に恥じない[115]」というような記述が随所にあり、今まで学生等の一部の人たちに占領されていた実績を払しょくしようとしている。また全域サービス網を張りめぐらすということも、これらの人たちに向けたものであるが、まだ障害者までを念頭には置いていないようである。

　「①市民の求める図書を自由に気楽に貸し出すこと」という目標は、その後図書館が無料貸本屋と変わらないという議論に発展していく。「無料貸本屋」論については、本書第Ⅲ部第1章第1節Ⅰ3にて、扱っている。

2　各地方公共団体の取組み

　図書館の振興策を行った代表的な地方公共団体の取組みの事例を紹介する。1965年の東京都日野市立図書館の開館と1970年の東京都の図書館振興対策、1981年の滋賀県の図書館振興策の3事例を扱う。

(1)　東京都日野市の取組み

　日本図書館協会に設置された中小公共図書館運営基準委員会が各地の中堅図書館員多数の協力を得て、2年余りの実態調査と討論を重ね、1963年に『中小都市における公共図書館の運営』（通称「中小レポート」）を公刊した。「中小レポート」では公共図書館の役割を民主主義の基礎をなす知的自由の保障に置き、「中小公共図書館こそ公共図書館のすべてである」というテーゼのもとに、資料提供・館外奉仕の重視・住民の支持を得る活動を裏付ける図書費の確保等の課題を提起している[116]。

---

114)　『市民の図書館　増補版』はじめに。
115)　『市民の図書館　増補版』14-15頁。

この「中小レポート」の実務を担当していた日本図書館協会の前川恒雄氏[117]を日野市立図書館の館長に迎えて、日野市立図書館は 1965 年 9 月に、移動図書館（自動車）1 台による建物のない図書館を運営することから出発した。

　図書館活動の中で、日野市立図書館の実践が重要であると考えられている。それは、日野市立図書館が行った次のような実践による。当時移動図書館は読書普及のためグループに貸出しをしたり、特定の場所に数十冊の本を置くというのが一般的であった。しかし日野市立図書館は「個人貸出し」に重点を置いた。「何でも、どこでも、誰にでも」をスローガンにして、利用者からのリクエストを受け付けた。そして、最初から移動図書館から分館、中央館というように全域サービスの構想[118]ができていて、1966 年以降分館が設置されていった。1980 年には分館 7 館、移動図書館 2、中央館というシステムができていた。また、開館の翌年当初から資料費の予算を多く取っており、1966 年の図書館の資料費は 1050 万円であった。これより多い図書館は、都道府県立図書館 6 館、政令市立 2 館、東京都区立 2 館の合計 10 館であった。日野市立図書館の実践は、日本の図書館活動を指導していくことになった[119)120]。

(2)　東京都の図書館振興対策

　1969 年に美濃部亮吉東京都知事の提案により、「図書館振興対策プロジェクトチーム」が設置され、1970 年 4 月に同チームにより『図書館政策の課

---

116)「朝倉雅彦ロングインタビュー　東京の図書館振興を体現した人」（『ず・ぼん』10号、2004 年 12 月）181 頁。
117)　前川恒雄氏は 1930 年生まれ。石川県小松市立図書館、七尾市立図書館を経て、1965年日野市立図書館長、1981 年滋賀県立図書館長を歴任する。甲南大学教授も務める。
118)　栗原嘉一郎・冨江伸治「日野市立図書館に見る 15 年の変容—公共図書館の設置計画に関する研究—」（『日本建築学会大会学術講演梗概集』1986 年 7 月）445-446 頁。（CiNii より調査）
119)　川崎良孝「全域サービスを考える：日米での歴史と現状」206-207 頁。
120)　渡辺進「これが公共図書館だ—生活の中にはいった図書館—日野市立図書館の活動の実態」（『図書館雑誌』61 巻 10 号、1967 年）2-11 頁。
　「座談会　日野市立図書館の活動に学ぶ『これが図書館だ　書庫が空になる！』」（『図書館雑誌』61 巻 10 号、1967 年）12-20 頁。

題と対策（東京都の公共図書館の振興施策）』としてまとめられ、全国の地方公共団体に先駆けて実行された。図書館設置を促進するための財政支援は多摩地域の図書館建設を促した。専門職制度も大きな柱だったが、結果として実現されなかった[121]。

東京都の財政支援が多摩地域の図書館建設を促した頃は、多摩地域で図書館を設置していたのは、調布市・府中市・町田市・三鷹市・小金井市および奥多摩町だけであった。また1965年に日野市立図書館の移動図書館が開館し、1970年にかけて日野市の図書館活動が注目を集めていた頃と重なる[122]。

東京都は「都民のための図書館づくり」を中心課題として、4つの目標を掲げた。目標とは、①くらしの中へ図書館を、②都民の身近に図書館を、③図書館に豊かな図書を、④司書を必ず図書館に[123]、である。これらの目標を具体化するために、サービスの重点を資料の貸出しと児童サービスに置き、「資料の提供」として住民の20％を貸出登録者にすることと、年間1人当たり4冊の貸出しを課題とした。さらに「地区図書館の充実」として700メートル圏内に1館の図書館、蔵書は人口1人当たり2冊、専門職制度の充実などを課題とし、そのうえで、中心図書館の充実（中心図書館の半数整備・資料の整備・専門職員の充実）と都立図書館の充実（ニュータウン図書館の3分の1建設）などを挙げた[124]。

東京都の果たすべき課題として、図書館建設費の2分の1の補助、および既設・新設を問わず3年間の資料費の2分の1の補助を、行政課題とした[125]。そしてこの行政課題を1971年から開始したが、建設費の補助は1975年度、資料費の補助は1976年度で打ち切られた。それでも1970年代に東京都の公立図書館は飛躍的な発展を遂げたのである[126]。

東京都の掲げた目標は、利用者への図書館の全域サービスと、専門職制度として司書の充実を目指すものであり、図書館振興施策としては、画期的な

---

121)「朝倉雅彦ロングインタビュー」183頁。
122)「朝倉雅彦ロングインタビュー」191頁。
123)『図書館政策の課題と対策（東京都の公共図書館の振興施策）』8-16頁。
124)『図書館政策の課題と対策（東京都の公共図書館の振興施策）』20頁。
125)『図書館政策の課題と対策（東京都の公共図書館の振興施策）』18頁。
126) 川崎「全域サービスを考える：日米での歴史と現状」208頁。

ものであった。

　全域サービスの要である「700メートル圏内に図書館を1館」設置できれば、歩いていける距離に図書館が設置されるわけだから、「英国の市民は公立図書館サービスを受けるのに1マイル以上歩く必要はない[127]」という英国並みの全域サービスが行えただろうと思われる。

　しかし目標の具体化が現状に追いつかず、また東京都の課題が高すぎたため、それが途中で打ち切られる要因となったことが惜しまれる。司書については、文部科学省の2001年の「望ましい基準[128]」では館長が司書であることが望ましい（市町村立図書館二(八)職員）と謳われていたが、1999年の図書館法改正（平成11年法律87号）で13条3項の「国庫補助を受けるための図書館の司書資格要件」をすでに削除していた。この規定は、「国からの補助金の交付を受ける地方公共団体の設置する公立図書館の館長となる者は司書となる資格を有するものでなければならないとされた[129]」というものであった。さらに、2003年の時点では文部科学省は指定管理者制度を認め、図書館運営を外部委託できるという流れになってきている[130]。公立図書館に専門職制度は、根付かないという状況が続いている。

(3)　滋賀県の図書館振興策

　滋賀県の図書館振興策は、1980年3月に発表された『図書館振興に関する提言[131]』を受けて、1981年度より開始された。『図書館振興に関する提言』が発表された当時、滋賀県内で公立図書館を有している市町村は、彦根市、守山市、大津市（市民図書館）、水口町だけであった。設置率は市区43％、町村2％であり、全国平均の設置率市区80％、町村12％と比べて著しく低く、全国順位も下から2番目であった[132]。

---

127) Shores, Louis, "Public Library U.S.A." in *Libraries for the People*, ed., Robert F. Vollans, London, Library Association, 1968, pp239-240.
128) 「公立図書館の設置及び運営上の望ましい基準」（平成13年7月18日文部科学省告示132号）
129) 西崎『図書館法』81頁。
130) 「朝倉雅彦ロングインタビュー」199頁。
131) 滋賀県図書館振興対策委員会『図書館振興に関する提言』1980年。

振興策の開始にあたり、元日野市立図書館館長であった前川恒雄氏が1981年7月1日に滋賀県立図書館館長に就任した。

本県における望ましい図書館のあり方として、①暮らしに役立つ図書館（貸出し・リクエスト・レファレンスなどサービスの充実）、②親しみやすく利用しやすい図書館、③誰でも利用できる図書館（高齢者・障害者・児童へのサービス）、④読書の自由を守る図書館（住民の知る権利を守る。「図書館の自由に関する宣言」を館運営の指標とする）、⑤住民の身近にある図書館（図書館サービス網の整備：全域サービスの実施）を掲げた[133]。最後に、県立図書館と市町村立図書館との役割分担を明確にした。「地域住民に対して直接図書館サービスを行うのは第一義的には市町村であり、県立図書館は全県的なサービス網の中核として市町村立図書館の活動を側面から援助し、県全体の図書館サービスの水準を向上させるという役割を持つ[134]」とした。

望ましい図書館のあり方として提言している内容は、今では図書館サービスの中心として行われているものが多い。高齢者・障害者・児童へのサービスや全域サービスの実施などは、これからも取り組んでいかなければならないものも含まれている。1980年という年代を考慮すると、斬新な図書館のあり方を提言するものであろう。

図書館振興策の中心は、①図書館建設に対する施設整備補助、②移動図書館車の購入補助、③図書購入費の補助の3点[135]であった。

図書館施設整備補助は、図書館法の最低基準を満たしていること、つまり司書資格を持つ図書館長を置くこと、人口に応じた司書を配置することなどを補助条件とした。また図書購入費補助は、年間購入冊数が人口1000人当たり125冊以上であることという補助条件があった[136]。

この振興策により、1981年に大津市立図書館の新館、1983年に長浜市および草津市に新設館などの公立図書館が設置されていった。1995年になる

---

132)『図書館振興に関する提言』10頁。
133)『図書館振興に関する提言』4-8頁。
134)『図書館振興に関する提言』8頁。
135)『図書館振興に関する提言』19頁。
136) 川崎「全域サービスを考える：日米での歴史と現状」209頁。

と市の段階の設置率は100％、町村段階の設置率も44％と進んだ[137]。この数字は、2011年の全国の設置率と比べても見劣りはしない水準である。

　以上のように、滋賀県の公立図書館振興策の中心的役割を果たしたのが、滋賀県立図書館であった。滋賀県立図書館は市町村立図書館をバックアップするという思想を重視した。1980年以降町村立図書館が増えていくが、これは滋賀県の事例が大きく影響を及ぼしている。

　滋賀県に限らず中小図書館つまり、町村立図書館の振興に、1960年代後半から1980年代にかけて、前川恒雄氏が果たした役割は計り知れないものがある。なお、滋賀県の公立図書館は、2013年現在も外部委託を入れずに地方公共団体の直営で行われており、『図書館振興に関する提言』が図書館振興に生かされている。

3　障害者サービス

　図書館サービスを全域サービスで捉えると、図書館に来館できる住民を対象とするだけでは不十分である。障害者への図書館サービスを行えて初めて、「すべての住民を対象にする」サービスを行っていると言えるのである。

　障害者とはどういう人たちのことを指すのか、という問題がある。障害者の定義も変化してきている。障害者基本法（昭和45年5月21日法律84号）の障害者の定義は、2011年に改正（平成23年法律90号）された。改正前の2条の定義は次のとおりである。「この法律において『障害者』とは、身体障害、知的障害または精神障害（以下「障害」と総称する）があるため、継続的に日常生活または社会生活に相当な制限を受ける者をいう。」改正後の定義は、「障害者」と「社会的障害」とに分けて規定された。障害者の精神障害に「発達障害」が含まれ、障害者にとって日常生活または社会生活を営むうえで障壁となる社会的障壁が新設された。

　障害者の権利に関する条約[138]が、2006年の国連総会にて採択された。2007年には日本政府が署名し、2008年には条約が発効した。しかし2012年

137）川崎「全域サービスを考える：日米での歴史と現状」209-210頁。
138）外務省仮訳文。http://www.mofa.go.jp/mofaj/gaiko/treaty/pdfs/shomei_32.pdf

10月時点で日本政府はこの条約に批准していない。この条約の1条の目的に、障害者の定義が定められている。「障害者には、長期的な身体的、精神的、知的又は感覚的な機能障害であって、様々な障壁との相互作用により他の者との平等を基礎として社会に完全かつ効果的に参加することを妨げ得るものを有する者を含む（日本政府公定訳）」とされている。

障害者基本法の平成23年改正により2条2項に新設された「社会的障壁[139]」は、障害者の権利に関する条約に規定されている「様々な障壁との相互作用により他の者と平等に社会に完全かつ効果的に参加することを妨げられることのあるものを含む」を基礎に定められていると考えられる。

これらの定義をもとに、現在では図書館の障害者サービス[140]を実施している。それを「図書館利用に障害のある人々へのサービス」として、次のように定めている。それは「図書館が、多様な身体的・環境的条件を持つ人たちのニーズに応えられるだけの①多様な資料、②多様なサービス手段、③多様なコミュニケーション手段、④施設・設備の整備といった環境を整えていないために、図書館の利用に際して障害を受けている人々へのサービス」というものである。障害者サービスの目標は、当該図書館が負っている「障害」を取り除いていくことにあり、障害は「障害者」にあるのではなく、図書館にあると考えている。

しかし、図書館の障害者サービスは、最初から考えられていたわけではない。次のような障害者の人たちの努力を経て実現していったのである。1969年に視覚障害者の大学生が中心となって、公立図書館を一般の人と同じように利用したいと要求して、都立日比谷図書館と話合いをした。要求の内容は、①有料の点訳・朗読者を用意し、東京都が適当な報酬を支払う、②そのために専任の職員を配置する、③点訳・朗読のための設備を改善するなどで

139）「障害がある者にとって日常生活又は社会生活を営む上で障壁となるような社会における事物、制度、慣行、観念その他一切のものをいう。」
140）国立国会図書館・平成24年度障害者サービス担当職員向け講座（2012年12月4日）のレジュメより。前田章夫（日本図書館協会・障害者サービス委員会）「図書館利用に障害のある人へのサービス（1）障害者サービス概論」
http://dl.ndl.go.jp/view/download/digidepo-8697423-po-h24kouza-05.pdf?contentNo=9&alternativeNo=

あった。日比谷図書館は、これらの要求に一定の理解を示した。そこで、1970年に、視覚障害者読書権保障協議会（略称：視読協）が発足し、日比谷図書館が、対面朗読サービスを開始した[141]。これにより公立図書館における障害者サービスが開始されるようになった。

視読協は、さらに読書権を保障する取組みを進め、中心団体として影響力を持つようになる。日本図書館協会の全国大会でも、1974年に初めて障害者サービスの部会が開催された。障害者サービスは、「寝たきりの人へのサービス」「高齢者サービス」「多文化サービス」という形で展開をしていった[142]。

図書館界でも、障害者対応がその後続けられていった。2007年の第93回全国図書館大会の東京第12分科会にて基調報告として「障害者サービスの理念と具体的サービス、この1年の特徴」と題して、日本図書館協会の障害者サービス委員である佐藤聖一氏が報告をしている。その内容は、障害者サービスの理念・基本的な考え方を説明し、具体的なサービスを紹介している。障害者サービスが対象者サービスではなく「すべての人の図書館利用を保障するという、図書館の基本業務である」ことを強調している[143]。

国立国会図書館では、毎年「障害者サービス担当職員向け講座」を開催している。点訳も点字入力ではなくパソコンのソフトを利用するなどITを活用した障害者サービスが出現している。それらの対応や障害者サービスのオリエンテーション、最後に実習を行うというプログラムとなっている[144]。また、国立国会図書館は、次のような障害者サービスの対応を日常的に行っている。そのサービスとは、図書館間の貸出しとして、学術文献録音図書の貸出しサービス、点字図書・録音図書の全国総目録、点字図書・大活字本等の利用館の紹介などである。

地方公共団体の図書館でも、障害者サービスへの積極的な取組みを行っている[145]ので、障害者サービスへの対応は確実に高まっている。

---

141) 川崎「全域サービスを考える：日米での歴史と現状」209頁。
142) 川崎「全域サービスを考える：日米での歴史と現状」209頁。
143) http://www.dinf.ne.jp/doc/japanese/access/library/071030_jla93-12/sato.html
144) http://www.ndl.go.jp/jp/library/supportvisual/supportvisual-kouza.html

Ⅳ　今日の目標と問題点

　図書館サービスを「すべての住民を対象にする」ためには、次の3つの目標が重要である。
　第1の目標は「図書館の設置」である。図書館が設置されなければ、住民が利用することができないからである。第2の目標は、「住民の日常生活の中で身近に利用できること」である。これは図書館数と図書館設置率を総合して判断する。第3の目標は、「施設に入っている人（病院、刑務所、高齢者ホームなど）、寝たきりの人、障害者、日本語を理解できない外国人など事実上図書館サービスを利用できない人へのサービスを実施すること」である。この3つの目標が達成されないと、図書館サービスが「すべての住民を対象にする」サービスを実施しているとは言えないのである。
　この3つの目標のうち、「図書館の設置」については、市区図書館はほぼ達成している。6割程度の設置率である町村の図書館の設置の増加が望まれるところである。しかし、第2の目標である図書館が「住民の日常生活の中で身近に利用できる」という状態にあるかどうかというと、日本の状況はそこまでいっていない。図書館が設置されていても、歩いていける距離に図書館が存在しているとは限らないからである。第3の高齢者・障害者・外国人などの住民に対するサービスは、まだまだ改良の余地がある。しかしこれらの人々への図書館サービスについては、国立国会図書館および各地方公共団体の取組みが高まっているので、今後はさらなる向上が期待できるものである。
　第1と第2の目標は、図書館の設置に関するものである。国の図書館政策は、本章で前述してきたように、消極的なものである。図書館法18条（2010年以降は7条の2）により、「公立図書館の設置及び運営上望ましい基準」を定めるように規定されていた。文部科学省から「望ましい基準」が示されたのは、図書館法制定以来50年余り経った2001年である。その間に

145）たとえば、埼玉県立図書館の障害者サービスへの取組み。
　　https://www.lib.pref.saitama.jp/stplib_doc/shogai/index.html

は、「中小レポート」や『市民の図書館』などの活動により、図書館界が図書館サービスについて検討し、ある程度の成果を得られている。今後も国の積極的な図書館政策を期待することは困難であると解する。

　図書館を設置している当該地方公共団体が、図書館を「住民の日常生活の中で身近に利用できる」ようにするためには財政の問題がある。図書館数と図書館設置率の問題は、他に財源を求めないと今後も解消することは難しい。

　図書館サービスの合理化については、サービスの民間への業務委託が行われてきた。さらに、図書館サービスを施設系サービスの業務委託とする法改正が行われた。図書館法の「奉仕」ではなく、建物に着目したサービスである。つまり図書館を「公の施設」として設置した場合、地方自治法244条の2第3項の「設置の目的を効果的に達成するため必要があると認めるときは、条例の定めるところにより、法人その他の団体であって当該普通地方公共団体が指定するものに、当該公の施設の管理を行わせることができる」により、指定管理者制度という民間への委託を促進する制度が導入できるようになった。この制度は施設系サービスの業務委託として2003年地方自治法の一部改正[146]により創設されたのである。

　法改正後、図書館を「公の施設」として「指定管理者制度」による運営を行っている図書館が増えている。指定管理者は契約の任期により変更するので長期的な展望によるサービスが難しいと言われている。指定管理者制度による図書館サービスが、「住民の日常生活の中で身近に利用できる」図書館サービスになりえるのかという新たな問題も生じてきている。指定管理者制度については、本書第Ⅲ部にて検討する。

　以上、日本の目標と問題点を検討してきたが、第2と第3の目標は、英国およびアメリカ合衆国の全域サービスには、まだ追いついていない。英国およびアメリカ合衆国も財政難で図書館が閉鎖される場合も生じているが、全域サービスを法制化して最初から取り組んでいる英国や、連邦法で補助金を出してきたアメリカ合衆国の例に、日本は学ぶことが多いと考える。

---

146) 平成15年6月13日法律81号。

第4章

パブリック・ライブラリー要件の
「無料原則」

第1節 アメリカ合衆国と英国の無料原則の由来と法的根拠

Ⅰ　アメリカ合衆国

1　ボストン公立図書館成立の利用条件

　アメリカ合衆国の図書館の無料原則は、1854年のボストン公立図書館が開館するにあたり『1852年報告[1]』におけるパブリック・ライブラリーの「公開」「公費支弁」「無料制」の条件に由来するものである[2]。

　ボストン公立図書館は町のすべての市民の利用のために公費で支弁した最初の図書館ではなかった[3]。しかし、アメリカ合衆国の公立図書館の近代史はボストン公立図書館から始まった[4]と解されている。

　したがって、ボストン公立図書館は近代図書館の中で最も重要とされている図書館である。アメリカ合衆国で税金が投入された図書館の端緒は、1803年にボストンの書店主ケイレブ・ビンガムがコネチカット州ソールズベリーに150冊の児童書を寄贈し、1810年にはソールズベリーの市民が図書館を

---

[1] City Document-No.37., *REPORT of the trustees of the Public Library of the City of Boston*, July 1852.（『1852年報告』）本書第Ⅰ部第1章第2節Ⅳ2「近代的な図書館の誕生」を参照のこと。

[2] Shera, Jesse H., *Foundations of the Public Library*, The Shoe String Press, Inc., reprinted 1965., p.286.

[3] ウェイン・ビヴェンズ-テイタム著、川崎良孝・川崎佳代子訳『図書館と啓蒙主義』日本図書館協会、2013年、81頁。

[4] Williams, Patrick, *The American Public Library and The Problem of Purpose*, Connecticut, Greenwood Press, Inc., 1988, p.1.

支えるために公費を付与すると決定したことによる。ビンガムの寄付を住民は歓迎し、ビンガム青少年図書館（Bingham Library for Youth）として知られるようになった。また、タウン・ミーティングで住民が決定した内容は「当町が1年間の借款100ドルを確保できる場合、ビンガム青少年図書館理事会が適切な図書を購入できるように、同町行政委員が町収入役に100ドルを支出する権限を住民が付与し、その実施を指示すると決定した」というものである。このビンガム青少年図書館がアメリカ合衆国で税金が投入された最初の図書館である。そのほかにも、1827年にマサチューセッツ州レキシントンのタウン・ミーティングは青少年図書館の設立と、図書購入並びに図書館員雇用のため60ドルの調達を決定した。1828年のニューハンプシャー州法により、州立大学設立の資金をタウンに付与するとなっていたが、この法律は失敗に終わった。その法律には「コモン・フリー・スクール、あるいは他の教育的目的を支弁し維持するために」使用できるとなっていた。そこでニューハンプシャー州の町ピーターボロは、同法を広義に解釈し、公立図書館をひとつの教育機関とみなし、1834年に図書館に公費を投入した。このことにより町が明確な目的を持って、コミュニティの全階級に何の制限もなく開放するフリー・ライブラリーを設立したとされ、設立当初から公費支弁の図書館であると言われている。これらの図書館の事例は、公立図書館を設立しようとする初期の事例である。アメリカ合衆国公立図書館史にとって、ボストン公立図書館の設立を最も重要視してきたのは、ボストン公立図書館の設立は「パブリック・ライブラリー運動に果たした最大の貢献」であるからである[5]。

　なぜボストン公立図書館の設立が「パブリック・ライブラリー運動に果たした最大の貢献」を行えたのか。パブリック・ライブラリー運動に不可欠なこととは、大都市がパブリック・ライブラリーの原則を受容し、刺激を与えることができたからである。ボストン公立図書館の開館の前に、公費支弁の公立図書館を設立したソールズベリーおよびレキシントン並びにピーターボ

---

[5] 前頁の「したがって」からの文章の1段落全部は、ビヴェンズ-テイタム、前掲書、81頁と Shera, op.cit., pp.158-159. を参考にした。

ロなどの町は、後の世代が従うべき原型を設定することはできたがニューイングランドの小さな孤立した町にすぎず、多方面への影響力を持ちえなかったからである。それに比べてボストンは、当時アメリカ合衆国において第4位の都市であり、初期の時代ほど、経済の優位性はなくなっていたが、社会や経済生活に大きな影響力を持っていた[6]のである。

1854年のボストン公立図書館が開館時に、パブリック・ライブラリーの理事会は、「市議会（City Council）両院の命に応じてパブリック・ライブラリーの設立によって達成せられるべき目的と、それらの目的を実現する最善の方法について報告する[7]」として、『1852年報告[8]』を作成した。

また設立の理事でもあり当該目的を検討するために任命された委員でもあるエヴァレットとティクナの『1852年報告』における見解は、次のとおりである。

エヴァレットは、図書館の無償制は初等教育の無償と同じ理由として、次のように述べている。「初等教育への公費充当の際に挙げられた各々の理由は、実生活への準備を完了するための施設（図書館のこと）、また実生活上の義務の履行に必要な知識の獲得を助け、奨励するための適切な施設（図書館のこと）についても、同程度にあてはまる[9]」ものとしている。

ティクナは、図書館の設立の必要を説くことで、図書館の役割を主張した。本部第2章第3節の図書館の役割と同じことになるが図書館の無料原則の根拠となる考え方なので、再度扱うことにする。ティクナは「無償教育と同じ原則に基づき、また公共政策ないし義務として、健全で滋養に富む図書をすべての人に供すべき必要があることは論議をまたない。（略）できるだけ多くの人に、広く情報伝達の手段が行き渡っていることで、多数の人が読書をし、社会秩序の根底に立ち入る問題を理解することが重要である。（略）情報伝達の手段を浸透させることは実現可能と言える。手段としての図書館設立は実行できる[10]」と主張した。

---

6) Shera, op.cit., p.170.
7) Shera, op.cit., p.269.
8) 注1）の文献名を参照のこと。
9) Shera, op.cit., p.274.

無料公立図書館の発展は、無料公教育の概念の発展と類似しているとされ、図書館は、知的および道徳的増進ばかりではなく、情報提供をするという価値が加わるので、公立学校組織を拡大するものと考えられている[11]。つまりアメリカ合衆国の公立図書館の「無料」は、公立学校の無償を根拠としている[12]と考えられる。
　これらの見解を勘案すると、民主政体—公教育—公立図書館という流れで、無料原則の思想が展開[13]されていったと考えられる。
　アメリカ合衆国の公立図書館の役割と無料原則は、根拠を同じくするということからも、無料原則の思想を展開できたと解される。

2　州憲法

　合衆国憲法の第10修正において、「憲法が合衆国に委任しまたは州に対して禁止していない権限は、それぞれの州または人民に留保される」ため、合衆国憲法は、市・町・村に関して、あるいは郡にさえ、明文規定をまったく欠いている[14]。
　また、「郡市ないし他の地方政府の機関は州によって与えられている権能のみを享有するので、郡市が税金の支持に基づく公立図書館サービスを提供するためには、まず第一に州から法的権限を取得しなければならないことになる[15]」のである。
　州憲法で、図書館の無料原則を掲げている主な州は、次の3つである。
　カリフォルニア州（State of California）[16]は、州憲法においても「公立図書

---

10) Shera, op.cit., p.281.
11) Drake, Miriam A., "Fee for service in libraries: Who pays? Who should pay?" in *User Fees A practical Perspective*, ed., Miriam A. Drake, Colorado, Libraries Unlimited, Inc., 1981, p.18.
12) 小倉親雄「アメリカの公共図書館—その起源と伝統」（『図書館界』Vol.19, No.5, January 1968）197頁。
13) 川崎良孝「英米における無料原則の由来と動向」（塩見昇・山口源治郎編著『新図書館法と現代の図書館』日本図書館協会、2009年）315頁。
14) Ladenson, Alex, *Library Law and Legislation in the United States*, N.J. & London, The Scarecrow Press, Inc., 1982., p.13.
15) Ladenson, op.cit., p.14.
16) 州図書館法にも、利用無料の規定がある。

館の無料原則」に言及した規定がある。13D章6条(b)(5)[17]にて、図書館を含む一般行政サービス（警察署・消防署・救急車など）の料金は使用料を無料にすることができると規定している。

ミシガン州（State of Michigan）[18]は、州憲法において公立図書館に1つの条文（州憲法8章9条[19]）を設けている。条文の内容は、次のようである。「州議会は法律により、その統治機関により採択された規定に基づき州の全住民に利用可能な公立図書館の設置及び維持について規定しなければならない。それぞれのカウンティ、タウンシップ及び市において刑罰規定の違反を理由として課され、かつ徴収されるすべての罰金は、法律の定めるところにより当該公立図書館及びカウンティの法律図書館の維持のためにのみ充当させなければならない。」この規定により、州議会に法律の制定と財源確保を義務づけている。

ミズーリ州（State of Missouri）[20]も州憲法において公立図書館に1つの条文（州憲法9章10条[21]）を設けている。条文は次のようである。「ここに、その下位機関（カウンティ）及び自治体が法律で定めるところにより無料公立図書館の設置及び整備を促進し、並びにそれらの維持に関する義務を受け入れることを、州の政策とする旨を宣言する。当該下位機関または自治体が無料図書館を維持するときは、州議会は、法律で定める方法および金額により当該公立図書館に対して補助金を交付しなければならない」。この規定により、地方政府が維持する無料公立図書館に対する補助金の交付を州議会に義務づけている。

---

17) Constitution of the California Art. XⅢD§6（条文は、LexisNexisより調査）
18) 州図書館法にも、シティ・ライブラリーおよびカウンティ・ライブラリーのそれぞれについて利用無料の規定がある。
    Michigan Compiled Laws Service Chapter 397 Libraries §397.206. Cith libraries; free use; regulatins. §397.301. County libraries; establishment, contracts for services, tax.（条文は、LexisNexisより調査）
19) Constitution of the State of Michigan (ChapterⅠ) ArticleⅧ Education §9. Public libraries, fines.（条文は、LexisNexisより調査）
20) 州図書館法にも、利用無料の規定がある。
21) Constitution of Missouri Adopted 1945 Article Ⅸ. Education §10. Free public libraries-declaraton of policy- state aid to local public libraries.（条文は、LexisNexisより調査）

3 州図書館法

　公立図書館の設置運営権限は、合衆国憲法により連邦ではなく州（50州）に留保されている。そのため、アメリカ合衆国では、公立図書館の設置と普及は、州が制定する図書館法により進められてきた。1890年前後に、各州に州図書館振興機関（the State Library Agency）が設立されてきた[22]。この機関を最初に設立したのは、1890年のマサチューセッツ州（Commonwealth of Massachusetts）である。マサチューセッツ州は、ボストン公立図書館が開館した1854年以来公立図書館運動の主導的立場にあり、1876年当時212の無料図書館が存在していた[23]。

　公立図書館の要件である「無料原則」は、教育に関する行政を所管する州において州議会が制定する法律で定められている。そのため図書館サービスは、各州により異なる。次に図書館の無料原則について、いくつかの州の規定を比較検討する。

　最初に、マサチューセッツ州の図書館法について検討する。マサチューセッツ州の図書館法は、ALM GL ch.78, §3（2010）[24]により、「カウンティ（county）の住民は、準則に従うことで、図書館と図書館に所蔵されている書籍を利用できる」と規定している。利用はカウンティの住民としていることで、図書館の運営はカウンティの管轄とわかる。しかし図書館の利用について「無料」の文字が記載されていない。図書館での利用は「書籍」に限定されている。マサチューセッツ州は、アメリカ合衆国で最初に公立図書館が設置され普及に努めた州であり、1870年代には無料の図書館が多数設置されていた。しかし現在では、図書館サービスが無料原則であるかどうかは、条文からは不明である。

　マサチューセッツ州は、図書館の管理・運営をカウンティに任せている。カウンティとは「郡」と訳され、日本の県の単位にあたる。州とカウンティ

---

22) 中島正明「アメリカ公立図書館制度に関する研究―州図書館行政機関の設立を中心にして」（『安田女子大学紀要』No.24、1996年）210頁。
23) 中島正明、上掲論文、214頁。
24) Annotated Laws of Massachusetts Act 351 of the 2010 Legislative Session Part 1 Administration of the Government Title 7 Education Chapter 78 Libraries §3. Use of Libraries.（条文は、LexisNexisより調査）

は、アメリカ合衆国の法的に定義された政治的・行政的な主要な単位である[25]。カウンティの数は、全米で3141である[26]。テキサス州のカウンティの数が全米で一番多い。テキサス州の面積がアラスカ州についで2番目の広さであることから、カウンティの数が多いのは当然であると考える。

カリフォルニア州（State of California）図書館法（California Education Code）の無料原則[27]について検討する。California Education Code§18701の条文の冒頭に無料原則を宣言している。条文の内容は「議会は次のことを提供し、宣言する。それは、州の住民の利益において、すべての住民がすべての図書館の資源について、住民が生活する場所あるいは、地方自治体の税金の基礎がある場所に関係なく、住民の生活を豊かにすると思われるサービスについて、無料または利便性のある利用ができるということを保証する」というものである。この規定により、カリフォルニア州の公立図書館の利用は、州の住民ではなくても無料で利用できることになる。

ミズーリ州（State of Missouri）の図書館は、カウンティの全住民がサービスを利用できると規定している。「カウンティ図書館のサービスを、分館、図書室、移動図書館を通して、図書及び他の図書館資料を直接無料にて借りることができる。しかし、すべての施設において、これらのサービスは当該カウンティの図書館地区の全住民につき利用可能である[28]。」図書館を利用できる公衆を住民のみと規定している。

ミネソタ州（State of Minnesota）の図書館は当該住民の利用は永久に無料であると規定している。「（略）134.07から134.15までの規定に基づいて設置

---

25) "States, Counties, and Statistically Equivalent Entities" Census, 1990, pp.4-1.
   http://www2.census.gov/geo/Pdfs/reference/GARM/Ch4GARM.pdf
26) Ibid., pp.4-11. 1990年1月1日現在のカウンティ数の合計。マサチューセッツ州14、カリフォルニア州58、インディアナ州92、ペンシルベニア州67、メーン州16、テキサス州254。
27) California Law, "California Education Code", Part 11 Chapter 4 California Library Services Act, Article 1. General Provisionsの§18701の条文に、無料原則が規定されている。（条文は、LexisNexisより調査）
28) TITLE 11. EDUCATION AND LIBRARIES (Chs. 160-186).
   Chapter 182. County and City Libraries-Libraries Genelly County Library Districts.
   （条文は、LexisNexisより調査）

されている公立図書館は、図書館委員会が採択した正当な法令を前提として、市またはカウンティの住民の利用は永久に無料である[29]。」

インディアナ州（State of Indiana）は、1947年に公立図書館法を制定した時に図書館サービスを「教育」と結び付け、個人が無料で利用できるように規定した[30]。現行の公立図書館法（IC 36-12-1-8[31]）8条(a)では、「公立図書館は、すべての個人のために、無料の図書館サービスを、公衆の教育的、見聞的でかつ娯楽的興味と必要性に遭遇するように提供している」と規定している。現行の条文にも、図書館サービスと教育とを結び付けていた図書館法設立時の精神が残されている。

アイダホ州（State of Idaho）の図書館法は、Idaho Code §33-2601[32]により、次のように宣言をしている。「アイダホ州の政策について、ここに次のように宣言をする。公共教育のための規定の一部として、アイダホ州在住のすべての人々に対し無料の図書館サービスの確立と発展を促進する」としている。アイダホ州の図書館法も公共教育の中の一環として無料図書館サービスを行うと宣言しているので、インディアナ州の政策に近いものである。

ペンシルベニア州（Commonwealth of Pennsylvania）の図書館法は、24 P.S. §4415[33]で「図書館の無料使用、規則と規制」を定めている。「図書館の委員会が採用した当該規則と規制に従うのであれば、すべての図書館は、この法律の規定により設立されまたは維持されているが、地方自治体のすべての住民と納税者の使用について無料である。また委員会は、故意に当該規則に違反する住民は誰であろうと図書館の使用を断る」と規定している。ペンシルベニア州の規定は、教育的配慮というより、図書館を管理している側から

---

29) Chapter 134. Public Libraries: Multicounty, Multitype Libraries 134.14 TITLE TO PROPETY; FREE USE.（条文は、LexisNexisより調査）
30) Ladenson, op.cit., p.16.
31) Indiana Code Title 36. Local Government, Articles 12. Libraries, Chapter 1. Definitions and General Provisions, Section 8. Policy; services
http://www.in.gov./legislative/ic/code/
32) General Laws Title 33. Education Chapter 26. PUBLIC LIBRARIES §33-2601. Policy.（条文は、LexisNexisより調査）
33) Pennsylvania Statutes Title 24. Education Chapter 16. Libraries Article Ⅳ §4415. Free uses of library, and regulations.（条文は、LexisNexisより調査）

第4章　パブリック・ライブラリー要件の「無料原則」

の規則が優先している内容である。

　メーン州（State of Maine）の図書館法は、27 M.R.S. §106[34]により、「会社あるいは団体によりあるいは、委託者により所有され、もしくは管理されている図書館が存在しているいずれの町や市が、毎年課税している税金より、町や市のすべての住民が、図書館の書籍を無料で使用するための出資金を出している」と規定している。図書館サービスの無料は「書籍」に限定している。

　最後に取り上げるテキサス州の図書館法の規定で、図書館サービスを受けられるのは「地方の政治的１区画に住んでいるすべての住民」とあるが、「政治的１区画」とはカウンティを指していると思われる。

　テキサス州（State of Texas）の図書館法は、13 TAC §1.72 (a) (2010)[35]により、「図書館サービスは、図書館に金銭的支援を供給している地方の『政治的１区画』に住んでいるすべての人に、課金や担保をしないで提供されなければならない。これらの図書館サービスは、すべての図書館の施設が開館している間に、一般の公衆に対して、図書館による資料あるいは情報の提供を含む。」これに関連して、図書館サービスは、以下のサービスを含むものとして、「いかなる種類の資料の貸出し、レファレンス・サービス（情報の提供と説明）、情報源、データベース、あるいは他の同じようなサービスを利用するためにコンピューターを使用すること、もしくは施設への入館、あるいは図書館により提供され管理されているいずれかのプログラムを利用すること」と具体的に規定している。

　テキサス州の図書館法の規定は、英国のイングランドとウェールズ地方の公立図書館法 Public Libraries and Museums Act 1964（c.75）8条の制定当時[36]の内容に似ている。しかし、2009年2月5日の *Library Journal* の記事

---

34) Maine Revised Statutes Title 27. Libraries, History, Culture and Art Chapter 3. PUBLIC LIBARIES §106. Libraries controlled by Associations assisted by towns.（条文は、LexisNexis より調査）
35) Texas Administrative Code Title 13: Cultural Resources Part 1. Texas State Library and Archives Commission Chapter 1. Library Department §1.72 Public Library Service.（条文は、LexisNexis より調査）
36) http://www.opsi.gov.uk/acts/acts1964/pdf/ukpga_19640075_en.pdf

によると、ダラス(Dallas)公立図書館では「予約待ちのベストセラーは5ドルのレンタル料で、即時利用可能になるサービス[37]」を始めている。これは、長く待って無償で読むか、レンタル店と同等の5ドルを支払って早く読むかのどちらかを選択できるサービスのオプションを用意したという図書館サービス事例の紹介である。記事によると当初は、利用者に受け入れられないこともあったが、だんだん利用者に理解をしてもらえるようになったそうである。テキサス州での図書館の利用は無料原則である。したがって、利用の有料制については、図書館サービスをベーシックなサービス(基礎的なサービス)とオプションとに分けて考え、サービスの差別化を図ったものと考えられる。しかしオプションとはいえ、書籍の貸出しに利用料を徴収することは、画期的なことである。

　アメリカ合衆国では書籍に貸与権が付与されていないため、利用者から利用料を徴収しても、著作者に対して利用料が支払われていないと思われる。公立図書館の「無料原則」と貸与権は、表裏の関係にあると考えられるからである。図書館サービスの無料原則を維持しながら、公立図書館の書籍の貸出しに「貸出権」が付与された場合、著作者に支払う利用料は別の基金あるいは国の財源などから、提供することを検討しなければならない。したがって、国などで著作者への利用料を予算化する必要が生じ、二重に費用がかかるようになるため、図書館サービスの無料原則が確固たる制度として行われている国では、公貸権の導入は困難であろうと思われる。

II　英　国

1　『エワート報告(Ewart Report)』

　英国の近代的公立図書館の成立は、1850年の図書館法の制定に始まると解されている。この図書館法により英国の公立図書館は、「(図書館建物の)公費支弁、公開性、利用の無料原則、図書館設立の法的根拠を持つ」というパブリック・ライブラリーとしての要件を有するようになった。1850年の

---

37) http://www.libraryjournal.com/article/CA6634766.html

図書館法には、法案作成の原案となった調査委員会が招集され、次のような手続きを踏んで報告を作成している。

1849年3月15日の英国下院（the House of Commons）に、図書館建設のための委員会が招集された。「大ブリテンおよびアイルランドの大都市に、公衆に対し自由に公開される図書館の建設を促進する最良の手段に関する特別委員会（Select Commitee）が招集されること[38]」という指示によるものであった。この指示に従い、15名の委員が下院議員から選出された。関係者を証人として召喚し、関係書類を調査する権限が委員会に与えられた。これらの調査は、報告書として同年7月23日に発表された。報告書は14頁（Ⅰ～XIV）のレポート、6頁（XV～XX）の委員会議事録、254頁（1～254）の証言録、62頁（255～317）の付録の4部構成となっている。この報告書は、通称『1849年レポート[39]』または委員長William Ewartの名前を取り『エワート報告（Ewart Report）』と呼ばれている[40]。

『エワート報告』での報告は所信表明のようなものとみなされている。主な表明は、①欧米諸国の公立図書館は館数も多く、その大多数は公衆（public）が自由に利用できる図書館であること[41]、②英国の公立図書館は館数も少なく、内容も貧しく、公衆が自由に利用できる状態ではないこと[42]、③英国の国民には読書の習慣が広まり、図書館の必要性が認められていること[43]、④英国内の公立図書館を発展させるには、既存の図書館を改善し、新たに公共図書館法を制定し、図書館税を徴収し、公立図書館を設立する権限を都市の議会に与えることを勧告すること[44]、などの4点である。

38）PUBLIC LIBRARIES. *House of Commons Deb* 15, March 1849, Vol.103, cc751-5.
39）Report from the Select Committee on Public Libraries: together with the proceedings of the Committee, minutes of evidence, and appendix. ordered, by the House of Commons, to be printed, 23 July 1849.（以後、本書では『エワート報告』とする。）
40）芝田正夫「イギリス公共図書館法の成立とエワート報告」（『図書館界』1976年1月号）108頁。
41）Ewart Report, p.3.
42）Ibid., p.4.
43）Ibid., p.7.
44）Ibid., p.10.

『エワート報告』は、国民が公的な援助によらず図書館に類する施設を設立している例として、職工学校に付属した図書館並びにロンドンにおけるコーヒー・ハウスの蔵書を挙げている[45]。また、新しく図書館を創設し援助していく方法として、政府が一定の条件で図書館に公費補助の必要性を表明している[46]。公費については、図書館を建設するためのみに用いられるべきであり、蔵書については「寄贈が多くの図書を供給するだろう」としている[47]。

委員会は政府の補助金の必要性をほのめかした。そのほのめかしは、その後も続いている。村の図書館に対しては慈善事業家の活動の余地を与えていた。カーネギー英国財団の活動および1919年法により、カウンティ評議会が地方の図書館局を持つことが可能になるまでの間、慈善事業家は全面的に支援してきた[48]。

『エワート報告』の提言は、公立図書館法制定の勧告である。新設する図書館法により新たに建設する図書館に必要な条件として、さまざまな提案を行っている。①すべての公衆（public）が自由に利用できる図書館であること、②夜間開館すること、③可能な限り貸出図書館であること、④書物を火事から守るために木製の家具を避け鉄製の家具を使い、建物も耐火性を持つものにすること、⑤蔵書が十分に利用されるために印刷目録を完備すること[49]、⑥目録はアルファベット順の著作者リストを伴った主題（Subject）による分類が最上のものであること[50]、などの提案である。これらの提案は、1850年の図書館法の原案となった。

委員会が期待したのは、職工学校等を利用できない大部分の労働者階級の道徳の向上であり、社会秩序の維持であった。その期待は、「図書館は学問の補助物（auxiliary）である[51]」、「国民の習慣及び礼儀は改善されてきた。

---

45) Ibid., p.7.
46) Ibid., p.10.
47) Ibid., p.11.
48) Munford, *Penny Rate*, p.12.
49) ①から⑤まで、Ibid., p.12.
50) Ibid., p.13.
51) ibid., p.4.

さらに公立図書館の建設で改善されるだろう[52]」、「貧民学校の図書館には物乞いに近い人々もおり、乱暴で不作法だったが、まもなく秩序と習慣を身につけ、読書に喜びを見出すようになった」という提言に見られる。『エワート報告』の提言には、具体的に「利用の無料」については言及していないが、委員会が、職工学校等を利用できない大部分の労働者階級の道徳の向上および、社会秩序の維持を期待したのであれば、当然図書館の利用は、無料であると考えられていた。1850年に下院に提出された図書館法案には、無料原則が組み込まれていた。

本書第Ⅱ部第2章第3節Ⅱの英国の図書館の役割のところでも検討したように、公立図書館は次のように考えられていた。公立図書館は社会改良の道具としてばかりでなく、国民教育の前進運動の一部と考え始められ、その後図書館の多くは、読書資料を提供することによってばかりでなく、図書館自身が直接あるいは間接に、技術教育・成人教育に関与していった[53]。

すなわち、公立図書館は労働者のための機関で、改良主義的な目的が期待されたため、図書館利用は無料を必要とされていた[54]。

英国の図書館の無料原則は、図書館法8条にて無料の範囲が定められている。図書館サービス全般について無料ではなく、有料のサービスも図書館法にて規定されている。そのため無料原則の思想を展開することはなかった。図書館サービスの無料の範囲については、本書第Ⅲ部第1章第4節Ⅲの「英国の図書館法の課金制度」にて検討する。

2　1850年の公立図書館法

近代的図書館の創設を規定した1850年の図書館法は、1850年2月14日にエワート（William Ewart）議員が下院に法案提出の動議を出して以来、3回の公聴会を経て、賛成多数により通過した。上院では議論をすることなく通過して、同年8月14日に女王陛下の裁可を得て公立図書館法（Public

---

52) Ibid., p.7.
53) Kelly, Thomas and Edith, *Books for the People*, London, Andre Deutsch, 1977, pp.84-87.
54) 川崎「英米における無料原則の由来と動向」315頁。

Libraries and Museum Act 1850〈13 & 14 Vict. c.65〉）として成立した[55]ものである。

1850年の公立図書館法（Public Libraries and Museums Act 1850〈13 & 14 Vict. c.65〉）[56]の規定は、図書館設置をイングランドとウェールズの人口1万人以上の自治体に限定したうえで、課税の上限、自治体による同法採択の手続き、無料原則を組み込んでいた。

図書館法自体および各条文については、賛否はあったが、公立図書館を設置するならば、それは無料でなければならないという点については、疑問を呈されることはなかった。

図書館法とはいえ単なるサービス法ではなく「市議会に公立図書館及び博物館を創設する権限を与える法」であった。法律の内容は、創設できるまでの手続きが半分以上占めている。この法律の内容は、次のとおりである。制定当初適用範囲はイングランドの人口1万人以上のバラ[57]Municipal Borough〈都市〉のみであった(I)。この法を適用するには市議会の要求に基づいて地方の納税者による投票を行い、そこで3分の2以上の賛成が必要だった。この手続きを経てこの法律が採択された場合、固定資産1ポンドにつき半ペニーの率で地方税を課し、その税収を土地と建物の代金に充てることが認められた(Ⅲ)。3分の2の賛成が得られない場合、同様な投票は2年間行うことができない(Ⅷ)。燃料や照明、家具や備品を購入でき、給与支給の職員や使用員と契約することができる(Ⅳ)。バラの税を確保するために、公庫の了承のうえで金を借りることもできる(V)。採択が合法化されたら、都市評議会は「公立図書館あるいは美術・科学博物館、あるいはその両方を開設する目的」で適当な土地と建物を借りるか買い上げる権限を付与され、それらを設立、改築、拡張、改修、維持することができる(Ⅵ)。獲得した資産および寄贈される書籍その他は、当該施設の管理下に置かれる(Ⅵ)。入館するのにいかな

---

55) Munford, op.cit., pp.23-28.
56) *THE STATUTES of THE UNITED KINGDOM of GREAT BRITAIN AND IRELANDS, 13 & 14 Victoria.* 1850（Vol.90）, London, Her Majesty's Printers, pp.387-391.
57) 1800年代のバラについては第Ⅰ部第1章の注74）の後半部分を参照。

る費用もかからない(Ⅶ)[58]。

　1850年の図書館法では、固定資産1ポンドにつき半ペニーの率で地方税を課し、その税収を土地と建物の代金に充てることはできたが、図書購入には使用できなかった。採択するには、納税者の投票を実施し、3分の2以上の賛成票を得ることが必要であったため、この法律は任意法であるとわかる。またこの法律での図書館設立は、任意であったり、税金に図書購入費用が使用できないなど、図書館法としては重要な部分が中途半端であるが、7条の「入館するのにいかなる費用もかからない」と最初から「無料原則」を規定している。

　1850年の図書館法は、1853年にはスコットランドおよびアイルランドにも適用された[59]。

　1855年頃には、税の割合を2分の1ペニーの制限から引き上げ、図書の購入を合法化するための措置が必要であることが明らかになっていた。そこで、1855年法（18 &19 Vict. c.70）は、主要バラにおける無料公立図書館と博物館の設立をさらに活発化し、それを地方改善法の範囲の町から各教区まで広げ、イングランドとウェールズに限って施行するために2分の1ペニーでは財源が足りず、税の割合を1ポンドにつき1ペニー以内まで引き上げられた。また、1855年法は、図書・新聞・地図・美術と科学の標本などを購入し、提供する権限および、必要に応じて管理もしくは修理する権限を自治体に付与した[60]。この法律により、人口5000人以上の市・町および教区において採択することができ、投票に代わって、納税者の集会において出席者の3分の2以上の賛成を得ること（多数決議）に改められた[61][62]。1ポンドにつき1ペニー以内というこの割合は1919年まで実施されていた[63]。

　その後1866年法（Public Libraries Amendment Act 1866〈29&30 Vict. c.114〉）では人口による制限が外され、3分の2ではなく単純多数の賛成に改められ

58）(Ⅰ)などの番号は、条文番号を示す。
59）Munford, op.cit., p.29.
60）Munford, op.cit., p.31.
61）Munford, op.cit., p.31.
62）森耕一「図書館立法の歴史と現代的課題」（『法律時報』52巻11号、1980年）38頁。
63）Munford, op.cit., p.31.

た[64]。1893年の改正（イングランド）で、納税者集会ではなく自治体（市・町）の決議で採択できることになった[65]。

19世紀末から20世紀初頭にかけて公立図書館は主として労働者階級のためのものであると思われていた。図書館には慈善のにおいがし、慈善的性格は「無料図書館（Free Library）」と呼ばれていた。裕福な人々の要求を満たしていた私設会員制図書館を「Public Library」と呼び、区別していた。しかし次第に、「無料」が取れてきた。

また公立図書館の利用者は、労働者階級のみではなかった。労働者階級に加えて下層中産階級の人々（労務工・職人・事務員・店員など）、会計士・建築家・牧師・医師・教師等の中産階級の人々も含まれていた[66]。

Ⅲ　アメリカ合衆国と英国の無料原則の相違

パブリック・ライブラリーの4要件を備える近代的図書館が、アメリカ合衆国と英国で、ほぼ同時期に出現している。同時期に出現したと考えられる理由としては、両国ともある程度の経済的国力を備えていた。しかし経済的発展のさらなる進捗を求めるには、公衆―特に労働者―の知力の向上が必要となっていた。そのために両国は、成人の公教育終了後の教育の場として図書館に注目した。しかし図書館の新たな設置に関しては、両国の取組み方は異なるものであった。

アメリカ合衆国は、住民自ら図書館の必要性を感じ図書館設立の活動を行った。また、公立図書館の必要性とは、無償教育と同じ原則に基づくものである。無償教育と同じ原則とは、社会的義務や実生活上の義務を果たす住民および、的確な判断ができる住民の育成[67]を示す。したがって、無料原則の思想が展開できたのである。

一方、英国の図書館は職工学校を中心に貧しい者への聖書を読めるように

---

64) 森「図書館立法の歴史と現代的課題」38頁。
65) Munford, op.cit., p.34.
66) Kelly, Thomas and Edith, op.cit., p.101.
67) 川崎「英米における無料原則の由来と動向」313頁。

する識字教育の場であったため、図書館法が制定される前にすでに、公衆に対する図書館サービスはある程度行われていた。国の調査依頼による『エワート報告』では、すでにある図書館は古くて改築しないといけないが、その費用について公費での補助を期待していた。

英国の近代的図書館の出発は、『エワート報告』を原案にして政府が作成した図書館法による新たな図書館を建設し、図書費は公費ではなく寄付を期待するというものであった。公立図書館の目的は労働者のための機関であり、労働者の改良が主であったため、無料原則の思想は展開できなかった。

第2節 「ユネスコ公共図書館宣言」の無料原則と各国の対応

I 無料原則の変遷

ユネスコは、1949年に公共図書館の本質的役割や目的・運営の原則を示した「ユネスコ公共図書館宣言」を採択している。「ユネスコ公共図書館宣言」はその後1972年、1994年と改訂されてきたが、当初から、無料で利用できることを宣言している。

現在では「ユネスコ公共図書館宣言」が、加盟国の公立図書館の無料原則の根拠と言われているが、この宣言が採択される前から主要国のほとんどが利用の無料を行ってきた。この宣言の中の「特定の法令により維持され」という要求が「図書館法による公立図書館の無料原則の根拠」(宣言により守られる価値)とされることに意味を持っている。ユネスコ加盟後に図書館法を制定した国は結構存在している。一方で、ユネスコの宣言にかかわらず「無料原則」を採択してきた国(アメリカ合衆国および日本。日本はユネスコ加盟の前に無料原則の規定を持つ図書館法を新たに制定している)がある。

「ユネスコ公共図書館宣言」の改訂に伴い無料原則の内容は、次のように変遷してきた。

ユネスコは1946年に46カ国で設立した。公共図書館に対する宣言は、ユネスコ設立の3年後に採択された。これを「ユネスコ公共図書館宣言1949年版」とする。「ユネスコ公共図書館宣言1949年版」の対象は、「一般の

人々」である。図書館の無料原則に関しては、図書館の設立の目的に掲げられている。設立と運営に法的根拠を持ち、公的基金による運営をし、利用は無料としている。

「ユネスコ公共図書館宣言1949年版」は1972年に改訂された。これを「ユネスコ公共図書館宣言1972年版」とする。「ユネスコ公共図書館宣言1972年版」の対象は、「教育者及び地域社会・文化事業に携わる指導者等」である。図書館の無料原則に関しては、宣言の（財政・法令・ネットワーク）の項目の中で、「公立図書館は、完全に公費により運営されるべきで、いかなる人からも図書館のサービスに対して直接費用を徴収してはならない」としている。

1994年に改訂された「ユネスコ公共図書館宣言1994年版」によると、財政・法令・ネットワークの項の冒頭で、公立図書館は「原則として」無料でなければならないとし、公立図書館は国および地方自治体が責任を持つとしている。公立図書館は、国および地方自治体により「特定の法令及び財政により維持される」という重要項目が定められている。公立図書館は、各国の国および地方自治体による「特定の法令によって維持され」とあるため、公立図書館の無料原則の根拠は各国が制定した図書館法によるものと言われている。また最近の電子資料の利用について有料とする国が増えてきたため、1994年の改訂で利用の無料については「原則として」と緩和されている。

<u>1994年の宣言では「原則として無料」と改訂したので、無料のサービスを限定して、有料のサービスについては「特別なサービス」と位置づけて行っている国が多い。このように、必ずしもこの宣言をもとに各国で無料のサービスが行われているわけではない。このように1994年の改訂により、無料原則の実施は「任意」となり、「必須」ではなくなっている。</u>

「ユネスコ公共図書館宣言1994年版」の対象は、「国及び地方自治体の政策決定者と全世界の図書館界」である。図書館の無料原則の内容は、宣言の（財政・法令・ネットワーク）の項目の中で「公共図書館は原則として無料とし、地方および国の行政機関が責任を持つものとする。それは特定の法令によって維持され、国および地方自治体により経費が調達されなければならない。(略)」としている。

「ユネスコ公共図書館宣言」は、1949年に発表されて以来、世界の図書館活動に大きな影響を与え続けているが、1994年の改訂に先立ち1993年にポルトガルで行われたセミナーにて改訂草案の検討を行った際に、この宣言が未だに発展途上国の図書館振興に大きな意味を持つと確認された。またこのセミナーで改訂版に盛り込まれるべき原則について合意がされた。以下に例示すると、①知る権利、文化・教育を享受する権利は基本的人権であり、したがって公共図書館サービスは第一義的に情報と文化と生涯学習に向かうべきこと、②人種、国籍、宗教等の違いにかかわらず、コミュニティの構成員すべてに情報への自由なアクセスを保証すること、③公共図書館サービスへの商業的なアプローチに対抗して、「市民性」を重視すること、④公共図書館は原則として無料であること[68]、などである。

Ⅱ 無料原則の各国の対応

「ユネスコ公共図書館宣言1994年版」によると、公立図書館は、各国の国および地方自治体による「特定の法令によって維持され」とあるため、公立図書館の無料原則の根拠は各国が制定した図書館法によるものと言われている。しかし、有料のサービスを「特別なサービス」として行っている国が多いため、1994年の宣言で「原則として無料」に改訂された。

ユネスコ加盟国の各国の対応であるが、日本・英国・アメリカ合衆国の図書館法については、それぞれ個別に検討しているため、ここでは省略する。ユネスコ加盟については、英国およびアメリカ合衆国ともに一度脱退して再加盟している[69]。主なユネスコ加盟国のサービスの無料および有料について、次に比較する[70]。

アイスランドのユネスコ加盟年は1964年で、図書館法制定は1997年であ

---

68) 柳与志夫「CA939『ユネスコ公共図書館宣言』改訂へ」(「カレントアウェアネス」No.177、1994年5月20日)
69) ユネスコ加盟年については、日本は1951年である。英国とアメリカ合衆国は一度脱退して再加盟している。再加盟の年は、英国が1997年、アメリカ合衆国が2003年である。英国は1984年12月に脱退の通告をして翌1985年12月に正式に脱退した。アメリカ合衆国は、1984年12月に脱退をした。

る。6条に、「地域図書館は学校や病院などに図書館サービスを提供できるが、その場合は有料である」と規定されている。この条文の反対解釈をすれば、地域図書館本来のサービスは無料であると、解釈することができる。

ノルウェーのユネスコ加盟年は1946年で、図書館法の公布は1935年であるが、1985年に改正をし1986年に施行している。最近では2003年に多少の改正を行っている。図書館サービスの無料については、1条目的のところで、「情報及び書籍・他の資料を無料で利用できる」と、規定している。

フィンランドのユネスコ加盟年は1956年で、図書館法の旧法は1928年に制定した。新法は1998年に公布し1999年に施行している。1928年以来、資料の利用と貸出しは法の規定により無料である。現行法の4章5条では、「資料の館内閲覧と貸出について無料。それ以外のサービスは料金を取って良い」と規定されている。具体的には「特別なサービス」として、図書館間貸借・返却遅延者への罰金・書誌データベースへのアクセス一部有料・コンピューター利用時間延長への課金などの料金を徴収している。

---

70) 各国の図書館法については、各国のウェブサイト等により調査した。
　アイスランド　Libraries Act, No.36, 16 May 1997.
　http://eng.menntamalaraduneyti.is/Acts/nr/2431
　ノルウェー　The Norwegian Library Act within the public library sector.
　http://archive.ifla.org/V/cdoc/norway.htm
　フィンランド　Library Act 904/1998.
　http://archive.ifla.org/V/cdoc/finnish.htm
　スウェーデン　Swedish Code of Statutes-SFS 1996:1596.
　http://archive.ifla.org/V/cdoc/swedish.htm
　デンマーク　Act on Library Services.
　http://archive.ifla.org/V/cdoc/danish.htm
　オランダ　The Charter for Public Library（1990）、西川馨編『オランダ・ベルギーの図書館』教育史料出版会、2004年、198頁。
　ドイツ連邦共和国「第4章ドイツの公共図書館」（『諸外国の公共図書館に関する調査報告書』文部科学省生涯学習政策局社会教育課、2005年）131頁。
　オーストラリア（NSW）　Library Act 1939.（シドニー市が含まれる）
　http://www.austlii.edu.au/au/legis/nsw/consol_act/la193999/
　オーストラリア（VIC）　Libraries Act 1988.（メルボルン市が含まれる）
　http://www.austlii.edu.au/au/legis/qld/consol_act/la1988105/
　ニュージーランド（Canterbury）Canterbury Public Library Act 1948.
　http://www.legislation.govt.nz/act/local/1948/0009/latest/DLM53210.html
　ニュージーランド（Gore）Gore Public Library Vesting Act 1908.

スウェーデンのユネスコ加盟年は 1950 年で、図書館法は 1996 年に公布し 1997 年に施行している。3 条により、「文学作品の貸出は特定期間について無料」と規定している。コピーや郵送代などのサービスは有料であり、返却遅延者に課金できる。

デンマークのユネスコ加盟年は 1946 年で、図書館法制定は 1920 年である。その後 1950 年に改正を行い、1964 年の改正では視聴覚資料を図書資料とし、1993 年の改正では電子メディアを図書資料としている。2000 年の大改正により、図書館サービス法として、対象を公立図書館から国立図書館・大学図書館・研究図書館に拡大している。19 条により図書館サービスは無料と規定している。ただし 20 条で「特別のサービス（貸出し・レファレンスを超えるもの）に課金できる」と規定している。また 29 条で、「図書館と権利者等と合意があれば、限定した利用者から料金を取れる」と規定している。

オーストラリアのユネスコ加盟年は 1946 年で、図書館法は各州により規定されている。1988 年の VIC（The Crown State of Victoria）の図書館法 3 条の定義によると、図書館の目的を、無料の図書館としている。1939 年の NSW（The State of New South Wales）の図書館法 15 条 2 項では、「有料の場合」を列挙している。図書館法 2 条の定義にも「無料」の文字は見当たらない。オーストラリアの図書館はパソコンの館内利用は無料であるが、資料の貸出しを行わない図書館もある。

ニュージーランドのユネスコ加盟年は 1946 年である。図書館法は、各州により規定されている。会員制をとり、会員登録料・館外貸出し・取寄せなどは有料の場合がある。パソコンの館内利用は無料である。図書館の定義がはっきりしていない場合がある。

最後にユネスコ加盟国ではあるが、「法的根拠を持つ」と「無料原則」の 2 つの要件を満たさない国について述べることにする。第 1 に、ドイツ連邦共和国である。ドイツ連邦共和国のユネスコ加盟年は 1951 年で、連邦レベルでは法的根拠を持っていない。文化行政および教育行政、つまり図書館に関する行政は州政府の管轄である。図書館サービスの利用については、子ども以外はほとんどが有料となっている。2008 年以降、図書館法を制定した

州がいくつかある。

　第2にオランダである。オランダのユネスコ加盟年は1947年で、1975年の図書館法を1990年に廃止し、1994年に特定文化政策法[71]を制定している。特定文化政策法の11a条で利用の際の料金について規定している。18歳未満の者でも、運営している自治体が料金が必要であると決定したら、18歳以上の者に要求される料金の半分は支払わなければならないとしている。

　以上のように、ドイツ連邦共和国とオランダは、国および地方自治体による図書館法を持っていないことと、子ども以外の図書館サービスの利用については、有料であることの2つの要件について共通点がある。この2つの国の状況については、後ほど詳しく検討をする。

　各国の図書館サービスは、資料の貸出しと館内閲覧・レファレンスなどは概ね無料で利用できる。延滞等の罰金や、データベースへのアクセスなどは、基本のサービスを超えるものとして、有料としている国が多い。各国の基本のサービスを超えるものへの対応が、無料原則を維持している状況ではなくなっているため、「ユネスコ公共図書館宣言1994年版」では、無料原則を「原則として無料」と任意規定に改訂されたのである。

---

71) Wet op het specifiek cultuurbeleid (1994).
　西川編、前掲書、201頁。この条文は2015年1月1日に削除され、自治体は18歳未満の者から利用料金を徴収しないようになった。
　http://wetten.overheid.nl/BWBR0005904/geldigheidsdatum_24-11-2015

第5章

日本の無料原則と図書館資料

第1節 無料原則と図書館資料

I 無料原則

　図書館法2条の定義により、図書館は一般公衆の利用に供されることが目的であるため「公共性」が重視されている。特に住民の税金で設置運営がされている公立図書館においては、私立図書館より一層の公共性が強調されている。公立図書館は、住民全部の世論により住民全部のために活動しなければならない[1]。そのために、公立図書館の公共性について図書館法では2つの規定を設けている。その規定の第1は法17条の公立図書館の無料原則であり、第2は法14条[2]の図書館協議会の制度である[3][4]。本書は図書館の無料原則について検討するため、公共性の第2の図書館協議会制度については扱わない。

　法17条の「無料原則」については、「昭和21年3月ジョージ・ロ・ストダード博士を団長とする米国教育使節団の報告書の中においても鋭く批判さ

---

[1] 西崎『図書館法』98頁。
[2] 「公立図書館に図書館協議会を置くことができる。2 図書館協議会は、図書館の運営に関し館長の諮問に応ずるとともに、図書館の行う図書館奉仕につき、館長に対して意見を述べる機関とする。」
[3] 西崎、前掲書、98-99頁。
[4] 図書館協議会制度が置かれる理由は、次のとおりである。それは、「住民の具体的な図書館に対する要望及び意見を、図書館奉仕を実施する責任者である館長に対して反映させるためである。」（西崎、前掲書、100頁。）

れ、公立図書館は無料公開を原則とすべきで、公費によってすべて賄われなければならない[5]」というアメリカ合衆国の意見により、創設されたものである。

法17条は「公立図書館は、入館料その他図書館資料の利用に対するいかなる対価をも徴収してはならない」と規定され、無料の範囲を「入館料」と「図書館資料の利用に対する対価」と定めている。したがって「入館料」と「資料の利用」以外の図書館の利用、たとえば図書館の施設を利用する場合などは、利用者から利用料を徴収することが可能となる[6]。

図書館法17条の「その他図書館資料の利用に対する対価」を補完する法律として著作権法38条4項の「営利を目的とせず、複製物の利用者から料金を受けない場合の公衆への貸与」が規定されている。この規定により、図書館資料が図書館で貸し出されても、貸与権が制限されているので、著作者には貸出利用料は支払われない。

図書館資料（図書館等の図書、記録その他の資料）の複製については、著作権法31条1項にて政令で定める施設においては、「その営利を目的としない事業として、図書館等の資料を用いて著作物を複製することができる」と規定している。図書館資料の利用についての複写は、「利用者が図書館資料の一部のコピーを入手して、自らの所有とする場合、コピーは（借用ではなく）利用者の所有に帰するので、コピーの作製に要した実費を徴収しても図書館法17条違反ではない[7]」と解釈されている。

以上のように、日本の図書館の無料原則は、第2次世界大戦後アメリカ合衆国の指導により図書館法を制定して導入されたものである。それまでの日本の図書館の利用は、明治以来図書館令により有料であった。したがって、日本における図書館利用の無料原則は、民主主義の前提となる情報へのアクセスのために必要であるという思想に基づいて形成されてきたとは言い難

---

5) 西崎、前掲書、98-99頁。
6) 鑓水三千男『図書館と法』（JLA 図書館実践シリーズ12）日本図書館協会、2009年、169-170頁。
7) 森耕一「公立図書館の無料制（上）―日本の場合」（『図書館雑誌』84巻4号、1990年）205頁。

い。

　また日本の公立図書館制度は、アメリカ合衆国の図書館のように、私的会員制図書館や公共的な図書館の活動が発展して、パブリック・ライブラリーとして形成してきたのではなく、政府主導の政策により行われてきた。

Ⅱ　資料利用の定義と範囲

　図書館法は、利用者が図書館資料を「利用」する際に対価を取らない（法17条）と規定しているため、図書館資料の「利用」とは何かを明らかにする必要性がある。

　「『利用』とは、図書館資料を借用し、借りた時とほぼ同じ状態で（汚損等することなく）期限内に返却すること[8]」と解釈されている。したがって「図書館資料を紛失したり、毀損したり、または一定期限内に返納すべき場合に返納しなかったような場合は、当然一定金額が損失補償とか延滞料とかの形で課せられる[9]」ことがあっても、これは法17条に違反するものではない。

　また図書館令および改正図書館令の時代の「利用」とは、「閲覧」を意味していた。図書館法が制定されてから図書館の利用とは「図書館資料の利用」に改正された。しかし法17条の無料原則の成立の経緯を見ると、図書館の無料原則はそれほど重要視されていなかった[10]。日本の図書館の無料原則とは、「閲覧料の不徴収」を念頭に置いていた[11]と考えられている。その後1960年代から1970年代に行われた図書館運営の改革[12]により、「資料の利用」とは「資料の館外貸出し」を含み、それに重点を置くようになっていった。そこで図書館の無料原則とは「入館料、資料の閲覧料」に加えて「資料の館外貸出し」も守備範囲として考えられるようになったのである。

---

8) 森耕一編『図書館法を読む 補訂版』日本図書館協会、1995年、163頁。
9) 西崎、前掲書、99頁。
10) 森『図書館法を読む 補訂版』157頁。
11) 鑓水、前掲書、170頁。

第2節　図書館資料の範囲

I　資料の範囲

　国民の「知る自由」を確保するための公立図書館の運営の基本は、「資料の収集・提供・保存」である。国民の「知る自由」のもととなる資料とは、図書館資料の中で、図書および雑誌並びに新聞等の紙媒体のものである。
　図書と雑誌は、「一般」と「専門」のジャンルに分かれる。一般図書には、「小説・ビジネス書・実用書」等に加えて「児童書」が相当する。専門図書は、主に研究者の研究書や企業や研究所等で作成された研究書などが相当する。図書館資料には、CD・DVDなどの視聴覚資料も含まれる。ここまでの資料は、いったん購入したら、その後の運営費用はかからないものである。
　最近は電子書籍が資料として加わってきているが、扱っている図書館は全国で2011年末までに導入していたのは6館であったが、2013年9月時点でも17館である[13]。導入が進まない理由は、提供資料（コンテンツ）が少ないこと、「購入」であるのか「使用契約」であるのかといった資料アクセスの形態に関する問題が明確になっていないこと、公立図書館が求める分野（小説など）の資料を出版者側は重視していないこと[14]等によるものである。
　魅力あるコンテンツの出版が増えなければ、電子書籍の導入が進むことが

---

12) 1960年代の改革は「中小レポート」の時代と呼ばれている。今後の中小都市の公共図書館のあるべき姿を描き出すために日本図書館協会内に委員会を設けて1960年から1962年までの3年計画を立て、『中小都市における公共図書館の運営』としてまとめた。そしてこれは、通称「中小レポート」と呼ばれている。「中小レポート」の報告により、館外貸出しを軽視してきたことが明らかにされた。「中小レポート」が出された1963年以降、公立図書館は貸出サービスを重視していくようになる。
1970年代は『市民の図書館』にて進められた。この中で"図書館の無料貸本屋"の考え方が見られる。
詳しくは本書第Ⅱ部第3章第3節を参照のこと。
13) 読売新聞2013年9月20日「県立図書館電子資料　電子書籍に」および2013年12月号の『図書館雑誌』が、「公共図書館と電子書籍のいま」という［特集］（756-771頁）を掲載している。

困難であると思われる。

　電子情報等に関しては、保存図書館（都道府県立図書館および市町村立の中央図書館など）を中心に有料の商業用データベース（オンライン・データベース）を契約して利用者に無償提供するようになってきている。しかし文部科学省は、ネットワーク系（ないし通信系）のメディアを「図書館資料」の範囲外としている[15]。「図書館資料」の範囲外とはいえ、ビジネス支援に有効である[16]と考えられて、公立図書館では導入されているところが多い。

II　電子書籍

　紙媒体の書籍を電子化した場合、2つの問題が生じている。1つ目の問題は、書籍の定価販売のことである。メディアが紙から「電子」に変わった場合に、紙の書籍と同様に定価販売が可能であるかどうかという問題と、2つ目の問題は、電子書籍は、著作権法上で著作物として保護されていないことである。

　1つ目の問題の書籍の定価販売については、独占禁止法により定められている。独占禁止法には、かつて多くの適用除外があったが、近年の規制緩和の動向と市場における競争重視の傾向に伴って、その多くが廃止された[17]。現在独占禁止法によって認められている適用除外とは、①無体財産件の権利行使（法21条）、②一定の組合の行為（法22条）、③再販売価格維持契約（法23条）などである。このうち、再販売価格維持行為に関しては、法令上指定再販（個別の商品についての再販指定：法23条1項）および法定再販（著作物に

---

14)　間部豊「公共図書館における電子書籍の導入状況について」（『図書館雑誌』2013年12月号）757頁。
15)　文部科学省生涯学習審議会。1998年10月27日の「図書館の情報化の必要性とその推進方策について―地域の情報化推進拠点として―（報告）」より。
　　http://warp.ndl.go.jp/info:ndljp/pid/286794/www.mext.go.jp/b_menu/shingi/12/shougai/toushin/981001.htm
16)　青野正太・余野桃子「都立中央図書館における利用者サポートの実践」（『情報の科学と技術』61巻12号、2011年）497頁。
17)　廃止されたものは、自然独占（法旧21条）、事業法令に基づく一定の行為（法旧22条）および合理化カルテル（法旧24条の4）などがある。

ついての再販：法23条4項）がある。指定再販については現在商品指定がすべて廃止されているので、著作物についてのみ再販売価格維持行為が認められている[18]。

公正取引委員会は、再販売価格維持行為を認める著作物を次の理由から、6品目に限定している。「独占禁止法23条4項により再販価格維持行為が独占禁止法の適用除外とされる『著作物』は、昭和28年の再販制度導入時に定価販売慣行があった書籍、雑誌、新聞及びレコード盤の4品目並びにレコード盤と機能・効用が同一である音楽用テープ及び音楽用CDの2品目の計6品目に限定される（平成4年4月15日公表文。平成13年8月1日審決）[19]。」再販売価格維持行為に該当する著作物は、著作権法で規定しているすべての著作物ではなく、映像ソフト（ビデオ、DVD）、コンピューターソフト、ゲームソフトなどは含まれていない。

独占禁止法の規定の中で、著作物のみが法定再販を認められているため、公正取引委員会が電子書籍の扱いについて、2010年11月29日に公正取引委員会のHPの「よくある質問コーナー」に見解をアップした[20]。その見解とは「著作物再販適用除外制度は、独占禁止法の規定上、『物』を対象としています。一方、ネットワークを通じて配信される電子書籍は、『物』ではなく、情報として流通します。したがって、電子書籍は、著作物再販適用除外制度の対象とはなりません」というものである。

公正取引委員会の見解により、電子書籍も、映像ソフト（ビデオ、DVD）、コンピューターソフト、ゲームソフトなどと同様に、独占禁止法の23条4項による再販売価格維持行為に該当する「著作物」に該当しない。つまり、電子書籍は定価販売をしなくてもよいということになる。しかし、電子書籍

---

18) 松下満雄『経済法概説 第5版』東京大学出版会、2011年、275頁。
19) 公正取引委員会のHP「著作物再販対象商品と非適用除外品のセット販売」に対する回答より。http://www.jftc.go.jp/dk/soudanjirei/ryutsutorihiki/kakaku/kakaku4.html
20) 公正取引委員会のHPの「よくある質問コーナー」のQ14の質問の回答として掲載した。2015年11月時点ではQ13と番号が変更になっている。http://www.jftc.go.jp/dk/dk_qa.html
カレントアウェアネス・ポータルにも2010年12月3日付けで「公正取引委員会、電子書籍は著作物再販適用除外制度の対象とはならないとの見解」という記事をアップしている。http://current.ndl.go.jp/node/17217

は、著作物の著作者の創作により生まれた著作物を固定する時の形態が「紙媒体」ではなく「電子媒体」であるということにすぎず、著作物であることには相違ない。

　資料としての電子書籍を図書館サービスとして利用すると、権利処理および運営の費用が高いため、著作者および出版者との話合いが必要となっている。しかし2013年初頭の時点で、著作権法は電子書籍を保護していなかった。したがって、2つ目の問題である「電子書籍は著作権法上で、著作物として保護されていない」という問題がまだ残っている。資料としての電子書籍の扱いをどのようにするのかという問題について、文化庁を含め出版界では、2013年5月から12月まで電子書籍の海賊版対策として出版者の出版権を適用して行うことを審議することになった[21]。

　この問題の解決策は、2013年12月19日に、紙の本を対象にした「出版権」を電子書籍にも拡張する著作権法改正を行う方針が発表された。文化庁は2014年の通常国会に、次のような改正案を提出し、成立した（平成26年5月14日法律第35号）。その改正案は、電子書籍の海賊版に対し、著作者だけでなく出版者にも差止めを請求できるようにした[22]ものである。

　2014年の著作権法改正は「電子書籍の海賊版対策」であるため、電子書籍に著作物としての貸与権を適用していくことは考えにくい。貸与権を適用されないのであれば、著作権法上の制限規定が適用されないわけだから、図書館での電子書籍の貸出サービスは、利用者から徴収した利用料を著作者に分配する仕組みが整っていれば、利用者から利用料を徴収しても問題は生じないということなる。

Ⅲ　オンライン・データベース等の利用

　図書館法17条の「その他図書館資料の利用」の範疇で、「外部データベースの利用」については1998年の生涯学習審議会の図書館専門委員会の報

---

21) 文化審議会著作権分科会出版関連小委員会
　http://www.bunka.go.jp/chosakuken/singikai/shuppan/index.html
22) 読売新聞2013年12月20日夕刊「電子書籍にも『出版権』法改正へ」

告[23]で「図書館資料に該当しない」という見解が出ている。したがって、「外部データベースの利用」について有料とすることも可能である[24]。

図書館法制定当時（1950）の図書館資料とは、「図書・雑誌」などの紙媒体の資料が主であり、また図書館資料の利用とは「閲覧・貸出し・レファレンス」などを意味していた。その後、さまざまなメディアが開発されたことにより、図書館資料に視聴覚資料や電子資料および電子情報等が加わることになった。

電子情報等に関しては、保存図書館（都道府県立図書館および市町村立の中央図書館など）を中心に有料の商業用データベース（オンライン・データベース）を契約して、利用者に無償提供するようになってきている。商業用データベースを導入する背景は、ビジネス支援に有効であると考えられるようになった[25]からである。導入しているデータベースは、過去30年分の新聞・雑誌記事から国内外の企業データベース、人物プロフィールなど、幅広いビジネス情報を収録している「日経テレコン21」や朝日新聞のデータベースである「聞蔵（2015年現在は聞蔵Ⅱ）」「官報情報検索サービス」および「JRS経営情報サービス」などのビジネス支援に対応するものが多い。次いで日本の判例・法令・行政情報・立法情報などの検索ができる「LexisNexis JP」や法令、判例、文献情報を体系的に分類・整理して収録している「第一法規法情報総合データベース」などが導入されている。これらは法情報の検索のため、前述の「日経テレコン21」等よりは導入の頻度が低くなっている[26]。

新聞記事データベースの提供が多いのは、インターネット上で無料検索することが難しいこと[27]と、過去の新聞実物の保存と検索性の困難さが原因と思われる。

---

23) 生涯学習審議会社会教育分科審議会計画部会図書館専門委員会「図書館の情報化の必要性とその推進方策について―地域の情報化推進拠点として―（報告）」1998年10月27日。
24) 糸賀雅児「図書館専門委員会『報告』の趣旨と〈無料原則〉」（『図書館雑誌』92巻12号、1998年）1099頁。
25) 青野・余野「都立中央図書館における利用者サポートの実践」497頁。
26) 藤間真・志保田務・西岡清統「公共図書館における有料データベースの導入について」（『図書館界』59巻2号、2007年）134頁。
27) 藤間・志保田・西岡、上掲論文、133頁。

大学図書館が導入している商業用データベースは、「雑誌論文」および「判例集」等法律情報や行政情報、また外国の法律および文献情報など専門性の高いものが多く占めている。国民が利用する公立図書館が導入している商業用データベースは、新聞やビジネス関連の検索ができるものを中心としているので、大学図書館が導入しているデータベースと同様に扱うことはできない。

　オンライン・データベースやインターネットによる情報サービスは1998年の文部科学省の報告により図書館資料の範囲外とされたため、図書館法17条の無料原則の適用除外となっている。しかしこれらの情報サービスを公立図書館で利用する際に要する実費を徴収するか否かについては、2010年の文化庁の検討会にて検討している[28]が、明確な結論が出ていない。

---

28) 文化庁は2010年末から2011年末まで合計14回にわたり「電子書籍の流通と利用の円滑化に関する検討会議」を主催し検討した。
　http://www.bunka.go.jp/seisaku/bunkashingikai/kondankaito/denshishoseki/

第6章

ドイツ連邦共和国とオランダの「法的根拠を持つ」の実態と課金制度

第1節 ドイツ連邦共和国

Ⅰ 「法的根拠を持つ」の実態

「ユネスコ公共図書館宣言1994年版」によると、公立図書館は、各国の国および地方自治体による「特定の法令によって維持され」とされているが、主要国の中でドイツ連邦共和国は、特定の法令を持っていなかった。

ドイツ連邦共和国は、第2次世界大戦後、中央集権的な国家体制の再興を防ぐために、地方分権の政治構造をとっている。連邦政府の下に16の連邦州（land）と地方自治体の3層構造をとっている。連邦州のうちベルリンとハンブルクは都市州と言われる[1]。

ドイツ連邦共和国の憲法にあたる国家の原則は「基本法（Grundgesetz）」に定められていて、国会の課題でも地域の特色をより強く考慮することが許されるものは、州や地方自治体に委任する可能性を認めている[2]。基本法は、2006年に連邦制改革により包括的に改正された。基本法は1990年8月31日の東西ドイツ間の統一条約によって補われている。この条約は憲法と同等の重要性を持ち、図書館にとっても重要である[3]。

---

1) 「第4章ドイツの公共図書館」（『諸外国の公共図書館に関する調査報告書』文部科学省生涯学習政策局社会教育課、2005年）131頁。
2) ユルゲン・ゼーフェルト、ルートガー・ジュレ著、伊藤白訳『ドイツ図書館入門―過去と未来への入り口』日本図書館協会、2011年、29頁。
3) 伊藤白訳、前掲書、30頁。

文化行政や教育行政に関しては、州政府の管轄[4]である。そのため州政府には文化省が存在している。連邦政府には連邦文化省は存在していない[5]。ドイツ連邦共和国には全図書館に関する連邦レベルの法律が存在せず、公立図書館の設置は州法により定められている。文化行政は、州の管轄のため公立図書館の設置義務や運営方針および財政についても連邦レベルの統一は見られない[6]。

連邦内の全図書館を規定する図書館法は存在しないが、州政府で図書館法を成立させたのは、2008年7月4日にチューリンゲン州議会が初めてである[7]。その後、2010年6月にザクセン＝アンハルト州および2010年9月にヘッセン州において、図書館法の法制化が実現している[8]。さらに近年はノルトライン＝ヴェストファーレン州やシュレスヴィヒ・ホルシュタイン州でも図書館法制定の動きがある[9]。

画一的な法制度に図書館制度を当てはめることができない理由として、ドイツ連邦共和国の図書館の歴史の古さとそれゆえの起源の多様性、それに伴う制度の複雑さなどが挙げられる[10]。図書館の分類は、地域行政府立図書館（市町村立図書館を含む）、カトリック教会立図書館、プロテスタント教会立図書館、その他の経営母体の図書館などと考えられている[11]。つまりキリスト

---

4) これを文化主権と呼ぶ。文化主権は部分的に市町村等の自治体も関与していて、それぞれの州の自治体の規定に基づいて権限を行使している。これを自治体の文化的自治という（伊藤白訳、前掲書、30頁）。
5) 伊藤白訳、前掲書、31頁。
6) 「第4書ドイツの公共図書館」『諸外国の公共図書館に関する調査報告書』131頁。
7) 日本の国会図書館での記事：カレントアウェアネス・ポータル「ドイツ初の図書館法、チューリンゲン州で成立」：http://current/ndl.go.jp/node/8284
ドイツ図書館協会のニュースリリース：
http://www.bibliotheksverband.de/fileadmin/user_upload/DBV/pressemitteilungen/dateien/2008/PM_Thueringen_Bibliotheksgesetz.pdf
チューリンゲン州の図書館法の条文：
http://www.bibliotheksverband.de/fileadmin/user_upload/DBV/pressemitteilungen/dateien/2008/PM_Thueringen_Bibliotheksgesetz.pdf
8) 伊藤白「ドイツの図書館事情」（『明治大学図書館情報学研究紀要』4巻、2013年）21頁。
9) 伊藤白訳、前掲書、30頁。
10) 伊藤白訳、前掲書、144頁。
11) 「第4章ドイツの公共図書館」『諸外国の公共図書館に関する調査報告書』133頁。

教会の所有する一般に公開された図書館も、ボランティアの運営等による図書館も、公立図書館の重要なファクターとして機能しているため、図書館制度は上から人工的に作られたものではなく、自然発生的に生まれたものを後付けで近代的な制度の中に整理しようと試みたものと考えられる[12]。

公立図書館としての最初の市立図書館は、1828年にザクセンのグローセンハインに開設された学校図書館と言われている。この図書館は開設後、当地域の政府から人々の教養に携わるという任務を受けたためである[13]。

ドイツ連邦共和国の図書館制度は、州政府が「文化主権」を持つので、日本の地方自治制度における行政組織法的な視点と行政作用法的な視点を持ち合わせるような制度により、図書館の設置および運営を行っていると思われる。したがって図書館サービスの根幹をなす法体系、つまり日本法での教育基本法をもとに社会教育法が制定され、さらに図書館に関する法を別に定めるというような法体系を必要としなかったと思われる。

州政府で、図書館に関するサービス法を有している州は少ないが、それを理由に単純に「法的根拠を持たない」とは言い難い。しかし図書館法を有していないということは、州政府として運営の基準を有していないことになるので、図書館サービスは各自治体の方針により行われることになる。そのため図書館法を持たない州では、自治体ごとにサービスの質等が異なってくることが予想されるので、住民に対して平等なサービスが提供できているとは考えにくい。図書館サービスを州域内で公平に行うためには、図書館サービスの所管をしている州ごとに、図書館法を持つことが望ましいと考える。

Ⅱ 子どもの利用の「無料原則」と成人への課金体系

公立図書館に関する権限は、設置を含めて市町村が持つため、図書館が設置されている地方公共団体が運営の資金を提供するのが一般的である。しかし地域行政府の財政状況悪化のため、1990年代後半から公立図書館の予算

---

12) 伊藤白訳、前掲書、144頁。
13) 伊藤白訳、前掲書、22頁。

は削減されてきたため、図書館利用の無料原則を放棄し、年間登録料を課している図書館が多くなっている。また年間登録料は18歳以上の成人に課している場合が多く、18歳未満の児童および学生には無料ないし割引が適用されることが多い。利用料金は、各図書館の運営費に充当されている[14]。

　ドイツ連邦共和国の連邦独占委員会で働き、労働研究機関 (Institute for the Study of Labor: IZA) の調査の特別研究員である Lilo Locher が、2005年当時のドイツの図書館の課金制度について、次のように述べている。「すべての資料（図書・CD・DVDなど）に課金している図書館は44％以上であり、2.4％の図書館が新しい資料のみに課金している。新しい資料の料金は、それを借りるごとに徴収される。資料ごとの料金のうち7.9％が新しい資料からの料金である。また新しい資料の料金は、図書館によっても、資料の種類によってもかなり異なる。たとえば、ビデオはカセットよりは高い。図書と雑誌には、圧倒的多数の図書館が年ごとの固定料金を徴収している。資料を借りるごとに料金を徴収しているのは、たった2％の図書館である。しかし、高い固定年間費を徴収している図書館は、あまり資料を借りない利用者を遠ざけないようにするための代替案を提供している。それは、利用者は、年ごとの料金、資料ごとの料金および訪問ごとの料金などのいずれかを選択できることなどである。1年間の料金の中で一番多いのは10ユーロである。年間料金の平均は、9.45ユーロである。一番高いのは、38ユーロであり、安いのは1ユーロである。年間料金しか徴収しない図書館の平均料金は8.01ユーロであり、選択ができる図書館の平均料金は11.10ユーロである。そしてほとんどの図書館では、子どもからは料金を徴収しない。学生もまた徴収する料金を減額される[15]。」

　Lilo Locher が述べているのは、2005年当時の図書館の料金徴収の実態であるが、2014年1月に、ケルン市（Stadt Köln）の図書館の課金制度について調べたところ、市の図書館のHPに、「会員資格」として年間登録料について規定がアップされていた。成人が1年間利用できる登録をすると、38

---

14)「第4章ドイツの公共図書館」『諸外国の公共図書館に関する調査報告書』134頁。
15) Locher, Lilo, "Public Library Fees in Germany" *Journal of Cultural Economics*, Vol.29 (Springer 2005), pp.316-317.

第6章　ドイツ連邦共和国とオランダの「法的根拠を持つ」の実態と課金制度

ユーロの料金が徴収される。半年の場合は 20 ユーロ、3 カ月の場合は 13 ユーロを徴収される。18 歳未満は無料で利用できる。18 歳以上の学生は 1 年の登録の場合は 28 ユーロ、半年の登録の場合は 15 ユーロの料金が徴収される等の料金体系になっている。パソコンの利用については無料である[16]。メディアごとのベストセラーの貸出しには 2 ユーロを徴収する。相互賃借については 2.5 ユーロを徴収する。図書館カードを紛失して交換する時は 3.5 ユーロを徴収する[17]。貸出しの延滞には罰金が科せられる[18]。ケルン市の料金体系は、Lilo Locher によれば、一番高い体系に入る。

　ケルン市の図書館のように、成人が図書館を利用しようとすると、図書館に入館して閲覧する（パソコン利用を含む）以外の図書館サービスには利用料金を徴収されるのが一般的である。

　ドイツ連邦共和国の多くの図書館では、ケルン市の図書館同様ベストセラーの本に対する貸出しについて 3 ユーロ程度を徴収しているが、その資金で複数冊購入することで財政に負担をかけることなく利用者の希望に沿うようにしている[19]。このドイツの公立図書館の対応は、ベストセラー等市場でよく売れる書籍の著作者が受ける不利益をなるべく少なくするための手段と考えられる。さらに、図書館の貸出しと市場との共存を図る対策としても望ましいものと考える。現実に、ドイツ連邦共和国在住の日本人は、自身のブログで次のように述べている。登録をして数冊しか借りないようであれば、購入したほうが安いと思い、無理に登録をする必要はない。市場で安価に手に入る書籍や CD・DVD などは市場で購入し、市場で手に入りにくい書籍等は登録をして借りるというように、利用者が必要な資料の入手ルートを選択可能であるという点も、合理的である。

　図書館の入館および閲覧は無料であることと、子どもおよび学生は無料ないし割引が適用されているため、基本的なサービスにおける無料原則の要件を保持しているということはできる。図書館利用は教会の図書館なども公立

---

16) http://www.stadt-koeln.de/5/stadtbibliothek/mitgliedschaft/04372/
17) http://www.stadt-koeln.de/5/stadtbibliothek/mitgliedschaft/04373/
18) http://www.stadt-koeln.de/5/stadtbibliothek/mitgliedschaft/04374/
19) 伊藤白訳、前掲書、144 頁。

図書館として利用できるというように、ドイツ連邦共和国の図書館の公開性の範囲は広いので公立図書館の2要件は満たされていると考える。

第2節 オランダ

I 図書館行政

　オランダの図書館に関する行政組織および図書館の種類について概観する。オランダは中央集権的国家であるが、地方分権化が進んでいる国である[20]。オランダの地方制度は、12の州 provinces と489の基礎自治体ヘメーンテ gemeenten からなる2層制になっている。州主権を重視し、州あるいは都市レベルの自治権を実現している[21]。自治体の所管業務は、教育、福祉・保健、生活環境、道路・交通、消防・防災、公営事業のほか人口2万5000人以上の自治体には警察が含まれる。人口2万5000人以下の自治体の警察は国家警察の所管となる[22]。

　公立図書館制度は、3段階（国・州・自治体）の行政府に対応する3層の図書館サービスからなっている。中央政府は、質・イノベーション（革新）・調整・公立図書館の国家制度の効率性についての責任を持つ。州当局は地方の図書館支援サービスに責任を持ち、地方自治体は区域の図書館サービスの実現に責任を持っている[23]。

　また公立図書館のネットワークは、およそ170の公立図書館組織（自治体の運営の下にあるもの）と合計900の分館と550のサービスポイントを持つ11の州の図書館サービス組織からなっている[24]。

　図書館制度の3層構造ができたのは、1980年代の地方分権の法令により、自治体の責任のもとに図書館を置くようになったことによる。自治体の

---

20) 西川馨編『オランダ・ベルギーの図書館』182頁。
21) 西川編『オランダ・ベルギーの図書館』183頁。
22) 西川編『オランダ・ベルギーの図書館』184頁。
23) 西川編『オランダ・ベルギーの図書館』190頁。
24) Koren, Marian, "Libraries in the Netherlands" in *Libraries the early 21th Century*, Vol.2, ed., Ravindra N. Sharma, De Gruyter Saur, 2012, p.395.

第6章　ドイツ連邦共和国とオランダの「法的根拠を持つ」の実態と課金制度

図書館を支える州のサービス組織、たとえば管理、養成、財政、IT-ネットワークと革新、所蔵とサービス部門、アウトリーチ・サービス（公立図書館のサービス地域の中に在住しながらサービスを享受していない、あるいはサービスを享受できない人々へのサービスのこと）等の分野に州が補助金を出している。さらに州は、より大きな図書館が行う学術文献の提供にも補助金を出している[25]。

オランダにおける最初の公立図書館は、1892年にUtrecht（ユトレヒト）に開館した。その後1899年にDordrecht（ドルトレヒト）に開館し、続いて多数の図書館が開館した。オランダには宗派ごとに図書館があり、20世紀前半の「宗派別分離」により、非宗教、ローマカトリックおよび正統プロテスタントの3種類の公立図書館が存在した。3種類の図書館とも州当局の補助を受けることになった[26]。その後1960年代には「宗派別分離」が消滅した。その結果非宗派の公立図書館の独占状態が始まった。各自治体においては、両派の宗教立図書館が合体したもの、三者が合体して公立図書館になったものなどさまざまであったが、いずれもそれまでの制度を引き継いで「有料会員制」をとった[27]ため、現在もその制度が運用されている。

Ⅱ　図書館法廃止

オランダには、かつて国が定めた図書館法が存在していた。国が定めた1921年の図書館法では、公立図書館の強い中央集権化が行われた。政府の監督下に中央協会（Central Association）がオランダ図書館を管理した。中央協会は、国の補助金を分割する権限を持ち、一種の蔵書の道徳的検閲を行っていた。各図書館は蔵書の内容の同意を得るために、中央協会に蔵書目録の提出をしなければならなかった。また公立図書館の中央集権化により、ナチスの占領下での検閲を容易にした。1940年から1945年の間に、ナチスはオランダの公立図書館に対して約10％の本が反ナチスであるとして、貸出利

---

25) Ibid., p.396.
26) 西川編『オランダ・ベルギーの図書館』180頁。
27) 西川編『オランダ・ベルギーの図書館』181頁。

用から引き上げることを強制した。オランダに在住しているユダヤ人はドイツに在住しているユダヤ人と同様に図書館サービスの利用ができなくなった[28]。

1921年の公立図書館法では、公立図書館は利用者ないし会員に会費を課すことを義務づけていた。住民が多いほど会費は多くなり、国家が交付する補助金は少なくなるため、子どものためのサービスの発展には時間がかかった[29]。利用者および会員に会費を課していたということは、オランダの図書館を利用するには、1921年以降有料であったということになる。

1975年の公立図書館法の目的は、計画的で構造的なサービスを拡張することであった。そして1975年の公立図書館法では公立図書館を基礎的なサービスであると認めている。図書館の質は政府により保障され、財政は国・州・地方政府の共通の責任とした。国はスタッフの費用の全額と、他の費用の20％を供給する。他の費用の80％は地方政府が提供するか、人口3万人以下のコミュニティの場合には、州が提供しなければならないとした。地方政府と州は蔵書と図書館の建物の資金を準備することで、新しい図書館の増設を支えたが、国がスタッフのための費用の資金準備ができなかった。そのため、多くの新図書館計画は開館を延期されることになった[30]。

1975年の公立図書館法は、成人には図書館利用に際し料金を課したが、18歳未満の子どもは無料であった[31]。この法律により、その後オランダの図書館制度は、子どもの利用を無料にすることになった。

1975年の公立図書館法は廃止されることになった。そのためオランダ図書館協会（Nederlands Bibliotheek en Lektuur Centrum: NBLC）は、オランダ社会に受け入れられてきた公共図書館の理想とコミュニティにおける役割を、憲章の形で規定しておくべきであるとして、1990年12月13日の会議にて、全会一致で「オランダ公共図書館憲章（The charter for public libraries in the Netherlands)[32]」を採択した[33]。

---

28) 西川編『オランダ・ベルギーの図書館』180-181頁。
29) 西川編『オランダ・ベルギーの図書館』196-197頁。
30) 西川編『オランダ・ベルギーの図書館』197頁。
31) Koren, op.cit., p.396.

「オランダ公共図書館憲章」の前文では、目的と図書館立法について次のように述べられている。「憲章はオランダの公共図書館における成熟した合意に基礎を置き、ユネスコ公共図書館宣言の諸規定に掲げられている公共図書館業務について国際的諸原則と整合性をとる。憲章は法律の代わりではない。適切な立法は、公共図書館の民主的な役割と質を保護する唯一の手段として推進されるであろう[34]。」

この前文を読む限り、オランダ図書館協会はユネスコ公共図書館宣言と整合性をとろうとしている。しかし憲章の条文の規定からは、ユネスコ公共図書館宣言に掲げられている公立図書館の４つの要件（「法的根拠を持つ」「公費支弁」「公開性」「無料原則」）のうち、政府より自立を求められている公立図書館に対して、オランダ図書館界が取り組めるのは、サービスの「公開性」が主である[35]とわかる。

1990年の「オランダ公共図書館憲章」の３条の注において、図書館法で定められるべき事項について、「法的な規則は少なくとも、公立図書館のもたらす利点及びそれを保護しようとする欲求に対する、社会的承認という抽象的な原則を補うものでなければならない。規則は公立図書館の真髄を規定しなければならない。図書館がその義務を遂行するには、財政的な規則も必要である。加えて、政府は特殊な政策実行の中に公立図書館を含めることができる[36]（以下、略）」という解説をしている。

しかし1990年の「オランダ公共図書館憲章」を作成したオランダ図書館協会の決意は、政府に届かず、1994年に特定文化政策法[37]が導入された。

---

32)「オランダ公共図書館憲章」は、西川編『オランダ・ベルギーの図書館』の198-202頁にて、和訳の条文が掲載されている。
33) 西川編『オランダ・ベルギーの図書館』198頁。
34) 西川編『オランダ・ベルギーの図書館』198頁。
35) １条：公共図書館の特徴に掲げられているさまざまなサービスの公開。
  ５条：公共図書館はサービスを公開性と公共性の原則に従って遂行する。
  ８条：公共図書館は成人と子どもと青年のため。
  ９条：公共図書館は全ての年齢の学生に対し、教育機関のサービスを補いながら資料と情報を提供する。
  10条：弱者および障害者へのサービスの提供、などである。
36) 西川編『オランダ・ベルギーの図書館』200頁。
37) 第Ⅱ部第４章第２節Ⅱの脚注71）を参照のこと。

この特定文化政策法により、公立図書館のための法的な枠組みは次のように変わることになった。この法律は、子どもについての「無料アクセスと会員料金免除」を保障せず、公立図書館を政治と文化政策の道具として運営するように規定している。図書館の理念および運営の基準というような図書館の存在価値に関する規程は定められていない。政府は単独の図書館法を廃止しているため、「法的根拠を持つ」の要件は放棄されているに等しい。

III　子どもの利用の「無料原則」

成人の図書館利用に関する料金ついては、1921年の公立図書館法では、公立図書館は利用者ないし会員に会費を課すことを義務づけていた。その後1975年の公立図書館法でも、成人には図書館利用に際し料金を課した。しかし18歳未満の子どもは無料であった[38]。1975年の公立図書館法は1990年に廃止されたが、子どもの図書館利用に関する料金について、1994年の特定文化政策法11a条の規定により、次のように引き継がれた。「18歳未満の者への公立図書館からの印刷物の貸出しについて、公立図書館を維持している州政府または地方政府がそのように決定したときは、料金またはその他の金銭的費用が必要である。料金は18歳以上の者に要求される料金の半分とする[39]」と規定された。政府の制定した法律では、子どもでも料金を課すことができると定められた。しかしオランダ図書館協会が定めた1990年の「オランダ公共図書館憲章」では、図書館の理想として、以下のように無料原則の規定や考え方を掲げているため、図書館ごとにサービスを決定することができるオランダ図書館界では、子どもの利用については無料の場合が多い。

1990年の「オランダ公共図書館憲章」の4条では、「子どもと青年は公共図書館利用の会費を求められない[40]」としている。一方成人に対しては「コミュニティのすべての構成員にサービスを提供する。どこでも可能な場所で

---

38) Koren, op.cit., p.396.
39) 第II部第4章第2節IIの脚注71）を参照のこと。
40) 西川編『オランダ・ベルギーの図書館』199頁。

第6章　ドイツ連邦共和国とオランダの「法的根拠を持つ」の実態と課金制度

はサービスは無料であるべきであり、料金を徴収する場合でも人々に利用を思い留まらせるようなものであってはならない」とし、政府が長年行ってきた図書館サービスの有料政策を考慮して、図書館利用の無料については消極的に述べられている。

　さらに1990年の「オランダ公共図書館憲章」の4条の注において、利用料金の有料について「情報へのアクセス平等の原則に反する」という解説をしている。「公立図書館は公共資金から資金提供を受け、それにより集団的な施設を構成する。政府の資金提供がなければ無料の図書館サービスは不可能である。ユネスコの公共図書館宣言は、すべての図書館サービスは無料であると規定している。しかしオランダではそうではない。公立図書館法は、成人は料金の支払い義務があるが、青少年については無料であると規定されていた。現在の社会福祉法は図書館利用に料金を課すことについて、自由裁量の行使を許しているが、青少年に料金を課す場合には、事前に地方政府または州政府による決定が必要である。（略）1975年以来青少年への無料サービスの効果は認められてきている。細分化された年齢制限は、（略）変更されなければならない。現在のところ、18歳に保つべきであると思われる。青年あるいは成人の料金体系について何も定められていないという事実、つまり料金は変わり得るということは、情報へのアクセス平等の原則に反する[41]｡」。図書館の利用が有料である場合、「情報へのアクセス平等の原則に反する」と規定しているが、これはつまり国民の「知る自由」を妨げることと同様の意味を持つものと考えられる。

　オランダが図書館利用の有料化を行っている理由は、地方当局への財源の依存度によるものである。地方当局への財源の依存度は平均80％である。残りの財源は利用者からの会員料金と延滞料の収入が15％で、図書館主催の講座や講義等のイベント活動の収入が5％である[42]｡。

　図書館の予算額に対して「公費支弁」が完全に行われていないため、図書館利用者からの利用料金収入は、図書館運営に欠かせないものとなってい

---

41) 西川編『オランダ・ベルギーの図書館』200頁。
42) 西川編『オランダ・ベルギーの図書館』193頁。

る。したがって「無料原則」の要件も満たされないという循環になっている。

　しかし「公費支弁」と「無料原則」の要件は満たされていないが、自治体からの財源の提供率が平均80％という状況を考慮すると、不足分を利用者に転嫁することは、受益者負担という考え方をとれるため、今後の図書館行政での参考になる事例とも考えられる。

Ⅳ　課金体系

　オランダの課金方式は、①フェア・モデル（kermismodel）という登録料は徴収しないが個々のサービスに対してそれぞれ支払う形式と、②ファンパーク・モデル（pretpark model）という登録料を支払えば、ほとんどのサービスが無料になるという形式とがある。つまり図書館サービスの課金方法については、一定期間について定められた料金を払えばさまざまな料金が免除される「登録料」と、個々のサービスを利用する際に求められる「利用料」という2つの形式に分かれる[43]。

　各モデルの実態を調べるために、②のファンパーク・モデルをとっている規模の大きいアムステルダム公立図書館（Openbare Bibliotheek Amsterdam: OBA）と、①のフェア・モデルをとっている規模の小さいマーストリヒト公立図書館（de Bibliotheek Maastricht）の課金状況について比べてみる。

1　アムステルダム公立図書館（OBA）の会員資格と料金

　アムステルダム公立図書館（OBA）の会員資格と料金については、5つの会員資格に分かれている[44]。その5つの資格とは、①ユースパス（Jeugdpas）、②ユーザーパス（Gebruikerspas）、③リーンパス（Leenpas）、④

---

[43] 永田治樹「オランダ公共図書館訪問調査：図書館法人と課金制」（『St. Paul's librarian』27巻、2012年）111頁。

[44] OBA menberships and rates（アムステルダム公立図書館のHPには英語表記のものがある。会員資格ごとの会員証の画像がHPにアップされていてわかりやすい）
http://www.oba.nl/oba/english/memberships-and-rates.html

第6章　ドイツ連邦共和国とオランダの「法的根拠を持つ」の実態と課金制度

リーンパスプラス（Leenpas+）、⑤友の会パス（Vriendenpas）である。

　ユースパス（Jeugdpas）は、19歳未満の会費は無料である。児童図書、オーディオ・ブック、CD、DVD、ゲーム、ブルーレイの貸出しと館内でのインターネットの利用は無料である。同時に5点まで借りることができ、年間の貸出数の制限はない。このユースパスを使用する際は、児童の分野の資料しか借りることができない。図書館の催しについては50％の割引がある。図書と楽譜の貸出期間は3週間である。返却が遅れた場合には1日につき0.1ユーロを支払う。CD、CD-ROM、DVD、ゲーム、ブルーレイの貸出期間は3週間である。返却が遅れたら、1日につき0.15ユーロ支払う。

　ユーザーパス（Gebruikerspas）は、年間登録料金が20ユーロである。館内でのインターネット・WiFiとオランダ資料の利用は無料である。図書館の催しについては50％の割引がある。

　リーンパス（Leenpas）は、年間登録料金が35ユーロであるが、年齢により割引がある。19歳から22歳までの青年は25ユーロ、65歳以上のスタッドパス（Stadspas: city cardのこと）を所有している者は20ユーロである。図書、オーディオ・ブック、電子図書の貸出しとオランダの資料の利用は無料である。CD、DVD、ゲームおよびブルーレイの貸出しは1点1週間に1ユーロの料金がかかる。同時に8点まで、年間に50点まで借りられる。資料の予約は1点ごとに1ユーロ料金がかかる。館内でのインターネット・WiFiとオランダの資料の利用は無料である。図書館の催しについては50％の割引がある。図書と楽譜の貸出期間は3週間である。返却が遅れた場合には1日につき0.1ユーロを支払う。CD、CD-ROM、DVD、ゲーム、ブルーレイの貸出期間は1週間である。返却が遅れたら、1週間につき1ユーロ支払う。2枚組以上のCDの貸出期間は1週間であり、利用料金は2ユーロである。返却が遅れたら、1週間につき2ユーロ支払う。

　これらの貸出期間と延滞の罰金についてはリーンパス、リーンパスプラスおよび友の会パスのいずれも同じである。

　リーンパスプラス（Leenpas+）は年間登録料金が55ユーロであるが、年齢により割引がある。19歳から23歳までの青年は45ユーロ、65歳以上のスタッドパス（Stadspas）を所有している者は40ユーロである。図書、オー

217

ディオ・ブック、電子図書の貸出しは無料である。同時に8点まで借りることができ、年間の貸出数の制限はない。年間10点までのCD、DVD、ゲームおよびブルーレイの貸出しは無料であるが、それを超えると1点1週間に1ユーロ料金がかかる。資料の予約は年間10点までは無料であるが、それを超えると1点につき1ユーロまたは2ユーロの料金がかかる。館内でのインターネット・WiFiとオランダ資料の利用は無料である。図書館の催しについては50%の割引がある。

　友の会パス（Vriendenpas）は年間登録料金が100ユーロである。この会員は、OBAを資金的に援助するものである。この会員資格は、リーンパスプラスと同じである。

　その他の規則は、次のとおりである。5つのOBAのパス（会員証）のうちいずれかを有していれば、OBAの中央図書館の館内で1日3時間までインターネットとWiFiが無料で利用できる。OBAの分館内では1日に20分まで無料で利用できる。資料の予約は1点につき1ユーロである（ただし、リーンパスとリーンパスプラスの会員は、年間10点までの予約が無料で、それを超える予約については1点について1ユーロ支払う）。借りた図書館とOBAの別の分館に返却する際には1点につき0.5ユーロ支払う。会員証を紛失したら、2ユーロ支払う。相互貸借利用料金については、域内の公立図書館の場合は2ユーロ、域外の公立図書館の場合は4ユーロ、ロッテルダム音楽図書館のCDの場合は4ユーロ、大学図書館の場合は6.5ユーロとなっている。

2　マーストリヒト公立図書館（de Bibliotheek Maastricht）の課金体系

　次にアムステルダム公立図書館より規模の小さいマーストリヒト公立図書館（de Bibliotheek Maastricht）の課金体系[45]である。この図書館の課金体系は、個別払いのフェア・モデル方式と一括払いのファンパーク・モデル方式

---

45)（オランダ語バージョン）
　http://bibliotheek.centreceramique.nl/bibliotheek/tarieven-en-abonnementen
　（英語バージョン）
　http://bibliotheek.centreceramique.nl/bibliotheek/tarieven-en-abonnementen/tarieven-en-termijnen-engelstalig

第6章　ドイツ連邦共和国とオランダの「法的根拠を持つ」の実態と課金制度

の両方の料金体系をとり、合計で6つの方式を採用している。

その6つの方式とは、①フェア・モデルの個別払いの図書館パス、②ファンパーク・モデルの一括払いパス、③2倍パス、④3カ月間の会員パス、⑤無料学生カード（18～25歳）、⑥無料児童カードなどである。

個別払いの図書館パスの年間会員は、年間登録料金20ユーロを支払い、資料を借りるごとに利用料金をさらに支払う。図書は0.5ユーロ、CDとDVDは2ユーロ、予約についての利用料金は1ユーロである。

年間の貸出制限は14点。図書およびCDあるいはDVDは同時に4点まで借りられる。貸出期間は3週間である。インターネットの利用は無料である。図書館の催しへの参加は割引がある。

ファンパーク・モデルの年間会員は、登録料金を35ユーロ支払う。登録料を支払えば、資料の種類によらず無料で利用できる。予約は1ユーロである。年間の貸出制限は14点である。図書およびCDあるいはDVDは同時に4点まで借りられる。貸出期間は3週間である。インターネットの利用は無料である。図書館の催しへの参加は割引がある。マーストリヒト自然博物館への入場は無料である。

2倍パスの年間会員は、登録料金の50ユーロを支払うが、すべての資料の貸出料金と予約料金が無料になる。この会員証には同伴者が含まれる。年間の貸出制限は20点である。図書およびCDあるいはDVDは同時に8点まで借りられる。貸出期間は6週間である。インターネットの利用は無料である。図書館の催しへの参加は割引がある。マーストリヒト自然博物館への入場は無料である。同伴者のカード発行は無料である。

3カ月間の会員は、登録料金を12ユーロ支払う。会員期間が短いだけで、資料の利用および利用料金については②の年間会員と同じ資格である。

無料学生カードを利用できるのは、18歳から25歳までの学生である。この会員は、年間登録料金と図書の貸出しは無料であるが、CDとDVDの利用は2ユーロの料金を支払う。予約は1ユーロである。年間の貸出制限は14点である。図書およびCDあるいはDVDは同時に4点まで借りられる。貸出期間は3週間である。インターネットの利用は無料である。図書館の催しへの参加は割引がある。

無料児童カードを利用できるのは、17歳以下の者である。この会員は、年間登録料金と図書の貸出しは無料であるが、CDとDVDの利用は2ユーロの料金を支払う。予約は1ユーロである。ただし、年間登録料金を15ユーロ支払うとCDとDVDの利用が無料になる。年間の貸出制限は14点である。図書およびCDあるいはDVDは同時に4点まで借りられる。貸出期間は3週間である。インターネットの利用は無料である。ただし、年間登録料金を30ユーロ支払うと、年間20点の資料を6週間借りられる。年間登録料金を支払った会員はマーストリヒト自然博物館への入場が無料になる。

　その他の課金として紛失および破損した会員カードの再発行には、3ユーロかかる。貸し出した資料のバーコード等を破損した場合は、5ユーロ支払う。コピーの料金体系は次のとおりである。A4のモノクロコピーは1枚0.1ユーロ、A4のカラーコピーは1枚0.9ユーロ、A3のモノクロコピーは1枚0.3ユーロ、A3のカラーコピーは1枚1.4ユーロなどと、用紙と印刷の別により個別に定められている。電子書籍リーダーの保証金は20ユーロである。イヤホンの貸出しは1ユーロである。図書館相互貸借利用料金については、図書と雑誌・楽譜については3週間で2.5ユーロであり、CD、CD-ROM、DVDおよびVIDEOについては1週間で2.5ユーロなどとなっている。

3　2つの図書館の比較

　アムステルダム公立図書館とマーストリヒト公立図書館の課金体系で、大きく異なるのは、子どもと学生の会員料金である。アムステルダム公立図書館の児童会員の場合は、年間登録料金を支払えば児童書および児童の分野の資料に限られるが、年間制限数なく借りることができる。一方、マーストリヒト公立図書館の児童会員の場合は、年間登録料金と図書の貸出しは無料であるが、CDとDVDの利用は2ユーロを支払い、予約については1ユーロを支払うのが基本である。ただし追加で登録料金を支払うとCDとDVDなどの利用が無料になる。CDとDVDの利用を促進しているように思われる。また17歳以下の児童の場合、料金を支払うのは保護者であるから、利用料金を課しても支払ってもらえないという事態は少ないと思われるため

に、追加の登録料金の設定があると考えられる。

　アムステルダム公立図書館の学生会員は、単独の会員制度はなく、一般の会員制度の登録料金の割引としている。一方、マーストリヒト公立図書館の無料学生会員は、年間登録料金と図書の貸出しは無料であるが、CDとDVDの利用には2ユーロ、予約については1ユーロの料金を支払うことになっている。本人が登録料金を支払う可能性が高くかつ図書館を利用する頻度の高い18歳から25歳までの学生は、無料学生カードを利用することができる。CDとDVDの利用について料金を支払うというシステムは、CDとDVDを利用するために登録料金の設定を追加することで、学生会員から料金の回収率が低くなったり、CDおよびDVDの利用率が低くなったりするほうのリスクを避けようと判断されたのではないかと思われる。

　以上のように、オランダの図書館を利用するには、入館および館内閲覧並びにインターネットの利用以外は、公立図書館ではあるが、利用料金がかかるということになる。オランダもドイツ連邦共和国と同様に、図書館の入館および閲覧は無料であることと、子どもおよび学生の基本的な図書館サービスの利用は無料であるため、基本的な図書館サービスにおいては、無料原則の要件を保持していると言うことはできる。

第3節　ドイツ連邦共和国とオランダの課題とその検討

　両国の図書館の課金制度の課題を、次のように考える。ドイツ連邦共和国の図書館の課金制度については、ドイツ人も問題視している。課金することで利用者を減らしてしまうという問題意識を持ち、その検討を試みている。ドイツ連邦共和国の連邦独占委員会で働き、労働研究機関（IZA）の調査の特別研究員であるLilo Locherは、ドイツ連邦共和国の図書館の貸出しについて、「人口ごとの貸出しの主な要素は、図書館の資料の所蔵と財政的要素である」「料金を課すごとに貸出数が減少している」「固定料金制度により利用者が減少している」「利用者ごとの貸出しを増加させることで不足を補っている」「ほとんど資料を借りない人々に年間登録料金制度を選択させても結果に変わりはない」などの問題点を指摘している。Lilo Locherは検討し

た結果、次のような結論を出している。「固定料金制度は借りる人の数を減らすため、その減少分は登録された利用者ごとの貸出数の増加で補っている。貸出しの1人当たりの料金の効果は、零というわけではない。図書と新しいメディアにとって料金の水準により貸出数において多少積極的な効果が期待できる。これは図書館の課金制度のより高い質に一致しているが、一方で一般的な利用者を排除している。メディアごとに課金する制度は、利用者の貸出数を減らしている。図書館利用者に料金を課すことでわずかな利用者を排除してしまい、図書館の募金活動を盛んにするだけである[46]」という結論を出した。

オランダでも、2009年9月に発表された報告書（rapport van het tarievenonderzoek）の中で、課金についていくつかの結論を出している。「図書館の会員になるという選択は、収入に関係していない。多くの利用者は、より高い金額と引換えに図書館がより質の高いサービスを提供するなら構わないと考えている」「65歳以上と低所得者について、課金の障害にはならない。なぜなら彼らには割引カードを発行しているからである」「フェア・モデル（kermismodel：個別支払い）の貸出料金を上げると、借りられる本がより少なくなる[47]」などである。

オランダは、資料ごとに料金を支払う人たちの動向を気にしているが、ドイツ連邦共和国とは反対に年間の固定料金を支払ってくれる会員にはより良いサービスを行えば、料金を徴収することに問題は生じないと考えている。

最後に、両国の図書館制度の課題を、次のように考える。両国ともに長い期間、図書館サービスの利用について有料であることが普通になっていること（ドイツ連邦共和国は1990年代に財政難を理由に無料制を放棄した[48]）。ドイツ連邦共和国の図書館の有料制は2005年当時44％以上と言われる[49]。オランダは有料である制度を歴史的に引き継いでいて、地方当局に図書館の財源の平均80％を依存して

---

46) Locher, op.cit., pp.322-323.
47) Koninklijke Bibliotheek Nationale bibliotheek van Nederland
   http://www.bibliotheekmonitor.nl/trends-bibliotheken/organisaties-en-vest:gingen/tariever/item25
48) 『諸外国の公共図書館に関する調査報告書』（第4章ドイツの公共図書館）134頁。
49) Locher, op.cit., p.316.

いるため、20％は慢性的に不足している[50]）、図書館サービスの目的が法制化されていないこと、宗派立図書館を受け継いで公立図書館としていること、図書館全体の運営の統一基準がないこと、全国統一的な政策がないため図書館空白地を埋める全域サービスの意識が希薄なこと、および図書館を国民の情報センターとして位置づけていないこと（ドイツ連邦共和国の国民は図書館を公共的文化施設としての認識しか持ち合わせていない[51]。オランダは1994年の特定文化政策法により図書館は政治と文化政策の道具となった[52]）などである。

　これらの課題は、パブリック・ライブラリーの4要素のうち「法的根拠を持つ」「公費支弁」「無料原則」が機能していないことによると考えられる。

　両国の公立図書館は、1800年代のパブリック・ライブラリーの形式を踏襲したままの状態であるとも考えられる。1800年代の古い意味でのパブリック・ライブラリーとは料金を徴収する図書館でも蔵書利用ができればよいとされていた。蔵書の利用が公開されていれば設立の主体の公私を問わないし、有料・無料の区別も特に問われないものであった[53]ため、現在の両国の公立図書館の運営も広い意味ではパブリック・ライブラリーと言えるのである。

　しかし図書館の住民への公開性のサービスだけでは、両国の公立図書館をそのままパブリック・ライブラリーと呼ぶことは難しい。図書館の法整備と政策を立案することから始め、その後で図書館サービスとは何かを考えていく必要がある。特に両国の料金体系を検討するに、公設民営の貸本屋のような料金体系となっている。図書館運営費の不足分を利用者に転嫁する前に、図書館側の運営の努力も必要ではないだろうか。

---

50) 西川編『オランダ・ベルギーの図書館』193頁。
51)「第4章ドイツの公共図書館」『諸外国の公共図書館に関する調査報告書』133頁。
52) 西川編『オランダ・ベルギーの図書館』201頁。
53) 小倉親雄「パブリック・ライブラリーの思想とわが国の公共図書館」（『図書館学会年報』12巻1号、1965年）12頁。

第Ⅲ部

図書館の無料原則が及ぼす今日的課題とその調整の考え方

= 第1章 =

図書館の無料原則が及ぼす今日的課題[1]

第1節　図書館の無料原則と著作者の権利（貸与権）との調整

Ⅰ　貸与権が存在していなかった時代の公立図書館と貸本屋

1　公立図書館と貸本屋の共存時代

　明治時代のように本の価格が高く、発行部数が少なかった時代に、（筆者注：住民が）公立図書館で本を読むという行為や貸本屋で本を借りて読むという行為は非難される事柄ではなかった[2]。

　貸本屋が優勢であった昭和30年代頃は、公立図書館と貸本屋が貸す本（論文では図書館資料としての本は「図書」とし、貸本屋が貸す本を「書籍」とする）の種類については棲分けができていた。公立図書館は主に「良い本」と呼ばれる「教養書」を貸し出し、貸本屋のほうは大衆小説・現代小説などの「娯楽書」および漫画などの子ども向けの本を貸し出していた[3][4]。1957年に大衆文学の貸本についての実態調査が行われ、「大衆文学の読まれ方[5]」と題して報告された。この報告書によると、貸本を借りていく年代は小中学生

---

1) 図書館の今日的課題とは以下の4つである。
　1．図書館の資料利用の無料原則と資料提供者の著作者の権利との法構造の問題。
　2．税負担ではなく、図書館利用者に対価として利用料を請求すべきという問題提起。
　3．図書館の役割が社会教育から生涯学習へ政策が転換しているため、費用の受益者負担の可能性。
　4．ICT等の発展により図書館が収集してきた資料が変質して無料原則が維持できなくなるという可能性。
2) 林望「図書館は『無料貸本屋』か」（『月刊文藝春秋』2000年12月号）296頁。

227

層が全体の 47.3 ％も占めている[6]。貸本屋の貸本の手持ち（所蔵）構成の上位は、時代小説 38.2 ％、現代小説 13.8 ％、漫画 23.2 ％となっている[7]。重

---

3) 特集 貸本屋問題「貸本屋をどう見るか」(『図書館雑誌』50 巻 5 号、1956 年) 2-5 頁。この記事は、貸本屋が多く存在していた時期に、公立図書館から貸本屋をどう見るかというアンケートをしたその回答である。以下、関係する箇所を抜粋して記載する。
「図書館は公営貸本屋ではない　前橋市立図書館」（タイトルのみ）2 頁
「性格がちがう　市川市立図書館」（タイトルのみ）2 頁
「高度化の方向に育成すべき　高知市民図書館（中略）(3)貸本屋は抑制するよりも、むしろ内容を高度化する方向において育成すべきである。本県ではこの点の強調が図書館側と貸本屋側との間に保たれている」3 頁
「貸本屋も否定できぬ　出雲市立図書館（中略）(3)貸本屋では大衆的な読物、読切り雑誌が多く、それに児童の漫画本などが大部分を利用されているとみられるが図書館利用者で貸本屋を利用している人が多少ある。しかし図書館の館外貸出に目立つ変化はおきていない。一面貸本屋は良い本が少なく、貸本屋の利用者でも自然に良い本を求める人もできて図書館に本を求めてくる人もあると思う。貸本屋も公衆に本を読ませる習慣をつける一つであると思えばあながち否定もできない。図書館としても貸本屋が増加して活発になってゆく社会の実態をよく考えて、社会から余り遊離しない図書館をより活発にすることが最上の方法であろう」4 頁
「時が解決　豊中市立図書館 (1)当館管轄下の貸本屋は昨年度は急に増加しましたが、これを利用している人数はさして増加していない。(2)貸本屋はあくまで貸本屋であり、公共図書館とその性格を異にする。したがって別段その影響は考えられない。漫画・雑誌を児童・家庭婦人が借りる程度であり、その対象は小範囲なり。(3)貸本屋が利潤を求め、公共図書館が無料奉仕の原則において活動する限り、この問題は時が解決してくれるであろう。故にさして今ここに論議するまでもなかろう」4 頁
4) 英国でも貸本屋と図書館との関係は、日本と同様な関係であったようだ。
「貸本屋の前に新たな強敵が出現する。それが公共図書館であった。しかし、さかのぼってみれば、もともと貸本屋と公共図書館は共存関係の上になりたっていた。所蔵する本の性格から両者は互いに補完関係にあったからである。貸本屋の本は娯楽用の小説、伝記、旅行記類が中心であり、それに対して公共図書館の本は主として教育的な目的に資するものであった。ときに娯楽的なものが混じっていたとしてもである。もともと公共図書館設立の目的が、労働者階級に読書の機会をあたえ、ひいては国民全体の文化的向上を目ざそうという点にあったことを考えればわかる。1850 年の公共図書館法に始まるイギリスの公共図書館は、しかし当初は建物も蔵書も貧弱で、予算不足ゆえに本が買えず、寄贈にたよったり、古本屋や貸本屋の払い下げを安くもらい受けたりしていた。蔵書や建物の貧弱さもさることながら、そこで働く図書館員も多くは家庭の主婦のボランティアであり、ときには文盲にちかい門番や小学校教育しかうけていない若年の少年であったりした。」(清水一嘉『イギリスの貸本文化』図書出版社、1994 年、297 頁より。)
5)「《実態調査》大衆文学の読まれ方」(『文学』25 号、1957 年 12 月) 120-132 頁。調査期間は昭和 32 年 9 月下旬から 10 月中旬である。
6) 上掲論文、126 頁。
7) 上掲論文、127 頁。

要なことはほとんどの子どもが漫画の利用者だったということである[8]。

　貸本屋を利用するようになった理由は、「手軽に読める」が最も多く、「余暇利用」が続いている[9]。最近1カ月間の本の購入状況については「買わないが46％であった」。貸本利用者の半数近くがお金を出して本を買っていないことが判明した[10]。

　しかし長い間、住民が書籍を買わずに図書館や貸本屋で借りて読んだりすることで問題は生じなかった。明治の時代に比べて昭和の時代になると、書籍は相対的に安くなっていたことなどが考えられるが、貸本屋でよくレンタルされていた単行本マンガ（原文ママ）は貸本屋専用に作成されていた[11]ことや、所蔵している本の内容が異なっていたことが大きかったからである。

2　図書館の無料貸出サービスの促進

　1963年に「中小レポート[12]」が報告されてから1970年に『市民の図書館[13]』が発行されるまでの10年の間に、公立図書館は図書の貸出サービスに重点を置くようになった。

　この貸出サービスとは、利用者が図書資料を図書館の館外へ持ち出すことをいう。そしてこのサービスは『市民の図書館』において、図書館を利用する住民のサービス向上のために定めた3つの目標のうちの第1の目標「市民の求める図書を自由に気楽に貸出すこと[14]」に基づくものである。そして公立図書館が貸出サービスに重点を置き、それを達成するために努力をすればするほど、公立図書館の無料貸出しと従来有料である貸本屋との区別がつか

---

8) 菊池仁（めぐみ）『ぼくらの時代には貸本屋があった―戦後大衆小説考』新人物往来社、2008年、40頁。
9) 「大衆文学の読まれ方」129頁。
10) 上掲論文、130頁。
11) 梶井純『戦後の貸本文化』東考社、1979年、93-106頁。
12) 中小公共図書館運営基準委員会報告『中小都市における公共図書館の運営』日本図書館協会、1963年。
13) 『市民の図書館　増補版』日本図書館協会、1976年。初版は1970年。
14) 第2の目標は、「児童の読書要求にこたえ、徹底して児童にサービスをすること」。第3の目標は、「あらゆる人々に図書を貸出し、図書館を市民の身近に置くために、全域にサービス網を張り巡らすこと」である（上掲書　はじめに）。

なくなり、公立図書館がより無料の貸本屋に近づいてきたと言えるのである。

『市民の図書館』は「貸出し」の促進を主張する中で、図書館と貸本屋との違いを3つ述べている。「第1に貸本屋は、1冊の本を仕入れる時、その本によって仕入価格以上のモウケがあるものでなければ仕入れない。高価で利用されない図書を仕入れれば損をする。しかし図書館は質の高い図書を揃え、それによって読者の要求にこたえることができ、また質の高い蔵書によって要求そのものを高めることができるのである。第2に図書館には貸し出すときに利用者を助け、読書案内をすることができる司書がいる。第3に図書館は、無料であるということは、市民の自治と公共機関、市民の知的自由の保証、市民の知る権利などと深く結びついた重要なことがらである[15]」と述べたのである。

公立図書館が、サービスの中心に貸出しを置いたことで、利用者に利用されやすい資料を提供するようになり、資料の内容も、教養本から娯楽・小説本も含まれるように変化していった。

娯楽本・小説本は、元来民間の貸本屋が扱ってきたものである。図書館は社会教育のための情報センターであるから、社会教育のための資料の提供を主として行ってきた。しかし、誰もが利用できる図書館を目指すためには、利用しやすい資料の提供が必要となってきた。提供する資料には、利用者の要望を取り入れることに重点が置かれ、資料を収集する際にも、利用者の要望を第一に取り入れるようになった。

公立図書館の図書の館外貸出しについて、『市民の図書館』ではさらに次のように説明している。「貸出は、図書館が無料貸本屋になることではないか、という批判がある。これに対しては、図書館もまず貸本屋くらい市民に親しまれる存在になってから批判すべきだというべきだろう。しかし一応貸本屋は低劣なものだと仮定しても、この批判は批判になっていない。この考えの底には、貸出という仕事は低級なものだという考えがある。果たしてそうだろうか。図書を貸す仕事そのものは低級でもなければ高級でもない。ど

---

15)『市民の図書館 増補版』37頁。

んな図書を貸しているかが問題である[16]」というものである。1970年当時は、提供する資料の選書について、市民の知的自由の保障および市民の知る権利とかかわるものであると宣言している。

『市民の図書館』が目標とした館外貸出サービスは、20世紀末にかけて次のように展開していった。「日本図書館協会は、1970年以降の図書館政策として貸出サービスを前面に打ち出した。これは自治体に複数の図書館施設をおいて、どこに住んでいても同じ条件で貸出サービスを中心としたサービスが受けられるようにするものである。アメリカ合衆国ではなく、イギリスをモデルとしていたことは興味深い。中流市民の存在を前提としていたアメリカ合衆国の公共図書館と違いイギリスの公共図書館は、歴史的に階級制度を反映して労働者階級向けの貸出図書館と中流向けの調査研究図書館とに分離される傾向にあった。1970年代以降の日本の貸出図書館政策は、関係者が1960年代にイギリスの図書館制度を視察し研究した結果、とりあえずその貸出図書館の部分を導入しようとしたものである。(略) 地方自治体の財政状況にゆとりが出始め、これが生活に直結した住民サービスを展開する動きとあいまって、この新しいタイプの図書館が広く普及した。当初の考え方では、貸出サービスに力を入れることによって図書館の定着をはかり、一定の普及をみた後で調査研究的なサービスに移行することになっていた。多くの自治体では、新しい段階に移行することなくそのまま貸出中心のサービスが展開されていった。(略) 1980年代から90年代にかけて、貸出図書館モデルによる公共図書館が全国各地で続々とつくられるようになった。これはこの時期まで後回しにされてきた文化施設が脚光を浴びるようになったからである[17]。」

貸出図書館モデル中心の政策は、現在でも続いている。しかし2002年頃に作家や出版関係者により、公立図書館がベストセラーを複数冊所蔵して大量に利用者に提供していることで損害を受けているだけでなく出版不況にも結びついているという主張がされた。この主張は、2000年から2003年頃に

---

[16] 『市民の図書館 増補版』37頁。
[17] 根本彰『理想の図書館とは何か―知の公共性をめぐって』ミネルヴァ書房、2012年、47-48頁。

作家と図書館との間などで議論された「無料貸本屋」論[18]として展開した。しかしこの「無料貸本屋」論は、『市民の図書館』における図書館の「貸出し」の考え方にすでに原型が見られるものである。21世紀初頭の「無料貸本屋」論は、実は30年も前に図書館自身が「無料貸本屋」と呼んでいたことを再燃したにすぎないものであったとも考えられる。

3　21世紀初頭の無料貸本屋論

2000年12月に発表された「図書館は『無料貸本屋』か[19]」という論説が、1970年に発行された『市民の図書館』での図書館無料貸本屋説を再燃した。1996年を境にして書籍の売上げが減少していたこともあり、「無料貸本屋」論について作家・図書館員などの間で論争が始まった。

この「無料貸本屋」論では、新古書店と呼ばれる新しいスタイルで古書を販売している古書店については非難はしていない。「少なくとも『買う』という行為をして自分の金を出して本を入手している人達である[20]」と述べている。一方図書館で借りて読む人たちについては、「読んだらさっさと返すという人は、一銭の金も出さず、中身だけを『タダ読み』している人々である[21]」と非難している。この論説では図書館が「無料貸本屋」になったのは、1981年に発行された『窓ぎわのトットちゃん』のブームからであると述べられている。

また「20世紀後半に至るまでは、図書館は同じ本を何十冊も所蔵するものではないという暗黙の了解があり、読者も娯楽本は自分で買って読むのが『当たり前』[22]」と述べ、さらに「テレビの影響もあり『ベストセラーは借りて読む』というスタイルができた[23]」と結論づけている。

「無料貸本屋」論で「図書館は同じ本を何十冊も所蔵する」と書かれたた

---

18) 林望「図書館は『無料貸本屋』か」296頁。この論説がきっかけで論争が行われるようになった。
19) 林、上掲論文、294頁。
20) 林、上掲論文、296頁。
21) 林、上掲論文、296頁。
22) 林、上掲論文、298頁。
23) 林、上掲論文、299頁。

め、「図書館の複本問題（公立図書館が同じ書籍を複数冊所蔵することを『複本』と呼び、複数冊所蔵して貸し出すことにより当該書籍が市場で売れなくなるという問題)」が、作家と図書館との間で論争となった。複本問題の真偽を明らかにするために、2003年に両者合意のもとで図書館の書籍の貸出しの実態調査が行われることになった。

　「無料貸本屋」論の成果は、図書館の書籍の貸出しの実態調査が作家側と図書館側の合同で行われ、調査の結果を「公立図書館貸出実態調査2003報告書」として報告できたことである。また1970年に出された『市民の図書館』が掲げていた「図書館は質の高い図書を揃え、それによって読者の要求にこたえることができ、また質の高い蔵書によって要求そのものを高めることができる[24]」という図書館の目標を再認識させたことも成果のひとつである。

　1990年代から2000年以降、公立図書館は利用者の希望に沿うサービスを行うことで自らの目標を見失っていた。しかし図書館の書籍の貸出しの実態調査を行ったことで、図書館の「貸出中心のサービス」を見直すひとつのきっかけになったようである[25]。

　図書館は、著作権法に貸与権が創設されていなかった1984年までの時代と1984年に貸与権が創設されてからも書籍・雑誌には貸与権適用の経過措置[26]がとられていた2004年までの時代に並行して、図書の貸出主義を40年以上も続けてきた。そのため、今日では『市民の図書館』で掲げた3つの目標を忘れかけている。第1の目標である住民の希望にかなうサービスを行う

---

24)『市民の図書館 増補版』37頁。
25) 根本、前掲書、50頁では、貸出中心の方針の見直しを検討することを示唆している。「貸出中心の資料提供方針を続けていけば、いずれ何らかの制度的対応を考えなければならないだろう。昨年（2003年）に報告された日本書籍出版協会と日本図書館協会の共同調査（『公立図書館貸出実態調査2003報告書』のこと）でも、ベストセラー提供に関して図書館はかなりの数の提供を行っていることが明らかになっている。現在貸出数でいえば、日本はドイツ連邦共和国やフランス、イタリアなどの中南欧諸国と同レベルである。ドイツ連邦共和国ではすでに1980年代から公共貸与権制度が導入されていたが、他のEU諸国も共通の法体系のもとで貸出権等について導入することになっている。」
26) 著作権法附則4条の2。

ことだけが図書館の目標であるという間違った方向性を修正するには、図書館と貸本屋との違いを理解したうえで、掲げてきた目標を達成していくことが重要である。図書館の使命とは何かを認識したうえで、住民の要求にどこまでこたえていくのかという問題について、今後図書館は考えていく必要がある。

Ⅱ　貸与権の創設と図書館の貸出サービス

　娯楽・教養の分野で、1970年代になっても贅沢品であったのはレコードである。ステレオ・プレイヤーを持っている学生は少数派であった[27]。レコードをたくさん聞きたい人たちのために、1980（昭和55）年頃から、貸レコード店が登場し全国に広まっていった。貸レコード店の利用者は、レコードを買う代わりに借りたレコードをテープなどに録音して音楽を楽しんだ。貸レコード店でレコードを借りて録音できることから、今までレコードを購入していたユーザーはレコードを買う必要がなくなりレコードの売上げに影響が生じた[28]。

　しかし、貸レコード店は、貸本屋のように権利者から放置させてもらえなかった[29]。著作物の利用の実態に合わせて権利者の権利や利益を確保するために、1984年の著作権法の改正により貸与権が創設された[30]のである。

　1984年に貸与権が創設された時に、書籍に関しては権利処理の集中管理センターが創設できなかった。そのために書籍等への「経過措置」として著作権法に附則第4条の2[31]が設けられた。書籍等には貸与権が適用されず

---

27) 原秋彦「懐かしの貸本屋」（『コピライト』43巻512号、2003年12月）巻頭エッセイ。
28) 作花文雄『詳解 著作権法 第3版』ぎょうせい、2004年、282頁。
　原、前掲、巻頭エッセイより。
　「食費を削ってでも音楽を聴きたいという習性を持つ小遣いの乏しい青少年にとって、ソニーのウォークマンとレンタルレコードの出現は福音であったろう。」
29) 原、前掲論文、巻頭エッセイ。
30) 作花、前掲書、282頁。
31) （書籍等の貸与についての経過措置）「新法第二十六条の三の規定（筆者注：貸与権のこと）は、書籍又は雑誌（主として楽譜により構成されているものを除く）の貸与による場合には、当分の間、適用しない。」

に、経過措置がそのまま20年間も続いた[32]。

その間に、漫画の世界では連載漫画のコミックス化が進行した。漫画の読者が長期連載の漫画をコミックスで揃えようとすると、小遣い程度の金額では揃えられなくなってきた。そこで、中古コミックスの販売を目的とする市場が登場してきた。さらには、コミックスのレンタル市場が登場してきた[33]。音楽やコミックスの最大の顧客層は、購買力が豊かではない青少年である。彼らは、大人に比べて嗜好が刹那的であるため、ストックとしての財より、フローとしての財を求める傾向にある[34]。したがって、レコードや漫画を「物」として所有するより、レコードや漫画をレンタルして、録音したり読んだりして、無体物として利用することを好んだのである。加えて、1950年代から1960年頃までの貸本屋の貸本漫画のブーム[35]を考慮すると、漫画・コミックスは買うよりレンタルして読むというスタイルが好まれてきたものと言える。

レンタルコミックスの市場が増大してきたことにより、コミックスの販売に影響が生じてきた。図書館の書籍の貸出しについて「無料貸本屋」論が主張されていた同時期（2000-2003年頃）に、コミック作家たちが書籍の貸与権獲得のために運動をしていた[36]。その結果2004年に著作権法が改正（平成16年6月9日法律第92号）されて法附則第4条の2の経過措置が廃止され、書籍・雑誌のレンタルに貸与権が適用された。

しかし図書館の貸出しには、1984年の著作権法の改正により貸与権が創設されたのと同時に規定された制限規定（著作権法38条4項）が、そのまま現在でも適用されている。図書館が利用者に無料で図書を貸し出している限り、著作権法の貸与権は権利行使の制限を受けるものである。

32）酒井仁志「出版物に『貸与権』を獲得するための活動—出版界での「貸与権」とその周辺」(『コピライト』43巻509号、2003年9月) 42-47頁。
33）原、前掲論文、巻頭エッセイ。
34）原、前掲論文、巻頭エッセイ。
35）梶井、前掲書、93-166頁。
36）貸与権獲得運動を行った「21世紀のコミック作家の会」の活動記録が、緊急アピール文として下記のURLに掲載されている。
　　http://www.comicnetwork.jp/appeal/index.html

III　図書貸出しと著作者との関係

1　図書資料と著作者の属性およびその関係

　図書館資料の基本となる資料とは、図書および雑誌並びに新聞等の紙媒体であり、そのほかの資料としては視聴覚に関する資料（CDおよびDVD等）がある。このうち本項では図書資料と著作者との関係を扱う。

　図書と雑誌は、「一般」と「専門」のジャンルに分かれる。一般図書には、「小説・ビジネス書・実用書」等に加えて「児童書」が相当する。専門図書は、主に研究者の執筆した研究書や企業や研究所等で作成された研究書などが相当する。

　雑誌も図書と同様に一般雑誌と専門雑誌があり、発行形態により「週刊誌・隔週刊誌・月刊誌・季刊誌・旬刊誌」等に分類される。一般雑誌は、雑誌の内容により「女性誌・男性誌・スポーツ誌・文芸誌・趣味の雑誌・旅行雑誌・テキスト雑誌」など幅広いジャンルがある。専門雑誌は、専門図書と同様に、主に研究者が発表する研究雑誌や企業や研究所等が公表する研究雑誌などが相当する。

　一般図書「小説・ビジネス書・実用書」等に加えて「児童書」の著作者は、これらの図書を作成し販売することで生計を立てている職業作家である。一方、専門書の著作者は、概ね大学等研究機関に所属する研究者が研究の成果を論文として執筆し専門雑誌等に発表するか、あるいは研究の成果を図書として作成し販売している者である。専門書関係の著作者は、主たる職業における研究をもとに専門書または研究論文を執筆しており、それで生計をたてているわけではない。また一般図書の著作者と専門書関係の著作者とは、ほとんどの場合重なることはない。

　図書館に資料を提供している著作者と図書館での資料利用との関係は次のとおりである。

　一般図書は、概ね利用図書館（市町村立図書館）で利用されている。また一般図書は住民の希望に応じて購入する場合が多い[37]ため、貸出しなどの利用頻度は高い。しかし一般図書は、市場で購入できるものがほとんどであるため、利用図書館（市町村立図書館）が住民のリクエストに忠実に応じている

と、民間の貸本屋と変わらないという状況になる可能性が生じる。

一方専門図書は特定の分野に特化した内容のため、一般の利用者の利用頻度は少ない。専門図書は主に保存図書館(都道府県立図書館および市町村立の中央図書館など)で保存され広域的に利用されている。専門図書は市場で購入しにくいため、図書館で購入され保存され利用されることで、国民があらゆる情報にアクセスできること(「知る自由」)に貢献している。

図書資料は著作者の著作物の複製物であるため、図書館で貸出しをすると本来は貸与権が働き権利処理が必要である。利用者の資料利用の無料原則(図書館法17条)を確保するために、図書館の図書および雑誌利用については著作権法で制限をしている(著作権法38条4項)。

しかし利用頻度の少ない専門図書であれば、国民の情報へのアクセスの拡大という観点から考えると、著作者は著作権法により制限をされても、図書館で利用されることによる利益のほうが大きいと考えられる。

一方、市場で購入しやすく利用頻度(貸出頻度)の高い「小説・ビジネス書・実用書」および「児童書」などの場合は、利用図書館(市町村立図書館)で資料の提供ということで利用されると、次のような負担が著作者に生じてくる。図書資料が貸し出されても、著作権法の権利(貸与権)が制限され貸与権が働かないうえに、図書が貸し出されることで市場での売上げにも影響が及ぶ可能性が高くなっている。一般図書の著作者は、書籍の販売により生計を立てている職業作家であるため、一般図書が図書資料として貸し出されると、貸与権の利用料と売上げに影響が生じると思われる分の負担をさせることになる。そのため図書資料の無料貸出しと著作者の権利への負担の調整が必要となっている。

雑誌の権利処理は、図書資料の場合と異なる。一般雑誌の作成は個人ではなく法人名義で作成する場合が多い。その場合法人著作権(著作権法15条)が働くことになる。一般雑誌も、図書館が収集して提供(閲覧および貸出し)

---

37)「公立図書館の設置及び運営上の望ましい基準」(平成13年7月18日文部科学省告示132号)
「公立図書館の設置及び運営上の望ましい基準」二 市町村立図書館 (二)資料の収集、提供等

すると市場での売上げに影響が生じると考えられるが、法人著作であるため著作者との関係というより出版者との関係になる。

　一方、研究者の個別論文が掲載されている専門雑誌（趣味の専門誌は除く）は、掲載されている雑誌が貸し出されると個別論文に貸与権が働くため権利処理が本来は必要である。しかし図書館の利用（貸出し）については著作権法で制限をしている（著作権法38条4項）ため、利用料は発生していない。また専門雑誌の個別論文の著作者は、専門図書の著作者の場合と同様で、著作権により制限をされても図書館で利用されるほうが、著作者への利益が大きいと考えられる。

　言語の著作物に限り、事実の伝達にすぎない雑報および時事の報道は、著作物に該当しない（著作権法10条2項）。つまり新聞記事のうち、事実に基づく報道記事については著作物に該当しないため著作権が働かない[38]。しかし新聞記事の中でも論説などの署名記事は、著作物に該当し著作権が働くことになる。

　事実の報道が主である新聞記事も、商業用データベースのデータとなる場合には、記事検索は有料となる。新聞記事の横断検索を有料[39]としている図書館もある。英国の大英図書館も300年分の新聞記事の検索は無料でできるが、閲覧をする場合には有料になる[40]。

　視聴覚資料は、図書館で利用されても、図書・雑誌資料とは異なり利用料

---

38)「ヨミウリ・オンライン（YOL）記事見出し」事件。東京地判平成16年3月24日。判例集未登載。平成14年（ワ）28035号。判決文は、日本ユニ著作権センターの判例データに登載されている。http://www.translan.com/jucc/precedent-2004-03-24.html
「言語から構成される作品において、ごく短いものであったり、表現形式に制約があるため、他の表現が想定できない場合や、表現が平凡かつありふれたものである場合には、筆者の個性が現れていないものとして、創作的な表現であると解することはできない。」
39) 都立図書館の新聞記事横断検索データベース。「利用料金は情報量によって異なります。（見出し1件5円〜本文1件50円〜）」利用案内のHPより。
http://www.library.metro.tokyo.jp/reference/db_guide/online_db_guide/tabid/377/Defaul.aspx
40) 閲覧には有料の会員登録が必要で、1年間見放題プランで79.95ポンド（1万円弱）という価格設定になっている。
http://japanese.engadget.com/2011/12/01/british-newspaper-archive/

を徴収することができる（著作権法38条5項）。現在では、貸出しによる利用料徴収の仕組みができていないので、貸出しをされることを想定して図書館購入時の価格は市販の価格より高く設定されている。英国図書館法でも、AV資料については有料[41]とし、図書館の貴重な財源となっている[42]。

2　貸出サービス偏重による弊害

　公立図書館が「無料貸本屋」と言われるのは、「公立図書館が貸出サービスに偏重している」という論点が出されているためである。これは、『市民の図書館』が、図書館を利用する住民のサービス向上のために定めた3つの目標のうちの第1の目標「市民の求める図書を自由に気楽に貸出すこと[43]」に重点を置き、それを達成するために、公立図書館が努力をすればするほど、公立図書館の無料貸出しと従来有料である貸本屋との区別がつかなくなってきたということに由来している。

　貸出サービスの偏重がもたらす弊害とは、どのようなものがあるだろうか。次のような弊害が考えられる。①貸出サービス以外のサービス（レファレンスなど）の質が低下する、②多く貸し出される図書を求める結果として特定の資料が複数冊購入される、③貸出サービスが充実するほど著作者・出版者・書店などに与える経済的損害が大きくなる、などの3つの弊害が考えられる。この中で②と③の論点が本章に関係するものであるため、②と③の論点について検証する。

　②の論点は、「公立図書館の図書の選定」に関することである。公立図書館、特に利用図書館（市町村立図書館）の図書の選定方法は、「利用者からの要求に基づいて行い、資料の価値判断はしない」もしくは利用者の要求を聞きながら「図書館が選定に際し価値基準を持って、資料の選定を行う」等が考えられる。図書の選定を「利用者からの要求に基づいて行う」ことは、ベストセラー小説の複本問題と密接な関係にある。図書の選定を「利用者からの要求だけに基づいて行う」ならば、利用図書館（市町村立図書館）のサービ

---

41) Public Libraries and Museums Act 1964 (c.75) の8条3(c).
42) *Public Library Statistics 2008-09 Estimates and 2007-08 Actuals*, CIPFA, p.11.
43) 第2と第3の目標は、本章脚注14) を参照のこと。

スの目標について再検討する必要がある。

　③の論点は、「公立図書館と権利者側との調整」に関することである。この論点は、林望氏の「図書館は『無料貸本屋』か」の論説以降出現したものである。この論点が重要視されてきたのは、1996年の売上げを境に書籍の売上げが減少していることが最大の理由である。林氏は「読書の娯楽に供すべく営々努力して本を書き、それを出版している人達に対して、何らの対価を払うことなく無代でこれを楽しむ、とそんなことをどうして図書館が奨励するのであるか[44]」と述べている。林氏の見解は、職業作家側から公立図書館の書籍の貸出しによる経済的損失の補償を要求するものである。この考え方は、公貸権[45]の導入を視野に入れているものである。

　「職業作家」が公立図書館に補償を要求する類型として、比較的本が売れない「文芸関係の作家型」と、ベストセラー小説を出している「ベストセラー作家型（または流行作家型）」の2つが考えられている。「文芸関係の作家型」の前提には「公共図書館が純文学を支えないと、日本の文学は滅んでしまう[46]」という危機感がある。文化政策の一環として経済的損失の補償を求めている。そのため「公共貸与権[47]による補償金というのは、あくまでも文芸文化の保護が目的です。流行作家の損失補填のために設けられるものではありません[48]」と純文学作家とベストセラー作家との経済事情を区別している。

　一方で「ベストセラー作家型」の前提は、「新刊をお金を払って買う読者と、図書館でタダで本を読む人との間に、不公平をなくすために、お金を出して買った人に、一定のメリットを与えたい[49]」と考えている。図書館の書籍の貸出しによる著作者の経済的損失は無視はできないが、それよりは読者に対して「貸出しと購入の差別化」を図ろうとするものである。したがって

44）林、前掲論文、298頁。
45）公貸権は、公立図書館が行う図書資料の貸出しに関して、著作者が損失補償を請求する権利である。
46）三田誠広（まさひろ）『図書館への私の提言』（勁草書房、2003年）84頁。
47）公貸権のこと。
48）三田、前掲書、213頁。
49）三田、前掲書、213頁。

発売日からの一定期間の貸出しの禁止を要求する傾向がある。

　この2つの類型の補償型のうち「文芸関係の作家型」が、公貸権制度[50]による補償金の獲得を目標にしている。公貸権制度を導入している国の制度を研究していると思われるため、「公貸権」の目的である「文化政策の一環として経済的損失の補償」または「文芸文化の保護が目的」について取り上げている。

　公立図書館の書籍の貸出しによる経済的損失の補償を要求する場合、「公立図書館は資料の貸出データを集計し公表するべきである。貸出データという実証的な数字を基に、有効的な図書館の書籍の貸出しについて、作家・出版者など権利者側と図書館が議論するべきである[51]」ということが必要になる。しかし現在は、権利者側と図書館側の両者が自己の立場を主張して平行線をたどっている。両者の考え方の調整を図る必要がある。

　書籍に貸与権が付与された2004年に比べて2010年の出版の環境は、書籍のデジタル化が急激に進んでいる。紙媒体の書籍の販売数については、減少の一途をたどるばかりである。図書館が市場性の高い1冊の書籍を貸し出すと、商品としての紙媒体の書籍のビジネスチャンスを逸すると考えられる。公立図書館の書籍の貸出サービスは、書籍のジャンルによりその販売に影響を与えている可能性があるだろうと考えられている。

　また2004年に書籍に貸与権が付与されたことで、民営のレンタルコミックスは適法なビジネスとして2007年より稼働するようになった。レンタルコミックスは一括許諾方式をとっているため、レンタル用のコミックスをレンタル店に売り渡してしまったあとの貸出しに関する統計などの追跡は行っていない。

　一方で公立図書館の資料の貸出冊数は、2011年には約7億1618万冊数と

---

50) 公貸権制度とは、公立図書館が行う図書の貸出しによる経済的損失に対して「作家」が図書館に補償を要求する制度である。日本には、まだこの制度は導入されていない。
51) 楡周平「図書館栄えて物書き減ぶ」(『新潮45』2001年10月号) 120頁より以下引用。「どうしても理解できなかったのが、どの本がどれだけ読まれているのか、作家別、タイトル別はおろか、ジャンル別の統計資料すらもどこにも存在しないということでした。コンピューターで、蔵書、貸出状況、書誌データ、はたまた予約人数までがただちに分かるようになっているにもかかわらずです。」

なっている。図書館数は、1981年の1362館から2010年には3210館に増加している。資料費も1981年の115億2735万円から2011年には294億1037万円に増加しているが、2002年の353億9420万円を境に2011年まで10年余りは減少している[52]。以上の資料冊数を「無料で貸出し」を行ったことになる。また書籍・雑誌に貸与権が付与された2004年頃が図書館資料費が一番多い時期であった。1981年には個人貸出冊数が1億4795万冊数であったことから、2011年までの30年間に個人貸出し冊数が約4.8倍に増加している[53]。

参考として、次に英国とアメリカ合衆国の例をあげる。英国の公立図書館数は1974年から1983年の10年間は1万館を前後していたが、2002年から2007年にかけては5000館を切る館数になっている。貸出回数（英国での統計方法）も1974年に7億回数だったものが1975年には11億回数を超え、その後1983年までは12億回数を維持していた。図書館数の減少により貸出回数も減少に転じ2002年から2007年にかけては3億回数の台を推移している[54]。

アメリカ合衆国の公立図書館の貸出点数（アメリカ合衆国での統計表記）および図書館数は、1970年から1983年までの期間については、図書館数が分館を含み1万2000館から1万5000館に増加し、貸出点数は8億8300万点数から10億700万点数に増加している[55]。同時期の書籍の販売冊数は1974年の14億1100万冊から1983年の20億450万冊と約1.4倍の伸びを示している[56]。図書館数の増加率は、書籍の販売冊数の増加率と同様ではなく、2.5割である。貸出点数の増加率のほうが1.4割と、図書館数の増加率より低いことを示している。この数字から見ると、アメリカ合衆国では公立図書館の書籍の貸出しが、書籍の販売に影響を与えているとは考えにくい。30年前はむしろ相乗効果を上げているように思われる。最近の分館を含む図書

---

52) 『日本の図書館 統計と名簿2011』日本図書館協会、2012年、29頁。
53) 上掲書、29頁。
54) *Public Library Statistics Centre for Library and Information Management, Dept. of Library and information Studies*, 1974/1984, pp.41-42, 45-46.
Public Library Statistics 2008-09 Estimates and 2007-08 Actuals, CIPFA, pp.4-5.

館数については、2008年は1万6671館と減り、2009年は1万6620館となり、2010年は1万6802館[57]と増加傾向にある。

かつて「英国の市民は公立図書館サービスを受けるのに1マイル以上歩く必要はない[58]」と言われた英国の図書館数は、一番多い時期の半数に減少している。一方アメリカ合衆国も日本も図書館数に関しては、減少することはなく増加している。特に日本の図書館数はこの30年余りで約2.4倍という増加率を示している。それと相乗するように公立図書館の資料の貸出冊数も増加を続け、この30年間で約4.8倍となっている。

日本の公立図書館で貸出冊数分の利用料を徴収していると仮定すると、著作者は、30年前の5倍の利用料が徴収できたことになる。しかし図書館の無料原則により、著作者は利用料を徴収することはできない。考慮されずにきた図書館の無料原則による「図書館サービスの無料提供」および「利用者の資料利用の無料」によって発生する「著作者の権利にかける負担」との三者の利益のバランスを振り返ることを出発点とする、素朴な見直し論として考えていく必要性が生じている。

そのためには、利用図書館(市町村立図書館)の無料貸出サービスと著作権者の権利(貸与権)との調整を検討することが必要である。しかし、この調

---

55) 図書館数は、1年おきに集計をしていた時期がある。集計をしていない奇数年の数字は前年の偶数年の集計の数を、そのまま使用している。貸出数の統計は、
Goldhor, Herbert, *A Summary and Review of the Indexes of American Public Library Statistics: 1939-1983*, Library Research Center, Graduate School of Library and Information Science University of Illinois at Urbana-Champaign, November 1985, p.50.
を参照した。
図書館の館数については、
Statistical Abstract of the United States, Department of Commerce, 1970-1984 の各年度の Education の項目にある "Libraries-Number" を参照した。1970: p.132, 1971: p.131, 1973: p.137, 1976: p.148, 1977: p.162, 1978: p.170, 1979: p.170, 1980: p.176, 1981: p.168, 1982-3: p.168, 1984: p.170, 1985: p.155.

56) *Statistical Abstract of the United States*, Department of Commerce, 1976: p.543, 1977: p.588, 1978: p.600, 1979: p.593, 1981: p.570, 1982-3: p.564, 1986: p.227.

57) *Statistical Abstract of the United States: 2012*, Department of Commerce, 2012, pp.722-723.

58) Shores, Louis, "Public Library U.S.A." in *Libraries for the People*, ed., Robert F. Vollans, London, Library Association, 1968, pp.239-240.

整は公立図書館の無料貸出サービスと著作者の貸与権の行使の制限との調整というだけではなく、公立図書館が国民の知る自由のための社会的装置であることから、利用者が差別されることなく知る自由を確保されることも含めて制度設計を考えていく必要がある。日本では、文化的な事柄等に対して寄付を行うという文化が育っていないため、著作者の保護については税金等を投入していくことも視野に入れる必要がある。

第2節　公設民営の図書館の出現

I　図書館法を根拠としない公立図書館

公立図書館の設置については、図書館法10条により「当該図書館を設置する地方公共団体の条例で定めなければならない」と規定されている。一方、地方自治法（昭和22年4月17日法律67号）の244条1項により「普通地方公共団体は、住民の福祉を増進する目的をもってその利用に供するための施設（これを公の施設という）を設けるものとする」と規定されている。そこで公立図書館は、地方自治法の規定では公の施設と考えられることになるが、ここにおいて、公の施設の設置および管理に関する、同法244条の2第1項等の規定と図書館法の規定の適用関係が問題となる。

地方自治法において、住民の福祉を増進する目的をもってその利用に供するために普通地方公共団体が設ける施設たる「公の施設」という概念が導入されたのは、比較的近時のことである。この概念が導入された経緯は、一般には次のように説明される。「昭和38年の改正前において用いられていた概念として『営造物』があったが、これは学問上、国又は公共団体等の行政主体により公の目的に供用される人的手段及び物的施設の総合体を指す意味に用いられるのが通常であり、地方自治法においてもほぼ同様の意味で用いられてきた。しかし、営造物の内容が一般に理解し難く、必ずしも分明でない点もあるので、営造物の概念を改めて、あたらしく公の施設という概念をたてたものである[59]。」

ここで、公立図書館が地方自治法上の「公の施設」に該当すると考える根

拠としては、「地方教育行政の組織及び運営に関する法律（通称：地教行法)[60]」の 30 条がある。地教行法 30 条は「地方公共団体は、法律で定めるところにより、学校、図書館、博物館、公民館その他の教育機関を設置するほか、条例で、教育に関する専門的、技術的事項の研究又は教育関係職員の研修、保健若しくは福利厚生に関する施設その他の必要な教育機関を設置することができる」と規定している。地教行法の一般法は地方自治法であり、地方自治法 180 条の 8 で教育委員会が「学校その他の教育機関の管理」並びに「社会教育その他教育等に関する事務を管理し及びこれを執行する」と定めている。よって、公立図書館は、地方自治法の教育委員会所管の社会教育機関として設置されているものであり、その性質が「住民の福祉を増進する目的をもってその利用に供する」ものであることから、公の施設と言いうることになる。

　このように公立図書館については、地方自治法という一般法と、図書館法という個別法の双方が根拠法ということができるが、両者の関係については、公立図書館は図書館法が特別法であり、地方自治法が一般法という関係になると解されている[61]。

　しかし、この 2 つの法律関係をめぐっては、近時大きな問題が提起されている。すなわち、従来は、その組織運営等について相当程度詳細な規定のある図書館法が適用される公立図書館については、地方自治法の「公の施設」に関する規定を適用する余地はない。すなわち特別法が一般法に優先すると考えられてきたのであるが、近時の地方自治法改正により「公の施設」については、指定管理者制度が導入されたことを契機として、図書館にもこれを適用できないかという問題が提起されたのである。

　この点、図書館法と地方自治法の適用関係については、次のような 2 つの類型の解釈が考えられる。

　第 1 の類型として、公立図書館については、図書館法を設置根拠法とし、

---

59) 松本英昭『新版 逐条地方自治法 第 6 次改訂版』学陽書房、2011 年、999 頁。
60) 昭和 31 年 6 月 30 日法律 162 号。
61) 鑓水三千男『図書館と法』(JLA 図書館実践シリーズ 12) 日本図書館協会、2009 年、20 頁。

その規定が適用されるが、それに反しない限りで地方自治法上の「公の施設」に関する規定も適用可能であるという解釈である。図書館法10条により設置された公立図書館は、図書館法上明文の規定はないものの、その性質上当然に、地方公共団体の直営により管理・運営を行うのが基本であると解されてきた。しかし管理について指定管理者（民間事業者を含む）を指定して管理させるという図書館が出現してきている。これは、2003年に地方自治法の一部が改正され、地方公共団体が公の施設を管理する主体から退き、指定管理者（民間事業者を含む）を指定して管理権限を委任するという指定管理者制度（244条の2第3項）が導入されたことによるものである。この地方自治法の改正を受けて、直営が基本である図書館法を根拠として設置された公立図書館の管理について、指定管理者制度を導入し、地方公共団体が指定した指定管理者（民間業者を含む）に管理権限を委任させているという事例が多く見られるようになった。

　このような事例においては、2つの法律の関係について、図書館法に反しない範囲で指定管理者に関する規定を適用することが一般的である。たとえば、図書館法17条は「公立図書館は、入館料その他図書館資料の利用に対するいかなる対価をも徴収してはならない」と規定し、地方自治法244条の2第8項は「普通地方公共団体は、適当と認めるときは、指定管理者にその管理する公の施設の利用に係る料金（次項において『利用料金』という）を当該指定管理者の収入として収受させることができる」と規定している。しかし、図書館法17条の規定があることから、仮に公立図書館について指定管理者に管理させたとしても、利用料金を収受させることを「適当と認める」ことはできないとすることで、両者の関係を調整することとなるのである。ただ、そもそもこの場合において、地方自治法の公の施設の管理（244条の2第3項）の規定によると公共団体が指定した指定管理者（民間事業者を含む）に管理権限を委任させることが可能であるかという制度利用の根本にかかわる問題も提起されており、この点については、後に検討する。

　第2の類型として、図書館の設置及び管理を、地方自治法上の「公の施設」に関する規定（244条1項）および「公の施設の設置、管理及び廃止」に関する規定（244条の2第1項）の全面適用の下に行うとする解釈がある。こ

の場合、図書館法の定めと公の施設に関する定めの矛盾衝突は回避できないから、公の施設による「図書館」は、もはや図書館法上の図書館ではなく、図書館と同様・類似した機能を果たす「図書館類似施設」と考えられることになる。地方自治法の公の施設の規定に基づく「図書館類似施設」と考えられる「公立図書館」を設置する利点については、次のようなことが考えられる。すなわち、①（教育委員会ではなく）首長が図書館運営に直接関与できること、②必要があれば、公立図書館の管理・運営を当該地方公共団体が指定する法人その他団体（指定管理者）に行わせることができること、③図書館法の縛り（専門職員の配置・他の図書館との連携・図書館協議会の設置・無料原則など）を考えなくてよいこと、④文部科学省の図書館の「望ましい基準」も検討しなくてよいこと、などである。

具体的にいえば、このように、管理を指定管理者に行わせている「図書館類似施設」の場合、図書館法を根拠に設置された図書館と異なり、図書館法17条の「無料」の規定を適用する必要はなくなる。指定管理者は、管理・運営する公の施設の利用料を当該指定管理者の収入とすることができる（地方自治法244条の2第8項）ため、公の施設たる「図書館類似施設」の利用に関して、自治体が「有料」とする可能性も考えられるのである。

このように、現在すでに、図書館法を根拠としないが、実質的には図書館としての機能を果たすもの、すなわち、外見上「図書館法を根拠としない公立図書館」であるものが形成される可能性が認められている。以下、項を改めて、このような状況や解釈が生まれた経緯等を検討する。

Ⅱ 公設民営の公立図書館の運営

1 指定管理者制度

「公の施設」の業務委託は、1963年の地方自治法の一部改正[62]による「管理委託制度[63]」の創設に始まるが、公立図書館の外部委託については、1970年代以降、図書装備委託や機械可読目録の作成委託などに始まり、1980年

---
62) 昭和38年6月8日法律99号。

代には図書館サービスや経営に導入されていった[64]。「管理委託制度」は、1991年の地方自治法の一部改正[65]により「管理受託者」として普通地方公共団体[66]が出資している法人でも政令で定めるもの（出資法人、第3セクターなど）に改められ、さらに第4項、第5項および第6項が追加され、利用料の徴収も含めた公の施設の管理に対して外部委託を拡大することが可能になった[67]。

1999年には「民間資金等の活用による公共施設等の整備等の促進に関する法律（通称PFI法）[68]」が制定され、公立図書館の設計から建設、資金調達、運営までを民間企業に委ねることが可能になった[69]。この法律に対応するように、1999年には図書館法も次のように改正[70]された。それは、国庫補助を受けるための最低基準（21条および22条）および館長の司書資格要件（13条3項）を削除したことである。さらに労働者派遣法の改正[71]により、図書館業務への派遣労働の導入も可能となった[72]。

2003年地方自治法の一部改正[73]により、普通地方公共団体が設置する「公の施設」について、その管理を普通地方公共団体が指定する民間事業者等に行わせる指定管理者制度（244条の2第3項）が導入された[74]。「指定管理

---

63) 1963年改正により新設された地方自治法244条の2第3項の条文。
「普通公共団体は、公の施設の設置の目的を効果的に達成するため必要があると認めるときは、条例の定めるところにより、その管理を公共団体又は公共的団体に委託することができる」（㈶地方自治総合研究所監修『逐条研究　地方自治法　Ⅳ』敬文堂、2000年、641頁。
64) 『平成21年度共同研究「図書館運営のあり方研究会」報告書「今、図書館がやるべきこと！」』財団法人大阪府市町村振興協会おおさか市町村職員研修センター、2010年3月、31頁。
65) 平成3年4月2日法律24号。
66) 都道府県および市町村のこと。
67) 『逐条研究　地方自治法　Ⅳ』640頁、644頁。
68) 平成11年7月30日法律117号。
69) 2004年10月桑名市に、PFI方式による市立中央図書館が開館した。
「桑名市図書館等複合公共施設整備事業　実施方針」2001年6月13日、桑名市。
http://www.city.kuwana.lg.jp/index.cfm/25,10160,c,html/10160/1_1.pdf
70) 平成11年法律87号。
71) 平成11年法律84、151、160号。http://www.houko.com/00/FS_ON.HTM より検索。
72) おおさか市町村職員研修センター、前掲報告書、31-32頁。
73) 平成15年6月13日法律81号。

第1章　図書館の無料原則が及ぼす今日的課題

者制度は、これまでの『民間委託』とは、自治体施設の民営化・市場化を目指している点で、その規模も狙いも格段に強力[75]」な制度である。またこの指定管理者制度は、施設系サービスの業務委託として創設されたものである。

指定管理者制度により運営可能な「公の施設」とは、公立図書館以外に公園・スポーツセンター・ホール・コミュニティセンター[76]などが考えられている。

2003年の地方自治法の一部改正前の「管理委託制度」は、普通地方公共団体の管理権限の下で、公の施設の管理業務を地方公共団体の出資法人等に委託するものであったが、この場合、民間事業者等は受託者の対象外となっていた。しかし、2003年の法改正により「指定管理者制度」が導入され、管理業務を出資法人等に委託している公の施設は、2006年9月までに管理業務の廃止も含めて指定管理者制度に移行するかどうか点検することが求められたのである。点検の結果、直営で管理している公の施設は、そのまま「直営」で管理するか、新たに「指定管理者」を指定して管理するかのいずれかを選択することになった。この際、「公の施設」の管理主体に特段の制約をなくし、民間事業者等の参入も可能となったのである[77]。他方、1991年の地方自治法の一部改正により、管理受託者が施設利用者から徴収した利用料金を自らの収入とすることが認められ、当該料金は公の施設を設置する普通地方公共団体の条例の範囲で長の承認を得て、管理受託者が自ら決定できるようになっていた[78]が、この規定は、2003年の改正の時もそのまま引き継がれたので、指定を受けた指定管理者は施設の運営により利用料を徴収することが可能になった。

---

74) 地方行政改革研究会『地方公共団体のアウトソーシング手法』ぎょうせい、2007年、5頁。
75) 東京自治問題研究所編著『指定管理者制度 「改正」地方自治法244条の概要と問題点』東京自治問題研究所、2005年、45頁。
76) 公の施設でも道路・河川・学校などは、道路法・河川法・学校教育法など個別の法令で指定管理者制度が導入できない施設である。
77)『地方公共団体のアウトソーシング手法』6頁。
78) 1991年の改正では、地方自治法244条の2第4項から第5項であるが、2003年の改正により第8項から第9項に変更されている。

公立図書館に指定管理者制度を導入するに際して、当初提起された法的問題は、図書館法13条1項[79]および、地方教育行政の組織及び運営に関する法律34条[80]の2つの条文により、「図書館長は教育委員会が任命する公務員である」とされていたことである。この問題は、2004年7月に大阪府大東市から構造改革特区の第5次提案(図書館運営特区申請)に「指定管理者制度を活用する公立図書館の館長・専門的職員等の設置規定の弾力的運用」として提案された[81]ことに端を発する。この「特区」提案に対して文部科学省が「現行法の規定により対応可能」と回答したことで、指定管理者制度導入が進むことになったのである[82][83]。

「公の施設」への指定管理者制度の導入の目的と効果[84]は、一般に①サービスの向上、②効率的な運営、③経費の削減[85]の3つが考えられる。公立図

---

79)「公立図書館に館長並びに当該図書館を設置する地方公共団体の教育委員会が必要と認める専門的職員、事務職員及び技術職員を置く。」

80)「教育委員会の所管に属する学校その他の教育機関の校長、園長、教員、事務職員、技術職員その他の職員は、この法律に特別の定めがある場合を除き、教育長の推薦により、教育委員会が任命する。」
平成26年6月20日法律76号の改正により「教育長の推薦により」の文言が削除された。」

81)「規制の特例措置・支援措置毎の提案事項」の元のHPがエラーのため、山中湖情報創造館のHPの記載を引用。http://www.lib-yamanakako.jp/news_monkasho.html

82) 2004年7月23日に文部科学省は、「教育委員会が図書館の管理を指定管理者に行わせる場合で、任命権の対象となる公務員たる職員がいない時には、地教行法34条は適用されない。すなわち、この場合、図書館に館長を置く必要はある(図書館法13条1項)が、公務員でない館長については教育委員会が任命する必要はない」と回答した。これにより指定管理者に館長業務を含めた図書館の運営を全面的に行わせることができると解釈され、図書館への指定管理者制度導入が進んだ(おおさか市町村職員研修センター、前掲報告書、44頁)。

83) 鑓水、前掲書、123頁では、文部科学省の見解に対して次のように述べられている。「文部科学省の見解は『指定管理者制度を導入して全面的に公立図書館の管理・運営を民間事業者に行わせることをしてしまえば、教育委員会が図書館長を任命する必要がないのだから、指定管理者制度を導入できる』と説明しているにすぎないというべきである。」

84) おおさか市町村職員研修センター、前掲報告書、47頁。
総務省「地方自治制度の概要」第二編 普通地方公共団体 公の施設
http://www.soumu.go.jp/main_sosiki/jichi_gyousei/bunken/gaiyou.html
同上のHPの「公の施設の指定管理者制度について」
http://www.soumu.go.jp/main_content/000088821.pdf
＊この2つの資料の目的と順位を参考にして筆者が目的と順位を決めている。

書館に対して指定管理者制度を導入している地方公共団体の目的は、本来行政サービスの向上であるはずだが、実際には、経費削減の効果を期待している場合が多い。

2004年4月に山梨県山中湖情報創造館[86]が、指定管理者制度を導入して図書館の管理・運営を開始した。公立図書館の中では、山中湖情報創造館が指定管理者制度を導入して管理・運営を行った第1号である。山中湖情報創造館は地方自治法の「公の施設」の形態をとっているため、条例では「図書館法に基づく機能を有する施設[87]」とし、地方自治法244条の2第3項[88]の規定に基づき、前述の第2の類型とする図書館と同様・類似した機能を果たす「図書館類似施設」として管理・運営されている[89]。

しかし指定管理者制度を導入して公立図書館の管理・運営を行っている地

---

85) 東京都千代田区立図書館は、2007年5月7日のリニューアルオープンに伴い指定管理者制度を導入した。
http://www.library.chiyoda.tokyo.jp/files/about/pdf/manegement01.pdf
東京都千代田区立図書館は、新しい図書館を目指して指定管理者制度を導入したため、指定管理費は直営時の図書館費の3.5倍になっている（おおさか市町村職員研修センター、前掲報告書、49頁）。
平成21年度指定管理施設にかかる事業報告概要では、指定管理料は3億7218万円となっている。http://www.city.chiyoda.lg.jp/koho/kuse/shitekanri/hyoka/documents/d0012292_7.pdf

86) 山中湖情報創造館は、新たな図書館を創造する目的で、公設民営の方針により2003年2月から地方自治法の改正を視野に入れて運営規則の検討を始めた。2003年6月地方自治法が改正され、9月に公布されたため、山中湖情報創造館の管理・運営の道が開けたのである。http://www.lib-yamanakako.jp/index.html
2011年10月17日に館長の丸山高弘氏に山中湖情報創造館および図書館への指定管理者制度について話をお聞きした。本項「1　指定管理者制度」は、館長からお聞きしたことも参考にしている。

87) 「山中湖情報創造館の設置及び管理条例」3条
http://www.lib-yamanakako.jp/morgue/jhszk_jourei.pdf

88) 「普通地方公共団体は、公の施設の設置目的を効果的に達成するため必要があると認めるときは、条例の定めるところにより、法人その他の団体であって当該普通地方公共団体が指定するもの（指定管理者）に当該公の施設の管理を行わせることができる。」

89) 他に同様な施設として、2011年7月に開館した東京都武蔵野市立武蔵野プレイス（http://www.musashino.or.jp/place/_1191.html）がある。
武蔵野プレイスは、旧西部図書館を移転し新たに図書館機能を中心とした複合施設である「ひと　まち　情報　創造館　武蔵野プレイス」を開館させるときに、次のような「武蔵野市図書館基本計画」を作成した。http://www.city.musashino.lg.jp/dbps_data/_material_/_files/000/000/004/816/14425-1.pdf

方公共団体の多くは、前述の第1の類型を採用している。繰り返せば、第1の類型とは、公立図書館設置の根拠については「図書館法10条」に求め、施設の管理・運営について「地方自治法244条の2第3項」の指定管理者制度の規定によるとしている[90]ものである。たとえば、図書館法10条により設置している図書館の管理・運営を、指定管理者に行わせている東京都千代田区立図書館の図書館条例では、「施設」という文言は使用せず「館」という文言を使用して[91]、これに図書館法に基づく「図書館」であることを含意させている。

図書館法に基づかない「公の施設」による図書館類似施設の設置は、山中湖情報創造館以前にも京都市立図書館などで行われていた[92]が、地方自治法の改正における指定管理者制度導入により、図書館類似施設の設置と指定管理者制度の組み合わせが可能となった現在、経費削減等を目的として採用が増える可能性もあり、今後も注視が必要である。

2009年の日本図書館協会の調査[93]によると、2005年から2008年までに公立図書館における指定管理者制度を導入した市町村数は94で、導入した公立図書館数は169館であった。2010年の日本図書館協会の同様の調査[94]に

---

90) 1例目は東京都千代田区立図書館条例2条と5条を参照のこと。
http://www.library.chiyoda.tokyo.jp/files/about/pdf/nenpou_h23-6.pdf
2例目は広島市立図書館条例1条と7条を参照のこと。広島市立図書館は、2006年4月より指定管理者による管理・運営開始。第1期指定期間が2006年4月1日から2010年3月31日まで。2010年4月1日より2013年3月31日まで第2期目に入っている(『広島市の図書館(要覧)2011年度』59-60頁および6頁と8頁)。
3例目は大東市立図書館条例の1条と10条を参照のこと。大東市立図書館が指定管理者制度を導入したのは2008年4月からである。文部科学省に特区申請の提案をしたのが2004年7月であるから、実際導入するまでに4年ほどかかっている。
大東市立図書館条例 http://www.city.daito.lg.jp/reiki_int/reiki_honbun/k220RG00001168.html
91) 東京都千代田区立図書館条例2条。
92) 条例1条 市民の教育と文化の発展に寄与するため、図書館を設置する。
93) 日本図書館協会政策企画委員会「図書館における指定管理者制度の導入の検討結果について2009年調査(報告)」2009年7月3日。
http://www.jla.or.jp/Portals/0/images/committe/torikumi/siteii2009.pdf
94) 日本図書館協会政策企画委員会「図書館における指定管理者制度の導入の検討結果について2010年調査(報告)」2010年7月8日。
http://www.jla.or.jp/Portals/0/images/committe/torikumi/siteii2010.pdf

よると、2009年までに公立図書館における指定管理者制度を導入した市町村数は119、導入した公立図書館数は220館である。2009年の公立図書館数は3164館[95]であるので、指定管理者制度を導入している公立図書館の割合は約7％である。徐々にではあるが、公立図書館の管理・運営に指定管理者制度を導入する自治体および図書館が増えている[96]。一方で、指定管理者制度を導入しないと決めた市町村数も2009年の調査では505、2010年の調査では514と増えている。指定管理者制度を導入しないと決めた自治体の2010年の内訳は、特別区5、政令都市1、市278、町村230の合計514である。指定管理者制度を導入しないと決めた自治体は、制度を導入した自治体の4倍強の数字になっており、全自治体数（2010年4月現在1727[97]）の約3割にあたる。

また都道府県立図書館における指定管理者制度の導入は、岩手県立図書館と岡山県立図書館の2館のみであり、制度を導入しないと決めている自治体数は26である。半数以上の都道府県立図書館が制度を導入しないと決めている。都道府県立図書館に指定管理者制度の導入が少ないのは、窓口業務中心の利用図書館である市町村立図書館に比べて、保存図書館としての機能を持つ都道府県立図書館および市町村立の中央図書館などの事務業務を外部委託することが難しいのではないかと思われる。

地方公共団体は「公の施設」の運営について、「複雑化・多様化する住民ニーズに効率的・効果的に対応するためにも、民間主体のノウハウが必要[98]」と考え、そのうえで施設運営費の削減を重要視している。今後図書館の運営も、図書館単体ではなく新しい複合施設として運営される場合が増えてくると考えられる。図書館単体で運営される場合より、複合施設として運営される図書館のほうが指定管理者制度を導入しやすいと思われる。

---

95)「公共図書館集計（2009年）」日本図書館協会。
　http://www.jla.or.jp/portals/0/html/statistics/2009pub.html
96) 2009年の調査で、東京特別区では2割強（千代田区立図書館・大田区立図書館・足立区立図書館・板橋区立図書館など）の自治体が導入している。
97) 総務省「市町村数の変遷と明治・昭和の大合併の特徴」
　http://www.soumu.go.jp/gapei/gapei2.html
98)『地方公共団体のアウトソーシング手法』6頁。

第Ⅲ部　図書館の無料原則が及ぼす今日的課題とその調整の考え方

2　今後の課題

　以上、公立図書館への指定管理者制度の導入が考えられるようになってきた状況を検討したが、そこからも明らかになるように、その導入には課題も多い。ここでは、5つの課題を提示して、本節を小括しておきたい。

　第1は、そもそも公立図書館は、単なるアーカイブスや貸本所として図書資料を提供する機関ではなく、各種利用者サービスを提供することを含め、社会教育機関としても位置づけられるものであるから、その運営・管理を指定管理者制度に任せることが適切であるのかという問題、換言すれば、指定管理者が運営する公立図書館が、社会教育にかかわっていけるのであろうかという問題[99]についての課題である。

　確かに、上に見てきたように、公立図書館を「公の施設」とする場合、そこに指定管理者制度を導入することには、一定のメリットが指摘されている。他方で、地方公共団体の機関としての図書館には、さまざまな社会教育機能が求められており、この点の検討は十分とは言えない。社会教育の一端を担う図書館の役割としては、「社会教育振興計画」「子どもの読書推進計画」などのような事業計画の立案に関与することが考えられるが、これらは、地方公共団体やその教育委員会の下にある枢要な社会教育機関たる図書館として、他部門との連携によって行われるものであり、そもそも、組織的独立性に利点を見出す指定管理者制度との整合性が問題となる。また、他機関の連携をいったん措くとしても、このような社会教育機能の面から多岐にわたる図書館業務を、民間事業者に行わせる指定管理者制度で賄えるのかという懸念も生じている[100]。

　現状では、指定管理者制度導入にあたり、この問題を課題として検討している地方公共団体（北九州市）があり、それについて文部科学省が報告をしている[101]。ただ、これは言わば「走りながら考えている」という状況であ

99）おおさか市町村職員研修センター、前掲報告書、49頁。
100）武蔵野市議　川名ゆうじの武蔵野 blog: 2011年3月1日「図書館への指定管理者制度がなじまないのは常識。官製ワーキングプアの見直しを。総務大臣が通知。」
　　http://blog.livedoor.jp/go_wild/archives/52128253.html
101）「北九州市における指定管理者による図書館運営（福岡県北九州市立図書館）」
　　http://www.mext.go.jp/a_menu/shougai/tosho/houkoku/06040715/015.htm

って、大きな政策的判断のあり方として、課題が残るところである。

　第2は、第1の課題を検討するためにも必要である「指定管理者制度それ自体の設計」が、必ずしも公立図書館を念頭としていないという問題にかかわる。具体的には、指定管理者制度は指定管理者に「公の施設」の管理を包括的に行わせることを想定しているが、図書館については、必ずしもこの枠組みが有効に機能していないという現象が見られるのである。すなわち、指定管理者制度を導入した地方公共団体は、その条例により指定管理者に行わせる図書館の業務の範囲を定めることが可能であるところ、今までの窓口業務中心の「業務委託」と変わらない公共団体が相当見られる[102]。現行の指定管理者制度の趣旨からすれば、地方公共団体がこの制度利用を決定した場合、当該施設全般について広く権限を委譲して施設の包括的管理を任せるようにしていくことが原則となる。しかし、劇場やスポーツ施設等の固定されたハードウェア面の利活用が管理業務の中心となる施設と異なり、蔵書（コレクション）の形成や利用者へのサービスといったソフト面の比重が大きな図書館については、こうした部分的な制度導入を選択せざるをえない場合が多い。

　そもそも、現行の指定管理者制度は、指定管理者に「公の施設」の管理を包括的に行わせることを想定して、地方自治法の条文の一部にのみ規定されており、「公の施設」の特性に応じた選択肢等を豊富に用意しているものとは言えない。第1の課題との関係でも、このことが、図書館や博物館のようなタイプの施設については、指定管理者制度の導入自体が困難であると考える自治体の多さにつながっているとも思われる。この点からすると、現行の指定管理者制度については、図書館についてその導入することの政策的当否を論じる前提を十分に備えたものではないという批判も可能であり、より各

102）千歳市立図書館の管理は、千歳市立図書館条例4条で「教育委員会が管理する」とある。図書館の管理を教育委員会で行うと、館長は教育委員からの任命になる。したがって委託している指定管理者から館長を出すことはできず、指定管理者に権限がないことになる。また、行える業務も条例3条に具体的に示されていて、運営・管理に携わるということになっていない。
『[千歳市立図書館] 図書館要覧2011』24-25頁。
http://library.city.chitose.hokkaido.jp/files/2011youran.pdf

論的な指定管理者制度論の構築が必要であると考える。

　第3に、上の第2の課題から派生する各論的・技術的課題であるが、大きな懸念が示されているものとして、指定管理者の指定期間が終了し次回は異なる指定管理者が選択された場合、あるいは、行政による指定の解除や指定管理者からの指定辞退により指定管理者制度による管理・運営が継続できなくなり直営に戻った場合など、それまでの人的経験や業務のノウハウが失われ、継続性や安定性の確保をどうするかという問題[103]である。そのためには、図書館の運営管理について行政と指定管理者とが、常に情報を共有していくこと、および人材の育成についてノウハウを積み上げていくことなどが必要であると考える。

　第4に、第1および第2の課題が未決であるにもかかわらず、現実に指定管理者制度を導入することが行われているために、本章で前述しているように図書館の設置及び管理について2つの類型が存在するようになっており、制度上の混乱が解消されていないという問題がある。再度述べれば、第1の類型とは、図書館法10条により設置された公立図書館の管理について指定管理者（民間事業者を含む）を指定して行わせるというものであり、第2の類型とは、「図書館類似施設」の設置及び管理を、地方自治法上の「公の施設」に関する規定（244条1項）および「公の施設の設置、管理及び廃止」に関する規定（244条の2第1項）を適用して行うというものである。

　指定管理者制度を導入しているほとんどの地方公共団体は、第1の類型を採用している。すなわち、公立図書館の設置の根拠は図書館法10条に置き、図書館の管理については地方自治法244条の2第3項により、指定管理者に行わせるというものである。しかし、この方法では、2つの法規定の矛盾抵触については、前者に反しない限り後者を適用することで解決されることになるが、そもそも、両者の乖離が大きいことから「公の施設」として管理をさせる公立図書館の設置の根拠を「図書館法」に求めることでは、整合性が担保できないという批判を免れない。

　そこで、近年では武雄市のように、図書館の設置及び管理・運営について

103）おおさか市町村職員研修センター、前掲報告書、49頁。

地方自治法を根拠とする第2の類型を採用する地方公共団体も少しずつ増えてきている。武雄市の図書館の設置条例は、設置及び管理・運営[104]について、公の施設によるものと規定しており、武雄市の図書館は、図書館法による図書館ではなく、「図書館類似施設」ということになる。この武雄市の図書館条例に特徴的であるのは、図書館を公の施設としているため、「入館料」のみを無料と規定していることである。現状では資料の利用料金については具体的な定めはないが、条例上は上記規定の反対解釈により、下位規程の整備により徴収が可能であるという内容となっている。今後、経費削減や「民営化それ自体が善である」という考え方の台頭を背景として、武雄市の図書館行政のような「公設民営」を導入していく地方公共団体も増えていくことであろう。ただし、このように考える自治体が増えれば、上記の第1から第3の課題が未決であるにもかかわらず、事実が先行するという混乱に拍車がかかることが懸念される。第2の類型による「図書館類似施設化」は、現行の図書館法と地方自治法の衝突を回避できるというメリットを持つ対応であるが、逆に言えば、その限りの弥縫策（びほうさく）であるとの批判も成り立つのである。

　第5に、利用料徴収の問題がある。この問題は、上の第4の課題の各論的問題である一方で、実は、「公立図書館」のあり方そのものに係る重大な問題である。

　技術的に言えば、地方自治法の料金制度により指定管理者は利用料を徴収することができる（地方自治法244条の2第8項および第9項）ので、「公の施設」について利用料を徴収すること自体に問題はない。しかし公の施設の中でも、図書館法という特別法が優先適用される図書館については、資料利用の無料原則（図書館法17条）に基づいて提供するサービス（資料の利用等）に関して、利用者から料金を徴収することができない施設となっている。これについては、文部科学省は次のとおり答弁をしている。「今回の指定管理者

---

104) http://www.city.takeo.lg.jp/reiki/reiki_honbun/r302RG00000246.html（武雄市図書館・歴史資料館設置条例）
http://www.city.takeo.lg.jp/reiki/reiki_honbun/r302RG00000247.html（武雄市図書館・歴史資料館設置条例施行規則）

制度導入に伴いまして」「図書館としての目的、性格が変わるものではないし、また、先ほど来の仕組みの中に、そういった制度上におきましても図書館法の規定の趣旨が引き続き担保できるのではないだろうか、と考えているところである」として「無料原則」が優先されるとしている。また、同様の考え方に基づいて、図書館法13条の職員についても、館長を必置職員とし、任意設置として専門的職員（司書）の配置を奨励するとしている[105]。

しかし、行政が期待する指定管理者制度導入の目的はサービス向上より「経費削減」であることが一般的であるため、指定管理者が、経費削減を目標としている施設の管理及び運営により収入を得ていくことは難しい。また、そもそも、図書館法17条それ自体についても、「なぜ限られた利用者のために無料の貸本サービスを続ける必要があるのか、という議論が地方議会や住民の間で出てくる可能性は否定できない[106]」という状況が生じてきている。

サービスのすべてを無料としてきた公立図書館において、今後指定管理者がサービス向上を図りつつ稼げる運営を行えるかどうかは、利用の無料原則を含めた図書館サービスのあり方という観点から検討する必要があるゆえんである。

第3節　図書館の役割の変化（社会教育から生涯学習へ）
　　　　：公費支弁から受益者負担への転換

I　ポスト公教育から、個人学習への転換

今まで公費で賄われていた図書館における成人に対する教育が、国の政策の変換により、「社会教育」から「生涯教育」さらに「生涯学習」へと変化している。本節では、国の政策が「生涯学習」へと変化していることが、成人教育プログラムの費用負担が受講する成人への受益者負担に切り替わろう

---

105)『指定管理者制度　「改正」地方自治法244条の概要と問題点』52-53頁。
106) 柳与志夫『千代田図書館とは何か　新しい公共空間の形成』ポット出版、2010年、123頁。

としていることに着目し、「公費支弁」の課題としている。本節の「Ⅲ 生涯学習への転換による受益者負担の可能性」が主な検討課題である。

1 社会教育とは何か

社会教育という用語が、公的に用いられたのは大正10（1921）年のことで、文部省普通学務局の所掌事項のひとつとして用いられた。社会教育という公用語が導入されて、青年団体、婦人団体、成人団体などが新たに社会教育の対象となったが、大正末期から第2次世界大戦までの間は、国家統制的社会教育に終始していた。社会教育の実施主体は国家であり、その影響は国民のすべてに及ぶという考え方を脱しないままに第2次世界大戦を終結することになった[107]。

社会教育という概念が時代とともに変遷しているために、用語の意味が理解されにくい[108]。広義の意味では、人々の実生活の中で無意図的に営まれてきた社会の維持および発展、文化の伝達のための教育力を指して、社会教育と言うことができる[109]。つまり、社会教育とは家庭教育および学校教育に対立して、一般社会において広く行われる教育をすべてとするものである[110]。

社会教育という用語は、大正10（1921）年に公用語となった。しかし明治の学制とともに、社会教育施設（社会教育機関としてではなく）としての図書館および博物館が設けられており、明治初期より社会教育の萌芽は確認できるものである。

2 図書館法における社会教育機関としての役割

明治時代に学制が設けられた頃には、図書館は文部省内に設置されていた。図書館を設けたのは、西欧諸国を見聞してきた当時の指導者たちの要望

---

107) 今村武俊編著『社会教育行政入門』第一法規、1972年、11-12頁。
108) 今村、上掲書、11頁。
109) 坪田譲・佐藤晴雄『社会教育と生涯学習』成文堂、1995年、2頁。
110) 中島太郎『社会教育行政論』（日本現代教育基本文献叢書 社会・生涯教育文献集Ⅱ 12、日本図書センター、2000年）1頁。1955年有斐閣出版の復刻版。中島太郎氏は、当時東北大学の教授である。

によるものである。その後、教育令および小学校令などの学校制度の中に組み込まれていき、明治32（1899）年に図書館令（明治32年勅令429号）が公布されて、初めて図書館は学校制度から独立した規定を持つことになった。

　第2次世界大戦後の教育改革において、教育基本法の精神に基づき社会教育法が制定されることになった。図書館は、明治以来社会教育施設として認められてきたが、この社会教育法の制定により、社会教育の機関（社会教育法9条）と規定された。

　図書館が社会教育の機関であると宣言されたのは、図書館法の法案が国会に提出された際に文部大臣高瀬荘太郎氏が行った提案理由の説明においてである。「（前略）民主国会における社会教育の実施は、あくまでも国民の自主的な立場を尊重して行うべきものである。それゆえ社会教育法においても国および地方公共団体は、国民があらゆる場所、あらゆる機会を利用して自らの教養を高めるような環境を十分に整備する任務をもっておる旨が規定されているのである。図書館は、このような意味における<u>社会教育機関</u>としてきわめて重要な地位を占めているのであるが、わが国における図書館の現状は、欧米先進諸国のそれに比してなおきわめて不十分を免れないのである。したがってこれが健全な発達を図るための法的措置を講ずることは各方面からの要望となり世論となっておるのである[111]。」

　図書館が社会教育機関であると定められたのは、社会教育法の規定によるが、文部大臣が図書館法の法案提出の際に改めて「社会教育機関である」と述べたことの意味は次のように考えられる。中島太郎教授は図書館が社会教育施設から機関と示されたことについて、「このことは、従来図書館を施設として、その物的要素である設備を中心に、これを静的に把える考え方を修正して、その設備と、ここに所属する人的要素である職員を一体として、その活動を中心に、これを動的に把える考え方が成立したことを示すものとみることができる。（略）図書館を施設としてよりも、むしろ機関であるとみた考え方は、新しい図書館の在り方を最も明確に示したもので、図書館法

111）西崎恵『図書館法』新装第2刷、日本図書館協会、1999年、33-35頁。中島太郎、前掲書、198-199頁。

の諸規定を貫く根本的な精神ということができる[112]」と解釈をしている。

「図書館を施設として、その物的要素である設備を中心に、これを静的に把える考え方を修正して、その設備と、ここに所属する人的要素である職員とを一体として、その活動を中心に、これを動的に把える考え方が成立したことを示す」という中島の解釈が、図書館の社会教育機関としての役割を示すものである。

3　社会教育から生涯学習へ

社会教育行政の変遷は、①社会教育行政の萌芽期（明治5年から明治19年頃まで）、②通俗教育の時代（明治19年頃から大正10年まで）、③社会教育行政機構が独立した時代（大正10年から昭和20年まで）、④社会教育が再建された時代（昭和20年から昭和34年頃まで）、⑤社会教育行政の進展期（昭和34年頃から昭和45年頃まで）、⑥社会教育から生涯教育へさらに生涯学習体系への移行（昭和46年以降）などの6つが考えられる[113]。

萌芽期は、近代的教育制度としての学制が、学校制度に限定されていたため、社会教育は副次的なものという扱いをされてきた。しかし、明治4（1871）年に文部省内に博物局が設けられ、翌明治5（1872）年には文部省内に博物館と書籍（しょじゃく）館（図書館）が設けられ一般公開されている。明治12年に学制が廃止され教育令が制定される。教育令の中で書籍館および博物館は行政の面で初めて位置づけを持つ。教育令1条に「学校幼稚園書籍館等（博物館を含む）ハ公立私立ノ別ナク皆文部卿ノ監督内ニアルヘシ」と定められた。翌13年の改正教育令では、書籍館等の設置および廃止についても学校の設置廃止と同様の規定が設けられた。図書館に関する規定は学校制度の中に組み込まれたが、これは図書館令が公布される（明治32年）まで続いた。社会教育に関する行政が、博物館および図書館から始まったというのは、西欧諸国に遊学した当時の指導者が、これらの施設を民衆教化の手段としていち早く日本に導入したからである[114]。

---

112) 中島太郎、前掲書、200頁。
113) 今村、前掲書、17頁と、坪田・佐藤、前掲書、38-53頁を参考にした。
114) 今村、前掲書、19頁。

通俗教育の時代は、西洋の文物が取り入れられ、欧化主義が生まれる一方で、それに反発する国粋主義が現れるなど、国民の間に混乱が生じた。このような背景のもとで、一般国民を対象とする啓蒙活動や教化活動が行われた。それを通俗教育と呼ぶようになった。明治19（1886）年に文部省の官制の10条に、「第三課に於いては師範学校小学校幼稚園及通俗教育に関する事務を掌る」と規定した。翌年にこの規定に、書籍館と博物館が並列された。明治23年の小学校令の改正の時に書籍館は図書館と名称が改められた。図書館と博物館が学校制度に関する法令の中で扱われていた点は変わらなかった。明治32（1889）年に図書館令（明治32年勅令429号）が公布されて、初めて図書館は学校制度から独立した規定を持つことになった。博物館については、明治12年の教育令では、名称が姿を消していた（書籍館等になっている）。明治14（1881）年に府県に博物館を設置するように文部省通達を出している[115]。

社会教育行政機構が独立した時代は、次のような状況である。通俗教育に関する行政は、重要性を増すに従い範囲が拡大して、通俗教育という言葉が相応しくなくなってきた。そこで大正10（1921）年に文部省官制が改正された時に、従来用いられてきた通俗教育という言葉が社会教育に改められた。大正13年に文部省分課規程の改正が行われた時に、普通学務局に「社会教育課」が設けられた。事務分掌は、①図書館および博物館に関すること、②青少年団体および処女会に関すること、③成人教育に関すること、④特殊教育に関すること、⑤民衆娯楽の改善に関すること、⑥通俗図書認定に関することとなっている。社会教育行政機構の整備は社会教育の発展をもたらし、昭和4年に社会教育局が創設された。社会教育局の事務分掌にも、図書館および博物館は入っていた。この時期、社会教育局が創設されて、社会教育が推進されたが、昭和に入り文教行政も戦時体制が強くなってきて、社会教育行政は、戦争目的の遂行に従属させられるようになった。そのまま第2次世界大戦の終結を迎えることになった[116]。

---

115) 今村、前掲書、20-22頁。
116) 今村、前掲書、27-33頁。

社会教育が再建された時代は、社会教育行政の再出発の時代であった。昭和20 (1945) 年9月に文部省は「新日本建設の教育方針」を発表して日本の教育の進むべき方向を示した。同年10月には、第2次世界大戦中廃止されていた社会教育局を社会教育課・文化課・調査課・宗務課の4課の構成で復活し、11月には公民教育課が増設された。第2次世界大戦後の教育改革において、教育に関する重要事項は国会で審議し、法律の形で定めるという方策がとられるようになった。この成果は、昭和22 (1947) 年に教育の基本を確立する教育基本法 (昭和22年法律25号) を制定し公布したことである。同法において、社会教育は国および地方公共団体によって奨励されなければならないこと、図書館・博物館・公民館等の施設の設置、学校の施設の利用によって目的の実現に努めること等の基本原則が定められた。また昭和23 (1948) 年に教育刷新委員会は「社会教育振興方策について」の建議で、社会教育に関する法制化を指摘した。これにより昭和24 (1949) 年に社会教育法 (昭和24年法律207号) が制定された。社会教育法は、社会教育に関する総合法である建前から、図書館および博物館に関する規定も含めるべきであったが、この両者について根本問題が未解決だったため、両者を9条にて「社会教育のための機関とする」とだけ規定して、別に単独法を制定することとした。そこで、昭和25 (1950) 年に図書館法 (昭和25年法律118号) が公布され、続いて昭和26年に博物館法 (昭和26年法律285号) が公布された。ここにより社会教育関係の法制が整備された。両者は、明治以来教育施設であったが、社会教育法の規定により「社会教育機関」となったのである[117]。

　社会教育行政の進展は、次のような状況である。昭和30年代の経済の成長に伴って社会構造の変化が生じ、国民の生活が大きく変わった。職業生活に適応し教養を高めて、生きがいのある生活をするには、生涯を通じて学習することが課題となってきた。さらに、社会の発展により国民に経済的・時間的余裕が増え社会教育を振興する条件が整ってきた。そのため、社会構造の変化に即応して、あらゆる国民の資質の向上と生活の充実を図ることが社会教育の重要な課題となってきた[118]。

---

117) 今村、前掲書、36-39頁。

社会教育から生涯教育へさらに生涯学習体系への移行時期は、社会教育の課題を解決しようとした時期である。昭和46（1971）年4月には社会教育審議会が「急激な社会構造の変化に対処する社会教育のあり方について」を答申した。答申の内容は、①社会教育の概念を拡大して、個人学習を含む広い考え方をとったこと、②生涯教育の観点から社会教育を体系化する考え方を提案したこと、③教育要求の多様化・高度化に応じるように社会教育の内容、方法の改善を強調したこと、④自発活動と社会連帯意識を一貫して重視すること、⑤社会教育と社会教育行政の区分を明確にしたことなどである[119]。この答申が出された背景には、ユネスコの成人教育部長であるポール・ラングランが1965年の成人教育推進国際委員会に「生涯教育について」を提出し、1968年第15回ユネスコ総会で、国際教育年にちなむ課題として「生涯教育」が取り上げられた[120]ことによるものである。

昭和46年には、当時学校教育の改革も高まっていて、中央教育審議会（中教審）が「今後における学校教育の総合的な拡充整備のための基本施策について」を答申した。これは、明治5年の学制、民主的教育制度を実現した第2次世界大戦後の教育改革に次ぐ教育改革であった。この答申は、急激な進学率の伸びや社会構造の変化を背景に、学校教育の質的対応を求めるものであった[121]。

昭和56（1981）年6月には、中教審が「生涯教育について[122]」を答申した。生涯教育の考え方を提示し、さらに生涯教育の観点から、家庭・学校・地域社会における教育機能の充実と学習のための条件の整備を指摘した[123]。

教育改革は、昭和59（1984）年に発足した臨教審に受け継がれ、昭和62年の最終答申において、①個性重視の原則、②生涯学習体系への移行、③変化への対応など、教育改革を推進するための考え方として掲げた[124]のであ

---

118) 今村、前掲書、45-47頁。
119) 今村、前掲書、47-48頁。
120) 坪田・佐藤、前掲書、11頁。
121) 坪田・佐藤、前掲書、51頁。
122) 生涯教育について（答申）http://www.mext.go.jp/b_menu/shingi/old_chukyo/old_chukyo_index/toushin/1309550.htm
123) 坪田・佐藤、前掲書、7頁。

る。この昭和59年から62年にわたり提出された臨教審の提案「生涯学習体系への移行」により、生涯教育から生涯学習という用語に変わることとなった[125]。

1990年には、「民間事業者の能力を活用しつつ」という文言を入れた「生涯学習の振興のための施策の推進体制等の整備に関する法律」(平成2年法律71号:生涯学習振興整備法)が成立して、その後の日本の社会教育政策・行政に大きな影響を与えている。

生涯学習という用語は、教育改革の理念から生涯教育の具体化の過程で出現したものである。生涯学習という用語は、国によりさまざまに定義がされている。日本では昭和56年の中教審の「生涯教育について」の中で、生涯学習を「各人が自発的意思に基づいて行うことを基本とするものであり、必要に応じ、自己に適した手段・方法は、これを自ら選んで、生涯を通じて行うもの」と定義している。生涯学習と対比して「自ら学習する意欲と能力を養い、社会の様々な教育機能を相互の関連性を考慮しつつ総合的に整備・充実しようとする」ことが、生涯教育であると定義している。これらの定義により、生涯学習は、学習する立場から見た概念であり、生涯教育は学習機会を提供していく立場から捉えた概念ということになる。

4　生涯学習における社会教育の位置

昭和46年の社会教育審議会の答申「急激な社会構造の変化に対処する社会教育のあり方」では「生涯教育という考え方は、(中略) 生涯にわたる学習の継続を要求するだけでなく、家庭教育、学校教育、社会教育の三者を有機的に統合することを要求している[126]」と述べ、社会教育については「今後の社会教育は、国民の生活のあらゆる機会と場所において行われる各種の学習を教育的に高める活動を総称するものとして、広くとらえるべきである[127]」と述べている。

これらの考え方からすると、生涯学習は、私的・非組織的でインフォーマ

---

124) 坪田・佐藤、前掲書、51頁。
125) 坪田・佐藤、前掲書、7頁。

ル（無定型型）な家庭教育だけでなく、学校教育に代表されるフォーマル（定型型）な教育、図書館・公民館、カルチャーセンター、職場およびマス・メディアの利用など、実施の場所や方法にかかわりなく、あらゆる教育資源を利用して行われる個人的および集団的なノンフォーマル（非定型型）な学習活動のすべてを含む[128]ものである。しかし、社会教育法2条の社会教育の定義は「学校の教育課程として行われる教育活動を除き、主として青少年及び成人に対して行われる組織的な教育活動（体育及びレクリエーションの活動を含む）」と規定され、「青少年及び成人が行う組織的な教育活動」ではなく受け身の文言であるため、個人および集団の自発的な学習とは相反する内容のままである。

　生涯学習（生涯教育）は、家庭教育と学校教育と社会教育を包含するものと考えられ、社会教育は、生涯学習の中のひとつの分野をなすものと位置づけられたのである。

　昭和46年の社会教育審議会の答申の際に、生涯教育という用語が用いられている。その後の昭和56年の中教審の答申「生涯教育について」で、生涯教育から生涯学習体系への移行が提案されたため、生涯教育と生涯学習の用語の定義を提示することで、両者の関係性が明確[129]になった。

Ⅱ　生涯学習への法整備

　社会教育から生涯学習へと政策が変化したことにより、2006年に教育基本法の大改正（平成18年の大改正）が行われた。その目的は、「社会教育行政の果たすべき目的を明確にすること」「社会教育行政の体制の整備を図るこ

---

126) 127) 文部科学省「過去の答申における生涯学習の概念等に関する主な記述」
　http://www.mext.go.jp/b_menu/shingi/chukyo/chukyo2/006/siryou/07070602/005/001.htm
128) 坪田・佐藤、前掲書、8-9頁。
129) その後も各審議会の答申で、生涯学習の概念等が述べられている。文部科学省の「過去の答申における生涯学習の概念等に関する主な記述」を参照。
　http://www.mext.go.jp/b_menu/shingi/chukyo/chukyo2/006/siryou/07070602/005/001.htm

と」である。3条に「生涯学習の理念」、10条には「家庭教育」が創設された。7条から12条になった社会教育の1項の条文には「個人の要望や社会の要請にこたえ」という文言が入った。13条に「学校、家庭及び地域住民等の相互の連携協力」が新設された。

社会教育法は教育基本法の改正を受けて、2008年に改正（平成20年6月11日法律59号）を行っている。社会教育法3条の「国及び地方公共団体の任務」として2項に「生涯学習の振興」を掲げ、同条3項にて「学校教育との連携の確保」「家庭教育の向上に資すること」を規定した。さらに教育委員会の事務として「家庭教育に関する学習の機会を提供するための講座の開設[130]」「社会教育における学習の機会を利用して行った学習の成果を活用して学校、社会教育施設その他地域において行う教育活動等の実施および奨励[131]」「社会教育に関する情報の収集・整理・提供に関する事務[132]」などが加わった[133]。

さらに、教育基本法の改正を受けて図書館法の法整備も2008年（平成20年6月11日法律59号）に行われた。生涯学習に関する法整備は次のとおりである。図書館法3条8号に「社会教育における学習の機会を利用して行った学習の成果を活用して行う教育活動その他の活動の機会を提供し、及びその提供を奨励すること」が加わった。

また2010年の図書館法の改正により、運営上の規定も整備された。18条に規定されていた「公立図書館の設置及び運営上望ましい基準」は、18条が削除され「公立」の文字がとれて7条の2として新たに規定された。

Ⅲ 生涯学習への転換による受益者負担の可能性

図書館の役割が変化してきたことにより、「公費支弁」で行われてきた図書館サービスのうち、有料の可能性が生じるサービスが出てきている。

---

130) 社会教育法5条7号。
131) 同法5条15号。
132) 同法5条16号。
133) 他の改正に、社会教育法5条10号、13号などもある。

文部科学省の政策の変更により、図書館は社会教育の機関から生涯学習の場へと変化している。

　社会教育を実践する教育行政の立場では、教育委員会が必要とする教育プログラムを用意し、住民はそれを利用することにより、費用は無料となる。しかし生涯学習の視点からは「住民自身が興味を持ち、必要だと感じるプログラムを住民自身が用意し、行政はそれを手助けする」ことになる。そのためプログラムの利用については、プログラムを用意した「受益者負担」になる可能性が生じてくる。

　つまり社会教育の機関から生涯学習の場へと変化することで、利用者が必要な学習のプログラムを受講すると、その費用は受益者負担とすることが可能となるのである。

　利用者が必要な学習のプログラムを受講することで費用が受益者負担になるのは、図書館サービスの公費支弁が崩れることになるので、生涯学習機関としての図書館の役割について検討を要するものである。

　成人教育に対する図書館の役割については、次のように考えるものである。今までの社会教育行政の視点からの図書館の役割は、「教育委員会が必要とする教育プログラムを用意し、住民はそれを利用する」ことになるため、プログラムの利用は無料である。行政主導でプログラムを作成するため、すべてのプログラムが住民にとって必要で魅力的なプログラムであるとは限らない。

　一方、生涯学習の視点からの図書館の役割は「住民自身が興味を持ち、必要だと感じるプログラムを住民自身が用意し、行政はそれを手助けする」ことになる。そのためプログラムの利用については「受益者負担」になる可能性が生じてくる。さらに図書館が「公の施設」として設置された場合は、図書館法を根拠としないので、利用の無料原則の適用を考慮しなくてもよいため、有料の公立図書館の出現が考えられる。

　成人教育を、社会教育から生涯学習へと国の政策が転換されると、個人にとって有益な自主的なプログラムを計画することができるが、そのために受講は有料となる。また個人が計画をしたプログラムであり、行政からの押し付けのプログラムではないため、有料制をとりやすくなる。図書館が成人教

育のプログラムを提供する際に、社会教育のプログラムか、生涯学習のプログラムかによって、受講者の利用料の負担が異なってくることは、図書館の無料原則の立場から、今後検討していく課題である。

第4節　アメリカ合衆国・英国・日本の図書館サービス「無料」の範囲

I　アメリカ合衆国の図書館サービスの1970年代の有料制の議論とサービスの現状

1　1970年代の有料制の議論

　アメリカ合衆国の公立図書館サービスを利用するには、パブリック・ライブラリー要件の無料原則および公開性により、誰もが無料で利用できる。これを法的に基礎づけているのは、各州の図書館法の規定によるものである。サービスの無料原則とは、本来すべてのサービスが無料で行われることを意味するものと考えられる。

　1970年代後半からのアメリカ合衆国の図書館界の特徴は、図書館サービスの無料を維持することが困難になる要因が出現してきたことである。その要因とは、「図書館財政の悪化及び図書館サービスの拡大並びにオンライン文献情報サービス等の出現[134]」である。図書館財政の悪化と図書館サービスの拡大という相反する要因により、この時期にサービスの有料制の議論も台頭してきた。この時期の有料制の議論については、川崎が詳しく研究[135]をしているため、これを参考としていく。

---

134) 川崎良孝「アメリカ公立図書館と財政危機―有料制論議への問題提起を含めて」（『みんなの図書館』69巻2号、1983年）36頁。
135) 参考にした研究は、以下のとおりである。
　川崎良孝「アメリカ公立図書館と財政危機―有料制論議への問題提起を含めて」（『みんなの図書館』69巻2号、1983年）36-53頁。川崎良孝「図書館サービスと有料制(1)～(4)」（『図書館界』35巻5号、1984年、236-247頁。35巻6号、1984年、290-304頁。36巻2号、1984年、60-71頁。36巻4号、1984年、181-193頁。）川崎良孝「公立図書館の無料制(下)―英米での有料化論議から」（『図書館雑誌』84巻5号、1990年）265-269頁。

川崎教授は、1970年代後半から1980年代にかけての有料制の議論が重要であると考えられている理由を5つ挙げている。私見では、5つの理由のうち、2番目と5番目の理由が重要であると考え、それを検討する。まず2番目の理由であるが、有料制とは個々のサービスに対する対価を徴収するというような問題ではなく、「有料制の問題は、公立図書館の理念や原則、とりわけ無料原則と密接にかかわる[136]」という見解を持たれている。この問題が重要であると考えるのは、なぜ図書館サービスを無料で行っているのかという無料原則の考え方に関係してくるからである。5番目の理由は、「『日本の図書館法には公立図書館の無料の原則が明確に規定されている』と指摘されるかもしれない」というものである。

この2つの理由を総合的に検討していくと、次のようなことが考えられる。アメリカ合衆国では公立図書館サービスに関する事項は、州の権限に留保され、法的根拠も州法によるため、アメリカ合衆国全体としての統一的な図書館政策を望みにくい。日本も図書館サービスの設置と運営は、地方公共団体に任されているが、法的根拠を決めているのは日本国であるため、図書館の運営等は国の政策と密接な関係を有している。日本国が定めた図書館法で図書館サービスの無料を規定しているので、日本全国どこの自治体でも無料でサービスを提供することが可能となっている。一方アメリカ合衆国の公立図書館は、公共サービスの権限が州に委譲されていることにより州ごとに政策が異なってくる。無料原則を公立図書館の要件としていても、当該州の政策の変更などにより順守されていくとは限らない可能性がある。

有料制議論の始まる前の1972年当時のアメリカ合衆国の図書館財政の歳入は、自治体が80％、州政府が12％、連邦政府の補助金が8％となっていた[137]。自治体の補助金は個人所得税（Indiv. Income Tax）と売上げ・消費税（Sale & Excise Tax）および財産税（Property Tax）によるが、そのうち財産税の割合が一番多く83％を占めている[138]。このように図書館財政の歳入は自

---

136) 川崎「図書館サービスと有料制(1)」236頁。
137) Weaver, Fredrick Stirton and Sernerna Arpene, "For Public Libraries: The Poor Pay More" *Library Journal*, Vol.104, (1979) p.353.
138) Ibid., p.353.

治体の財産税によるところが大きいが、有料制の議論が起こる頃には自治体の歳入に占める財産税の割合が減少してきていた。1940年の72％、1960年の58％から1975年には51％にも減少したのである[139]。

　自治体の財政の多くは財産税で占められているが、その財産税とは固定資産税と個人所有物税に分かれる。安定した財源となるのは固定資産税であるため、図書館の歳入は固定資産税に頼っているという状況であった。一方で自治体の歳入に占める財産税の割合が減少してきていたため、カリフォルニア州は1978年6月に次のような提案を行った。カリフォルニア州は、固定資産税が土地評価額に対する比率として設定されるため、その比率の上限を設定するとともに大幅な引下げを求める「提案13号（Proposition 13）」が、ジャービス氏（Howard Jarvis）以下4名により提案され、彼らはこの提案を住民投票にかけたのである。この「提案13号」の意図は、固定資産税を固定資産税に関連するサービス（警察・消防・ゴミ回収・道路照明・下水処理など）に限定して使用させようとすることにあった。そして学校・図書館・無料食糧配布券など固定資産と関連のないサービスを支えるのは固定資産税を支払う固定資産の所有者が負担するのではなく、すべての人が負担すべきであると主張した。教育や福祉等の支出には他の財源を探すことを求めたものである。図書館サービスについては、削減を妥当なものとし、利用については受益者負担の考えを示した。しかし一方で住民は図書館サービスの削減を望んでいないため、有料制という問題を提起することになった[140]。

　「提案13号（Proposition 13）」の採択後、会計監査院長が連邦議会に提出した報告書[141]によると、「提案13号」採択後も、全体的には諸サービスに実質的な影響はないとした。それはカリフォルニア州の強い経済力および有料制と受益者負担の増加によるものである。一方最も被害を受けたのは夏季学校と成人教育プログラムであり、公立図書館・公園・文化的プログラムにつ

---

139) Gell, Marilyn Killebrew, "User Fees Ⅰ: The Economic Argument" *Library Journal*, January 1, 1979, p.20.
140) 川崎「アメリカ公立図書館と財政危機」42-44頁を参考にまとめている。
141) By the Comptroller General Report to the Congress of the United States, *Proposition 13-How California Governments Coped with a $6 Billion Revenue Loss*, GGD-79-88, September 28, 1979.

いては各自治体により扱いが異なるようだ[142]と報告された。

　しかし、実際に公立図書館が受けた影響は少なくなかった。1978-1979年度版『カリフォルニア図書館便覧』では、「最も打撃を受けた分野は図書館と公園である。図書館のサービス時間は23％、図書館数は22％、職員配置は18％、貸出回数は12％減少している[143]」と報告している。ドウァーク氏（Robert J. Dworak）による「提案13号」についての最初の分析は「最も打撃を受けた分野は図書館と公園、レクリエーション及び管理部門である[144]」としている。報告者により影響を受けたサービス分野は異なるが、「公立図書館」が特に影響を受けたことは間違いないようである。

　「提案13号」の教育や福祉等の支出に対する運営コストの相当分を利用者が負担すべきだという主張は、受益者負担の考え方が見られ、地方自治体財政における有料制つまり受益者負担（User charges）の重要性が認識された。

　「提案13号」により、1978年中に州憲法改正まで行うことができた。さらに「提案13号」は、1992年のNORDLINGER v. HAHN[145]の判決において、最高裁判所により合憲であると宣言され、カリフォルニア州憲法13A[146]の規定として組み込まれることになった[147]。

　アメリカ合衆国における有料制の議論について、3つの要因のうち「図書館財政の悪化」について述べてきた。「オンライン文献情報サービス等の出現」の要因について先に述べる。

　図書館側から有料制議論が提起される要因には、オンラインを利用しての文献情報サービスの利用が挙げられる。1970年代当時の文献情報サービス

---

142) *Proposition 13-How California Governments Coped with a $6 Billion Revenue Loss*, p.1.
143) *California Library Statistics and Directory 1980*, Sacramento, California State Library, 1980, p.5.
144) Dworak, Robert J., *Taxpayers, Taxes, and Government Spending: Perspectives on the Taxpayer Revolt*, New York, Praeger, p.82.
145) 505 U.S. 1 (1992). （最高裁の判決文は、LexisNexisより調査）
　　225 Cal. App. 3d 1259（控訴審の判決文は、LexisNexisより調査）
146) http://www.leginfo.ca.gov/.const/.article_13A
147) Town of San Anselmo Staff Report February15, 2014.
　　http://www.townofsananselmo.org/ArchiveCenter/ViewFile/Item/3961

は、図書館が情報の仲介者になることで各社のシステムを利用するという仕組みをとっていた。検索サービスの一つひとつの検索に対して「明確な料金」が設定され、利用者から見れば相当な金額になるという問題と、このサービスを図書館としてどのように位置づけるかという問題も生じていた。通常のレファレンスと位置づけるか、特別なサービスと考えるかによって、扱いが異なってくる。図書館は「オンライン文献情報サービス」を重要とするが、サービスにかかる費用を図書館の財政で賄いきれないところから、図書館の側から有料制の主張がされたのである[148]。この問題は、日本でも「電子情報等」と「費用の負担のあり方」として議論の対象になってきている。

　最後は「図書館サービスの拡大」の要因についてであるが、上記のような図書資料以外の新しいサービスが出現してくると、そのサービスを取り入れていくため、サービスが拡大されていく。しかし新しいサービスには費用の負担が大きい場合が多い。一方利用者も新しいサービスの利用を望むが、通常のサービス内で利用できることが当然であると考えている。新しいサービスの中でも、文献複写サービスについては、利用者の理解を得ることができたサービスと言える。複写された文献が、利用者の手元に残り物体として目視できることが、利用者の理解を得やすかったと思われる。

　サービスの拡大による有料制導入を実施できた例は、Minneapolis Public Libraryが実施したINFORMがある。1970年Minneapolis Public Libraryは、University of Minnesota LibraryおよびSt. Paul Public LibraryなどとINFORMを開始した。これは利用者の要求に応じて書誌・抄録の作成、報告書の作成、複写による文献配送等のサービスを行ったものである。INFORMは、利用者と1件ごとに契約を結び、1時間につき18ドルの料金を徴収していた[149]。

　このように、アメリカ合衆国は、1970年代に有料制の議論がされていたと同時に、図書館には、誰でも無料で利用できる「通常のサービス」と経費

---

148) 川崎「アメリカ公立図書館と財政危機」40頁を参考にまとめている。
149) Aspens, Grieg, "INFORM: An Evaluation Study" in Drake, Miriam A. ed., *User Fees: A Practical Perspective*, Littleton, Colorado, Libraries Unlimited, Inc., 1981, pp.57-79.

がかかる「特別なサービス」とを分けて考えるという仕組みが構築されつつあった。図書館サービスを拡大していくことで、通常のサービスに収まりきれないものは「特別なサービス」として位置づけ、それに対して利用料を徴収していくのは、無料原則に反するものではないというように考えられていた。

アメリカ合衆国はパブリック・ライブラリーの3つの要件(公費支弁・公開性・無料原則)の誕生の国であるが、無料原則について、公立図書館は柔軟に対応しているように思われる。

2 図書館サービスの現状

(1) 1993年のアメリカ都市図書館協議会の実態調査

1993年3月に、アメリカ都市図書館協議会(Urban Libraries Council: ULC)が公立図書館サービスの有料化について、実態調査を行った[150]。ULC加盟の64館の図書館に調査票を送付する形式で行った。調査の項目は、①19種類の図書館サービスについて、利用者から料金を徴収しているか否か、②課金の基準の有無について、③州政府がサービスにかかる料金を法律で定めているか否か、等である。64館中49館から回答が寄せられた。

調査実施の3つの質問に対する回答は次のとおりである。①の質問「19種類の図書館サービスの中で料金を徴収しているか否か」について、比率が高かったものは、次のサービスであった。(a)複写サービス(48館:98%)、(b)オンラインによる資料検索(28館:57%)、(c)集会室の利用(24館:49%)、(d)図書の予約サービス(22館:45%)等である。それ以外のサービスの有料化は低いものであった。②の質問「課金の基準の有無」については、15館(31%)にすぎなかった。③の質問「州政府がサービスにかかる料金を法律で定めているか否か」については、(a)所属する州政府が図書館サービスの料金を定めていない(47%)、(b)基本的なサービスは無料であるが、特別なサービスについては課金することが認められている(35%)、(c)所属する州政府が

---

150) Lifer, Evan St. and Michael Rogers, "ULC Reports most members without fee-charging policies" *Library Journal*, 118(8) (May 1, 1993), pp.14-15. 以上の記事をまとめている。

すべてのサービスの有料化を認めている（14%）等の回答が寄せられた。所属する州政府により図書館政策の無料原則が形骸化してきていることが、この回答により判明するものである。

1970年後半から1980年代のアメリカ合衆国で、図書館利用の有料制の議論が行われた背景には、図書館サービスの無料を維持することが困難になる要因が出現してきたからである。本章で前述したように、その要因とは、「図書館財政の悪化および図書館サービスの拡大並びにオンライン文献情報サービス等の出現」の3点である。特にオンライン文献情報サービス等の出現は、その後の図書館資料のあり方を変えていくようになった。オンライン文献情報サービス等を利用する際には、利用するごとに料金が発生するが、料金が発生しても、その情報に対して商業的価値が認められるようになってきたからである。その一方で、公立図書館は、利用者の知る自由を確保する機関として、図書館資料を無料で利用できるという伝統を維持するべきであるという考えもある。

1993年3月に、公立図書館サービスの有料化の実態調査を行ったRogersは、「地方税率制限立法を住民投票で可決する地域共同体を見ていると、公共サービスの財源を調達する方法に変化が生じているのが分かる。税収を増加させるのに腐心している地方行政官の姿が、公立図書館に対してサービス有料化の圧力となっているのではないか[151]」と述べ、さらに「有料化の問題は、これを前提に利用者の反応を見るのではなく、図書館員や行政官および政治家等と一緒に討議を行う必要がある[152]」と述べている。

1970年代後半から1980年代のアメリカ合衆国で、図書館利用の有料制の議論が行われたが、1990年代に入っても有料化問題は統一的な見解が得られていないという状況である。

(2) 2010年の *Library Journal* 誌の調査

2010年には、*Library Journal* 誌が、アメリカ合衆国の公立図書館の有料

---

151) Ibid., p.15.
152) Ibid., p.15.

サービスや財源獲得策の実施状況等に関する調査を行った。回答を寄せた図書館は 408 館であった。同誌の 2010 年 9 月 15 日号には、その調査に基づく記事[153]が掲載された。

有料サービスや収入獲得策の背景にあるのは、「財政難」であり、回答した約 4 分の 1 の図書館は、地元自治体からの圧力を感じており、60％近くは財政獲得策を自治体からの財源の削減への対応策としている。

財政獲得策として最も多かったのは、古本の販売（88％）である。人口 50 万人以上の大都市圏の図書館では、3 分の 1 の図書館がギフト・ショップを、4 分の 1 の図書館がカフェを併設している。その他の取組みとしては、オンライン書店との提携や会議室のレンタルなどがある。こうした取組みは、財政獲得という点での効果は少ない。しかしカフェを併設することで図書館の雰囲気がよくなったり、ギフト・ショップでのグッズの販売が、宣伝媒体になったりしていて、図書館になじみのなかった人々が来館するようになるなどの金銭面以外の効果が期待されている。

図書館サービスにおける有料化については、3 分の 1 の図書館で資料貸出しに課金している（返却遅延罰金は除く）。課金している貸出サービスとは、図書館間相互賃借による貸出し、娯楽目的の DVD・テレビゲーム・ベストセラー等の貸出しである。

罰則的な課金としては、予約した資料を取りに来なかった場合に、50 セントを徴収するという事例がある。受取りに来ない場合に課金すると、受け取られない取置き資料が減少するため、資料の有効活用と作業員の負担軽減につながることができたと紹介されている。しかし、課金により予約が減るのは、図書館利用も減るということになるので、図書館に来なくなるのではないかという図書館員の懸念が示されている。

この調査は 1993 年の調査から約 20 年後に行われたものであるが、前回の調査の結果と大きく異なるのは、「図書館の主なサービスである貸出しに対して課金」していることである。

---

153) Dempsey, Beth, "Surveys Libraries on Fees for Service: For Love or Money" *Library Journal*, 135 (15) (September 15, 2010) pp.20-23. 以上の記事を参考にまとめている。

しかも3分の1の図書館で貸出しに課金が行われている。しかし貸出サービスとはいえ、図書館間相互貸借による貸出しとか、娯楽目的の資料の貸出しであるため、これらのサービスは通常のサービスというより「特別なサービス」の範囲に入ると解釈されていると、思われる。この調査から、各図書館が財政獲得策について模索していることがうかがえる。次項にて、有料サービスの実例を紹介する。

(3) 図書館ごとの有料サービスの事例

ミネソタ州のHennepin County Libraryでは、図書（映像を含む）資料の延滞料は、1冊につき1日の延滞で3ドル、限度額は6ドルである。児童書（映像を含む）の延滞料は、1冊につき0.5ドル、限度額は1ドルである[154]。児童書は子どもが借りる場合がほとんどなので、延滞料を低くしているようだ。

1970年代に、ミネソタ州のMinneapolis Public Libraryが、図書館法を改正することなく、調査と配達のサービスを有料化している。40年経過して、現在ではこのサービスは行われていないようである。代わりにミズーリ州のKansas City Public Libraryが、ドキュメント・デリバリーとして、有料のサービスを行っている[155]。

テキサス州のDallas Public Libraryが2009年にベストセラー小説を借りるのに、5ドル払えば即時利用可能になるというサービスを開始した。3カ月で2081回、1万ドルの売上げをあげ独立採算で運用ができている[156]とのことである。

II　アメリカ合衆国の無料原則存続の理由

1970年代後半から1980年代のアメリカ合衆国で、図書館利用の有料制の

---

154) Hennepin County Library, "Fines and Fees."
http://www.hclib.org/pub/info/fines.cfm/
155) Kansas City Public Library, "Pay fines & fees." http://www.kclibrary.org/epay
156) http://current.ndl.go.jp/print/11757

議論が台頭してきた。それに対して前項のサービスの実態を参考にしながら、「無料原則存続の理由」を検証する。

図書館の無料原則存続の伝統的な理由はさまざまあるが、アメリカ合衆国では次のような見解が1970年代後半から1980年代にかけて主張されている。以下、見解を列挙する。

「無料公立図書館という概念は、アメリカの伝統に強く根付いていて、それを崩そうとすると誰もが強烈な反対にあうことになる[157]。」

「情報へのアクセスは、民主主義の社会における市民の基本的な権利の一つである。コストをかけないで得た情報と無料の情報とは異なる[158]。」

「もし、あなたが情報へアクセスする権利が不可欠のものだと認めるならば、料金を徴収することで料金を支払えない人々を差別するのは、情報へアクセスする権利を否定するという障壁を作ることになる[159]。」

「無料公共図書館は、必要としているすべての情報をすべての人に提供する義務を負っているため、貧しい人々、失業者および不利な条件の人々を支援できるが、これらの人々にサービスを行うと、容易に良いサービスを行える人々へのサービスを諦めることになるかもしれない[160]。」

「図書館は、社会を変えるための情報の源であるばかりではなく、かつて貧しい人々、外国人、非識字者および不利な条件の人々のための図書館だったように、再び成人大学になることができる[161]。」

「すべての納税者は、図書館サービスと情報を使用するかどうかは別として、そのサービスに対して税金を支払っている[162]。」

---

157) De Gennaro, Richard, "Pay Libraries and User Charges" *Library Journal*, No.100, February 15, 1975, p.366.
158) Horn, Zoia, "Charging for Computer-Based Reference Services: Some Issues of Intellectual Freedom" in *Charging for Computer-Based Reference Services*, ed., Peter G. Watson, Chicago, American Library Association, 1978, p.17.
159) Horn, "Charging for Computer-Based Reference Services" p.17.
160) Crockett, Ethel, *UCLA Librarian*, No.32, June 1979, p.47.
161) Ibid., p.47.
162) Drake, Miriam A., "Fee for service in libraries: Who pays? Who should pay?" in *User Fees: A practical Perspective*, ed., Miriam A. Drake, Colorado, Libraries Unlimited, Inc., 1981, p.19.

「(有料にした場合)図書館サービスの料金を支払えない人々への政府からの補助金をすべて図書館に提供すると、図書館はもっと効果的で責任のあるサービスを行わなければならない[163]。」

「(図書館サービスを有料にした場合)直接サービス料金を支払う人々は、金額に見合うサービスの価値に重きを置くと思われるし、不適切で劣ったサービスには、お金を出さないと思われる[164]。」

見解は以上であるが、これらの見解の要点は次のように考えられる。①図書館の無料原則は、アメリカの伝統である。②情報へのアクセスは、民主主義の社会における市民の基本的な権利のひとつとなる。③有料制によるサービスの提供は、差別にあたる。④図書館は、無料原則によりすべての人々へのサービスの責任を負っている。これにより、少数者へのサービスに重心を置くと、一般の人々へのサービスが低下することになり、サービスの需要と供給のバランスが難しい。⑤無料原則により、図書館は成人教育の場となれる。⑥有料制は二重課税になる。⑦利用者は有料制にすると、金額に見合ったサービスを求めるようになるので、高いと支払わなくなる[165]、などである。

以上のうち、①図書館の無料原則は、アメリカの伝統である。②情報へのアクセスは、民主主義の社会における市民の基本的な権利のひとつとなる。③有料制によるサービスの提供は、差別にあたる[166]などの3つの項目は、図書館以外でも市民の知る自由と関係するものである。

Ⅲ 英国の図書館法の課金制度

英国の図書館サービスの課金制度は、早くから行われている。1964年のイングランドとウェールズ地方の公立図書館法を例にしてこの課金制度について検討していく。

---

163) Ibid., p.19.
164) Ibid., p.19.
165) Horn, "Charging for Computer-Based Reference Services" p.17.
166) Ibid., p.17.

イングランドとウェールズ地方の公立図書館法 Public Libraries and Museums Act 1964（c.75）8条の制定当時の規定は、次のとおりである。
「(1) 本条に規定する場合を除き、図書館当局は（他の図書館当局に対する場合以外）図書館利用に料金を課してはならない。
(2) 図書館当局は大臣が定める金額以内で、以下の項目に料金を課すことができる。
　(a) 予約した本・その他が借りられる状態になったことを連絡するため。
　(b) 本・その他の資料を定められた期間内に返却できなかった時。
(3) 第7条(1)に基づき、当該図書館当局の区域外に居住する者・事業者を持つ者・全日制教育を受けている者に対して、下記の貸出しをする時。
　(a) 本、雑誌、小冊子、またはそれに類する物。
　(b) 前述の資料の一部または全部の写真術またはその他の方法による複製。
(4) 図書館当局は目録や索引、またはそれに類するものを供給する時、それが供給された者の財産になる場合は、料金を課すことができる。
(5) 通常の図書館サービスを超えて図書館サービスを提供する場合は、誰に対しても料金を課すことができる[167]」という規定である。

図書館当局が「区域内に居住する者・事業者を持つ者・全日制教育を受けている者」に対して料金を課す場合を整理すると、「(a)予約した本・その他が借りられる状態になったことを連絡するため、(b)本・その他の資料を定められた期間内に返却できなかった時」や、「目録や索引、またはそれに類するものを供給する時、それが供給された者の財産になる場合」などの「通常の図書館サービスを超えて図書館サービスを提供する場合[168]」であった。つまり、通常の図書館サービスである「資料の貸出しや閲覧」「レファレンス」や「機器の使用」など[169]については、利用料金はかからなかったので

---

167) http://www.legislation.gov.uk/ukpga/1964/75/pdfs/ukpga_19640075_en.pdf
168) これを図書館サービスの「特別なサービス」と位置づけることができる。川崎良孝「図書館サービスと有料制(4)」（『図書館界』36巻4号、1984年11月）184頁。カリフォルニア州立図書館の例を紹介している。
169) これを図書館サービスの「基礎的なサービス」と位置づけることができる。川崎「図書館サービスと有料制(4)」184頁。なお、アメリカの公立図書館では「機器の使用」については挙げていない。

ある。

　しかし 1991 年の図書館課金規則[170]により図書館法が大幅に改正され、図書館が行うさまざまなサービスに課金できるようになった。

　法改正により図書館が課金できるようになったサービスは「(1) AV 資料（電気的その他の機器を使用して読むことができる形式の資料）の貸出し[171]、(2)機器の使用、(3)紛失・破損、(4)書籍・ジャーナル・小冊子などの資料[172]を電気的その他の器具を使用してマイクロフォームなどの形式にした資料の閲覧[173]」などである。

　なお、現在では、次のようなサービス提供も課金されている。「施設（部屋）貸し、コンピューターの使い方指導、調査依頼、図書館により加工・作成された資料の提供、他館資料のコピーの提供、依頼されたコレクションの提供[174]」などである。

　しかし、法改正前も全部のサービスが無料ではなかった。「(1)住民以外の人への資料の貸出しまたは、通常の範囲以外の貸出し、(2)予約および通知、(3)返却の遅延、(4)目録、索引等の提供[175]」については、もともと有料のサービスであった。

　図書館サービスで、法改正後も利用者が無料で利用できるサービス[176]は

---

170) S.I.1991/2712. The Library Charges (England and Wales) Regulations 1991.
171) 8 条(3)(c)により「電気的またはその他の機器を使用しないで読むことができる形式の資料の貸出しには課金してはならない」と規定されている。したがって「書籍・ジャーナル」などの「紙」の資料の貸出しは、課金されないということになる。
172) 条文の原文は、"written materials" となっている。"written materials" の定義が後述されていて「書籍・ジャーナル・小冊子」とある。
173) 8条(3)(4)の条文は反対のことが書かれているため、反対解釈をしている。
174) 西川馨編「1-3 英国の図書館法 Public Libraries and Museums Act 1964」18-19 頁。
175) 改正された Public Libraries and Museums Act 1964 (c.75) の 8 条(3)(4)。
176) スコットランドの公立図書館統合法（Public Libraries Consolidation〈Scotland〉Act 1887 (c.42)）の 32 条で、「書籍と雑誌」の貸出しについて無料と規定されている。
http://www.legislation.gov.uk/ukpga/Vict/50-51/42
北部アイルランドの教育及び図書館令（The Education and Library Board within the Education and Libraries〈Northern Ireland〉Order 1986）の Act 77 (1) に、(2)項の規定以外は "no charges shall be made by a board for library services." として規定されている。その他の条文から解釈すると、資料の貸出しは無料となる。
http://www.legislation.gov.uk/nisi/1986/594

「書籍の貸出しと雑誌の閲覧とレファレンス」だけになった。

　図書館利用者の主な利用目的である「書籍の貸出し」については、利用料の「無料原則」が図書館法制定以来厳守されている。しかし、英国の無料原則と日本の図書館法17条の利用料規定とを比べる場合には、注意が必要である。日本法の17条は公立図書館の利用に関して、「入館料その他図書館資料の利用に対するいかなる対価をも徴収してはならない」と完全に無料であると規定している。これに対し、英国の公立図書館の利用料については、上記のように書籍の貸出サービスが一番多いとはいえ、「書籍の貸出し、雑誌の閲覧とレファレンスのみというサービスの一部分の無料」である。したがって、英国の図書館法が規定している「無料原則」は日本法で規定している「無料原則」とは異なり図書館サービスの一部に対する「無料原則」となっている[177]。

　AV資料の貸出しの利用料の徴収については、図書館法改正のための91年規則により実現したのであって、著作権法改正の96年規則によるものではないことに注意する必要がある。

Ⅳ　日本の「電子情報等」と「費用負担のあり方」

　図書館法17条では、図書館利用者から「入館料と図書館資料の利用に対するいかなる対価をも徴収してはならない」と規定している。図書館法制定当時（1950年）の図書館資料とは、「図書・雑誌」などの紙媒体の資料が主であり、また図書館資料の利用とは「閲覧・貸出し・レファレンス」などが利用されてきた。

---

[177] 文部科学省が、平成17年に諸外国の図書館について調査した報告書によると、「日本と同様に、図書館法でいわゆる近代公共図書館の3原則（公開性・公費支弁・無料原則）が明示されているかどうかを確認するための各国報告がないため明確ではないが、UK、アメリカ、カナダでは無料の原則があることが確認された。ただし、カナダは、閲覧は無料だが本の借出しをする場合には、会費を負担して登録会員になることが必要な州が2州ある」と述べられている（『諸外国の公共図書館に関する調査報告書』「第Ⅰ部　諸外国の公共図書館に関する調査　調査結果の概要　第1章　調査結果の概要」7頁）。http://www.mext.go.jp/a_menu/shougai/tosho/houkoku/06082211/002.pdf

その後、さまざまなメディアが開発されたことにより、図書館資料に視聴覚資料や電子資料および電子情報などが加わることになった。

電子資料および電子情報と費用負担のあり方について検討するために本書第Ⅱ部第5章第2節のⅡとⅢで前述しているが、ここでも簡単にふれることにする。

1　電子書籍

電子書籍を扱っている図書館は、2013年9月時点で全国の中で17館である[178]。導入が進まない理由は、提供資料（コンテンツ）が少ないこと、「購入」形態であるのかまたは「使用契約」であるのかといった資料アクセスの形態に関する問題が明確になっていないこと、公立図書館が求める分野（小説など）の資料を出版者側は重視していないこと[179]などである。電子書籍は公立図書館全体としての導入が進んでいないため、電子書籍の利用についてのコスト等は問題になるレベルに至っていない。

2　電子情報等

電子情報等に関しては、保存図書館（都道府県立図書館および市町村立の中央図書館など）を中心に有料の商業用データベース（オンライン・データベース）を契約して利用者に無償提供するようになってきている。商業用データベースを導入する背景は、ビジネス支援に有効であると考えられるようになった[180]からである。導入しているデータベースは、過去30年分の新聞・雑誌記事から国内外の企業データベース、人物プロフィールなど、幅広いビジネス情報を収録している「日経テレコン21」や朝日新聞のデータベースである「聞蔵Ⅱ」「官報検索サービス」および「JRS経営情報サービス」などの

---

178) 読売新聞2013年9月20日「県立図書館電子資料　電子書籍に」および2013年12月号の『図書館雑誌』が、「公共図書館と電子書籍のいま」という［特集］（756-771頁）を掲載している。
179) 間部豊「公共図書館における電子書籍の導入状況について」（『図書館雑誌』2013年12月号）757頁。
180) 青野正太・余野桃子「都立中央図書館における利用者サポートの実践」（『情報の科学と技術』61巻12号、2011年）497頁。

ビジネス支援に対応するものが多い。次いで日本の判例・法令・行政情報・立法情報などの検索ができる「LexisNexis JP」や法令、判例、文献情報を体系的に分類・整理して収録している「第一法規法情報総合データベース」が導入されている。これらは法情報の検索のため、前述の「日経テレコン21」等よりは導入の頻度が低くなっている[181]。

新聞記事データベースの提供が多いのは、インターネット上で無料検索することが難しいこと[182]および過去の新聞の保存と検索の困難であることなどが原因と思われる。

大学図書館が導入している商業用データベースは、「雑誌論文」および「判例集」など法律情報や行政情報、また外国の法律および文献情報など専門性の高いものが多く占めている。国民が利用する公立図書館が導入している商業用データベースは、新聞やビジネス関連の検索ができるものを中心としているので、大学図書館が導入しているデータベースと同様に扱うことはできない。

3　費用負担のあり方

図書・雑誌資料およびパッケージの視聴覚資料（CD・DVD）などは、いったん購入したら、その後の運営費用はかからない。しかし電子資料、特に商業用のデータベースの場合、利用ごとに通信料や情報サービス料がかかるが、資料利用の無料原則から利用者には「無償」で提供することになる。そこで、図書館資料を利用する際の「資料」と「費用負担」のあり方（範囲）が、問題となってきた。それは維持費がかかるデータベースの費用を図書館設置者である地方公共団体の裁量に委ねるのか、利用者に課金するのかという問題である。

日本のこの問題は、本節Ⅰの1「1970年代の有料制の議論」で前述したように、アメリカ合衆国での1970年代の図書館のオンラインを利用しての文献情報サービスの位置づけと同様の問題を含んでいる。アメリカ合衆国では

---

181) 藤間真・志保田務・西岡清統「公共図書館における有料データベースの導入について」（『図書館界』59巻2号、2007年）134頁。
182) 藤間・志保田・西岡、上掲論文、133頁。

このサービスを、通常サービスとするか、それとも特別なサービスとして利用者から利用料を徴収するかという有料制の主張が図書館側から提起された。

日本での電子情報等の利用についての費用負担のあり方について、文部科学省は、次のような見解を示した。生涯学習審議会での 1998 年 10 月 27 日の「図書館の情報化の必要性とその推進方策について—地域の情報化推進拠点として—（報告）[183]」により、今後公立図書館が新たに商業用オンライン・データベースやインターネットによる情報サービスを導入する際の指針を、①ネットワーク系（ないし通信系）のメディアを「図書館資料」の範囲外とし、② CD-ROM や DVD などのパッケージ系のものは、図書館が購入したり使用権を得たりしてメディアそのものを図書館が管理しているのであれば、「図書館資料」の範囲内であると、示したのである。

ネットワーク系のメディアを「図書館資料」の範囲外にしたからといって、これらのメディアを公立図書館に導入する必要がないと言っているのではなく、地域の情報拠点として公立図書館はネットワーク系メディアを導入していく必要があるとした。

そこで、公立図書館が新たに商業用オンライン・データベースやインターネットによる情報サービスを導入する際には、通信料金やデータベース使用料を徴収するか否かについて、図書館の設置者である地方公共団体の裁量に委ねることとしたのである。

ネットワーク系のメディアは、図書館の関与しないところで情報の中身そのものの改変が可能であり、「図書館資料」と言えるかどうかの分岐点と言われている。「図書館資料」とは外部から改変や閲覧中止を求められても「図書館の自由」に基づいて、図書館が主体的に判断して対応できる[184]もの

---

183) 生涯学習審議会社会教育分科審議会計画部会図書館専門委員会『図書館の情報化の必要性とその推進方策について—地域の情報化推進拠点として—（報告）』1998 年 10 月 27 日。本文は、国立国会図書館のアーカイブに保存されているが、著作権法の関係で全文を読むことはできない。http://warp.ndl.go.jp/info:ndljp/pid/286794/www.mext.go.jp/b_menu/shingi/12/shougai/toushin/981001.htm

184) 糸賀雅児「図書館専門委員会『報告』の趣旨と〈無料原則〉」（『図書館雑誌』92 巻 2 号、1998 年）1098 頁。

とされている。

　またデータベースの利用については、有料の契約をしていることから、利用ごとに発生する維持費を利用者に課金するか否かという問題が生じている。この問題は、本節Ⅱ「アメリカ合衆国の無料原則存続の理由」でまとめた主な3点の中の2点が同様の根拠を持つものと考えられる。その2点とは、②情報へのアクセスは、民主主義の社会における市民の基本的な権利のひとつとなること、および③有料制によるサービスの提供は、差別にあたる[185]ことなどである。これらの理由を考慮するに、紙媒体の資料と異なり利用ごとに費用が発生するからといって、データベースなどの電子情報の費用をそのまま利用者に課金するということは慎重な判断が必要となるということである。

　近年のアメリカ合衆国では、図書館以外の場所でも同様な問題が生じている。裁判所によって公式に刊行されていない判決が商業用データベースに登載されている場合が多い。これを先例として引用することを裁判所規則で禁止することが許されるかが、憲法問題にまで発展した[186]。しかし商業用データベースに搭載されかつ引用が禁止されている判決は、コストさえ払えば利用が可能である[187]。商業用データベースに登載されかつ引用が禁止されている判決を利用するというアメリカ合衆国の事例は、日本の図書館における「電子情報等」と「費用負担」のあり方と同様の問題を含んでいる。

---

185) Horn, "Charging for Computer-Based Reference Services" p.17.
186) 佐藤信行「カナダにおける『法資料へのアクセス』と『法の支配』の一断面―CCH Canadian Ltd.v. Law Society of Upper Canada を例として―」(『尚美学園大学総合政策研究紀要』2号、2001年10月) 72頁。
187) 佐藤信行「アメリカ合衆国連邦控訴裁判所における『公式に刊行されていない判決』と『引用禁止ルール』― Anastasoff v. United States にみる違憲論―」(『釧路公立大学紀要 社会科学研究』13号、2001年3月) 41頁。

第5節　第1節と第4節で示した課題における調整の必要性

I　無料原則と著作者の貸与権との法構造の調整の必要性

　現行の日本の法制では、国民の誰もが知る自由を確保できるようにするために、図書館と資料提供者の著作者に対して、次のような法構造を採用している。1984年に著作権法に貸与権が創設され（昭和59年5月25日法律46号）、営利を目的とせず、かつ、その複製物の貸与を受ける者から料金を徴収しない場合（図書館の貸出しなど）には、貸与権を制限（著作権法38条4項）する規定が同時に設けられた。これは、図書館資料の利用には対価を徴収しないという無料原則がある（図書館法17条）ため、図書資料の貸出しについては、著作者が有する貸与権の行使を制限することで、著作者に利用料を合法的に支払わないという法構造をとっていることによるものである。

　公立図書館が「入館料その他図書館資料の利用に対するいかなる対価をも徴収しない（図書館法17条）」という場合の図書館資料の利用とは、当初は閲覧を意味していた。館外貸出しについては、1970年の『市民の図書館』によって主張された図書館がやらなければならない3つの目標の1つであった。貸出中心の図書館政策は、「地方自治体の財政状況にゆとりが出始め、これが生活に直結した住民サービスを展開する動きとあいまって、この新しいタイプの図書館が広く普及した。当初の考え方では、貸出サービスに力を入れることによって図書館の定着をはかり、一定の普及をみた後で調査研究的なサービスに移行することになっていた。多くの自治体では、新しい段階に移行することなくそのまま貸出中心のサービスが展開されていったため、（略）1980年代から90年代にかけて、貸出図書館モデルによる公共図書館が全国各地で続々とつくられるようになった[188]」のである。

---

188) 根本彰『理想の図書館とは何か　知の公共性をめぐって』ミネルヴァ書房、2012年、47-48頁。

貸出中心の図書館政策がとられていても、図書館利用者が図書館資料を借りる時に、1984年以前は、図書館が図書を貸し出すという行為に著作権法に貸与権が創設されていなかったので、図書館および貸本屋と著作者の間で、図書館の貸出しおよび貸本と著作者の権利との調整を図る必要はなかった。

レンタルレコードの問題で貸与権が創設された1984年から書籍に貸与権（平成16年6月9日法律92号）が適用された2004年までの間は、図書館資料貸出しの無料原則は著作者の貸与権行使を制限することで（著作権法38条4項）維持されてきた。

2004年に著作権法が改正されて、書籍に貸与権が適用（2005年1月1日施行）されてからも、図書資料の利用の無料原則は、著作者の貸与権行使に制限を加えることで維持されているという法構造に依存したままである。

公立図書館が図書の貸出しをしても、図書館の無料原則（図書館法17条）により、著作者は利用料を利用者から徴収することができない。国が定めた無料原則と国民の知る自由を守るために、著作者の貸与権の行使を制限しているという法構造を採用しているからである。書籍・雑誌等に貸与権が適用されていなかった2004年までは、その当時著作者に経済的負担をかけていたか否かは別として、権利行使を制限されているということは問題とされてこなかった。しかし2004年以降貸与権が書籍等に適用されてからは、図書館資料利用の無料を維持することと、図書館で利用された図書館資料へ著作者が貸与権を行使することとは別のことであるのに、著作者は貸与権に基づく利用料の報酬を徴収できないままでいる。さらに現状では国からの著作者への援助も望めないので、公立図書館が図書を貸し出しすれば貸し出しするほど、著作者は経済的利益を受ける機会を失うことになる。特に利用頻度の高い職業作家の図書の貸出しについては、貸与権を行使できていれば、公立図書館の図書の貸出しからある程度の経済的利益を受け取れることが可能となっているため、著作者に一方的に負担をかけたままの状態が続いている。

本書では、図書館の無料原則による「図書館サービスの無料提供」および「利用者の資料利用の無料」が「著作者の権利」に負担をかけるということから、三者の利益のバランスを振り返ることを、出発点とする素朴な見直し

論として考えていく。

　そのためには、公立図書館の無料貸出サービスと著作権者の権利（貸与権）との調整を検討することが必要である。しかし、この調整は公立図書館の無料貸出サービスと著作者の貸与権の行使の制限との調整というだけではなく、公立図書館が国民の知る自由のための社会的装置であることから、利用者が差別されることなく知る自由を確保されることも含めて制度設計を考えていく必要がある。日本では、文化的な事柄等に対して寄付を行うという文化が育っていないため、著作者の保護については税金等を投入していくことも視野に入れる必要がある。

Ⅱ 「電子情報等」と「費用負担のあり方」における調整の必要性

　アメリカ合衆国の公立図書館サービスは、各州の図書館法で「無料原則」を規定しているが、実際は料金を徴収するサービスを行っている州が多い。これは1970年代にミネソタ州のミネアポリス公立図書館が始めた「手数のかかるサービス」を「特別なサービス」と位置づけ、図書館法の改正をしないで、利用料を徴収したことに始まるものである。アメリカ合衆国では、図書館法の無料原則の範囲の考え方を柔軟に行っていると考えられる。

　無料原則を宣言の中に盛り込んでいる「ユネスコ公共図書館宣言」も、図書館資料の電子化に伴って1994年に改正され、それまでの1949年版および1972年版での厳格な無料原則から、インターネットなどの利用を鑑みて、「原則として無料」というように緩和している。

　一方、日本の図書館法の無料原則は、過去に長い間有料制をとってきた歴史的経緯[189]があることや、図書館が国民の知る自由のための情報センターとして機能するのではなく、逆に思想善導の機関[190]であったことの反省か

---

189) 図書館令（明治32年勅令429号）7条「公立図書館ニ於テハ図書閲覧料ヲ徴収スルコトヲ得。」
　　改正図書館令（昭和8年勅令175号）13条「公立図書館ニ於テハ閲覧料又ハ附帯施設ノ使用料ヲ徴収スルコトヲ得。」
　　改正図書館令は、図書館法が制定される（1950年）まで効力を有していたため、閲覧料の有料が認められていたのは、1899年から1950年までの50年余りの期間であった。

ら、「入館料及び図書館資料の利用に関して」対価を徴収していない。現在料金を徴収しているのは、「利用者の求めに応じ、その調査研究の用に供するために、公表された著作物の一部分の複製物を1人につき1部提供する場合」（著作権法31条一）と規定されているように、図書館資料の一部分の複製を行う時だけである。

無料原則が強調されてきた理由は、誰でも（性別・貧富の差・社会的立場などの別がなく、特に社会的弱者に対して）が情報にアクセスできるように、公的資金を投入するべきであるという考え方からである。日本には文化的な事柄に寄付を行う文化は育っていないため、国等の公的資金が投入されることが期待されていることによるものである。

しかし日本の無料原則を英国およびアメリカ合衆国の無料原則の運営状況などと比較すると、図書館の無料原則を厳格に守っているのは、日本だけである。図書館資料が紙媒体だけではなく運営費用のかかる電子情報等も含まれるようになってきているため、日本も無料原則の範囲を問い直す必要が生じていると思われる。

前節で検討してきたように、アメリカ合衆国の無料原則存続の7つの理由のうち1番目の「無料原則はアメリカの伝統である」以外は、そのまま今後日本の無料原則の範囲を検討する際に、参考になると考える。参考になると思われる1番目以外の理由を再度列挙する。それらは、②情報へのアクセスは、民主主義の社会における市民の基本的な権利のひとつとなる、③有料制によるサービスの提供は、差別にあたる、④図書館は、無料原則によりすべての人々へのサービスの責任を負っている。これにより、少数者へのサービスに重心を置くと、一般の人々へのサービスが低下することになり、サービスの需要と供給のバランスが難しい、⑤無料原則により、図書館は成人教育の場となれる、⑥有料制は二重課税になる。⑦利用者は有料制にすると、金額に見合ったサービスを求めるようになるので、高いと支払わなくな

---

190) 明治15年の文部省の「図書館示諭事項」における思想善導の思想のこと（『図書館雑誌』昭和2年1月、第21年1号、21頁）。
「善良ノ書籍ハ乃チ善良ノ思想ヲ伝播シ不良ノ書籍ハ乃チ不良ノ思想ヲ伝播スレハ則チ其不良ナルモノヲ排棄シ而シテ其善良ナルモノヲ採用スルヲ要スルナリ。」

る[191]、以上の6つである。

　図書館資料も紙媒体だけでなくオンライン・データベースなどの電子情報の資料も含まれてきている。アメリカ合衆国の無料原則存続の6つの理由を参考事例として、日本では図書館資料の範囲外とされている電子情報等の利用の費用負担について、今後は無料原則との調整を考慮していく必要性が生じてくるだろうと考えるものである。

---

191) Horn, "Charging for Computer-Based Reference Services" p.17.

第2章

図書館の無料原則が及ぼす今日的課題に関する問題の所在と調整の考え方

第1節　今日的課題に関する問題の所在

　本書の序で取り上げている4つの今日的課題は、パブリック・ライブラリーの要件「無料原則」から派生するものと考えられる。第1の課題「無料原則と著作者の権利（具体的には貸与権）との調整」は、図書館の無料原則を維持するために国が定めた著作者の権利との法構造の設計の調整に関するものである。第2から第4までの課題（本部第1章第2～4節を参照）は「図書館の無料原則と利用者」との関係に関するものである。この4つの課題が示すように、図書館サービスの無料原則は、国民の知る自由を確保するための重要な要件となっている。

　本章では、第1の課題「無料原則と著作者の権利との調整」について最重視し、この課題について、問題の所在を検討していく。

　第1の課題「無料原則と著作者の権利との調整」は、図書館と図書館に資料を提供している著作者の権利（貸与権）との関係に、調整の必要性が生じているという新たな問題を示すものである。

　現行法では、図書館がさまざまなジャンルの資料について提供の自由（資料貸出しの自由）を有することを前提として、その図書館に図書資料を提供するために著作者の権利を制限（著作権法38条4項）するという法構造を採用している。利用図書館（市町村立図書館）が行う無料貸出サービス（資料提供の無料原則：図書館法17条）と、それを行うために著作者が有する貸与権に課している制限（著作権法38条4項）とは一体化して考えられている。しかし、本来は別々の法律規定つまり法構造を採用しているものである。つまり

293

著作者の貸与権は、営利目的の貸与と同様に図書館での貸出しについても権利を行使することが本来は可能である。国民の知る自由を確保するために図書館が利用者から利用料を徴収しないということが、同時に、著作者が有する貸与権を制限できるものではない、という問題を含んでいるのである。

しかしこの問題は、単に図書館と著作者に関する法構造の調整を行えばよいというものではない。図書館とは国民にとって身近でありかつ重要な情報センターとして、国民の知る自由を確保する機能を果たす機関であるため、国民が図書館資料を利用する際に、図書館が利用料を徴収するようになれば、国民の知る自由が守られなくなるという問題も含んでいるからである。

さらに、図書館資料の利用の無料原則は、前述で取り上げた第4の課題のうちの「『電子情報等』と『費用負担のあり方』」にも深く関係してくる。維持費がかかるデータベースの費用を、図書館設置者である地方公共団体の裁量に委ねるのか、利用者に課金するのかという問題が生じているのである。

この問題について文部科学省は、生涯学習審議会での1998年10月27日の「図書館の情報化の必要性とその推進方策について―地域の情報化推進拠点として―（報告）[1]」により、今後公立図書館が新たに商業用オンライン・データベースやインターネットによる情報サービスを導入する際の指針を、次のように示した。①ネットワーク系（ないし通信系）のメディアを「図書館資料」の範囲外とし、②CD-ROMやDVDなどのパッケージ系のものは、図書館が購入したり使用権を得たりしてメディアそのものを図書館が管理しているのであれば、「図書館資料」の範囲内、と示した。

そのうえで、図書館資料外とされた商業用オンライン・データベースやインターネットによる情報サービスを公立図書館が導入する際に、通信料金やデータベース使用料を徴収するか否かについて、図書館の設置者である地方公共団体の裁量に委ねることとしたのである。現在では、図書館法17条の

---

1) 生涯学習審議会社会教育分科審議会計画部会図書館専門委員会『図書館の情報化の必要性とその推進方策について―地域の情報化推進拠点として―（報告）』1998年10月27日。
http://warp.ndl.go.jp/info:ndljp/pid/286794/www.mext.go.jp/b_menu/shingi/12/shougai/toushin/981001.htm

規定を順守する形で、これらの情報サービスについて利用者から利用料を徴収している地方公共団体はない。しかし図書館サービスの無料原則を貫き通していくと、安価で貧弱な情報しか得られなくなるというおそれが生じ、国民は知りたい情報を得られなくなる可能性が考えられる。

　この課題については、現在特に問題が生じているというわけではない。しかし今後、利用する際の費用負担のあり方と国民の知る自由との調整が必要になってくる課題であると思われる。

　図書館サービスは、図書館、国民（図書館利用者）および著作者の三者の関係から見ると、国民が「知る自由」を確保するために、次のような構造の下に維持されている。地方公共団体は、国民の「知る自由」を確保するために、資料の利用料等の対価の形ではなく、税負担によって支弁される経費をもって図書館を維持する。利用者は、これによって図書貸出サービスを受けている。一方で、著作者は、図書館による図書購入によって経済的利益を得ることができるものの、図書貸出しからは経済的利益を得ることができないというものである。

　本書の目的は、「無料原則と著作者の権利との調整」を課題として、この三者の関係の調整を試みるものである。第Ⅳ部で三者の関係の調整を試みるが、最後に、今後問題になるだろうと思われる「電子情報等」の費用を図書館設置者である地方公共団体の裁量に委ねるのか、利用者に課金するのかという課題についても触れていくことにする。

第2節　図書館の無料原則と著作者の権利との調整の考え方

Ⅰ　調整の考え方

　図書館が図書資料の無料貸出しを行うという仕組みは、次のような構造の下に維持されている。まず地方公共団体は、国民の「知る自由」を確保するために、資料の利用料等の対価の形ではなく、税負担によって支弁される経費をもって図書館を維持する。利用者は、これによって図書貸出サービスを受けている。一方で、著作者は、図書館による図書購入によって経済的利益

を得ることができるものの、図書貸出しからは経済的利益を得ることができないというものである。

目的は、図書館貸出サービスの無料原則を維持することで生じる三者の構造の調整、つまり図書館とその利用者および図書（書籍）資料の提供者である著作者の三者の調整を試みるところにある。

この調整が必要であると考える理由をあらためてみると、次の2点に要約されよう。第1は、この構造は、経済的観点からすると、もっぱら著作者の負担によって成立しているものであり、それが適正なバランスであるかどうかを再検討する必要があると考えるからである。この点、留意が必要なのは、著作者の「得られるであろう経済的利益そのもの」、換言すれば、経済的負担額を問題としているのではないということである。額がどのようなものであれ、もっぱら著作者の負担によってこの三者関係が成立しているという、制度・構造そのものの妥当性が常に検証されるべきであるということができる。その際における重要な考慮要素のひとつが、「損失」額であるということにすぎない。

第2は、この構造は、そもそも、国民の知る自由に奉仕することに資することを目的としているが、経済的負担のあり方に加え、すでに述べたように図書館で利用できる情報に電子情報等が導入されており、新しい状況の下では、著作者や出版者が既存構造の下での活動を継続する意欲やインセンティブを失うようになる。結果として国民の知る自由に逆行する事態が生じるという危険を内包している。典型的には、「図書資料の無料貸出し」によって経済的利益を得られないのであれば、ビジネス・モデルを図書資料の販売ではなく、電子データへのアクセス権の設定へと変更するという考え方が台頭してくるのである。

そして重要なことは、この2つの理由は、1つの問題の表裏であるという点である。

そこで、この調整をするにあたり、典型的な問題として考えられるのは、市場で売れているか、または手に入りやすい図書館資料[2]についての無料貸出サービスに関する問題である。図書館の中でも利用図書館（市町村立図書館）が、市場で購入しやすく利用頻度（貸出頻度）の高い図書、たとえば

「小説・ビジネス書・実用書・児童書」を無料で貸し出すと、これらの図書は利用頻度が高いため、これらの著作者にとって、徴収できない利用料が無視できない金額になるという負担をかけることになる。

利用頻度の高い一般図書が図書館資料として利用者に貸し出されても、著作権法の権利（貸与権）が制限され、具体的には貸与権が働かない（著作権法38条4項により利用料が支払われない）うえに、その資料が貸し出されることで市場での売上げにも影響が及ぶ可能性が考えられる。つまり利用頻度の高い一般図書が図書館資料として貸し出されると、貸与権の利用料と、図書館が貸し出したことでその図書の市場での売上げに影響が生じると思われる金額との2つの負担を著作者にさせていることになると考えられる。

他方で、このようなタイプの図書は、電子書籍化することも比較的容易であり、とりわけ、ビジネス書や実用書などは、改訂の頻度も高いから、電子書籍としてデータへのアクセス権を販売するというビジネス・モデルに切り替えることも、十分可能であるものが多い。

こうした点を総合すると、利用頻度の高い一般図書、特に「市場で売れていると考えられる図書」の著作者が、次の著作物を創作できる（生計を立てられる）ようにし、さらに創作された著作物による市場の活性化を可能に

---

2) 市場で売れている図書館資料について、糸賀教授は経済学の「市場の失敗」の理論をもとに、「市場が形成されている財（サービス）の領域に政府（地方自治体）が介入して租税によってその財を供給することは正当化されない」が、「逆に『市場の失敗』していると思われる領域であればあるほど、政府による介入が正当化しやすく、無料で提供されることになる」という見解を示している（糸賀雅児（北から南から）「『図書館資料』と『『費用負担』のあり方をめぐって―図書館専門委員として考える」（『図書館雑誌』93巻6号、1996年）475頁より。
「市場の失敗」とは、経済学では「完全競争に関する基本的な条件とは別に、市場の有効な働きが保証されるための条件がある。もしこの条件が満たされないならば、その市場は、たとえ完全競争に関する仮定が満たされたとしても、最善の帰結を導かない。すなわち、市場が最適な資源の配分に『失敗する』のであり、この『市場の失敗』要因こそ政府が市場に介入する根拠である」と考えられている（加藤寛・浜田文雅編『公共経済学の基礎』有斐閣、1996年、195頁）。糸賀教授は、さらに「公立図書館の蔵書は、個別の資料のなかには、市場が形成されているとみなせる資料もあろうが、総体としては『市場の失敗』している資料やサービスを提供し続けている。『知る権利』を保障する図書館機能が市場原理では必ずしも適切に供給されず、しかも地域住民全体の便益につながると考えられるからこそ、租税負担が広く認められてきたのである」と述べている（糸賀「『図書館資料』と『費用負担』のあり方をめぐって」475頁）。

し、かつ、著作者や出版者が「図書(書籍)資料」を継続的に出版することのインセンティブを失って、図書館が空洞化するという事態を回避するためには、このようなタイプの図書についての図書館資料の無料貸出しとの調整の方策が必要であると考えられるのである。

一方、専門図書に関しては、特定の分野に特化した内容のため、一般の利用者の利用頻度は少ない。専門図書は主に保存図書館(都道府県立図書館および市町村立の中央図書館など)で保存され広域的に利用されている。また市場で購入しにくいため、図書館で購入され保存され利用されることで、国民があらゆる情報にアクセスできること(「知る自由」)に貢献しているうえに、著作者にも貢献することになる。

したがって、本書では、「市場で売れていると考えられる図書」を中心として、図書館の「資料提供の自由」および利用者の図書館利用の「無料原則」と無料原則に基づく「知る自由」の確保並びに図書館の資料貸出しに対して著作者が有する権利との調整の必要性について、検討していくことにする。

その際に図書館が収集する図書の選択も「利用者の要求優先」の図書選択理論から「質の高い本・価値ある本」への選択[3]への変換などの調整も視野に入れる。

具体的な調整方法については、①国の文化支援政策、②公立図書館での図書貸出しに関する権利(貸出権)の創設(貸与権を創設した92年EC閣僚理事会指令を参考にして)、③損失部分への補塡(公貸権制度を参考にして)の3点を考えるものである。

II 調整方法

1 国の文化支援政策

上述した問題への対応としての調整方法を考える場合、最初に想起される

[3) 伊藤昭治・山本昭和「1970年以降の公立図書館図書選択論」(『現代の図書選択理論』日外アソシエーツ、1989年)38-39頁。

のが、市場性の高い著作物を常に創作でき、市場に活性化をもたらすような著作者に対して、文化への貢献として国が支援を行うという政策の実施である。日本政府は、現在においても、たとえば「映画振興への支援[4]」として、監督やシナリオ作家、あるいは映画製作そのものへの支援等を行っているが、こうした支援政策を拡大することが考えられるのである。しかしながら、この方策は、著作者への国からの文化支援であるため、図書館資料として著作物を提供している著作者に支援が行われるとは限らず、支援が功労賞的意味を有する危険性が指摘される。さらに、国からの文化支援は、思想統制および出版物の検閲に発展する可能性を含んでいるという、構造的かつ本質的問題にも十分な注意が必要である。

とりわけ図書館には、かつて明治15年の文部省の「図書館示論事項」における思想善導の思想を具現化し、資料の検閲や閲覧禁止を受け入れてきたという歴史がある。特に昭和8年の改正図書館令（昭和8年勅令175号）により、中央図書館の制度が制定されたことで、各図書館内での資料の検閲・閲覧禁止が助長された。こうしたことから、図書館法の制定後には、図書館令の時代を反省して、思想・情報を資料として保管している図書館に、公権力から検閲を受けない自由が必要であると考えられたのであり、それを受けて、国民の「知る自由」を確保する図書館の原則として「図書館の自由[5]」が認められているのである。もちろん、かつてのような明示的な形での思想統制は考えにくいという批判もありうる。

たとえば、公立図書館ではなく学校図書館で起きた問題ではあるが、「過激な描写がある」として、松江市の教育委員会が2013年1月までに広島の原爆の悲惨さを描いた漫画『はだしのゲン』の閉架措置を要請するという問題が生じた。この要請に松江市内のほぼすべての小中学校が従ったため、

4）日本映画製作への支援（文化芸術振興費補助金）
「劇映画、記録映画及びアニメーション映画等の日本映画の企画から完成までの製作活動に対し、映画製作に要する経費を、文化庁の予算の範囲内にて支援します。」
http://www.bunka.go.jp/seisakujgeijutsubunka/eiga/seisaku_shien/
5）「図書館の自由に関する宣言 1979年改訂」として公表されている。
日本図書館協会図書館の自由委員会編『「図書館の自由に関する宣言 1979年改訂」解説 第2版』日本図書館協会、2007年、5-9頁。

2013年8月には閉架措置の要請の経緯等が問題化してきた。松江市教育委員会は、閲覧制限を撤回し、8月28日に市役所で臨時の小中学校長会を開き、閉架の要請と撤回に至った経緯を説明し、教育長等が謝罪した。2013年10月には松江市内の小中学校49校のうち41校で、子どもたちが自由に当該漫画を手に取れるようになった。この問題をきっかけに、新たに購入する学校や、図書の選書基準を見直す学校も出てきている[6]。

『はだしのゲン』の閲覧制限は、その後も続いた。差別的表現があるとする大阪府泉佐野市の市長の要請に教育長が従い、泉佐野市教育委員会が2014年1月に、市立小中学校13校の図書館から128冊を回収した。市立校長会は文書で抗議をしたが、聞き入れられず、約2カ月後の3月20日になって返却された。泉佐野市の問題は、政治家である首長の意向が通る教育現場の実態が表面化したことにある[7]。

『はだしのゲン』閲覧制限問題は、当時1年の間に小中学校の図書館に対して2例も続けて起きている。これは今日なお、図書館が公権力による思想統制や思想選別の危険に直面し続けていることを示しているものである。『はだしのゲン』閲覧制限問題は、学校図書館内で起きたものである。学校図書館は、「学校図書館法（昭和28年法律185号）」を根拠としている。一方図書館法を根拠とする公立図書館は、思想統制が起こらないようにする図書館の原則である「図書館の自由」を有し、これにより「資料収集の自由」および「資料提供の自由」を宣言しているため、学校図書館のように安易に教育委員会が閉架措置を要請することはできにくいと思われる。

『はだしのゲン』事件は、アメリカ合衆国の図書館蔵書をめぐる憲法判例（本書第Ⅰ部第2章第3節Ⅱ）と通じるものがある。アメリカ合衆国の蔵書から図書を除去した事件も、すべて学校図書館で起きた事件であり、公立図書館

---

6) 『はだしのゲン』閉架措置・松江市事件の概要は、朝日新聞デジタル版2013年8月28日「松江市教委、『ゲン』閲覧制限撤回を謝罪　臨時校長会で」、同年10月17日「『はだしのゲン』、大半が開架に戻る　松江市の小中学校」の記事を参考にしてまとめた。
7) 『はだしのゲン』回収・泉佐野市小中学校図書館事件の概要は、愛媛新聞ONLINE 2014年3月26日社説「『はだしのゲン』回収　教育への公権力介入は問題だ」、NHKニュース2014年3月20日「大阪泉佐野市『はだしのゲン』一時回収」(http://www3.nhk.or.jp/news/html/20140320/k10013126291000.html) の記事を参考にしてまとめた。

では同様の事件の判例は存在していない。

　国の文化支援を調整方法と考えた場合、本書で問題としている解決策としてこのアプローチを採用することは、本末転倒であるという批判が成り立つことになろう。ICT[8]の展開が起こっているという新しい状況の下で、なお図書館が国民の知る自由のための重要な装置であり続けるという目的との関係で、思想統制や思想選別の危険性を内包しているアプローチを採用することには、原理的な問題があることは否めないのである。

2　公立図書館での図書貸出しに関する権利の創設

　図書館の図書貸出しに関して、現行の貸与権と区別して「貸出権」を創設するという調整方法を検討する。日本法では、商業的貸与と非商業的貸与の区別がないため、英語の用語を使用して区別して考えることにする。rental right を商業的貸与権とし、非商業的貸与を意味する lending right を貸出権と考える。図書館の資料などの非商業的貸与の貸出しについて、貸出権を創設した 92 年 EC 閣僚理事会指令を参考にして、日本にも公立図書館の図書の貸出サービスについて貸出権の創設の可能性を検討する。

　また著作物は創作された本国でのみ流通するばかりではなく、国境を越えて流通するため、各国は次のような国際的保護を促進してきた。「著作物は文化交流や学術の交流の基本的要素をなすものであり、本来的に国境を越えて流通し、利用される性格のものである以上、一国内のみの保護では著作者の権利の適切な保護を図るのは困難であった。まず最初に国際的な保護手段として各国で採られたものは、二国間条約の締結であった。(略)二国間条約は、なお著作者の保護には不十分であることが痛感され、多国間条約に向けての取り組みが生まれてきた。1882 年 5 月、ローマで会合していた各国の著述家、学者、作曲家、出版業者、楽譜商などによる『国際文芸協会』はドイツ書籍商協会の提案に基づき、文学的及び美術的著作物の保護のための国際的な組織の設立を決め、1883 年にベルヌで会議を開催することとされた」[9]。この後各国の間で何度か会議をもち、条約として制定および改正を

---

8) Information and Communication Technology の略。情報通信技術のことである。

行うことになった。そして1971年に著作者の国際的保護を図るベルヌ条約・パリ改正条約（Berne Convention for the Protection of Literary and Artistic Works）[10]として制定されたのである。

ベルヌ条約の主な原則は、①内国民待遇の原則（著作者は、その著作物の本国以外の締結国において、当該締結国がその国民に与える保護と同じ権利を享有することとされている。5条(1)）、②無方式主義の原則（登録、表示などの方式が必要ない。5条(2)一文）、③権利独立の原則（本国の著作権法では権利が失効していても、他の締結国では保護されること。5条(2)二文）、④属地主義の原則（著作物利用地法の適用原則。5条(2)三文）などである。保護される著作権には、翻訳権（8条）、複製権（9条）、公の上演権・演奏権（11条(1)(i)）および上演・演奏を公に伝達する権利（11条(1)(ii)）、放送権等（11条の2）、公の朗読権（11条の3）、翻案権（12条）、映画化権（14条）、追及権（14条の3。この権利を規定するか否かは国内法に委ねられている）などがある。各国の著作権法はベルヌ条約に基づき、国内法を制定している[11]。

しかしベルヌ条約が定めている著作権の中に、貸与権が定められていない。貸与権は、本来著作権法が保護する権利ではなかったのである。1980年代に入り、世界的にレコードおよびビデオのレンタル業が登場することにより権利者の利益が侵害される危険が大きいと考えられ始めた。ヨーロッパでは、EC統一市場の達成という経済的枠組みの中で、著作権法のハーモナイズが必要とされていた[12]。欧州委員会（Commission[13]）では議論を重ね、1992年に92年EC閣僚理事会指令[14]と呼ばれる指令を出し、貸与権と貸出

---

9) 作花文雄『詳解 著作権法 第4版』ぎょうせい、2010年、557頁。
10) Paris Act of July 24,1971, as amended on September.
 http://www.wipo.int/treaties/en/text.jsp?file_id=283698
11) 作花・前掲書の563-565頁をまとめている。
12) *Green Paper on Copyright and Challenge of Technology — Copyright Issues Requiring Immediate Action. COM（88）172 final*, 7 June 1988, pp.1-16.
 http://aei.pitt.edu/1209.11/COM_(88)_172_final.pdf
13) 執行機関。加盟国の合意に基づき欧州議会の承認を受けた委員で構成（各国1名の計28名、任期5年）。省庁に相当する「総局」に分かれ、政策、法案を提案、EU諸規則の適用を監督、理事会決定等を執行。
 （外務省の「欧州連合概況 一般事情」のWebサイト：http://www.mofa.go.jp/mofaj/area/eu/data.html）

権の創設を加盟国に求めたものである。日本法では、図書館の資料の貸出しについて貸出権の創設を検討するものである。そのため、92 年 EC 閣僚理事会指令で示された貸与に関する規定を参考にする。

92 年 EC 閣僚理事会指令では貸与に関する権利を、著作権法の許諾権として rental right（貸与権）と lending right（貸出権）とに区別して定めている。1 条 2 項で「rental right：貸与権」、同条 3 項で「lending right：貸出権」について定義をしている。「rental（貸与）とは、直接又は間接の経済的又は商業的利益のため、限定された期間において利用可能にする」と規定した。また「lending（貸出し）」について、「特定の期間、直接又は間接に経済的又は商業的利益を目的とせず、利用可能にすることを意味し、公衆による利用可能な施設を通じて行われることをいう」と定義している。

2 条 1 項では、「rental right：貸与権及び lending right：貸出権」の権利者および対象物を次のように規定している。「—その著作物の原作品及び複製物に関しては著作者、—その実演の固定に関しては実演家、—そのレコードに関してはレコード製作者、及び、—その映画の原作品及び複製物に関しては映画を最初に固定した製作者。この指令において、『映画』という言葉は音を伴うか否かに係わらず、シネマグラフィック又はオーディオビジュアル著作物若しくはムービング・イメイジズをいう」としている。

3　損失部分への補填：公貸権制度という調整方法

著作者への損失補填については、欧州各国で「公貸権（Public Lending Right）制度」という制度が導入されている。公貸権の英語表記は Public Lending Right であり、貸出権（Lending Right）に公共（Public）という文字が頭についているため、著作権法上の権利であると理解されることが多い。しかし、公貸権とは著作者への損失の補填をするという報酬請求権であり、著作物利用の許諾権ではないため著作権法上の権利ではない。加えて、公貸権制度は国の文化支援という一端も担っているため、各国では国が基金を創

---

14) European Community: Copy right (Rental and Lending Right), Council Directive, 19/11/1992, No.92/100.

設して、著作者に支援をしている。そのため、公貸権制度とは、2つの目的を有する制度である、ということができる。

この定義は、次の見解が"Public Lending Right"の本質を述べていると考えるので、これをもとにしている。公貸権とは、その目的の「1つ目は、著作者の著作物が図書館の貸出しにより引き起こされた収入源の損失に対して報酬を著作者に与える権利を認めることである。2つ目は、国の中で文学と原作者を支援する要望である[15]」という2つの目的を持つものである。

英国で導入されている公貸権を、著作権法の貸出権と比較すると、次のような相違があり、その相違により著作権法とは別枠で成立させる必要があった。その相違とは、①金銭受領権または報酬請求権であり、利用の許諾権ではない、②対象資料が限定されている、全著作物を対象としていない、③国籍要件や居住地要件が必要である、④報酬額の受領の上限金額と下限金額が定められている、⑤公貸権に基づく報酬の受領には「登録」が必要である、⑥公貸権にかかわる利用料について支払うのは、利用者(図書館)ではなく国の基金より支払う。著作物の利用対価は、利用者が支払う必要があるので、著作権法で公貸権を適用するとこのような形態はとれない[16]、というものである。

著作権法と同様な規定は、次のとおりである。①譲渡可能であり、著作者の死亡により相続も可能である、②著作権の保護期間と同様の期間権利が存続する[17]、などである。

損失補填の方法の主なものは「所蔵冊数主義」と「貸出回数主義」である。利用頻度の高い一般図書が図書館資料として貸し出されると、著作権法の権利(貸与権)が制限され貸与権が働かないうえに、図書が貸し出されることで市場での売上げにも影響が及ぶ可能性が高い。このような著作者に対して補填を厚くするようにと考えると、「貸出回数主義」が妥当する。また

---

15) Mayer, Daniel Y., "Literary Copyright and Public Lending Right" *Case Western Reserve Journal of International Law*, Vol.18, 1986.
16) 南亮一「『公貸権』に関する考察―各国における制度の比較を中心に」(『現代の図書館』40巻4号、2002年)219-220頁。
17) CDPA s90(1). Public Lending Right Act 1979 (c.10) s1(7)(b).

「知る自由」を根拠に、利用頻度の低い専門書の著作者にも利用料の補塡を考えると、「所蔵冊数主義」のほうが妥当する。

補塡の方法として「貸出回数主義」をとる国で、参考となるのは英国である。英国では、公貸権という用語を生み出したり、補塡の方法を「貸出回数」にするのか「所蔵冊数」にするのかということも導入時期に議論している。英国の公貸権制度は、日本での公貸権制度の導入にあたり参考になると考えられる。「所蔵冊数主義」については、北欧の国の制度など各国の制度も参考となる。

4　検討する2つの調整方法

3つの調整方法の考え方について検討してきた。これらの考え方を参考にして、本書の第Ⅳ部では、「図書館の無料原則と著作者の権利との調整方法」に関する具体的な制度について検討する。

具体的な権利および制度について検討するにあたり、第1の調整である国の文化支援政策は、ICTの展開が起こっているという新しい状況の下で、なお図書館が国民の知る自由のための重要な装置であり続けるという目的との関係で、思想統制や思想選別の危険性を内包しているため、本書では採用しないこととする。したがって、第2の調整である「公立図書館での図書貸出しに関する権利の創設」と第3の調整である「損失部分への補塡」について、具体的な権利および制度について検討し、日本の状況に適合する調整方法を提案するものである。第2および第3の調整において、具体的に検討を行う権利および制度については、次のように考えている。

第2の調整「公立図書館での図書貸出しに関する権利の創設」については、92年EC閣僚理事会指令の貸与に関する権利を参考にする。92年EC閣僚理事会指令では著作権法の許諾権として商業的な貸与を rental right（貸与権）と定め、非商業的な貸与を lending right（貸出権）と定めて区別している。92年EC閣僚理事会指令では非商業的な貸与を独立させている。本章で調整方法として考えている「公立図書館での図書貸出しに関する権利」についても、92年EC閣僚理事会指令における lending right（貸出権）の規定を参考にして、貸出権として創設することを検討するものである。

第3の調整「損失部分への補塡：公貸権制度という調整方法」については、各国の公貸権制度も参考にしつつ、英国の公貸権（Public Lending Right）制度が妥当であると考えられるため、英国の制度について具体的な検討を行う。さらに英国の公貸権制度について検討したが、最終的に制度の導入を見送ったアメリカ合衆国の議論等も参考にする。

　第Ⅳ部では、日本における「公立図書館の図書の無料貸出サービスと著作権の権利との調整の方法」について、上記の第2と第3の2つの調整方法を検討し、どちらの方法を提案するのが適切であるかを判断する。判断したうえで、具体的な方法の内容を提案していく。

第Ⅳ部

図書館の無料原則と著作者の権利との調整方法の検討および提案

第1章

公立図書館での図書貸出しに関する権利の創設

第1節　92年EC閣僚理事会指令による貸出権の規定

I　指令が発せられた背景およびEU法の法源の種類

1　背　景

　欧州の各国は、経済的調和の必要から、1958年に欧州経済共同体（EEC）を設立している。その後英国、デンマーク、スペインなど加盟国を増やし、発展していった。この欧州経済共同体を基礎に、欧州連合（EU）として、欧州連合条約を1993年11月1日に発効した。翌1994年1月には欧州経済領域（EEA）として発足した。欧州連合は、経済通貨統合を進めるとともに欧州連合条約に従い、共通外交・安全保障政策、警察・刑事司法協力等の協力も行う政治・経済統合体である[1]。

　欧州連合条約（The Treaty of European Union）[2]は1992年に調印され、翌93年に発効したが、この条約のもとで導入された政策の枠組みを目的とする欧州共同体[3]は、調印する以前から、共同体の工業や経済に関する重要な問題として「著作権」の調和を検討しようとしていた。加盟国の経済の調和のために、貸与と貸出しの創設を加盟国に求める「貸与権及び公貸権並びに知的財産の分野における著作権隣接権に関する閣僚理事会指令[4]」（通称：92年

---

1) 外務省のWebサイト「欧州連合（European Union）」より。
　http://www.mofa.go.jp/mofaj/area/eu/data.html 加盟国は2015年9月現在、28カ国。
2) http://eur-lex.europa,eullegal-content/ENITXT/Zuri=CELEX:11992M/TXT
3) http://europa.eu/about-eu/index_en.htm

EC閣僚理事会指令。92年EC閣僚理事会指令について、今後本指令とする）を、1992年に発している。

2 EU法の法源の種類

EU法の主な成文法源は、欧州連合（EU）を基礎とする条約である。その中でも主なものは、1957年のローマ条約（The Treaty of Rome 1957）、ヨーロッパ単一議定書（The Single European Act 1986）、アムステルダム条約（The Treaty of Amsterdam）の3つの条約である。EU法の法源は、これらの条約と、ローマ条約に基づいて制定している二次的な法源である派生法とに大別される。二次的法源の派生法には、「規則（Regulations）」「指令（Directives）」「決定（Decisions）」の3種類がある[5]。

ローマ条約の249条で、二次的法源の派生法である「規則」「指令」「決定」について規定している。その内容は、「理事会と共同して行動する欧州議会、理事会および委員会は、その使命を達成するため、この条約の規定に従って、規則を制定し、指令を発し、決定を行い、かつ勧告又は意見を表明する。規則は、一般的な適用性を有する。規則は、その全体において拘束力があり、すべての加盟国において直接適用することができる。指令は、達成すべき結果について、これが向けて発せられるすべての加盟国を拘束するが、方式および手段の選定については加盟国の機関の権限に任せる。決定は、それが向けて行われる者に対し、全体として拘束力を有する。勧告および意見は、何ら拘束力を有しない」である。

本条の規定によると、ECが、著作権法のように、各国に個別に成文法がすでに存在している場合に発するのは「規則」ではなく、「指令」になる。したがって、「指令」については、加盟国の国内施行措置を必要とするため

---

4) Council Directive 92/100/EEC of 19 November 1992 on rental right and lending right and on certain rights related to copyright in the field of intellectual property. http://eur-lex.europa.eu/smartapi/legal-content/EN/TXT/?uri=CELEX:31992L0100 名称が長いので次のように省略されることがある。Copy right (Rental and Lending Right), Council Directive, 19/11/1992, No.92/100.
5) UK LAW ONLINE European Union law の "European Sources of Law" にて説明されている。http://www.leeds.ac.uk/law/hamlyn/european.htm

に、ECの指令の内容を見ただけでは、特定の加盟国の法律の実際の内容については、すぐには判明しない。

II 本指令の概要

1 本指令における議論

ヨーロッパでは、欧州連合（EU）が発足する過程の中で、著作権法のハーモナイズが必要とされていた[6]。欧州委員会（Commission）では議論を重ね、1992年にEC閣僚理事会指令と呼ばれる本指令を出し、貸与権と貸出権の創設を加盟国に求めた。

1992年末までのEC統一市場の達成という経済的な枠組みの中で、著作権のような文化的な法制度のハーモナイズがなぜ必要とされたのか、それについては1988年6月にEC委員会（Commission）に提出された「著作権と技術の挑戦に関するグリーンペーパー——緊急に対処を要する著作権問題[7]」の第1章[8]において、述べられている。このグリーンペーパーでは、共同体レベルでの重要な著作権問題の発生について取り上げ、著作権保護と商品の移動の自由やサービス提供の自由との関連、コンピューター技術や衛星放送技術等の新しい技術の登場に伴う問題、EC加盟国以外の諸国の効果的保護が不十分なことから生じる加盟国の権利者の重要な諸問題などを指摘している[9]。

このグリーンペーパーでは、共同体レベルで緊急な対処が必要な問題を具体的に6つ取り上げ、これらの問題に関する著作権保護のハーモナイズの具体的提案を行った。6つの問題とは、①海賊版[10]、②録音および視聴覚物の家庭内複製[11]、③特定の著作物（録音・録画）の頒布権および貸与権[12]、④コ

---

6) *Green Paper on Copyright and Challenge of Technology – Copyright Issues Requiring Immediate Action. COM (88) 172 final*, 7 June 1988, pp.1-16.
7) *Green Paper COM (88)*.
8) "Chapter 1" *Green Paper COM (88)*, pp.1-16.
9) *Green Paper COM (88)*, p.1, at 1.1.3.
10) "Chapter 2" *Green Paper COM (88)*, pp.19-98.
11) "Chapter 3" *Green Paper COM (88)*, pp.99-145.

ンピューター・プログラム[13]、⑤データベース[14]、⑥加盟国外における共同体の権利者の保護の制限[15]、の以上である[16]。これらの問題の中に、レコードやビデオなどの録音録画に関する貸与権が入っているが、まだ書籍への貸与権については言及されていない[17]。

　グリーンペーパーに対するその後のヒアリング等で、貸与権を指令で規定することについての支持は得られた。むしろ貸与権をレコードとビデオだけではなく、それ以外の著作物全体についても認めるべきという意見および、貸与権を許諾権として規定すべきという意見などが主張された[18]。これらの意見をもとにEC委員会は、1990年12月5日に理事会指令提案[19]を採択した[20]。

　さらに、EC委員会は、1990年12月13日に閣僚理事会（Council[21]）に理事会指令提案の修正提案[22]を提出した。1991年7月3日に経済社会評議会

---

12) "Chapter 4" *Green Paper COM (88)*, pp.146-169.
13) "Chapter 5" *Green Paper COM (88)*, pp.170-204.
14) "Chapter 6" *Green Paper COM (88)*, pp.205-217.
15) "Chapter 7" *Green Paper COM (88)*, pp.218-237.
16) *Green Paper COM (88)*, p.16, at 1.7.
17) Reinbothe, Jörg and Silke von Lewinski, *The EC Directive on Rental and Lending Rights and on Piracy*, London, Sweet & Maxwell, 1993, pp.4-5.
18) *FOLLOW-UP TO THE GREEN PAPER: Working programme of the Commission in the field of copyright and neighbouring right. COM (90) 584 final,* 17 January 1991, pp.14-15 (Chapter 4). Reinbothe and von Lewinski, *The EC Directive on Rental and Lending Rights,* p.6.
19) *Proposal for a Council Directive on rental right, lending right, and on certain rights related to copyright. COM (90) 586 final,* 24 January 1991.
http://aei.pitt.edu/10901/01/75741_1.pdf
20) Reinbothe and von Lewinski, *The EC Directive on Rental and Lending Rights,* p.6.
21) 決定機関。EU各国の閣僚級代表により構成されるEUの主たる決定機関（外務理事会、総務理事会、経済・財務相理事会等分野ごとに開催される）。
（外務省の「欧州連合概況 一般事情」のWebサイト：http://www.mofa.go.jp/mofaj/area/eu/data.html）
22) *Amended proposal for a Council Directive on rental and lending right and on certain rights related to copyright in the field of intellectual property, COM (92) 159 final-SYN 319,* Brussels, 30 April 1992.
COM (90) 586 final での理事会指令提案と、その修正提案の *COM (92) 159 final* は、*COM (92)* の17頁から37頁で対比されている。
http://aei.pitt.edu/9198/01/31735055280121_1.pdf

312

(Economic and Social Committee) が、この修正提案について意見を述べている[23]。

欧州議会 (European Parilament[24]) は修正提案 (COM(92)) を1992年2月11日に討議し、同月12日にこの修正提案を可決した[25]。閣僚理事会 (Council) は、修正提案をもとに1992年11月19日に閣僚理事会指令[26]を採択した[27]。採択を受けEC委員会が本指令を施行した[28]。

頒布権を著作物に認めている諸国においては、貸与を頒布権の枠の中で考えることから始めなければならなかった。そこで複製物の最初の販売（first sale）後に消尽させた頒布権を、貸与に限り消尽させない旨の規定を設けることによって、貸与につき許諾の権限を確保するという工夫がされた。頒布権を定めているEC加盟国の法律を視野に入れて、EC理事会指令は貸与権を創設したのである。本指令が注目に値するのは、貸与の行為を頒布から切り離して、独立の権利として貸与権を創設したことである[29]。

2 本指令内容

本指令は、第1条で調和の目的および定義、第2条で貸与権および貸出権の権利者および対象物、第5条で排他的な公貸権の制限について規定している。

1条1項で「この章の規定に従い、加盟国は著作物の原作品、複製物及び

---

23) *COM(92)*, p.1.
24) 諮問・共同決定機関。諮問的機関から出発し、次第に権限を強化、特定分野の立法における理事会との共同決定権、EU予算の承認権、新任欧州委員の一括承認権等を有する。定員は754名（2014年まで）。
（外務省の「欧州連合概況 一般事情」のWebサイト：http://www.mofa.go.jp/mofaj/area/eu/data.html）
25) *COM(92)*. p.1.
26) Council Directive 92/100/EEC of 19 November 1992 on rental rigth and lending right and on certain rights related to copyright in the field of intellectual property.
27) Fleury, Joachim, "The Status of Certain Recent Copyright Developments in the European Community" *Fordham Intellectual Property, Media & Entertainment Law Journal*, Vol.4, No.1 Summer 1993, pp.23-24.
28) *EUROPEAN FILE*, "Copyright and neighbouring rights in the European Community" September 1991, p.3.
29) 斉藤博『著作権法』有斐閣、2002年、175頁。

第2条1項に規定されたその他の対象物について、第5条の規定に従い、貸与および貸出を許諾しまたは禁止する権利を認めなければならない」と規定し、貸与権と貸出権を「許諾権」として認めた。

1条2項で「貸与」、同条3項で「貸出」について定義をしている。「貸与とは、直接又は間接の経済的又は商業的利益のため、限定された期間において利用可能にする」と規定した。また「貸出し」については、「特定の期間、直接又は間接に経済的又は商業的利益を目的とせず、利用可能にすることを意味し、公衆による利用可能な施設を通じて行われることをいう」と規定している。

2条1項では、「貸与権及び貸出権」の権利者および対象物を次のように規定している。「―その著作物の原作品及び複製物に関しては著作者、―その実演の固定に関しては実演家、―そのレコードに関してはレコード製作者、及び、―その映画の原作品及び複製物に関しては映画を最初に固定した製作者。この指令において、『映画』という言葉は音を伴うか否かに係わらず、シネマグラフィック又はオーディオビジュアル著作物若しくはムービング・イメイジズをいう」としている。

本指令の規定は、著作者・実演家・レコード製作者・映画製作者に対して、それぞれの著作物・実演・レコード・映画に関する貸与と貸出しを、「排他的許諾権」として与えている。「貸与権」に関しては「報酬請求権」とする考え方もあるが、本指令では「排他的許諾権」と規定した。そのため今まで著作権法に、貸与権が規定されていなかった加盟国では、貸与権を著作権法に創設[30]しなければならなくなった。

「貸出権」も著作権法上の「排他的許諾権」として規定されたわけである。「貸出権」は、図書館の貸出しに関する権利であるが、図書館の貸出しに関する「報酬請求権」としての「公貸権制度」をすでに導入しているEC加盟国があった。導入していた加盟国は、デンマーク（導入年：1942年、施行は47年）、ドイツ（導入年：1972年）、オランダ（導入年：1971年）、英国（導入

---

[30] 英国は、本指令を受けて1996年に改正のために規則（1996年規則〈S.I.1996/2967〉）を作成して、著作権法を改正している。

年：1979年)³¹⁾の4カ国であった³²⁾。公貸権をすでに導入していたオーストリア（1977年)³³⁾、スウェーデン（1954年）、フィンランド（1963年）などは、1992年当時ECに加盟していなかった³⁴⁾。公貸権制度を導入している国の中で、ドイツ、オランダおよびオーストリアについては、公貸権の根拠法は著作権法である。しかし公貸権制度を導入しているそのほかの国と同様に、公貸権を「許諾権」としてではなく「報酬請求権」として規定していた。

また、本指令の5条では、「排他的な公貸権の制限」を規定し、公貸権の例外規定が定められている。

5条1項の規定では、「加盟国は、公共の貸出しに関しては第1条に規定された排他的権利について、少なくとも著作者がそのような貸出しについて補償を得られることを条件に例外を設けることができる。この補償に関して文化振興の目的を考慮するかどうかは加盟国の自由である」としている。これは、1条1項に規定された公貸権について、著作者がそれによる貸出しについて補償を得られることを条件に例外を設けることができるという意味である。

さらに、5条3項では、特定のカテゴリーの施設について、第1項および第2項に規定された補償の支払いを免除できるとしている。

つまり、本指令で貸出権を「排他的許諾権」としたが、「報酬請求権（あるいは何らかの形での補償の確保）」とすることも認められていたのである。

---

31) 本書で扱っている導入年は、PLR International と、sarah 共通目的事業（平成16年度）『公貸権制度に関する調査・研究』（社団法人著作権情報センター附属著作権研究所、2005年3月、資料編2-7頁）を参考にした。
オランダの導入年は、『公貸権制度に関する調査・研究』資料編4頁では1972年であるが、PLR International 内での、各国の公貸権制度導入年は以下の Web サイトを参照。
http://www.plrinternational.com/established/Established%20PLR%20Schemes.pdf
32) *Proposal for a Council Directive, COM (90) 586 final*, p.12.
http://aei.pitt.edu/10901/01/75741_1.pdf
33) オーストリアの導入年については、『公貸権制度に関する調査・研究』では調査されていない。オランダと同様に PLR International を参照した。
http://www.plrinternational.com/established/Established%20PLR%20Schemes.pdf
34) オーストリアの加盟は1995年。スウェーデンの加盟は1995年。フィンランドの加盟は1995年。

3 最近の動向

　加盟国は、本指令を1994年7月1日までに国内法に導入するべく措置をとり、実施することを求められていた（本指令15条）。また、本指令の国内法への導入については、本指令5条4項で、「委員会（Commission）は、加盟国と協力して、1997年6月1日までに共同体における公共貸出しに関する報告書を作成しなければならない。委員会は報告書を欧州議会（European Parilament）及び理事会（Council）に提出するものとする」と規定している。

　これを受けて2002年9月12日に、EC委員会は公貸権に関する報告書[35]を作成し、提出している[36]。報告書では、加盟国の状況について名指しで報告をしている。

　英国については、「作家、映画とレコード製作者及び実演家に対して排他的PLR（Public Lending Right）を規定している。作家たちは、公立図書館で彼らの書籍が貸し出されると報酬をもらえる権利を持っている。著作権は、教育的な施設による著作物の複製物の貸出しや、公貸権の計画内にある書籍の場合、公立図書館によるその書籍の貸出しにより、侵害されない[37]」と報告されている。この報告書では、英国について本指令をこのように順守していると報告されている。しかし、加盟国の全体を見ると、必ずしも本指令を順守している国ばかりではないようである。報告書では「すべての加盟国が国内法を改正しているわけではなく、ある加盟国では、自国の現行規則を本指令の義務に従うように求められているのに、多少の改訂しか行っていない[38]」と指摘している。しかし2002年の状況は、1993年の状況と比べて大きな変化はない。1993年当時の状況は、「貸出権については一応原則的には許諾権として規定されたもの、加盟国は報酬請求権あるいは、報酬請求権自

---

35) *Report from the Commission to the Council, the European Parliament and the Economic and Social Committee on the Public Lending Right in the European Union, COM (2002) 502 final.* http://eur-lex.europa.eu/LexUriServ/LexUriServ.do?uri=COM:2002:0502:FIN:EN:PDF
36) 本報告書の詳しい分析については、斉藤博「第2章 EC-閣僚理事会指令と公貸権」（公貸権委員会編『公貸権制度に関する調査・研究』社団法人著作権情報センター、2005年）3-8頁を参照。
37) *COM (2002) 502 final*, 4.Situation in the Member States, p8.
38) Ibid.; 5. CONCLUSION, p11.

体も適用除外とすることが広く認められており、今後 EC レベルでの検討が続けられることとなる[39]」というものであった。

なお本指令は 2006 年に廃止され、本指令を引き継いだ指令（Directive 2006/115/EC[40]）が 2006 年 12 月 12 日に発令された[41]。本書に関係のある条文について、内容の変更はないが、1 条の中で定義されていた貸与（rental）と貸出し（lending）は、2 条として新たに独立して設けられた。したがって、本指令の 2 条以降の条文番号が順送りに 3 条、4 条、5 条、6 条と変更になっている。

Ⅲ　本指令の制限条項

本指令の 1 条 1 項で、貸出権は「排他的許諾権」として規定されている。しかしこれについては、5 条により「排他的貸出権の例外」として制限規定が置かれている。5 条 1 項は「加盟国は、公共の貸出しに関しては 1 条に規定された排他的権利について、少なくとも著作者がそのような貸出しについて補償を得られることを条件に例外を設けることができる。この補償に関して文化振興の目的を考慮するかどうかは加盟国の自由である」と規定されている[42]。

本指令がこの制限規定を作成するに至った経緯について、本指令作成の当事者である von Lewinski の記述[43]を次の「1　概論」および「2　特別な問題」にて引用する。

---

39) 山中伸一「貸与権、貸出権、隣接権に関する EC 指令について」（『横浜国際経済法学』2 巻 1 号、1993 年 12 月）85 頁。

40) Directive 2006/115/EC of the European Parliament and of the Council of 12 December 2006 on rental right and lending right and on certain rights related to copyright in the field of intellectual property（codified version）
http://eur-lex.europa.eu/LexUriServ/LexUriServ.do?uri=OJ:L:2006:376:0028:0035:EN:PDF

41) http://ec.europa.eu/internal_market/copyright/rental-right/rental-right_en.htm

42) 山中、前掲論文、83 頁。

43) Reinbothe & von Lewinski, *The EC Directive on Rental and Lending Rights*, pp.77-81.

第IV部　図書館の無料原則と著作者の権利との調整方法の検討および提案

1　概　論

本指令5条の例外規定を設ける過程を、von Lewinski は概論として次のように述べている。

「現実的な提案を提出するために、委員会（Commission）は、当初排他的貸出権からの例外の可能性について提供していた。国内の立法者が、一般的に公貸権として知られている報酬権の形式の中に、しかも著作権法の枠組みの外において、貸出権だけを規定することを望んでいるという事実を、4条[44]の原案の作成者は気づいていた。時折、立法者は、書籍のようなある範疇について、報酬のみを許可しようと望んでいたが、レコードのような他の範疇のものについて、排他的権利を適用することに異議はなかった。加盟国内で、多様な法的状況を考慮した委員会の提案の原案は、貸出権を施行するための広範囲でさまざまな方法を提案した。しかしながら、指令の最終見解から見られるように、委員会の提案でさえ、加盟国に受け入れられるには柔軟性が不足していた。（略）

多くの加盟国は、より高い水準の保護について賛成して、委員会の提案より柔軟性に乏しい規定を提案した。特に、多くの加盟国は、レコードのような特定の品物に義務的排他的貸出権を付与することに賛成し、加盟国に、報酬権の受益者として実演家を含むことを義務づけることを望んだ。多くの異なる見解が議論され、その中には、報酬権について言及されることはなかった。しかしその議論の中には、1条(1)において目的とされたように、排他的貸出権を制限する機会を与えられたという見解が含まれていた。最終的な妥

---

[44] 現行本指令では5条に変更になっている。
　第4条　適正な報酬についての放棄できない権利
　　1項　著作者及び実演家が、そのレコードまたは映画の原作品または複製物の貸与権をレコード製作者または映画製作者に移転または譲渡した場合であっても、その著作者または実演家は貸与についての公正な報酬を得る権利を保有する。
　　2項　貸与について公正な報酬を得る権利は、著作者または実演家により放棄されることはない。
　　3項　この公正な報酬を受ける権利の行使は、著作者または実演家を代理する徴収団体に委託することができる。
　　4項　加盟国は、公正な報酬を受ける権利が徴収団体により行使されるべきか否か、及びどの範囲まで行使されるべきかについて規定することができるとともに、この報酬が誰に請求され誰から徴収されるかについても規定することができる。

協は、1992年5月14日にインターネット市場評議会 (the Internet Market Council) の最初の会合において行われた。その妥協とは、加盟国の意見を大いに反映していた。そして、その規定を理解させることで、その妥協が全体の妥協を代理しているということを思い出させるのである[45]。」

ECとして統一の指令を出しても、加盟国の事情が同一ではないことを考慮していかなければならない過程がうかがえる内容である。

2 特別な問題

本指令の5条(1)について、von Lewinskiは「特別な問題」として次のように述べている。少し長くなるが、委員会のメンバーが貸与権創設時にどのように考えていたのか理解できる内容であるので、引用することにする。

「5条(1)は、排他的貸出権の代わりに、加盟国に(少なくとも作家に対しては)報酬を規定することを許すものである。この制限は、貸出しする目的物のすべてのタイプについて規定することができるか、あるいは5条(2)[46]の規定どおり、ある種の目的物だけについて規定することができるものである。制限は、権利者あるいはその他の人との対比で考えて、いつでも目的物に適用されるのである。このように、5条は、ある権利者のグループには排他的権利を、また同じ種目に関する別の権利者のグループには報酬権を認めるというようなことは許可していない。しかしながら、加盟国は書籍とレコードについては報酬権を規定できるが、ビデオソフトとその他の特別な種目には排他的権利が規定できるのである。この場合、次の3つのことが考えられる。第1に報酬権は、作家のみに与えられるので、レコードに貢献してきた実演家とレコード製作者は除かれるということである。次に、作家と実演家の両方に報酬権が与えられる場合、レコード製作者は報酬権も排他的権利のどちらも享受することはできないということである。最後に、作家と実演家

---

45) Reinbothe & von Lewinski, *The EC Directive on Rental and Lending Rights*, pp.77-78.
46)「加盟国がレコード、映画またはコンピューター・プログラムに関して第1条に規定された排他的貸与権を適用しない場合には、少なくとも著作者に対する補償を導入しなければならない。」

とレコード製作者の全部に報酬権が与えられる場合のことである。上記の例から、ビデオソフトに関する排他的権利とは、関係しているすべての権利者（作家・実演家と映画製作者など）に規定されるべきであろう。1条から4条までの条文は、この場合に適用するものである。

　ある加盟国は、ある期間が経つと排他的権利に、次のような制限をすることができる。その制限とは、<u>レコードあるいはビデオソフトに関する権利者が、出版してから約2年後に排他的貸出権を享受するか、またはそれ以降、排他的権利の代わりに報酬権という保護の用語を残したままで排他的貸出権を享受する</u>というものである。

　制限は、貸出権の排他的性質に適用できるものではなく、貸出権の著作権を基礎とする性質に適用できるものである。これは、委員会（Commission）の原案とそれを修正した提案との両方に言及されていたが、議会あるいは評議会により質問されることはなかった。採用された見解における『著作権を基礎とする』という表現を削除するのは、国際的には通用しない。これは、この条について一連の草案を作成するなかで、単純に生じたのであった。加盟国の中では、いつも次のようなことが理解されている。それは、5条による報酬は、著作権法の外で規定することができ、そして上記に述べたように『著作権法を基礎とする』必要性はない、ということである。このことは、1992年6月18日の評議会の会合において、委員会が記録した声明により支持されている。そして、すでに<u>先行している加盟国の現行の公貸権制度に関しては、もしそれが、著作権法に基礎を置いていない場合には、5条に従うものである</u>。委員会の声明だけが、ある加盟国に言及しているという事実は、その加盟国がそのような声明を要求する唯一の国であったという事実によるものである。反対の結論を導くことはできない。それは、つまり公貸権に関する他の加盟国の規定が、5条に従っていないからである。

　委員会の声明によると、5条の解釈についてさらにいくつかの救済を規定できる。加盟国が公貸権上の全体の管理体制について声明を言及して以来、<u>著作権法の原則に従っていないこれらの規定でさえ、5条に応じて看做されることが可能になった</u>。たとえば、著作者の死後の報酬を受けられる適格性や、公貸権の継承性についての規定などのことを指す。再び、正反対の結論

が他の加盟国の規定について書かれることはない。条文の精神とその性質に従って、同様な規則がなおも5条に従うかもしれないという妥協に結論するのである。

　5条が、<u>報酬権の管理</u>について対応しないのならば、加盟国はどんな方法を選んでもよい。たとえば、団体、政府の省あるいは他の管理機関などが徴収するという管理でもよい。同様に、加盟国は、国か図書館か、あるいはその他の機関のいずれかが、報酬を支払うべきであるかということも決定できる。加盟国は、どのように報酬が配布されるかについて詳しい基準を決めることもできる。しかしながら、これらの基準は、次のような一般的な原則を反映しなければならない。それは、『そのような貸出しへの報酬』という言葉遣いからわかるかと思われるが、報酬の支払いが総計でないとすれば、報酬のかなりの部分が、貸出しの範囲に応じて支払われなければならないということである。関係している著作物の貸出しの範囲と個人の報酬の総額が、無作為による標本抽出と同様な方法により確定させられるが、それは非合理的なコストを生まないのである。本指令は、加盟国が行う次の2つの行為を妨害しない。1つ目の行為は、上記の報酬を加えて規定することである。2つ目の行為は、社会的文化的基金あるいは他の基金のために、個別であろうとなかろうと、作家あるいは他の人たちが、社会的援助や文化的賞金あるいは奨学金を獲得することである。

　委員会（Commission）の提案の原案に反して、5条に採用された条文は、報酬は『<u>公正なものである</u>』ということを求めていないというものである。条文で削除された部分は、財政的な影響を問題にしていた加盟国の賛成を獲得するために必要なものであった。条文で削除された部分は、公正な報酬を作家から奪うという一般的な傾向への暗示と看做されるべきではなかった。

　5条(1)の2番目の文章[47]は、ある加盟国から次のような提案が提出された。それは、文化を通して公共の拡大を期待することで、文化の促進の手段として新しい図書館の仕組みを構築することを始めているというものであった。加盟国は、公貸権について支払いの義務があるというこの計画を危うく

---

47)「この補償に関して文化振興の目的を考慮するかどうかは加盟国の自由である。」

することは望まなかった。2番目の文章は、加盟国（あるいは同じような状況にある他のどんな加盟国でも）が報酬を減じることを許している。この報酬とは、普通に公貸権の支払いを行うものであり、また新しい図書館システムを構築するために基金を開くものである。しかしこの妥協は許された。なぜなら、図書館システムの近代化は、貸出行為を推奨し、そしてそれゆえに、将来もっと多く支払われる報酬へのステップとなるからである。一般的な言葉遣いにもかかわらず、その文章に従って、もっと強い影響を受けることを許すべきではない。なぜなら、それは、前述の場合を保護するために包含されていたにすぎないからである。

　<u>外国人の権利者に報酬を支払うという潜在的な義務</u>は、いくつかの加盟国にとっては重要な関心事であった。本指令は、国内の公貸権システムが、ベルヌ条約の内国民待遇の原則により保護されるのは、どんな方法においてか、どの程度までなのかという問題に対応できない。共同体指令（Community Directive）は、国際会議（International Convention）の一般的な解釈に対して直接的な影響を与えることができない。本指令が、加盟国に著作権法の枠組みの中に5条による報酬権を規定させられないという事実もまた、影響を与えることはない。なぜなら、内国民待遇の適用の可能性は、そのような規則の本質に基づくものであり、法の形式に基づくものではないからである。問題とされている国内の著作権法の枠外にある規則の形式でさえ、内国民待遇により適用されている。もし<u>中身の問題としても、それは実際のところ、著作権の問題なのである</u>。

　EEC条約の7条(18)（国籍に基づく差別がないこと）での言及は、その条の重要性を根拠とするものであろうが、この言及がないとしても従わざるをえないであろう。本指令は、共同体の国民の適格性に関する法的基準が、EEC条約の7条に従わないであろうということを詳しく述べてはいない。しかしながら、上記で述べた委員会（Commission）の声明から兆候が推測されていた。加盟国が関係していることで採用された解決策は、7条に従うものとして委員会より評価されている[48]。」以上で、引用は終わりである。

　EC統合において、著作権をハーモナイズするうえで貸与権および貸出権の創設を一番に挙げたが、加盟国の中にすでに図書館の貸出しに課金する公

貸権制度を有している国々があった。そのために調整を図りながら貸与権および貸出権を創設しようとしたが、結局は妥協が必要であったことが理解できる内容である。

第2節　貸出権の創設

　本書の目的は、図書館貸出サービスの無料原則を維持することで生じる三者の構造の調整、つまり図書館とその利用者および図書資料の提供者である著作者の三者の調整を試みるところにある。

　この構造は、経済的観点からすると、もっぱら著作者の負担によって成立しているものであり、それが適正なバランスであるか自体を再検討する必要があると考えるからである。この点、留意が必要なのは、著作者の「得られるであろう経済的利益そのもの」、換言すれば、経済的負担額を問題としているのではないということである。額がどのようなものであれ、もっぱら著作者の負担によってこの三者関係が成立しているという、制度・構造そのものの妥当性が常に検証されるべきであると言うことができる。その際における重要な考慮要素のひとつが、「損失」額であるということにすぎない。

　上記のような点を考慮しながら、貸出権の創設について検討していく。図書館とその利用者および図書（書籍）資料の提供者である著作者の三者の調整を図る方法として、図書館の貸出しへの貸与権（rental right）の制限を残したまま、新たに図書館が図書を貸し出す権利（貸出権：lending right）を著作権法内に創設することを考えるものである。

　本書では、著作者の中でも、利用頻度の高い「市場で売れていると考えられる図書」の著作者との調整を考えるものである。また日本語の「貸与」には、商業的貸与と非商業的貸与の意味の区別がない。両者を区別するためにも、新たな権利を創設する必要がある。さらに特定の著作物への権利行使を試みるために、現行の貸与権の制限を廃止して、図書館の貸出しに対する新

---

48) Reinbothe & von Lewinski, *The EC Directive on Rental and Lending Rights*, pp.79-81.

しい権利として貸出権を創設することを考える。しかし貸出権を創設すると、他の図書にも利用料が発生することになり、図書館で無料による貸出しができなくなるおそれが生じる可能性が考えられる。

　貸出図書の使用料の支払い者は、直接の利用者ではなく資料購入者であり、資料（書籍）の所有者でもある図書館と考える。

　著作権法内に貸出権を創設すると、著作権法の権利として働くため、現在レンタル・ブック事業では「出版物貸与権管理センター[49]」に運用を委託している。レンタル店は「出版物貸与権管理センター」を通して、レンタル用の商品（コミックス）の購入・配送および使用料の回収並びに著作者への使用料配分の仕組みを利用している。

　図書館も「出版物貸与権管理センター」の仕組みを使用すれば、貸出図書の使用料の支払いは、図書購入者の図書館となるので、図書館利用者は直接著作者に利用料を支払わなくてもよいことになる。また貸出権創設により、権利関係は著作者と図書館（著作権法）および図書館と利用者（図書館法）の関係になり、図書館を間にして法律的関係が分断され、明確になる。

　貸出権を創設すると、法構造に関しては明確になるが、理念的には問題が生じる可能性がある。図書館から利用料を徴収することになると、図書館が図書の選択について絶対的な力を有するようになる可能性がある。図書館および国に都合のよい図書の選択つまり思想統制が行われる可能性が考えられ、国民の知る自由が守られない可能性も生じる。加えて、本書では著作者の「得られるであろう経済的利益」のみを追求するという経済的負担額を問題としているのではない。額がどのようなものであれ、もっぱら著作者の負担によってこの三者関係が成立しているという、制度・構造そのものの妥当性を問題としているため、「貸出権」の創設には慎重な判断が必要である。

---

49) http://www.taiyoken.jp/kenri.html

第2章

損失部分への補塡
：公貸権制度という調整方法

第1節　英国の公貸権制度

I　公貸権獲得までの概観

　英国の作家たちは、1950年代の末頃に図書館が本を貸し出すごとに著作者に利用料を支払ってもらうという制度の検討を始めた。そしてこの制度を「公貸権」と名づけ、その後制度を権利化しようと政府に働きかけ、立法化を望んだ。立法化していくにあたり、作家たちは、議会への法案の提出、ワーキング・パーティの討議、図書館の貸出しの調査などの技術的調査などが行われるように働きかけた。そして、議会などが討議・検討する中から、公貸権の制度概要が次第に固まっていった。公貸権獲得のための運動の期間は、約30年にわたるため、運動の担い手により4つの時期に分けている。第1期（1951-1959）は「"Brophy Penny[1]" の時代」、第2期（1960-1964）は「公貸権（Public Lending Right）を創設した時代」、第3期（1965-1972）は「芸術評議会（Arts Council）の時代」、そして第4期（1972-1982）は「WAG[2]の活

---

1) 1951年2月に、Walthamstow Public Libraryの前主任図書館員であるEric Leylandが、商業的な貸出図書館（貸本屋）から本を借りた人は、そのつど半ペニーを支払うべきであると主張した。これに刺激を受けたJohn Brophyが同月に、商業的でも公立図書館でも、そこから本を借りる人には本を借りるごとに1ペニーを支払うべきであると主張した（Astbury, Raymond, "The Situation in the United Kingdom" *Library Trend*, Summer 1981, p.667.）ことによる呼び名である。

2) John Brophyの娘であるBrigid Brophyは、1972年9月に他の4人の作家たち（Lettice Cooper, Francis King, Maureen Duffy, Sir Michael Levery）と一緒にWriters Action Group（WAG）を結成して公貸権運動を始め、立法化に成功した。

325

動と公貸権成立過程の状況」である。

活動の第2期から公貸権の法案を提出している。最初の公貸権の法案 (1959-60〈Bill145〉[3]) が1960年7月21日に下院議員の Mr. Woodrow Wyatt により下院に提出された[4]。この法案は、著作権法 (Copyright Act, 1956 4 & 5 Eliz.2 CH.74[5]) を拡張解釈して、公衆への演奏権（公演権）を類推して公共貸与権＝公貸権 (Public Lending Right: PLR と頭文字で表記して使用されることがある）を創設[6]し、公立図書館当局や商業図書館の経営者に、貸し出された本に支払いを求める[7]ものであった。

第2期は、もうひとつ法案が提出された。作家・出版者貸与権協会 (Authors' and Publishers' Lending Right Association: APLA) の委員会は、図書館当局が本の借主に請求できる特典を与えることができるように、1892年の図書館法 (Public Libraries Act 1892) の修正を求め[8]、公貸権2番目の法案 (1960-61〈Bill35〉[9]) が1960年11月23日[10]に、下院議員 Mr. William Teeling

---

3) House of Commons Parliament Papers Online より調査。
4) *Parliamentary Debates (Hansard) House of Commons Official Report*, Vol.627, c732.
5) http://www.legislation.gov.uk/ukpga/1956/74/pdfs/ukpga_19560074_en.pdf
6) 公貸権を創設したのは、第2期の運動のリーダーである Sir Alan P. Herbert と言われている。Murison, W. J., *The Public Library: Its Origins, Purpose and Significance*, 3rd ed. London, Clive Bingley Ltd., 1988, p.220.
1960年の3月にはすでに『公共貸出権—作家協会に提出せる（原文ママ）予備的覚書』と題するパンフレットを世に送った。このパンフレットの表面に使われた『公共貸出権』が以後正式の名称として用いられるようになるが、その名付け親はハーバートであった。「1960年3月以前には聞いたこともなかった『公共貸出権』という呼び名は、いまや充分に理解され、多くの人に受け入れられている」と彼自身 *Author*, 1961年春季号にいくぶん誇らしげに書いているように、いち早くこの呼び名は一般に普及し、その略称 PLR は、どこへ出しても通用するようになった。（略）この『覚書』をもとにしてハーバートが起草した公貸権法案は、1960年7月21日に下院議員の Mr. Woodrow Wyatt により下院議院に提出された。（清水一嘉『作家への道』日本エディタースクール出版部、1982年）263頁より引用。
7) Astbury, "The Situation in the United Kingdom" p.669.
8) Ibid., p.670.
9) House of Commons Parliament Papers Online より調査。
10) First Reading の日程が、間違って「11月22日」と記述されている論文が見られる。記述事例：Astbury, op.cit., p.670、清水一嘉『作家への道』264頁など。
House of Commons Official Report 以外で、正しく記述していた書籍は、以下である。Morris, R.J.B., *The Public Lending Right Handbook*, Chichester, West Sussex, Barry Rose Publishers Ltd., 1980, p.9.

と 11 人の議員により下院に提出された[11]。そして 12 月 9 日には第 2 読会 (second reading) に上梓され、討議された[12]が、時間切れにより審議未了となった[13]。

第 3 期では、一度も法案が提出されなかったが、芸術評議会 (Arts Council) の活動により次期の公貸権立法化へと進んでいく道筋を作った。

第 4 期は、作家の中から WAG というグループが出現して公貸権を獲得するまでの期間である。この期間の前期の活動では、公貸権の報酬の査定方式に関して意見が分かれていて、一括許可方式 (Blanket licensing system) が有力であった。当初は貸出しの回数を数えるのが大変だと考えられていたが、それはコンピューターの普及によりすぐに解決できた。書籍についている ISBN コードを活用しようとしたことが大きく貢献していると思われる。しかし、WAG は、書籍の購入を基礎とする一括許諾方式による新刊の本だけが報酬を受け取れる方式より、すでに図書館に蔵書されている本にも報酬の機会が与えられるようにしたいと希望し、貸出回数による「貸出回数方式 (loans-based scheme)」を推進した。作家仲間なども「貸出回数方式」に意見がまとまってきたところ、労働党政権の調査グループである TIG[14] の報告書[15]で「貸出回数方式」が可能であると証明された[16]ことの影響は大きい。

---

11) *Parliamentary Debates (Hansard) House of Commons Official Report*, Vol.630, cc1135-1136.
12) Ibid. Vol.631, cc1645-1674.
13) 清水一嘉『作家への道』264 頁。
14) 労働党政権 (Harold Wilson、2 期目。在任 1974 年 3 月 4 日から 1976 年 4 月 5 日) は、技術調査グループ (Technical Investigation Group: TIG) を立ち上げ、Logica Limited というコンピューターの顧問会社が公貸権の予備調査 (a feasibility study) を委託された。Logica は、調査結果を 1975 年 3 月に最初の TIG 報告書「公貸権：技術的経済的諸相の調査報告書 (*PUBLIC LENDING RIGHT: An account of an investigation of technical and cost aspects*, Great Britain Dept. of Education and Science, 1975.)」として発行した (Astbury, op.cit., p.674 より)。
　この最初の報告書では、公貸権の実用化は、図書館の「図書の購入を基礎とする配分方式 (purchase-based scheme)」も、図書の「貸出回数方式 (loans-based scheme)」も可能であるが、「貸出回数方式 (loans-based scheme)」が、より正しく貸出しの状態を反映していると判断した報告を出した (*PUBLIC LENDING RIGHT* p.1, pp.9-12. より)。
15) *PUBLIC LENDING RIGHT: Final report of an investigation of technical and cost aspects*, London, HMSO, October 1975.

この頃から、法案の内容も変化していく。5番目にあたる1975-76
〈Bill144〉Public Lending Right Bill［H.L.］[17]の法案では、3条3項では、報酬
は特定の図書館の「貸出し」の回数によるものとするとあり、初めて「貸出
回数方式（loans-based scheme）」を採用している。それまでの法案では「図
書館」が利用料を負担するとしていたが、この法案では初めて「中央基金」
を設立して政府が資金を支出すると規定した。そして6番目の法案（1975-76
〈Bill246〉Public Lending Right Bill［H.L.］[18]）では、初めて政府が法案を提出し
た。議員提出の法案は、通過しにくいと言われている。しかし公貸権の立法
化に向けて政府が、前回提出された議員提出法案と同じ公貸権の法案を提出
してきた意味はとても重要である。

　また、5番目と6番目の法案と下院には提出されなかった7番目の法案
（1977-78〈Bill41〉Public Lending Right Bill［H.L.］[19]）と最後の政府法案（1978-79
〈Bill5〉[20]）の4つが、ほぼ同じ内容になっている。したがって、1975年以降
提出された公貸権の法案の内容は、固まってきていたと言える。

　最終法案の特徴は、政府提出の法案により、公貸権法が成立したこと、資
金は政府の中央基金から支出されること、査定方式は、すでに蔵書されてい
る作家の本にも報酬の機会が与えられる「貸出回数方式（loans-based
scheme）」にしたこと、年に1回報酬が支払われること、報酬対象は、出版
者を除外して著作物を作成した作家のみとしたことなどである。

---

16) Ibid., pp.4-14. この報告書で、ISBNコードの使用を取り入れて調査している。
17) 1975年6月9日に、Lord Ted Willisが議員提出法案として上院に提出した
　　Parliamentary Debates（Hansard）House of Lords Official Report, Vol.361, c11 より。
　　法案はHouse of Commons Parliament Papers Onlineより調査。
18) 1976年3月18日に、政府が上院に提出した *Parliamentary Debates（Hansard）
　　House of Lords Official Report*, Vol.369, c367 より。
　　法案はHouse of Commons Parliament Papers Onlineより調査。
19) 1977年1月25日に、Lord Ted Willisから上院に提出された *Parliamentary Debates
　　（Hansard）House of Lords Official Report*, Vol.379, c330, cc1492-1514 より。法案は
　　House of Commons Parliament Papers Onlineより調査。
20) 1978年11月3日に、政府としては2番目になる政府提出法案であり最後となる（9
　　番目にあたる）法案を下院に提出した *Parliamentary Debates（Hansard）House of
　　Commons Official Report*, Vol.957, c355 より。法案はHouse of Commons Parliament
　　Papers Onlineより調査。

政府提出法案として、最終法案が承認され、公貸権法 (Public Lending Right Act 1979〈c.10〉) が成立することができた直後に、労働党政権が終わりを告げた。労働党政権下で法案提出をされたことが、公貸権法の成立に大きく影響を与えていると思われる。

　WAG の運動が目指したものは、「図書館における図書の貸出しに対する報酬請求権」としての公貸権制度の導入である。そのため、英国の公貸権制度は、芸術に対する助成金という性格ではなく、自著の利用に対する著作者の報酬請求権とする性格になっている[21]。これは、第2期に活動した Sir Alan P. Herbert が、図書館の貸出しの問題について「立法することで解決」しようとして、新たな権利として「公貸権」という用語を創設したことにより、Bonham-Carter 率いる作家協会 (Society of Authors) が「文化活動に対する支援 (patronage)」ではなく、「公貸権」という用語を使って「権利」としての公貸権制度の確立を目指した[22]ことが、大きく影響していると考えるものである。その背景には、芸術などの文化を軽視してきた英国の文化事情もある。

II　公貸権を著作権法の枠外に制定した理由

　著作権法の改正により公貸権を権利化すると、国際条約（ベルヌ条約：Berne Convention for the Protection of Literary and Artistic Works[23]）により、外国人にも公貸権を適用しなくてはならなくなり報酬を支払う必要が生じてくる。

　しかし、公貸権運動の最初の法案を提出した時には、公貸権運動をしている人々にはこの条約のことが念頭になかったようで、著作権法の改正により公貸権を権利化しようと考えていた。そのために、1960 年 8 月 5 日に商務省の役人が公貸権運動を行っている人たちに、この法案を諦めるように助言をした。その理由は 3 つ[24]あり、その 2 番目の理由が問題であった。それは

---

21) 石田香「イギリスにおける公貸権制度導入までの経緯」(『東京大学大学院教育学研究科紀要』43 巻、2004 年) 322 頁。
22) 石田、上掲論文、322 頁。

外国の作家たちが英国の図書館で彼らの本が借りられたら利用料を要求することができるが、英国の作家たちは外国の図書館で、彼らの本が借りられたとしても利用料を要求できず、相互に恩恵を受けられない[25]というものであった。商務省の役人の意見によると、著作権法の改正による公貸権の導入については、英国にとって利益のあるものではないとされた。

　ここで、問題になった著作権の国際条約であるベルヌ条約の原則について述べる。それは、内国民待遇の原則と呼ばれるもので、「条約の同盟国の国民に対し自国の国民に与える待遇と同等またはそれ以上の待遇を与える原則」のことを指し、「他国民への差別の禁止」とも言われる[26]。この原則は、ベルヌ条約の制定当時（1886 年）には、2 条 1 項として確立している[27]ものである。現在のパリ改正ベルヌ条約では、5 条 1 項[28]にこの原則が掲げられている。そのために、著作権のひとつとして「公貸権」を付与すると

---

23) http://www.wipo.int/treaties/en/text.jsp?file_id=283698
　of September 9, 1886（ベルヌ条約の制定），
　completed at PARIS on May 4, 1896（パリ追加規定），
　revised at BERLIN on November 13, 1908（ベルリン改正条約），
　completed at BERNE on March 20, 1914（ベルヌ追加規定），
　revised at ROME on June 2, 1928（ローマ改正条約），
　at BRUSSELS on June 26, 1948（ブラッセル改正条約），
　at STOCKHOLM on July 14, 1967（ストックホルム改正条約），
　and at PARIS on July 24, 1971（パリ改正条約）．
　公貸権が著作権法の改正で検討された 1972 年前後は、1971 年に作成されたパリ改正条約を指す。その後 1979 年に修正が行われた。
24)「第 1 に、強制的に公貸権を作家・出版者貸与権協会（Authors' and Publishers' Lending Right Association: APLA）に譲渡しないとしても、図書館員が本を貸し出した時、作家たちは図書館員を著作権侵害で訴えるかもしれない。（第 2 は、本文中に記載しているので省略する）第 3 に、1956 年 11 月 5 日に著作権法（Copyright Act, 1956 4&5 Eliz.2 Ch.74）が改定されたばかりであり、政府は当分改定の予定がないというものであった。」(Astbury, op.cit. p.670)。
25) Astbury, op.cit. p.670.
26) 文化庁内著作権法令研究会監修『新版 著作権事典』出版ニュース社、1999 年、282 頁。
27) 作花文雄『詳解 著作権法 第 3 版』ぎょうせい、2004 年、514 頁。
28) "Authors shall enjoy, in respect of works for which they are protected under this Convention, in countries of the Union other than the country of origin, the rights which their respective laws do now or may hereafter grant to their nationals, as well as the rights specially granted by this Convention."

「本国以外の同盟国において、その国の法令が自国民に現在与えておりまたは将来与えることがある権利およびこの条約が特に与える権利」として享有することになる。したがって、外国人にも公貸権の報酬請求が発生することになる。英国との相互関係で、81の国（ベルヌ条約同盟国）の国籍を持つ外国の作家にまで、公貸権を拡張することになる。しかし、すでに公貸権を導入しているほとんどの国は、著作権法の中で公貸権を規定するのではなく、「公貸権法」として別個に制定[29]していた。もし、英国が著作権法の中に公貸権を制定するとしたら、著作権法の中で公貸権を規定している国[30]の中で、ベルヌ条約の規定により、英国の作家が公貸権による報酬を得ることができる国は「西ドイツ」だけであった[31]。

　英国が導入するより以前に公貸権を導入していた国々が、著作権法とは別の法律を制定して公貸権を導入した理由は、自国の言語を守ることであった。それゆえ、そういう国々の公貸権の対象資料については、アイスランドは「アイスランド語で表記された書籍」、デンマークは「デンマーク語で表記された書籍であって国内で出版されているもの、レコード、楽譜」、ノルウェーは「ノルウェー語またはサミ語で表記された書籍、レコード・楽譜」[32]というように、母国語で書かれたものだけを対象にしている。

　英国の母国語は国際語であるために、母国語の保護の必要性はなかったが、外国で英国人が公貸権の報酬を得られないのであれば、英国も各国に倣い、著作権法とは別に公貸権法を制定することになったわけである。

　さらに英国の公貸権を、著作権法の貸出権と比較すると次のような相違があり、その相違により著作権法とは別枠で成立させる必要性があった。その

---

29) ニュージーランド（1973年）：芸術評議会法。オーストラリア（1974年）：公貸権法。アイスランド（1972年）：文筆家図書館基金法。デンマーク（1942年）：公貸権法。フィンランド（1961年）：著作者および翻訳者のための助成金および補償金法。ノルウェー（1947年）：公貸権法。以上、南亮一「『公貸権』に関する考察―各国における制度の比較を中心に」（『現代の図書館』40巻4号、2002年）226-231頁より。
30) 西ドイツ以外で、著作権法の中で規定していたのは、以下の国である。オーストリア（1977年）、オランダ（1971年）。ただし、公貸権としての報酬請求権である。
　以上、南、上掲論文、228頁より。
31) 清水一嘉『作家への道』275頁。
32) 南、前掲論文、226-231頁。

相違とは、①金銭受領権または報酬請求権であり、利用の許諾権ではない、②対象資料が限定されているため、全著作物を対象としていない、③国籍要件や居住地要件が必要である、④報酬額の受領の上限金額と下限金額が定められている、⑤公貸権に基づく報酬の受領には「登録」が必要である、⑥公貸権にかかわる利用料について支払うのは、利用者（図書館）ではなく、国の基金より支払う。著作物の利用対価は、利用者が支払う必要があるので、著作権法で公貸権を適用するとこのような形態はとれない[33]、というものである。著作権法と同様な規定は、次のとおりである。①譲渡可能であり、著作者の死亡により相続も可能である、②著作権の保護期間と同様の期間権利が存続する、などである[34]。

Ⅲ　Public Lending Right

1　位置づけ

　英国の公貸権法（Public Lending Right Act 1979〈c.10〉）が成立した1979年当時は、旧著作権法（Copyright Act, 1956 4 & 5 Eliz.2 CH.74）が適用されていて、この法律の中に貸与権は規定されていなかった。「貸与（rental）」に関係する権利は、1988年に旧著作権法を改正した新たな著作権法（Copyright, Designs and Patent Act 1988〈c.48〉）の18条の頒布の権利の中で規定されたが、それは頒布権の中の一部にしかすぎなかった。

　18条の2項(a)と(b)で、侵害行為にならないものとして「(a)著作物の複製物の以後のいずれかの頒布（distribution）、販売（sale）、賃貸（hiring）または貸出し（loan）、(b)著作物の複製物の連合王国への以後のいずれかの輸入。公衆への複製物の頒布の制限行為として音楽のレコード、映画フィルム、コンピューター・プログラムの貸与（rental）は除かれる[35]」を挙げている。ここ

---

33) 南、前掲論文、219-220頁。
34) CDPA s90(1). Public Lending Right Act 1979 (c.10) s1(7)(b).
35) 18条の条文のWebサイト
　　http://www.legislation.gov.uk/ukpga/1988/48/section/18/enacted
　　Copyright, Designs and Patent Act 1988 (c.48) の全条文のWebサイト
　　http://www.legislation.gov.uk/ukpga/1988/48/contents/enacted

で初めて「有償の貸与（賃貸〈hiring〉）」と「無償の貸与（貸出し〈loan〉）」の規定が見られるのである。

"Public Lending Right"を、文字どおりに読むと公衆への「無償の貸与権（Lending right)」を含んだ権利となる。しかし、この権利が制定された当時（1979年）に、書籍に対する貸与権は英国では存在していなかった。公貸権は、書籍に対する貸与権との関係というより、公貸権法という独自の法律上の権利として制定された。条文本文の中にこの法律の目的は規定されていない。条文の冒頭で「著作者のために公貸権を設けるとともに関連の目的を定める法律」と説明しているだけである。

これらを考え合わせると、"Public Lending Right"の法的意味を検討していくには、「貸与（rental)」や「貸出し（lend)」の権利関係との比較というより「著作者」との関係で見ていくのが妥当と思われる。

また英国は、この「著作者のために公貸権を設けるとともに関連の目的を定める法律」という記載からもわかるように、「著作者のための公貸権」を設けることを最大の目的としていた。そのために、権利が付与される著作者たちが中心になり獲得運動を行って「公貸権」が権利化されると、その目的は終了してしまった。したがって、公貸権獲得運動に関与してこなかった研究者たちからの、公貸権の獲得後の法律的考察は行われていない。「公貸権」の実行・責任者である「公貸権登録官（Registrar of Public Lending Right：以下、登録官と称す。)」が実務的な報告書類を発表している[36]だけである。

2　定　義

"Public Lending Right"という用語は、英国が生み出したものであるが、

---

36) Sumsion, John, *PLR in practice A Report to the Advisory Committee*, Great Britain, Public Lending Office, April 1988.
Sumsion, John, *PLR in practice A Report to the Advisory Committee*, Great Britain, Public Lending Office, June 1991.
Sumsion, John, "PLR: The Early Year" in *Whose Loan is it anyway?*, ed., Registrar of Public Lending Right, Great Britain, Public Lending Office, 1999, pp.67-76.
Public Lending Right Review, Department of Culture, Media and Sport Museums, Libraries & Archives Division, 2002.

今や世界共通語になっている。"Public Lending Right"の定義および解釈にはさまざまな見解があり、必ずしも統一されていない。さまざまな学説を総合的に勘案すると、公貸権とは次のように定義づけできると解する。

公貸権とは図書館の図書貸出しによる著作者への損失の補塡をするという報酬請求権であり、著作物利用の許諾権ではないため著作権法上の権利ではない。加えて、公貸権制度は国の文化支援という一端も担っているため、諸外国では国が基金を創設して、著作者に支援をしている。そのため、公貸権制度とは、2つの目的を有する制度であると考えられる。

この定義は、次の見解が"Public Lending Right"の本質を述べていると考えるので、これをもとにしている。公貸権とは、その目的の「1つ目は、著作者の著作物が図書館の貸出しにより引き起こされた収入源の損失に対して報酬を著作者に与える権利を認めることである。2つ目は、国の中で文学と原作者を支援する要望である[37]」という2つの目的を持つものである。

次に"Public Lending Right"が創設された経緯を見ていく。英国の最初の公貸権の法案（1959-60〈Bill145〉[38]）が、1960年7月21日に下院議員のMr. Woodrow Wyattにより下院に提出された[39]時に、著作権法（Copyright Act, 1956 4 & 5 Eliz.2 CH.74[40]）を拡張解釈して、公衆への演奏権（公演権）を類推して公共貸与権＝公貸権（Public Lending Right）なるものを創設した。この公貸権は公立図書館当局や商業図書館の経営者に対して貸し出された本への支払いを求める[41]ものである。公貸権という用語は、Sir Alan P. Herbertが創設した[42]のであった。

しかし、公貸権という用語は、国際的な調整をする条約の中で創設されたわけではないので、統一した見解が持たれておらず、他国の人々や団体などがさまざまな解釈をしている。公貸権を創設した英国を含めて"Public

---

37) Mayer, Daniel Y., "Literary Copyright and Public Lending Right" *Case Western Reserve Journal of International Law*, Vol.18, 1986.
38) House of Commons Parliament Papers Online より調査。
39) *Parliamentary Debates*（*Hansard*）*House of Commons Official Report*, Vol.627, c732.
40) http://www.legislation.gov.uk/ukpga/1956/74/pdfs/ukpga_19560074_en.pdf
41) Astbury, op.cit., p.669.
42) Murison, op.cit., p.220.

Lending Right"を定義・解釈した学説および見解がいくつかある。それらの学説および見解について、「著作者」の観点から検討している。

最初は、アメリカ合衆国のDaniel Y. Mayer[43]の定義である[44]。Mayerの定義の内容は、「『公貸権』を定義することは難しい。なぜなら、公貸権は、概念を異なって表現したり、衝突したりする混合の用語だからである。公貸権は、著作権に似ている。しかし、公貸権は著作者にだけ影響を与え、私的な侵害からだけではなく、著作者の著作物を公立図書館から借りることからも著作者を保護する。

大まかに言うと、世界の10カ国[45]で、公貸権は現在適用中である。公貸権の適用により、彼らの著作物が図書館の利用者に貸し出された時に、著作者に対して、補償される。

公貸権は、ほとんどの国の著作権法の中に組み入れられていないが、国内の著作者により自動的に主張できる権利でもない。

公貸権の法律は2つの目的がある。1つ目は、著作者の著作物が図書館の貸出しにより引き起こされた収入源の損失に対して報酬を著作者に与える権利を認めることである。

2つ目は、国の中で文学と原作者を支援する要望である。この2つの目的の両方とも、どんな公貸権法の主唱者からも、とても注意深く考慮され、発展されるべきである」というものである。

この定義は、公貸権を導入していないアメリカ合衆国の研究者が行った「公貸権」の定義である。しかし、公貸権の考え方をよく捉えていると思われる。またアメリカ合衆国が英国の公貸権制度の導入に影響を受けて検討していた時期の研究論文なので、英国の公貸権制度をもとに考察している。

Mayerの「公貸権は、著作権に似ている。しかし、公貸権は著作者にだけ影響を与え、私的な侵害からだけではなく、著作者の著作物を公立図書館から借りることからも著作者を保護する」という考え方は、公貸権を著作権

---

43) Case Western Reserve University（アメリカ合衆国オハイオ州クリーブランド）のJ. D. candidate（法学博士論文提出資格者）.
44) Mayer, "Literary Copyright and Public Lending Right".
45) 筆者注：この論文の書かれた1986年当時の数字である。

法とは別枠で立法化している他国でも、明確化されていない[46]ように思われる。公貸権を著作権法と別枠に立法していても、公衆への「貸与権」の延長の権利のような、著作権法の中の権利のような曖昧な考え方をされている場合が多いように感じられる。しかし、Mayerの定義は、公貸権を「著作者」からの視点を切り口として明確に行われていて、「公貸権」を「報酬請求権」と位置づけている。

　Mayerの定義だけに見られるが、公貸権の目的は2つあるとしている。1つ目の目的を報酬請求権とし、2つ目の目的を、次のように考えた。それは、「2つ目の目的は、国の中で文学と原作者を支援する要望である。この2つの目的の両方とも、どんな公貸権法の主唱者からも、とても注意深く考慮され、発展されるべきである」というものである。これは、「公貸権」が著作権法と同様の権利と思われがちであるために、見過ごされている目的である。しかし当初「公貸権」制度が考案された北欧の国では、この2番目の目的が公貸権を導入する際の最大の目的であった。「自国の文学と原作者」を支援するという目的を達成するためには、「公貸権」は、著作権法と切り離して制度化されなければならないとされた。

　次に、図書館の立場から国際図書館連盟（IFLA[47]）の見解[48]を考察する。公貸権について2つの見解をIFLAの立場で表明している。

　「(1)厳格な法的意味において、PLR（公貸権）は、著作権の1つであるかもしれない。——それは、（保護された著作物の）著作権所有者に認められた限定的で排他的な権利である著作権のうちの1つである。著作物が、公衆に頒布されたあとで、有形の形式において保護されている著作物の公共貸与について、著作権者は権限を与えるかあるいは禁止するかを認められている。公共貸与の許諾は、認可により生じ、または募金用協会から作家に支払われる許諾料により生じるのである。

---

46) 研究者の論文で「公貸権」を定義しているものは、Mayerの論文だけであるため。
47) International Federation of Library Association and Institutionsの略称。
http://archive.ifla.org/index.htm
48) The IFLA Position on Public Lending Right (2005)
http://www.ifla.org/publications/the-ifla-position-on-public-lending-right-2005

(2)もう１つの概念は、時折 PLR を「報酬権」と評することである。報酬権とは、著作者の著作物を公共貸与することにより、金銭的補償を受け取れる著作者（必ずしも著作権者とは限らない）の権利のことである。報酬権を規定するという選択をしてきた国々は、適格性に対して、その国の基準を定めてきた。そしてある場合においては（すべてとは限らないが）、これは文化的目的を満たしている。

いずれかの国々では、報酬権は（上記の(1)で、述べられている法律的な意味における）PLR の代替案として、法のもとに存在している。そして、この報酬権は、それゆえに、著作権と結びつけて考えられてきた。

その他の国々では、報酬権は著作権の背景のまったく外側にある。しかしながら、双方の場合も、報酬は作家への著作権の許諾料とは、みなされていない。」

IFLA は、著作者の立場から考察するのではなく、権利の側面から考察し、公貸権の権利の内容について定義を行っている。また「報酬権」の定義は、Mayer の定義にある公貸権の目的の２つを一緒にして行っているようである。しかし、報酬権の定義が、文化的目的の意味であったり、報酬権を PLR の代替案としていたりと、どちらを主にして定義をしているのか、曖昧である。公貸権を導入している国々の全体の定義を、１つにまとめようとしていることにより無理が生じているようである。IFLA としての立場を明確にしてもよいと思われる。

次は、eIFL[49]というロシア・中国を中心とする団体の見解[50]である。それは、「公貸権は、２つの別個の概念が適用できる。(1)公貸権は、保護されている著作物の著作権者に与えられた期限のある排他的権利の１つとすると、著作権の管轄であるかもしれない。この場合には、公貸権は所有者に委任するための権利を与えるかあるいは、著作物が公衆に頒布されてしまったあとに、たとえば出版されてしまったというような場合、保護されている著作物

---

49) Electronic Information for Libraries の略称。http://www.eifl.net
50) Electronic Information for Libraries の見解。加盟国は、ロシア・中国とアフリカの東部などである。
http://www.eifl.net/sites/default/files/resources/201409/handbook.plr.pdf

を公共貸与することを禁止する権利を与えるかである。

著作権の所有者は、著作者かもしれない。あるいは、著作者が自分の著作権を譲渡した商業会社、たとえば出版者とか、であるかもしれない。

公共貸与は、許可された機構を通じて権限を与えられ、（権利者に代わって権利を管理する）集金団体を通じて支払いを受けることができる。

いくつかの国において、公貸権に代わるものが、著作権法の中で試みられている。これは報酬権として知られている。

(2)公共貸与は、また『報酬権』とすることができる。これは、著作者に対してもっとじかに焦点を合わせている。それは、著作者（著作権の所有者である必要はない）にとって、著作物の公共貸与のために財産的補償を受け取れる権利である。

この場合には、ある国は、報酬を受け取る資格のために自分たちの基準を設けるかもしれないし、それは文化的目的を支援することを目論むかもしれない。たとえば、国の文化の発展を支援するためにその国の言語で書いている著作者に限定して報酬が支払われるかもしれないのである。

公貸権は、有形の形態をしている著作物だけに適用される。たとえば、印刷された書籍とか音楽のレコードなどである。

公貸権は、電子的資料あるいはデータベースからの電子的情報には適用されない。両方とも、認可の承諾が条件となっているからである」というものである。

世界の公貸権の根拠法は、「著作権法の中で規定」されている国[51]と、独自の「公貸権法」を別に立法化している国[52]とに分かれている。この見解は、その事実をもとにそれぞれの立場について定義している。「著作権者の排他的権利」としながら、著作権法の中で「著作者への報酬権」とする見解と、「著作者の報酬権」とする見解に分かれている。著作権法の枠組みの中で公貸権を考えた場合、唯一「著作権者」からのアプローチを行った見解である。

---

51) 西ドイツ（1958年）、オーストリア（1977年）、オランダ（1971年）。
52) オーストラリア（1974年）、デンマーク（1942年）、ノルウェー（1947年）など。

公貸権を「著作権者」へ与えられた排他的権利とした報酬権と考えるか、それとも「著作者」への著作物の公共貸与のための財産的補償を受ける権利と考えるかのいずれにしても、「公貸権」を「報酬権」と位置づけている。これらの定義は、公貸権制度の考え方の指針になると思われる。

最後に、英国著作権法の教科書である A User's Guide to Copyright[53]の見解を検討する。

それは、「1979年公貸権法（Public Lending Right Act 1979〈c.10〉）は、『公貸権』として知られる、著作者に与えられる新しい権利を創設した。これは著作者に付随する権利ではない。これは、著作権法に基づき設立される基金（中央基金と呼ばれる）から、英国内の地方自治体の図書館当局が公衆に貸出しをする書籍について支払いを受けられる著作者の権利である。この仕組みは、『1982年公貸権実施要綱』によって規定された規則に従って運営されている。（略）公貸権に対する著作者の権利と各著作者に支払われる総額は、書籍が貸し出される回数に基づき計算される。これは、英国のさまざまな地域から選ばれた16の図書館の報告書によって調査される。公貸権報酬は、著作権者に対してではなく、著作者に対して支払われる」と述べている。

「『公貸権』は、著作者に付随する権利ではなく、基金（中央基金と呼ばれる）から、英国内の地方自治体の図書館当局が公衆に貸出しをする書籍について支払いを受けられる著作者の権利である」とし、自動的に付与された権利ではないことと「報酬請求権」であることを示している。さらに、この見解では「著作権者」と「著作者」を明確に区別している。他の見解にはないものである。公貸権とは著作物を作成した者に与えられる権利であることを明確にしている。

以上のようにさまざまな立場からの見解を見てきた。これらの見解を考察して、「公貸権」の目的とは何かを考えると、「（公貸権の目的の）1つ目は、著作者の著作物が図書館の貸出しにより引き起こされた収入源の損失に対して報酬を著作者に与える権利を認めることである。2つ目は、国の中で文学

---

53) Flint, Michael, Nicholas Fitzpatrick and Clive Thorne, *User's Guide to Copyright*, 6th ed., Tottel Publishing, 2006, para.20.19（pp.342-343）。

と原作者を支援する要望である」とした Mayer の見解が妥当であると考える。

IV 公貸権法の法的側面の考察

1 法目的

条文本文には、この法律の目的は規定されていない。また法律の内容の説明として「著作者のために公貸権を設けるとともに関連の目的を定める法律」と冒頭に書かれているだけである。

そこで、英国公貸権法の法目的について、次の2つの研究書ではどのように解釈されているのか、検討していくことにする。まず、*Copinger and Skone James on Copyright,* 14th ed. では、公貸権について次のように述べられている。それは、「長く変化のある経過をたどり、公貸権法案が1979年に法律として成立した。1979年公貸権法とは、しかしながら、幾分間違った名称であった。すなわち、この法律の目的は中央基金（Central Fund）から著作者に報酬を与えるものであるけれど、著作者の本が連合王国内の地方図書館当局（Local Library Authorities）により公衆へ貸し出されるとしても、その『権利』は著作者の著作権の部分ではなく、著作者に与えられているにすぎないからである。貸出しをされない本は、公貸権『実施要綱（Scheme）』（『1982年公貸権実施要綱』のこと。以後、『実施要綱（Scheme）』とする。）に基づいて、資格が与えられていない；こういう場合とは、本のある特別の範疇であるか、あるいは多くの場合は参考図書であろう。たとえば、音楽の本は公貸権の『実施要綱（Scheme）』の範囲に入らない[54]」という内容である。

上記の解釈から、次のようなことが考えられる。「著作者に公貸権を設けること」がこの法律の目的と考えられる。そのため1条で、「国務大臣により作成されかつ実施される『実施要綱（Scheme）』に従い、著作者に対し、

---

54) *Copinger and Skone James on Copyright,* 14th ed. Vol.1, London, Sweet & Maxwell, 1999., para19-01.

第2章　損失部分への補填：公貸権制度という調整方法

英国の公立図書館から貸し出される図書（book）に関して、中央基金（Central Fund）から給付金（payment）を受ける権利が付与される」と規定し、公貸権の内容について説明している。つまり、著作者にとって、公貸権とは国務大臣が定める『実施要綱（Scheme）』に従って、国から一種の助成金を受け取ることができるにすぎない権利と言えるものである。公貸権の法的性格は、著作者自身が自主的に行使できる権利とは性格が異なる[55]ものであると解釈できる。

次に、Halsbury's Laws of England[56]の解釈を検討する。Halsbury's Laws of England の解釈は、現行の公貸権法の条文の内容を中心に行っている。該当の条文については、注で示している。公貸権法の条文を中心に説明をしているので、法目的については触れていない。その内容は、次のとおりである。「公貸権法（Public Lending Right Act 1979〈c.10〉）は、次のように規定されている。それは公貸権を実施するための要項（『実施要項〈Scheme〉』と呼ばれている）として知られている要項に従って、著作者に対して『公貸権』として知られている権利すなわち連合国内の地方図書館当局（Local Library Authorities）により公衆に貸し出されるその書籍（books）に関して随時、中央基金から給付を受ける権利が付与される[57]ことを規定した法律である。公貸権法は、1980年3月1日に施行された。公貸権の対象となる書籍の種類（Class）、種別（Description）および範囲（Categories）並びに公貸権に関して中央基金からなされる給付の規模は、『実施要項（Scheme）』によりまたは『実施要項（Scheme）』に従って定められるものとする[58]。

また『実施要綱（Scheme）』により、権利のための規定が次のように制定されなければならない。(1)登録により設定されること、(2)譲渡（assignment）または指定（assignation）により、遺言による処分または法律の

---

55) 内田晋（すすむ）「(M) 公貸権法（1979年、英国）」（『図書館情報学ハンドブック』丸善、1988年）1077頁。
56) "2 The Library (4) Public Lending Right" in *Halsbury's Laws of England*, Fourth Edition Reissue, Lord Hailsham of St. Marylebone, Lord Hight Chancerllor of Great Britain (1970-74 and 1979-87), London, Butterworths 1997, Vol.28, pp.195-199.
57) Public Lending Right Act 1979 (c.10), 1.(1).
58) Public Lending Right Act 1979 (c.10), 1.(2).

適用により、個人的な財産または動産として移転できること、(3)当面資格を有する個人によるか、その個人に代わって主張できること、(4)登録官（Registrar）にその趣旨を通知することにより、(その全部または一部を、もしくは一時的または永久的に）放棄することができること[59]、などである。

1980年の3月1日になるとすぐに、『実施要綱（Scheme）』の原案が準備され、原案の複製が両院に提出された。

『実施要綱（Scheme）』の原案が、両院の議決により承認され、制定後議会に提出されるべき委任命令によって（原案の形で）『実施要項（Scheme）』が施行された[60]。

『実施要綱（Scheme）』の内容は、公貸権の付与を当該要綱により指名されまたは当該要綱の規定に従って、特定されることになる特定の図書館から書籍の貸し出される回数に依存し、かつ公貸権の範囲がその貸出回数により明確にされるように構成されなければならない[61]。『実施要綱（Scheme）』は、地方図書館当局に次のことを要求することを規定できる。(a)登録官が請求し、または国務大臣が指示する時に、請求されまたは指示された様式で、公貸権の対象となる書籍またはその他の書籍について地方図書館当局が行った貸出しに関して情報を提供すること、そして(b)登録の維持並びに公貸権の確認および管理を容易にするために、書籍に番号が付されまたはその他の記号もしくは符号が付されるようにすること[62]である。

著作者と図書館当局（Library Authorities）と、『実施要綱（Scheme）』により影響を受けると予想されるその他の人たちの代表と協議をした後で、『実施要項』は、国務大臣によって随時変更することができる。そして、変更は委任命令により実施され、議会のいずれか一院の決議があれば、失効できるものとする[63]。

国務大臣は、毎年『実施要綱（Scheme）』の実績に関する報告を作成し

---

59) Public Lending Right Act 1979 (c.10), 1.(7)(a)(b)(c)(d).
60) Public Lending Right Act 1979 (c.10), 3.(2).
61) Public Lending Right Act 1979 (c.10), 3.(3).
62) Public Lending Right Act 1979 (c.10), 3.(5)(a)(b).
63) Public Lending Right Act 1979 (c.10), 3.(7).

て、議院の両院に提出しなければならない[64]。

『実施要綱（Scheme）』は、1982年の6月14日から1983年の7月1日まで実施され、それ以降非常に多くの場合、委任命令により変更されてきた。

『実施要綱（Scheme）』で定める条項を条件として、書籍に関する公貸権の存続期間は、当該書籍の発行の日（または、それ以降であれば、当該書籍の登録の申請がなされた年の初め）から著作者が死亡した年の終わり以後70年[65]を経過するまでの期間とする[66][67]」という内容である。

Halsbury's Laws of England の解釈は、上記のように、公貸権法の条文をそのまま載せているため、独自の解釈は行われていない。

2 制定時の内容

制定当初の Public Lending Right Act 1979 (c.10) の内容について、前項の *Halsbury's Laws of England* の記述を踏まえて、具体的な構成について検討する。

制定当初の Public Lending Right Act 1979 (c.10) は、本文1～5条と附則1～7条で構成されている。

第1条は、公貸権の設定について規定している。その内容は次のとおりである。国務大臣（Secretary of State）が作成し実施する『実施要綱（Scheme）[68]』に従って、「公貸権」により公衆に貸し出される書籍（books）に関して、著作者に対して、中央基金から給付を受ける権利が付与される。この第1条の規定により、公貸権は「報酬請求権」的な性格を有すると考えられる。

公貸権の対象となる書籍の種類・種別・範囲や中央基金より給付される給付の規模などは『実施要綱（Scheme）』に従って行われる。国務大臣は『実

---

[64] Public Lending Right Act 1979 (c.10), 3.(8).
[65] この内容は現行の公貸権法のものであるため、著作権法の保護期間の70年と同様にしている。公貸権制定当初は50年であった。
[66] Public Lending Right Act 1979 (c.10), 1.(6).
[67] *Halsbury's Laws of England*, Vol.28, pp.195-196.
[68] S.I. 1982/719. LIBRARIES The Public Lending Right Scheme 1982 (Commencement) Order 1982. http://www.legislation.gov.uk/uksi/1982/719/made

施要綱（Scheme）』を作成する際には、著作者および図書館当局の代表者およびその他関係者と協議しなければならない。公貸権に基づく著作者への支払いは、国務大臣により任命された公貸権登録官（Registrar of Public Lending Right）によって行われる。

具体的実施事項を法律で規定せずに、別枠の『実施要綱（Scheme）』に委ねたため、法律の施行と同時に公貸権制度は実施できなかった。

第2条は、中央基金について規定している。国務大臣が、「中央基金（Central Fund）」を創設し、登録官（Registrar）が行う管理、運営のもとに置かれる。基金には、議会により提供される資金のうちから、国務大臣が大蔵省の承認を得て必要とする額が随時払い込まれる。その額は、一会計年度に200万ポンドを超えないものとするが、国務大臣は大蔵省の同意を得て、下院の承認を要する委任命令の形で、この額を増額できる。基金から、『実施要綱（Scheme）』に従って、公貸権に関する費用や、登録官の行政経費など事務経費に関する費用を支払う。

第3条は、『実施要綱（Scheme）』とその実施について規定している。国務大臣が『実施要綱（Scheme）』の原案を作成して、議会の両院に提出し議決により承認を得る。国務大臣は、原案が制定された後、議会に提出される委任命令（Statutory Instruments: S.I.）により『実施要綱（Scheme）』を施行する。公貸権の付与は、『実施要綱（Scheme）』の規定によりサンプリングされた特定の図書館の貸出回数によるものとする。したがって、3条(3)の規定により、公貸権の範囲は、「貸出回数」とわかる。また、(4)で「図書館」を定義している。「地方図書館当局が維持するあらゆる蔵書で公衆によって借り出されることを目的とするもの」でかつ「移動する蔵書を含む」とある。公立図書館であれば、移動図書館も含まれる。

地方図書館当局は、『実施要綱（Scheme）』により「公貸権の対象となる書籍またはその他の書籍について地方図書館当局が行った貸出しについて情報を提供」し、「登録の維持や公貸権の確認や管理を容易にするために、書籍に番号やその他の符号が付される」ことを要求される。登録官は中央基金から支出して、これらを実施する費用について、地方図書館当局に弁済する。

『実施要綱（Scheme）』を変更したい場合には、第1条2項に定められた

人々（著作者および図書館当局の代表者並びにその他の関係者など）と協議の後、国務大臣により随時変更できる。

　国務大臣は、毎年『実施要綱（Scheme）』の実績に関する報告書を作成して、両院議院に提出しなければならない。

　第４条は、登録について規定している。登録は指定された様式で記載される。特定の書籍に関して公貸権があるかどうかについては、登録が必要である。登録官は、10年間公貸権による給付がなかった書籍の登録の記載を削除する指示ができる。したがって、第４条では、公貸権が付与されるには、「登録」が必要であることを規定している。

　第５条は、引用等について規定している。第５条(2)で、「地方図書館当局」「指定された」「登録」「登録官（Registrar）」の各意味について、規定している。「地方図書館当局[69]」については、３つの地域における図書館に関する法律[70]により規定される「公立図書館」と規定している。したがって、「図書館」を「地方図書館が管理する公立図書館」と規定していることから、私立が多い大学図書館には公貸権が及ばないことになる[71]。

　最後に、附則についてである。附則では、登録官と登録官を補佐する登録補佐官と職員について規定している。

　附則の１条では、登録官は任期により職を保持し、辞するものと規定されている。附則２条では、登録官の給与及び手当は、議会により提供される資金から主務大臣が公務員担当大臣（Minister for the Civil Service）の承認を得て決定して支給されると規定されている。附則の５条(1)では、登録官は、その名称による単独の法人であり、法人の印章を持つものであると規定されている。５条(2)では、登録官は国王の使用人または機関とみなされてはならないと規定されている。附則の７条は、職員について規定している。７条(1)では、登録官は、登録補佐官と職員を任命できるとし、その数については国務

---

69) Public Libraries and Museums Act 1964 (c.75).
70) 1. Public Libraries and Museums Act 1964 (c.75), 2. Public Libraries (Scotland) Act 1955 (c.27), 3. an Education and Library Board within the Education and Libraries (Northern Ireland) Order 1972.
71) 内田晋「1979年公貸権法」（『外国の立法』19巻1号、1980年）3頁。

大臣の承認を得なければならないとしている。またこれらの職員の任期・勤務条件・支払われる俸給及び手当てについては、登録官が定めると規定されている。

附則は、登録官や仕事を補佐する職員について規定しているが、登録官の身分が独立していることが重要である。

V 制度内容

1 制定時の内容

1982年に提出された『実施要綱（Scheme[72]）』は、本文Ⅰ～Ⅴ部の52カ条と附則（Schedule）1～4からなる。

1982年制定の『実施要綱（Scheme）』の主な内容は、次のとおりである。

① 著作者とは、書籍（book）の執筆者（writer）とさし絵などの作成者（illustrator[73]）で、その氏名が書籍のタイトル・ページに著作者として印刷されているものだけである[74]。さし絵などの作成者には写真家も含まれる[75]。書籍の編集者（editor）と編纂者（compiler）、校正者（reviser）と翻訳者（translator）はタイトル・ページに氏名が印刷されていても、著作者にはなれない[76]。

② 公貸権を認める資格要件とは、英国国民あるいは1981年の英国国籍法に基づく英国国民または他のEC諸国の国民であり[77]、かつ英国（United Kingdom）に住所を有しているか、もしくは英国に主な居住地がある者または過去24カ月（2年）以内に少なくとも12カ月（1年）以上住んでいること[78]が必要である。

---

72) 実施要綱（Scheme=S.I. 1982/719. LIBRARIES The Public Lending Right Scheme 1982（Commencement）Order 1982. 以下本書ではS.I. 1982/719をScheme 1982と略す）の条文。http://www.legislation.gov.uk/uksi/1982/719/made
73) Scheme 1982, 4.(1).
74) Scheme 1982, 4.(2)(a).
75) Scheme 1982, 4.(1)(b).
76) Scheme 1982, 4.(2)(a)(b).
77) Scheme 1982, 5.(1)(a).
78) Scheme 1982, 5.(1)(b).

③ 公貸権を認められるには、登録要件が必要である[79]。著作者が複数の場合、そのうちの1人がこの要件を備えていることが必要であり、登録申請の時に、すべての著作者が生存していなければならない[80]。そしてこの場合には、複数の著作者が共同して登録申請をするものとされている[81]。

④ 公貸権の対象となる書籍は、印刷・製本されている出版物[82]で（ペーパーバックを含む）、32頁以上のもの（詩や演劇作品がその内容のほとんどを占めるものの場合は、24頁以上）である[83]。次の場合は、公貸権の対象書籍とならない。1）著作者名が法人または団体のもの、2）著作者が4人またはそれ以上、あるいは百科事典や辞書などの書籍の場合は2人またはそれ以上、3）国王が著作権を有する書籍、4）販売用のものではない書籍、5）新聞・雑誌・専門誌・定期刊行物などの逐次刊行物は、書籍に含まれない[84]。

⑤ 公貸権の対象となる貸出回数の査定方法は次のとおりである。英国の全地域から公貸権登録官（Registrar of Public Lending Right）により指定された16の公立図書館における貸出回数をもとにして決める[85]。16の割振りはAグループとBグループ[86]から各3館、C～Gグループから各2館を指定し合計16とする。この指定された図書館における貸出回数が全国のすべての公立図書館における貸出回数を反映できるように、指定された16館は、面積・人口・位置などを考慮して決められた全国7つの地域から選ばれ、毎年4館ずつ交替し、4年間で全館が変わる[87]ようになっている。

⑥ 指定された16館の貸出回数に基づいて、全国の公立図書館の書籍の年間貸出回数が推定される。計算式は次のとおりである。（グループ内での共通の貸出回数）＝（その地域での当該書籍の貸出回数）÷（その地域の公衆

---

79) Scheme 1982, 9.(1)柱書。
80) Scheme 1982, 9.(1)(b).
81) Scheme 1982, 9.(1)(b)を解釈。
82) Scheme 1982, 6.(1).
83) Scheme 1982, 6.(2)柱書。
84) Scheme 1982, 6.(2)(a)(b)(c)(d)(e).
85) Scheme 1982, 38.(2)(a).
86) 地域は7つ（AからGまで）あり、地域の割振りはScheme 1982のSchedule 2を参照。
87) Scheme 1982, 38.(2)(c)(d).

への貸出回数の総数）×（すべての図書館の公衆への貸出回数の総計[88]）。

⑦ 公貸権を認められた著作者に支払われる報酬は、年間貸出回数の推定数に、『実施要綱（Scheme）』で定められた1回当たりの貸出レート（rate[89]）をかける。1冊の書籍について算出された報酬の額が5ポンドに満たない場合は支払われない[90]（1983年に第1回の報酬の支払いが行われる時に、最低限度額は5ポンドから1ポンドに引き下げられた[91]）。

1人の著作者に支払われる報酬の年額は5000ポンドが上限としている[92]。

⑧ 書籍の貸出回数や著作者の報酬の計算に、国際標準図書番号（ISBN）を使用するため、公貸権の登録申請書の記載事項になっている[93]。

⑨ 公貸権の実施年度は、7月1日より翌年の6月30日[94]としている。初年度は1982年9月より稼働を始めた。最初の支払いは1984年の2月14日に行われた[95]。総額158万4000ポンドが、6113名の登録作家に支払われた。5000ポンド支払われた著作者は46名、2500〜4999ポンド支払われた著作者は81名、1000〜2499ポンド支払われた著作者は247名、500〜999

---

[88] Scheme 1982, 42.(2).

[89] Scheme 1982, 46.(1)(a)では、0.5ペニーと規定されているが、第1回目の支払いレート（貸出レート）は、1.02ペニーであった（The Public Lending Right Scheme 1983/84 の6頁）。レート変更の根拠は、S.I. 1983/1688 2.(a)である。（http://www.legislation.gov.uk/uksi/1983/1688/pdf/uksi-19831688-en.pdf より1983年のS.I.を調査）この金額は偶然か意図したのか不明であるが、設定したレートは公貸権運動で示した最初の金額とほぼ同額の1ペニーであった。「公立図書館で図書を借りた借主から1ペニーを支払ってもらうというものであった。これは"Brophy Penny"と呼ばれるもの」（Astbury, op.cit., p.667 より引用）であった。ただし、"Brophy Penny"の1950年代と公貸権に基づいて支払いをした1984年では、為替のレートが異なるので、実際には2倍以上多くもらうことになった。

[90] Scheme 1982, 46.(3).

[91] S.I. 1983/1688 2.(b).
 または、The Public Lending Right Scheme 1983/84 の7頁。（House of Commons Parliament Papers Online より調査）

[92] Scheme 1982, 46(2)(b).

[93] Scheme 1982, Schedule1 Part 2.

[94] Scheme 1982, 36条(c) "sampling year"は、6月30日で1年間の終わりであると規定されているので、7月1日から翌年の6月30日までが実施期間である、と解釈できる。

[95] The Public Lending Right Scheme 1983/84 の4頁。House of Commons Parliament Papers Online より調査。

ポンド支払われた著作者は 318 名、100 〜 499 ポンド支払われた著作者は 1516 名、1 〜 99 ポンド支払われた著作者が一番多くて 3905 名である[96]。

1984 年の収支は、次のとおりである。収入は H. M. G. Grant が 186 万 6074 ポンドと Other Operating Income が 10 万 5712 ポンドの合計 197 万 1786 ポンドであった。支出は、Staff Costs が 11 万 2444 ポンド、Depreciation が 9 万 9040 ポンド、Other Operating Charges が 17 万 2265 ポンド、Public Lending Right to Authors（著作者への支払い）が 158 万 4379 ポンドで、これらの合計金額は 196 万 8128 ポンド[97]であった。

⑩ 初年度の運用開始は、命令（S.I.）により、『実施要綱（Scheme）』の項目により効力の発生時期[98]が異なっている。

以上が、制定当時の『実施要綱（Scheme）』の内容である。

公貸権制度の運営の中で、Scheme には 2 つの意味がある。1 つは、公貸権制度の実施のための規定として定められた準法律の『1982 年の Scheme』である。もう一方は、その『1982 年の Scheme』をもとに実施した年次報告書（report[99]）としての「Scheme」である。公貸権制度の中で「Scheme」は、このように 2 つの意味を持つ。両者の混同を避けるために、本書では実施要綱としての「Scheme」を指す場合には、『実施要綱（Scheme）』と日本語名も合わせて記載している。年次報告書としての Scheme の場合には、英語表記の「Scheme」のみを使用する。

2　現行制度の内容

英国の公貸権制度の 2011 年 7 月時点の『実施要綱（Scheme）』の内容[100]に

---

96) The Public Lending Right Scheme 1983/84 の 4 頁と 7 頁。House of Commons Parliament Papers Online より調査。
97) Public LENDING RIGHT ACCOUNTS 1983/84 の 6 頁。House of Commons Parliament Papers Online より調査。
98) Scheme 1982 の Part Ⅰ, Ⅱ and Ⅳ、Schedule 2 and Schedule 3 Part Ⅰ の効力発生は 1982 年 6 月 14 日、Part Ⅲ and Schedule 1 は 1982 年 9 月 1 日、Part Ⅴ、Schedule 1 and Schedule 3 Part Ⅱ and Schedule 4 は 1983 年 7 月 1 日、というように、初年度は断続的に運用された。
99) Public Lending Right Act 1979 (c.10), 3. (8).
100) http://www.plrinternational.com/plrsystems/uk.htm

ついては、以下のとおりである。以後、特に記述されている場合を除いて2011年7月時点の内容とする。

対象となる受給資格者は、当初資格者であった①原著者、②図案家（1956年著作権法の48条に規定される写真家を含む）に加えて、S.I.1988/2070[101]の委任命令により作家に「タイトル頁に名前が記載されている翻訳者(a)(i)、編集者および要約者(a)(ii)」が追加された。

2011年7月時点のPLR Internationalの英国のHPでは、受給資格者については、原著作者・図案家・写真家・翻訳者・編集者・要約者に加えて、新しく「翻案者（adaptor）・リテラー（reteller）」なども公表されている。2001年以降のS.I.を確認したところ、追加の改正の命令が発令されていないので、翻訳者および要約者に類する資格者として運営により柔軟に対応しているものと思われる。

受給資格者（5条）の制定当時の国籍および居住要件は、「(1)英国国民あるいは、1981年の英国国籍法に基づく英国国民、(2)相互契約をしているECの加盟国、(3)英国に主な居住地がある者または、過去2年以内に少なくとも1年以上住んでいる[102]」であったが、S.I.1988/2070の委任命令によりこれらの要件は改正されている。5条において、主な居住地があることおよび居住地がない場合には2年以内に少なくとも1年以上住んでいることを条件とし、具体的な受給対象の国は、附則5条に示し、英国と相互契約をしているECの加盟国の西ドイツとした。

その後受給資格者（5条）の居住要件については、S.I.2000/933の委任命令により2000年7月から、EEA諸国（欧州経済共同体〈EEC〉と欧州自由貿易連合〈EFTA〉にまたがる経済領域）まで拡大している[103]。

2000年に改定されて以来、2011年現在も、公貸権の申請日にEEA諸国に、主な居住地がある者とされている[104]。

---

101) http://www.legislation.gov.uk/uksi/1988/2070/made
102) Scheme 1982, Eligible persons: 5(1).
103) S.I.2000/933. Schedule 5の受給対象国の改訂による。
　　http://www.legislation.gov.uk/uksi/2000/933/made
104) 公貸権局のWebサイトに説明がある。
　　https://www.plr.uk.com/olga/apply/applylogin.aspx PLR Office

対象著作物は、書籍だけである。対象書籍の要件は6条(1)に規定されていて改正されていない。「6条2項で定める受給資格のある著作者あるいは共著の場合少なくとも1人は受給資格者が書いた書籍と分類される、(a)2冊以上であれば発行された著作物の各巻、(b)新版のもの」とした。つまり、対象書籍とは、受給資格のある著作者が存在していること、印刷されて発行予定のある書籍は新版(文庫を含む)に限るという規定は制度当初から変更はない。

対象書籍以外の条件は、6条(2)にて規定されているが、この条件については再三改正がされた。最初の改正は、S.I.1988/2070の委任命令によるものである。S.I.1988/2070で対象書籍以外とされたのは、(a)著作者が法人である書籍、(b)著作者が4人またはそれ以上(百科事典や辞書などの書籍の場合は2人またはそれ以上の要件は削除)、あるいは共著の翻訳者・編集者・要約者(これらを追加)、(c)楽譜(追加)、(d)国王が著作権を有する書籍、(e)販売用のものでない書籍、(f)新聞・雑誌などの定期刊行物などである。

追加されたのは(b)共著の翻訳者・編集者・要約者および(c)楽譜である[105]。制定当初の「32頁以上あること、詩と脚本は24頁以上であること」の頁制限および百科事典や辞書などの書籍の場合は2人またはそれ以上の要件は、この委任命令で削除されている。

対象書籍以外の条件の次の改訂は、S.I.1991/2618[106]の委任命令による。6条(2)(b)が削除された。これで、登録できる著作者数の制限が廃止された。その次はS.I.1990/2360[107]の委任命令による。この改正で対象書籍以外とされたのは、(b)を除く(a)から(f)までの要件は同様であったが、最後に(g)としてISBNコード(国際標準図書番号)を添付することを必須条件とした。

つまり、対象著作物は、「新版で、印刷され、発行予定があり、ISBNコードが付された販売用の」書籍であり、自然人であれば受給資格者は「作家・図案家・写真家及び編集者・要約者・翻訳者・翻案者・リテラー」などとなった[108]。また、この『実施要綱(Scheme)』は、図書館における著作物

---

105) S.I.1988/2070, Eligible books: 6.(2).
106) http://www.legislation.gov.uk/uksi/1991/2618/made
107) S.I.1990/2360: http://www.legislation.gov.uk/uksi/1990/2360/made

の閲覧には適用しない[109]。

出版者と著作権者は、受給資格の対象ではない[110]。これは『実施要綱(Scheme)』が制定された時より改正されていない。

著作者の死後は、受給権利を相続および譲渡できる[111]。公貸権の存続期間は著作者の死後50年であるが[112]、著作者の死後70年間[113]は公貸権が存続する[114]とされている。

支払いの上限は5000ポンドで、下限は5ポンドであり、5ポンド未満の場合は報酬を受け取ることができないとされていたが、現在、上限は6600ポンド、下限は1ポンドに改正されている[115]。

制度が導入された当初は、貸出回数の基になるサンプリング図書館は16館で、選択の内訳は、附則2で定めるグループAとグループBから各3館選び、各2館は、附則に定めているほかの5グループから選ぶというものであった。制度の施行後、サンプリング図書館数および分館数は増加していった。しかし2008年の41館（分館1067館）を境に[116]減少し、2008年7月1日から2009年6月30日の年度（支払いは2010年）のサンプリング図書館は30

---

108) S.I. 1990/2360のSchemeの4条"Authors"より。
109) *Public Lending Right Review* DCMS, 2002, p.16.
110) S.I. 1990/2360のSchemeの4条"Authors"の要件を反対解釈する。
111) 公貸権法1条(7)では、次の内容は『実施要綱（Scheme）』で定められなければならないと規定している。その内容は、「権利は、登録によって設定されること・譲渡や相続で移転できること・登録官に通知することで全部または一部を一時的または永久的に放棄することができる」である。
112) 公貸権法の1条(6)の規定より。『実施要綱（Scheme）』で別段の規定がなければ、この条文を当てはめる。
113) S.I. 1990/2360
114) 公貸権制度における保護期間延長の根拠は、92年EC閣僚理事会指令による著作権法の改正にある。本指令制定の当事者からの記述を以下に引用する。
「加盟国が公貸権上の全体の管理体制について声明を言及して以来、著作権法の原則に従っていないこれらの規定でさえ、5条に応じてみなされることが可能になった。例えば、著作者の死後の報酬を受けられる適格性や、公貸権の継承性についての規定などのことである」Reinbothe, Jörg and Silke von Lewinski, *The EC Directive on Rental and Lending Rights and on Piracy*, London, Sweet & Maxwell, 1993, p.80.
115) 1983-84年の第1回実施報告書（The Public Lending Right Scheme 1983/84）7頁に、最低報酬を1ポンドで支払いをした報告があり、その後最低報酬に変更はない。House of Commons Parliament Papers Onlineより調査。

館（分館 912 館）となり、2011 年 7 月時点でも 30 館（分館数は掲載されていない）である。

サンプリング図書館数は、30 館を最小として、その下に 1000 館余りの分館を有している。毎年少なくとも 7 館が入れ替わり、4 年がサンプリング図書館の任期である[117]。

公貸権制度の基本的な要件について大規模な変更はないが、受給対象者の緩和、対象書籍以外の要件の追加と削除、書籍の頁要件の削除、ISBN コードの添付、支払いの上限・下限、および貸出回数の基になるサンプリング図書館数の増加などの要件に変更が見られる。

3　制度特徴

次に、各国公貸権制度と比べて、現在の英国の公貸権制度の特徴を見ていく。注に説明をつけていない内容は、公貸権法（Public Lending Right Act 1979〈c.10〉）と『実施要綱（Scheme）』の規定より記載しているものである。

主な特徴は、次のとおりである。①対象受給資格者は、3 名までの著作者（作家・写真家・図案家）と単独の編集者・要約者・翻訳者・翻案者・リテラーなどである。著作権者と出版者は含まれない。②対象資格者は、英国国民に加えて、2000 年 7 月から EEA 諸国まで拡大し、利用料の支払い対象を EEA 諸国まで広げている[118]。英国と EEA 諸国の著作者については、英国および EEA 諸国に主な居住地があるかあるいは 2 年以内に 1 年以上居住していること[119]が、公貸権の対象資格者の要件である。③受給権利の譲渡および相続が可能である。しかし、すでに亡くなっている著作者の著作物は登録ができない。④対象図書館は公立図書館のみで、大学図書館など学校関係

---

116) http://www.plrinternational.com/plrsystems/uk.htm に 2009 年 11 月 22 日アクセスした時点での総数。内容は年度ごとに更新されるため、2010 年 7 月 4 日、2011 年 7 月 18 日にアクセスして総数を確認している。

117) PLR Office の Web サイトの *How the sample works* より。
http://www.plr.uk.com/libraryInformation/howTheSampleWorks.htm

118) S.I.2000/933. Schedule 5 の受給対象国の改訂による。

119) Scheme 1982, 5.(1). S.I.1988/2070 の委任命令より「英国国籍及び英国に 2 年以内に 1 年以上の居住要件」が削除され、S.I.2000/933. Schedule 5 の受給対象国の改訂があり、EEA 諸国に拡大した。

の図書館は含まれない。⑤対象著作物（ISBN コード付き書籍）には、登録が必要である。⑥貸出しの支払いの根拠は、公貸権法 3 条(3)で貸出回数を範囲とする。⑦制度の管理は、枢密院議長の任命による登録官（Registrar）が行う。⑧ International PLR Network を主宰していて、公貸権の普及に努めている[120]。

英国が公貸権の普及に努めている理由は、英国人の著作物に海外での公貸権を適用して欲しいからである。英国の使用言語の"英語"は、海外で広く使われているため、海外市場で英語の書籍が流通している。海外の図書館に所蔵されている英国発行の英語の書籍についても、英国人に利用料を支払ってもらえるように、英国国内では EEA 諸国の書籍にも公貸権料を支払って、国際公貸権の普及に努めているのである。

VI 課題とその検討

1 公貸権と貸出権の利用料の有無

1991 年規則（S.I.1991/2712）により図書館法が改正され、公立図書館サービスに課金できるようになったが、「図書の貸出しと雑誌の閲覧とレファレンス」だけは無料のままであった。1992 年には貸与に関する 92 年 EC 理事会指令[121]が発令され、これを受けて 1996 年規則（S.I.1996/2967）により英国著作権法に"Rental right"と"Lending right"が創設された。すでに公貸権法が存在している中で、英国著作権法に"Rental right"および"Lending right"が創設されたため、英国の「公立図書館の書籍の貸出し」の現場は問題を抱えることになった。それは、①「公立図書館の書籍の貸出し」は、図書館法 8 条に唯一残っている「書籍の貸出しの無料原則」により利用者から利用料を徴収することができないこと、②著作権法 40 条 A(2)に利用許諾

---

120) Parker, Jim, *PUBLIC LENDING RIGHT IN THE UK*, (www.plr.uk.com), 2009.03, p.7.
121) 貸与権及び公貸権並びに知的財産権の分野における著作隣接権に関する閣僚理事会指令（Council Directive 92/100/EEC of 19 November 1992 on rental and lending right and on certain rights related to copyright in the field of intellectual property）
http://eur-lex.europa.eu/LexUriServ/LexUriServ.do?uri=OJ:L:1992:346:0061:0066:EN:PDF

を必要とする「非営利の貸与権（貸出権[122]）: Lending right」が創設されたこと、③著作権法の貸出権の創設前から公貸権登録書籍に貸出しの報酬を支払う公貸権法の"Public Lending Right"が設けられていたこと、の3つの権利関係が「公立図書館の書籍の貸出し」の同一の場面で適用されるようになったからである。

現行英国著作権法では「公貸権登録の書籍の貸出し（40条A(1)）」と、著作権法の貸出行為に当たる「公立図書館の貸出用著作物の貸出し（40条A(2)）」の2種類の貸出行為が併存することになり、しかも図書の貸出しは「無料」でなければならないのである。著作権法の条文をそのまま解釈すると、「公立図書館の貸出用著作物（書籍・AV資料等）の貸出し」は、著作者の許諾をとる必要があり、許諾をとらないままに貸出しを行う場合には著作権侵害行為となる。著作者に許諾をとるということは利用料の徴収を意味する。しかし、公立図書館サービスのほとんどを占めている「公立図書館の貸出用書籍の貸出し」行為は、図書館法8条により無料でサービスを行うため、利用者から利用料は徴収することができない。図書館法により「貸出用書籍の貸出し」利用料が徴収できないため、「貸出用書籍の貸出し」および「貸出用AV資料等の貸出し」について著作権処理（利用許諾と利用料の支払い）が行われているのか否か、が今後の課題として残ったままである。

DCMS（文化・メディア・スポーツ省）が2002年に公表した*Public Lending Right Review*（2002）の報告書では、AV資料であるオーディオ・ブックに対する"Lending right"の適用の現状について次のように述べられている。「英国は例外を探し求められたくなかったので、著作者とその他の権利者は、公貸権で扱われていない著作物の貸出しについて許諾を行える権利を持てることになった。権利者の団体は、オーディオ・ブックの図書館での貸出しについて報酬の形態が何もないことが、長い間著作者にとって重要な問題であるとされてきたにもかかわらず、非書籍資料の貸出しについての支払いの交渉をする権利を行使できないでいた。（略）オーディオ・ブックの貸

[122) 貸出権とは、「著作物の複製物が返却されることまたは返却されうることを条件として、料金の支払いを求められることがない施設を通じて複製物の利用が許可される（18A(2)(b)）」権利のことをいう。

出しに対する許諾についての合意に対する交渉はすぐに始まりそうである[123]」というものである。これから、オーディオ・ブックの著作者は、貸出許諾権を持てるようになったが、利用許諾を求められることもなく、利用料も支払ってもらえていない状況にある、と理解できる。

では「公貸権登録以外の書籍の貸出し」について著作者への利用許諾と利用料の支払いの状況はどうであろうか。オーディオ・ブックについては権利が承認されたのに、著作者に利用料が支払われていないことがDCMSの報告書にて判明している。「公貸権登録以外の書籍」の貸出しについては、具体的な報告は見当たらない。

その解決策は本指令の5条1項の「貸出権」の例外規定を採用した。本指令の「排他的権利について、少なくとも著作者がそのような貸出しについて補償を得られることを条件に例外を設けることができる」という部分を、英国の当時の状況下では、次のように解釈した。それは、"公貸権制度により、書籍の貸出しについては、すでに報酬を支払っているので、排他的権利について例外を設けることができる"という理解である。

また PLR Office は公貸権登録を推進しているため、図書館の書籍の貸出しについて報酬を要求したいのなら、当該書籍を公貸権登録するようにと勧めることができると理解できるものである。

公立図書館ではAV資料利用料を利用者から徴収していることが判明している。その調査での収入の内訳[124]は、AV資料貸出料金が一番多く1930万3304ポンドである。この金額は公貸権に支払われる金額（近年は700万ポンド台）を上回るものである。その次に多いのは延滞金（1437万4322ポンド）である。公立図書館は、利用者からAV資料の利用について利用料を徴収しているが、権利者にAV資料の利用料を支払っているかどうかは、不明であった[125]。しかし「デジタル経済法案（Digital Economy Bill）」の成立について、2010年4月14日にALCS（Authors' Licensing Collecting Society[126]）

---

123) *Public Lending Right Review*, para.10.5.
124) *Public Library Statistics 2008-09 Estimates and 2007-08 Actuals*, CIPFA, p.11.
125) *Public Lending Right Review*, para.10.5.
126) http://www.alcs.co.uk/

の最高責任者アトキンソン（Owen Atkinson）氏が声明を出したことで、公立図書館が利用者から徴収している AV 資料利用料は、著作者に支払われていないことが判明した。その声明とは「法律の規定を修正する新しい立法行為は、新しい技術によりもたらされる変化を維持し柔軟に対応するためにもっと以前に行われるべきものであった。図書館利用者は、新しいタイプの書籍にアクセスしてきたものであるから、これからもこれを利用することは重要であるが、それと同時に著作者が著作物の新しい利用により利益を得ることも公平なことである。ALCS は、著作者が利益を得られるように、『デジタル経済法（Digital Economy Act〈2010 c.24〉）』に規定されることについて承知する。公貸権対象の拡張のために、PLR 基金に毎年追加の 75 万ポンドを政府により提供されることは必須である[127]」というものである。

ALCS の最高責任者アトキンソン氏の 2010 年の声明と、DCMS が 2002 年に公表した *Public Lending Right Review*（2002）の報告書で報告された内容の双方から、オーディオ・ブックに対する "Lending right" の適用の状況は 8 年たっても変わっていないことがわかる。

2　公貸権報酬額の格差の問題

公貸権登録した書籍の貸出しによる報酬を多く受け取れる著作者と、多く受け取れない著作者の差が広がっている。この要因は、公貸権登録書籍の図書館の貸出しの回数に応じて報酬額を支払っていることにより、個別具体的な数字となって表れるためである。また報酬額を受けている著作者の 9 割以上が受け取っている金額は 500 ポンド以下である。ごく少数の著作者が多くの報酬額を受け取れるという状況である。

次頁に、2005 年から 2009 年までの報酬額別に支払いをした登録著作者数の内訳を表にて示す。

公貸権報酬額に格差が生じているという状況を受けて、Jim Parker 登録官は 2009 年 3 月のレポート[128]で、この制度の下では、勝者と敗者が存在し

---

127) http://www.alcs.co.uk/CMSPages/GetFile.aspx?nodeguid=c919433d-8d31-495e-a3d9-d34b37d38c22
128) Parker, J., *PUBLIC LENDING RIGHT IN THE UK*, www.plr.UK.com p.5.

支払いをした登録著作者数の報酬額別内訳

報酬額別段階	2005 年	2006 年	2007 年	2008 年	2009 年	09 年の割合
6,000-6,600 ポンド	281 人	291	277	269	282	1.213％
5,000-5,999.99	68	72	82	83	80	0.344％
2,500-4,999.99	390	397	375	379	364	1.566％
1,000-2,499.99	782	788	797	784	850	3.657％
500-999.99	959	922	897	932	962	4.139％
100-499.99	3,725	3,661	3,591	3,507	3,423	12.728％
50-99.99	2,403	2,319	2,190	2,150	2,145	9.229％
5-49.99	9,976	15,416	15,731	15,669	15,135	65.121％
支払いをした登録著作者数	18,584 人	23,866	23,940	23,773	23,241	―

ていると述べている。

「勝者は、すべての公立図書館により典型的に所蔵されている図書の作家である。成人小説の作家が登録書籍の貸出回数の約50％、続いて成人向けノンフィクション作家が25％、そして児童書と児童向けのノンフィクション作家が25％である。成人小説のジャンルの中で、歴史、犯罪および恋愛小説が特に人気があり、しかも公貸権がよく機能している。公貸権制度の下では、最高でも6600ポンドしか受け取れず、しかも6600ポンドを受け取れる282人の作家たちは全員がベストセラー作家というわけではない。

利益を受けられない人たち（敗者）は、公立図書館よりはむしろ大学あるいは専門図書館に所蔵されている図書の作家たちである。これらの図書館は、公貸権の報酬の計算から除外されている。公立図書館での敗者とは、彼らの図書は参考図書として所蔵されているためまったく借りられていない人たちのことである。そして、主に地方で興味をもたれる本の作家もまた同様である。彼らは、自分の地域の図書館がサンプル図書館である時は、地元のサンプル館でよく借りられるため全体での貸出回数は多く計算されるが、サンプル図書館が変更になると、一気に貸出回数が落ち込むという経験をしている。こういう場合では、作家は長い期間にわたり平均的にPLRの報酬を見ていくことを求められている。

これらの偏差と不公平を是正するために政府は『実施要綱（Scheme）』を何度も修正している。全体としては、図書館員も作家もこの『実施要綱（Scheme）』により幸福である」と締めくくっている。
　英国では、現在査定の根拠を貸出回数としているため、著作者により貸出回数が異なるので受け取れる報酬額の格差は埋めようがないが、数字の客観性は担保されている。しかし英国の公貸権制度の目標をどこに設定するのかを考えることにより、支払いの方法を変えられると考える。EC加盟国で一番遅く公貸権制度を導入したフランス[129]は、さまざまな要因を加味して公貸権の支払いの基準としている。フランスは公貸権制度は著作者への損失補償および文化支援であるから、なるべく公平に基金を分配しようと考えたようである。貸出回数を根拠としているスウェーデン[130]でも算定の基礎に他の要因を加味して報酬の格差の是正をしている。
　2012年以降はPLR Officeに代わって公共団体が、登録著作者の報酬格差是正のための計画を立てていくと思われるが、フランスやスウェーデンのように算定に他の要素を加味することで支払いのバランスをとっていくことが必要であると考える。

3　英国以外の受給対象国の問題

　登録官のJim Parkerが2009年3月のレポート[131]で、英国以外の受給対象国に関することを問題点として挙げている。それは「英国は多くの国[132]を公貸権の受給対象としているが、英国に報酬の支払いをしてくれる国はドイツ・オランダ・アイスランドなどで、英国が対象としている諸国と比べて少ない」という点である。つまり英国は、報酬の支払いをEEA諸国まで広げているが、支払うより入ってくるほうが少ないので、海外での英国国民の報酬の確保を促進していく必要があるということである。そのために、英国

129）『平成16年度公貸権制度に関する調査・研究』資料編5頁。
130）上掲報告書、資料編3頁。
131）Parker, op.cit., p.2.
132）S.I.2000/933により、2000年7月から英国以外の受給対象をEEA諸国（EC加盟国にアイスランド、ノルウェー、リヒテンシュタインを加えたもの）まで拡大している。

は、PLR Office の最高責任者である登録官（Registrar）に国際公貸権ネットワーク（International PLR Network[133]）のコーディネーターを務めてもらい、国際公貸権の発展に努めている[134]。

Parker 登録官は「公貸権制度はとてもよいシステムであるので、図書館員も著作者もみんなが幸せになるように実施していきたい」と述べ、「公貸権の国際的なネットワークを構築して、国外では現在は無料で貸し出されているので、公貸権の国際的普及に努めて利用料を獲得したい[135]」とも述べている。

現在、貸与に関する 92 年 EC 閣僚理事会指令により、EC 諸国では公貸権の導入が求められている。その結果として公貸権の主な導入国は、EC 諸国が大半を占めることになっている。加盟国である EC 諸国との公貸権制度の相互関係は、制度自体も本指令に拘束されているので円滑に行われる。それ以外の国々では公貸権制度の適用を行うにはリスクが伴うと考えられている。公貸権制度を導入している多くの国で、著作権法の枠内で公貸権を規定していないのは、著作権法に規定すると、受給対象者の受給対象国が条約により広がるからである。

本来であれば、英国国民が報酬の徴収を期待できる最大の国は、言語圏が同じアメリカ合衆国である。しかしアメリカ合衆国には公貸権制度が存在しないため、報酬の徴収は望めない。英国が国外からの公貸権の報酬を徴収しようとするなら、国際公貸権ネットワークでの推進活動を通じて、徴収できる国が増えていくように努力していく必要がある。

Ⅶ 公貸権制度の今後の展望

英国の公貸権制度は、現在 4 種類（①公貸権と貸出権の利用料の有無、②受給される報酬額の格差の問題、③英国以外の受給対象国の問題、④今後の制度運営の不安定さ[136]："中央基金の 2011 年度から 4 年間の予算減額と運営組織の移管および公貸

---

133) http://www.plrinternational.com/
134) *Public Lending Right Review*, para.4.12.
135) Parker, op. cit., p.5.

権対象を非印刷体書籍への拡大見送り等")の課題を抱えている。これらの課題の今後の展望について、前項での検討を踏まえて考察する。

　第1に公貸権と貸出権との関係は、法律の改正を伴う課題である。英国が貸与に関する92年EC理事会指令の5条1項の例外規定を適用しているという解釈をとるならば、著作権法の40条A(2)を改正せずとも、運用面などの改正で解決していけるのではないかと考える。

　図書館法の無料原則が「書籍の貸出し」にしか適用されていないため、オーディオ・ブックは、図書館利用者から利用料を徴収できること（課金対象資料）に注意が必要である。現在オーディオ・ブックは利用者から利用料を徴収しているが、公立図書館内では、「図書館の運営費」として扱われているようである。問題は、利用者から利用料を徴収していても、著作者に利用料を支払っていないことである。この問題は、これまで長く解決してこなかったものである。

　第2に受給される報酬の格差の問題が、一番解決しやすい課題ではあるが、公貸権制度の本質にかかわる課題でもある。報酬の格差の問題は、現在の制度が報酬の査定の基準を「貸出回数」のみで行っていることより生じているからである。

　公貸権には2つの目的があり、「著作者の著作物が図書館の貸出しにより引き起こされた収入源の損失に対して報酬を著作者に与える権利を認めること」および「国の中で文学と原作者を支援する要求」である[137]。前者は、民法の「逸失利益に対する補塡賠償」を意味し、後者は、国の政策である「文化振興政策」を意味する。公貸権制度には、相反する目的が併存するため、その権利の性質がわかりにくくなっている。制度運営は両者の均衡をとりながら行う必要がある。この2つの目的の均衡をどのように考えるのかにより、英国の「公貸権の分配金の分け方」が異なってくる。「公貸権の分配金を公平に分けていく」という考え方をするか否かが、英国での制度運営の今後の鍵になると思われる。なるべく公平感が持てるようなその他の要因

---

136) DCMS, *2010 Spending Review* (CMS156943/DC) p.2.
137) Mayer, "Literary Copyright and Public Lending Right".

(たとえば登録者に規定額を一律に「助成金」として分配することなど)を加えるのも、一考ではないかと考える。

　第3に英国以外の受給対象国の問題についてであるが、これは国際間の相互関係の問題であるため、国際会議で話合いをするなどの啓蒙活動が必要と思われる。EC加盟国は、公貸権制度を導入することを求められているため、英国が受給対象国の拡大を推進していくことで相互に徴収できる環境ができるのではないかと思われる。

　最後に、今後の公貸権制度運営の不安定性である。英国公貸権制度の2010年前半までの問題点は、基金をどれだけ公平に登録著作者に分配していけるかであった。なぜなら公貸権の報酬の公平な分配は、次の新しい著作物を創作していく著作者を支援すると考えられるからである。しかし、2010年10月以降は一転して制度の存続に係る重要な3つの事項が発表された[138]。それは「①中央基金の今後4年間の予算減額、②運営組織の移管、③『デジタル経済法（Digital Economy Act〈2010 c.24〉)[139]』により決定した公貸権対象を『非印刷体書籍』へ拡大することの見送り」である。

　制度運営の不安定さの中で、③の「公貸権対象を『非印刷体書籍』へ拡大することの見送り」が、一番重要な問題である。Digital Economy Act (2010 c.24) の成立により、公貸権対象著作物が「書籍」から非印刷体書籍（audio-bookとe-book）まで拡大することが法的に決まり、非印刷体書籍（audio-bookとe-book）の図書館での貸出しに関する報酬請求についてようやく解決されると思われていた。しかし立法措置が決まった半年後に、政府は、公貸権対象の拡大を見送ったのである。

　また2011年11月現在、非印刷体書籍の公立図書館での公貸権への拡大は凍結したままであるが、この凍結とは関係なく非印刷体書籍の貸出しは行われている。利用者への貸出しの方法について、2010年10月21日に英国出版社協会（Publishers Association: PA[140]）は、政府の利用促進の目標とは相反

---

138) DCMS, *2010 Spending Review* (CMS156943/DC) p.2.
139) http://www.legislation.gov.uk/ukpga/2010/24/section/43
　43条(2)(a)にてaudio-bookを入れると、規定された。
　43条(2)(b)にてe-bookを入れると規定された。

する方針を「図書館による電子書籍貸出しの基本方針[141]」として公表している。それは「図書館による電子書籍の無料・無制限の貸出しを認めることは、電子書籍の市場全体を損なうことにつながるものであり、それは著作者も出版者も受け入れらない」というものである。英国の出版者協会の方針は日本の出版者にも賛同できると思われるので、日本の今後の議論に参考になると考える。

2013年3月の時点でも、依然として非印刷体書籍の公立図書館での公貸権への拡大は凍結したままであったが、公貸権対象を「非印刷体書籍」へ拡大することについて、2013年3月にForward Publishing社の創設者であるジークハルト（William Sieghart）氏が *An Independent Review of E-Lending in Public Libraries in England*[142]として意見を公表した。これに対して政府からも2013年3月にその回答（*Government Response to the Independent Review of E-Lending in Public Libraries in England*）を公表した[143]。公貸権対象を「非印刷体書籍」へ拡大することについて、政府は、2014年2月13日から3月13日までの期間にて意見募集をしている[144]。公貸権対象を「非印刷体書籍」へ拡大することについては、政府の慎重な判断が続いている。

公貸権制度の運営組織の移管について2013年10月には、引き継ぐ組織体は英国図書館（The British Library）と決定した[145]。しかし運営の場所は以前

---

140) http://www.publishers.org.uk/index.php?option=com_content&view=category&layout=blog&id=2&Itemid=1343
141) 英国のBooksellers誌に、英国出版社協会の基本方針を発表したFaber社のCEO Stephen Page氏の講演内容を全文掲載している。
http://www.thebookseller.com/news/pa-sets-out-restrictions-library-e-book-lending.html
142) https://www.gov.uk/government/uploads/system/uploads/attachment_data/file/175318/ELending_Review.docx
143) https://www.gov.uk/government/uploads/system/uploads/attachment_data/file/175319/ELending_Government_response.docx
144) https://www.gov.uk/government/uploads/system/uploads/attachment_data/file/279481/Consultation_on_the_Extension_of_Public_Lending_Right_3_6_docfinal.docx
145) 2013年12月9日、PLR Teamが、英国図書館（The British Library）に加わった。PLR Teamの2013年のニュースのアーカイブより。
http://www.plr.uk.com/allaboutplr/news/newsArchive2013.htm

の場所で行っているため、英国図書館内ではない[146]。

第2節　各国の公貸権制度

現在、著作者等に、図書館の図書等の貸出しについて報酬を請求する公貸権制度を実施している国は、2008年時点で28カ国である[147]。各国の公貸権制度の実施内容については、それぞれの国内事情により異なったものとなっている。実施国のうち主な国の制度を法的側面から分類すると次のような分類が考えられる。①公貸権制度を独自の制度として法律を制定しているタイプ、②著作権法の中に規定しているタイプ、③制度として立法化されていないが独自のプログラムとして制度化されているタイプ、の以上3タイプが考えられる。図書等の貸出しに対する報酬の算定基準の点から分類すると、(a)貸出回数を算定基準とするタイプ、(b)図書館の所蔵から算定するタイプ、(c)その他、である。特殊な要件として、「ISBNコード」の必須条件と、対象資料を「自国語のみ」か、あるいは「自国で発行」するというものがある。

公貸権の権利者の対象は、「著作者」あるいは一部の国で「著作隣接権者」および「出版者」を受給対象としている。また公貸権の権利の性格は、根拠法が、独自の公貸権法であるか著作権法であるかプログラムであるかにかかわらず、フランスを除くほとんどの国が「報酬請求権」である。フランスは視聴覚の著作物の対象者が著作権者となっているため、「排他的権利」となっているが、書籍の権利者は著作者等であるため、他国と同様に「報酬

---

146) http://www.plr.uk.com/allaboutplr/aboutUs/aboutUs.htm
147) PLR International の web site に記載されている公貸権実施国は、オーストラリア、オーストリア、ベルギー、カナダ、チェコ共和国、デンマーク、エストニア、フェロー諸島、フィンランド、フランス、ドイツ連邦共和国、グリーンランド、ハンガリー、アイスランド、イスラエル、イタリア、ラトビア、リヒテンシュタイン、リトアニア、ルクセンブルグ、オランダ、ニュージーランド、ノルウェー、スロヴァキア共和国、スロヴェニア、スペイン、スウェーデン、英国、アイルランド、クロアチア、キプロス、マルタ、ポーランドの33カ国である。以上、PLR International Network の調査より。(2015年12月現在)
http://www.plrinternational.com/established/established.htm
http://www.plrinternational.com/established/Established%20PLR%20Schemes.pdf

請求権」となっている。

対象の施設は、公立図書館のみのタイプ、公立図書館と大学など学校図書館にも適用されるタイプなどさまざまである。対象資料は、書籍が主であるが、視聴覚資料にも適用している国もある。

主な公貸権実施国を分類するに当たり、「根拠法」と「算定基準」をもとにし、自国の言語のみというタイプを加味して分類を試みる。そうすると次のようなタイプが考えられる。①公貸権法＋貸出回数タイプ、②公貸権法＋所蔵タイプ、③公貸権法＋自国の言語または自国で発行された書籍タイプ、④著作権法タイプ、⑤プログラムタイプ、とそれ以外の特殊なタイプとして、⑥ISBNを必須要件にしているタイプの6つに分類ができる。

①のタイプは英国だけが当てはまるので英国型とする。②のタイプをとる国は多いが、次の自国語または自国での発行を分類のキーとする国がほとんどであるため、オーストラリアだけが当てはまる。したがって、これをオーストラリア型とする。③は自国の言語を保護する目的である北欧の国々がほとんどであるので北欧型とする。④は著作権法型とする。⑤はプログラム型とする。⑥はISBN型とする[148]。

英国型に該当する国は他にないため、他の型にない特徴を備えている。他の型と比べて異なる点は、貸出回数を算定の基礎データとしていることである[149]。英国型は、対象図書館が公立図書館、対象資料が書籍、サンプル図書館での貸出回数を算定の基礎データとしている。

オーストラリア型の特徴は、公貸権制度の中では一般的である。対象図書館は公立図書館、対象資料は書籍であり、サンプル図書館での所蔵冊数を算定の基礎データとしている。特殊な要件としてISBNコードの付与と、自国の国籍要件または居住要件を課している。

北欧型[150]の特徴は次のとおりである。対象図書館は公立図書館と学校図

---

148) 南、前掲論文、222-223頁と、『平成16年度公貸権制度に関する調査・研究』資料編2-7頁と、*Public Lending Right Review*（2002），DCMS. para. 5.32を参考に、タイプ分けをした。
149) スウェーデンやオランダでも算定の基準を貸出回数としているが、主な型の性質（スウェーデンは北欧型、オランダは著作権法型）を優先してタイプを決めている。

書館等（フィンランドだけが公立図書館のみ）である。対象資料の書籍について、「自国語の言語で書かれているものである」「自国民が書いたものである」「自国に居住している人が書いたもの」、または「自国で発行したものである」などと国によりさまざまな要件を課している。サンプル図書館または各図書館での所蔵冊数を、算定の基礎データとしている国がほとんどである。

著作権法型[151]は、著作権法の中で公貸権制度を構築していることが特徴である。これにより、対象資料を限定しないことや、受領資格の譲渡が可能になる。集中管理団体より金銭の管理がされている国が多いが、支払者は政府・図書館・図書館を運営する法人などさまざまである。対象図書館は、公立図書館と学校図書館等を対象（オランダだけが公立図書館のみ）としている。

根拠法を持たないプログラム型は、ニュージーランドとカナダが該当する。両国とも算定基準は所蔵をもとにし、対象資料は書籍だけである。対象図書館は、ニュージーランドが、公立図書館に加えて学校図書館等も対象としているのに対し、カナダは公立図書館のみである。ニュージーランドはISBNコードが必須要件ではないが、カナダは必須要件であるため、ISBNコードの必須要件が揃ったら、プログラム＋ISBNタイプと分類することができた。しかしISBNコードの条件が揃わなかったので、プログラム型と、特殊なタイプとしてISBN型を分けることにする。対象資料にISBNコードを必須要件とするISBN型は、英国、オーストラリアとカナダとオランダの4国だけである。

第3節　日本の文化審議会著作権分科会での公貸権の取扱い

文化庁で「公貸権」のことを審議したのは、2003年1月24日の文化審議

---

150) このタイプは、スウェーデン、フィンランド、デンマーク、ノルウェー、アイスランドが該当する。
151) このタイプは、ドイツ連邦共和国、オーストリア、オランダ（対象資料が自国の言語であることに注意）が該当し（南、前掲論文、222-223頁）、2003年より上記の国に加えて、フランスが制度を導入し施行（『平成16年度公貸権制度に関する調査・研究』42頁）した。

会著作権分科会で行った1回だけである。どのような話をしたのか、審議会の議事録[152]を見ながら検討する。

「公貸権」の審議については、審議会の議題に「3）図書館資料の貸出について補償金を課すこと」として取り上げられた。

「公貸権」の審議の内容は、次のとおりである。「現行の著作権法では、『映画の著作物』の非営利・無料の貸与については、図書館等が補償金を支払うこと（いわゆる『公貸権』の付与に相当する制度）とされている（著作権法38条5項）が、一般の書籍等の映画以外の著作物については、このような補償金の制度はない。

しかしながら、図書館の増加、図書館における貸出数の増加等により、本の購入が図書館からの貸出しにより代替される傾向が強まっており、著作権者の利益に対する損害が大きくなっていることを理由として、図書館資料の貸出しについて補償金を課すことについても同様の制度を導入してほしいとの要望がある。

この事項については、著作権法第38条第5項に規定されているような非営利・無料の貸与に係る補償金制度の対象を将来『書籍等』に拡大することによって対応するという方向性そのものに関しては、法制問題小委員会においては基本的に反対はなかった。しかし、権利者側・図書館側双方に、具体的な補償金制度等の在り方について協力して検討したいという意向があることから、当面その検討を見守ることとし、その結論が得られた段階で、必要な法改正の内容を具体的に定めることが適当である」と審議された。

これは、2002年に文化庁が設置した文芸関係者と図書館関係者との協議会において、「国家による基金が設置される」という条件つきで、「公共貸与権」の具体的なシステムについて今後も話合いを続ける旨について両者の間に一応の合意が得られた[153]ことを受けて、2003年の審議会で公貸権の取扱

---

152) 文化審議会著作権分科会審議経過報告の第1章 法制問題小委員会の審議の経過の中の、権利制限の見直しに関する事項「3）図書館関係の権利制限の見直し」にて報告された。（16頁）
http://www.mext.go.jp/b_menu/shingi/bunka/gijiroku/010/03032810.htm
153) 三田誠広「図書館が侵す作家の権利」（『論座』2002年12月）191頁。

いについて意見をまとめたものである。

しかし文化庁は公貸権制度について積極的ではなかったので、日本の図書館における「公貸権」の付与については、この経過報告書が提出された時点での議論のまま止まっている。それはこの時点で、公貸権より貸与権の付与のほうが先決問題であったからである。しかし、2004年に著作権法附則4条の2が廃止されて、書籍・雑誌に貸与権が付与されることになっても、公立図書館の書籍の貸出しについて補償金を課すという制度は検討されていない。

第4節　アメリカ合衆国の公貸権制度の議論

I　公貸権を著作権法（Copyright Act of 1976）の枠内に組み込む場合

1　議論の枠組み

アメリカ合衆国で公貸権を広く認めようとするためには、まず公貸権をどのような制度枠組みをもって定めるのかという問題が生じる。この点に関する最初の議論は、「著作権法[154)155)]の枠組みの修正で行うのか、それとも公貸権（PLR）として著作権法とは別に制度を導入するか」というものであった。

連邦憲法の下で連邦議会は、その選択によって著作権の枠組み内で著作者

---

154) 合衆国法律集の第17編（Title 17 of the United States Code）が、著作権法である。the United States Code は、USC と略される。現行著作権法は1976年に制定されたので、Copyright Act of 1976 と呼ばれている。本書では、今後現行アメリカ合衆国著作権法を示す時は、Copyright Act of 1976 を使用する。

155) U.S. Copyright Office（アメリカ合衆国著作権局）のHP（http://www.copyright.gov/title17/）に Copyright Act of 1976 の条文（2009年10月）がアップされている。著作権法は、改正が頻繁に行われるため、本書では、著作権法の条文を使用する際は、17 U.S.C. の条文より U.S. Copyright Office でアップされている条文を使用する。
Copyright Law of the United States and Related Laws Contained in Title 17 of the United States Code, U.S. Copyright Office, October 2009.
http://www.copyright.gov/title17/92chap1.pdf
U.S. Copyright Office（アメリカ合衆国著作権局）は、連邦議会図書館（Library of Congress）の下、1897年に独立した部署として設けられた（Leaffer, Marshall *Understanding Copyright Law*, 4th ed., LexisNexis, 2005, p.271 を参照）U.S. Copyright Office に関する規定は、Copyright Act of 1976 の7章に置かれている。

368

に貸出権を与える権限[156]を有している。しかし、著作権法の枠組みにおいて、公貸権を制定するということは、既存の著作権保護の範囲を変更することを意味する。その影響の大きさから、当時の推進論者の多くは、著作権法と分けて公貸権を制定することに賛成[157]したのである。一方で、連邦議会に対する公貸権の提案者は、公貸権をいったん著作権法に規定すると、爾後廃止するのが困難になるという事実上のリスクを生じるかもしれないが、連邦議会が著作権法に公貸権を規定するという修正は、憲法上の連邦議会権限を超えるものではないと指摘している。事実これまでも、連邦議会は必要な時に著作権法の保護下に置いてきたいくつかの排他的権利を制限してきたことが知られている[158]。

このようにして、公貸権を導入してきた国で議論されてきた「著作権法の枠組みの修正で行うのか、それとも公貸権（PLR）として著作権法とは別に制度を導入するか」という問題について、同様の議論がアメリカ合衆国でも行われることとなった。公貸権制度の導入を検討する際には、この両者の比較検討は必要不可欠な議論である。そこで、アメリカ合衆国での議論について、まずは理論的可能性の視点から検討する。

1980年代当時のアメリカ法を前提として、公貸権を著作権法の改正により導入すると考えた場合、3種類の方法が考えられる。その方法とは、①強制使用許諾理論（compulsory license theory）に基づき公立図書館による貸出しを著作権者が拒めないとし、他方で対価の支払いを義務づける方法、②フランス法に認められる追及権（droit de suite）を導入する方法、③ファースト・セール・ドクトリン（First Sale Doctrine）の例外規定として定める方法、の3種類である[159]。

ここではまず、①強制使用許諾理論（compulsory license theory）の下で公貸権を規定する方法と、②追及権（droit de suite）の承認により公貸権を規

---

156) Sony Corp. v. Universal City Studio (464 U.S. 417, at 429).
157) Schneck, Jennifer M., "Closing the Book on the Public Lending Right" *N.Y.U. Law Rev.* Vol.63, No.4, October 1988, pp.899-900.
158) Ibid., p.900.
159) Ibid., p.900.

定する方法の2種類について検討する。

2　強制使用許諾と追及権

(1)　強制使用許諾理論（compulsory license theory）の下で公貸権を規定する方法

　公貸権を著作権法の枠組みの中に組み入れる可能な方法論として考えられる第1の方法は、「強制使用許諾」としてこれを規定することである。

　「強制使用許諾」の概要は次のとおりである。著作物を利用する際には、通常著作権者から利用許可を得る必要があり、当該利用許可の内容については、利用者と著作者との交渉により決定することになる。他方で、制定法上、利用者が法定料金を支払いさえすれば、著作者は自分の著作物の利用について、制限された方法ではあるが許可することを強制される場合がある[160]。利用者が法的料金を支払うことで、著作物の利用を「強制的に許可せしめられる」場合のことを「強制使用許諾」と呼んでいる。そしてアメリカ合衆国著作権法においては、次の6種類の場合について、許諾契約に基づき著作物を流通させる一般的な市場メカニズムに代わり、将来の利用者が著作権者の許諾を得ることなく、当該著作物を利用できる「強制使用許諾」を認めている[161]。すなわち、著作権法111条（ケーブル・テレビ・システムによる二次的送信のための強制使用許諾）、114条（2008年ウェブ放送局契約法）、115条（レコードの製作および頒布に係る強制使用許諾）、118条（非商業的放送に関する一定の著作物の使用）、119条（私的家庭内視聴のためのスーパーステーションおよびネットワーク局の二次送信）および第10章[162]（デジタル音声録音機器および媒体）の6種類である[163]。

---

160) Ibid., p.900.
161) Leaffer, *Understanding Copyright Law*, 4th ed., p.293.
162) 17 U.S.C. §111, 114, 115, 118, 119 and Chapter 10.
163)「強制使用許諾」の規定は、当初著作権使用料審判所（CRT）という行政組織体により統制されていた。1993年に連邦議会はCRTを廃止し、その機能を、著作権登記官（Register of Congress）の推薦による議会図書館司書（Librarians of Congress）が招集した著作権仲裁使用料審判委員会（CARPs）に再譲渡した。2004年に連邦議会はCARPs制度を廃止し、3名の著作権使用料裁判官（CRJs）で構成している組織と代替させている（Leaffer, op.cit., pp.292-293）。

370

これらの「強制使用許諾」条項は、それぞれ異なる社会的ニーズと法理論を背景としているが、公貸権をも「強制使用許諾」に規定することの論拠のひとつには、ジュークボックスに対する「強制使用許諾」の理論を、公貸権に類推することで制定が容易に可能になる[164]と考えられるからであった。
　ジュークボックスによる楽曲の演奏については、1909年の著作権法（以下「1909年法」という）で、そのオペレーターが著作権侵害責任からの包括的例外を享受していた[165]。なぜならば1909年法では、入場料を取らない場所において、ジュークボックスで楽曲を演奏することは、「実演を構成する」ものではないと定義されていたからである。したがって、そのようなジュークボックスのオペレーターは、料金の徴収に責任はなかったうえに、著作権所有者は当該ジュークボックスで自分の楽曲を演奏されても利用料は受け取れなかったのである。このような状態における著作権者の不利益に対して、連邦議会は著作権者から利用料を奪うのは不公正であり、演奏に対する料金を要求する音楽を利用するすべての人を差別することにもなるとして、1976年の著作権法でこの特権を廃止した[166]。この結果導入されたのが、現行著作権法第116条(a)である。もともとの強制使用許諾システムを修正し、自発的交渉システムに変更した[167]。
　そこでこの改正の経緯に鑑みるならば、図書館が著作権者に利用料を支払うことなく書籍を利用することを許していることは、ジュークボックスでの演奏について認められていた特権と同様のものであり、利用料を支払わなければならない書籍の利用者を差別してしまうことになるのは、議論の余地はないと主張されたのである[168]。
　しかしながら、このジュークボックス理論を公貸権に類推して法改正を行うという議論には、2つの点から問題が残るのである。
　第1は、法定料金の支払者に係る問題である。公貸権をジュークボックス

---

164) Schneck, op.cit., p.903., 17 U.S.C. §116 (1982).
165) Leaffer, op.cit., p.361.
166) Schneck, op.cit., p.903.
167) Leaffer, op.cit., p.361.
168) Schneck, op.cit., p.903.

に対する「強制使用許諾」と同様の枠組みで規定すると想定するならば、利用者が法定料金を支払ってしまえば、著作権者は図書館の書籍の貸出しを拒むことができない。ただし、図書館の利用者には無料原則が適用されていて、図書館の書籍を利用しても料金を徴収することはできないので、法定料金を支払うのは図書館ということになる。そこで、「強制使用許諾理論」により、公共の財源を使って著作権者に利用料を支払いつつ、図書館が書籍の利用を強制的に使用するという特権的な態様と、個人が著作権法の規定に従って、著作権のある著作物を利用する際に利用料を支払うという態様とは、均衡がとれていない。このようにして、「強制使用許諾」を図書館の書籍の貸出しに規定する場合には、法定料金の確保をどのようにするのかという点がなお問題として残るのである。

第2は、そもそもの権利の性質が相違しているという問題である。この点からすると、ジュークボックスに対する「強制使用許諾」を公貸権に類推することは、厳密には無理があることになる。すなわち、ジュークボックスに対する「強制使用許諾」は、著作権の中でも「公衆の実演を制限する権利」という形でそもそも伝統的に認められている権利を制限したものであった。これに対して、公貸権については「強制使用許諾」を結びつけるそもそもの権利が存在してこなかったことが問題なのである[169]。このようにしてみると、公貸権に「強制使用許諾」を認める考え方は、アメリカ法の文脈においては可能性が低いということになる。

(2) 追及権 (droit de suite) の承認により公貸権を規定する方法

著作権法に公貸権を規定する第2の方法として、追及権 (droit de suite) が挙げられる。しかし、この権利は前項で検討した「強制使用許諾理論」よりもアメリカ法からは遠いものである。なぜなら、この「追及権」という考え方（あるいは再販売に対する許諾料という考え方）は、大陸法に由来するものであって、アメリカ合衆国では一般的に認められていないからである。

追及権とは、美術家は自己の作品が再販売されたら常に販売額から分け前

---

169) Schneck, op.cit., p.904.

を受け取る資格がある、という考え方に基づく権利である[170]。追及権は、ヨーロッパ諸国、典型的にはフランス・フィンランド・ドイツ・イタリアなどで規定されているが、アメリカ合衆国ではカリフォルニア州で規定されているのが認められるのみである[171)172]。カリフォルニア州法の場合には、追及権は著作権で保護されている文学やそのほかの著作物とは対照的に、美術（Fine Art）だけに適用されている[173]。

　追及権は、創作者が作品の所有権をすでに失っている時でも、作品の創作者にその作品を含む取引からの利益を許すという点では、公貸権に類似している[174]。しかし、追及権を書籍についても認めようとする場合には、そもそも美術品について認められてきたこの権利および制度が、①再販売が行われたら何回でも、再販売額から報酬金を受け取れるとするものであること、②販売者が順次交代していくので固定しているわけではないこと、③絵画等を媒介とした私人間の契約事項であること、などの点を検討する必要がある。

　①については、同じ著作物ではあっても、絵画と他の著作物の違いを考える必要がある。絵画という1点物の有体物の商品の販売に対して何度も権利者に報奨金を支払うことが認められるとしても、それは他の物品の商慣習に反するものである。

　②については、報酬金を支払う販売者は販売ごとに交代していくので、時

---

170) Nimmer, Melville B. and David Nimmer, *Nimmer on Copyright: a treatise on the law of literary, musical and artistic property, and the protection of ideas*, New York, Matthew Bender, 1963, 8.22[A].
　Melville Nimmer はアメリカ合衆国の法律家で法学者。UCLA ロースクールの教授の時に *Nimmer on Copyright* を発行（1963）した。1986 年より David Nimmer に執筆が引き継がれている。
171) Civil Code: Division 2. Property, Part 3. Personal or Movable Property, Title 2. Particular Kinds of Personal Property, Chapter 3. Products of the Mind, §986 (2009)（条文は、LexisNexis より調査）
　(Cal Civ Code §986. Sale of fine art) Schneck, が"Closing the Book"を書いた 1988 年当時も、カリフォルニア州の追及権の規定は同じである。
172) Schneck, op.cit., p.904.
173) Nimmer, *Nimmer on Copyright*, 8.22[A].
174) Hyatt, Dennis, "Legal Aspects of Public Lending Right" *Library Trends*, 1981 Spring, p.594.

間が経つに従って特定しにくくなるし、著作権者のほうも承継していくので、特定しにくくなるという状況が生じる。美術品のように１点ものの場合はまだしも、書籍の場合一層特定しにくい販売者から権利者に支払いをし続けることが可能であろうか。

③は②の問題と重なるが、この追及権を仮に物件的に構成したとしても、支払原因となるのは私人間の契約であり、かつ著作権者が現実の占有をしていない物をもとに契約を行うことになるため、追及権を基礎とする金銭支払いも実質的には、私人間の契約とならざるをえない（典型的には、絵画の販売後なされる「著作権者への報酬金を支払う契約」）が、こうした契約を既存の司法的救済の制度のみで担保される私人間の法行為で十分に管理していけるのかどうかが、問題となる。

実際のところ、こうした問題に対応するため追及権制度を実定法化している法域では、徴収団体による徴収制度を設けることが一般的である。徴収制度には、これを一元管理する中央徴収システムと非中央徴収システムがある。たとえば、フランスではADAGP[175]という管理団体が再販売の報酬金の徴収を行っており、さらに独自に徴収を行うピカソ財団やマチス財団などもある。換言すれば、フランスのADAGPは中央徴収システムではない。フィンランドでは、中央徴収システムとして視覚芸術著作権団体のKUVASTO[176]があり、視覚芸術について徴収を行っている。中央徴収システムをとっているか否かにかかわらず、徴収団体はディーラーやオークションハウスを通じて著作者のために料金の徴収を行うものである[177]。

アメリカ合衆国のカリフォルニア州の追及権の管理については、アーツ・カウンシル（California Arts Council: CAC）[178]が行っている。アメリカ合衆国では、追及権はカリフォルニア州だけに存在する制度である。この制度は原則として再販売に係る報酬金の支払いは販売者が権利者に直接行うが、「美術

---

175) http://www.adagp.fr/FR/static_index.php
176) http://www.kuvastory.fi/
177) 小川明子「日本における追及権保護の可能性」（『季刊 企業と法創造』2006年3月、6号）225頁。
178) http://www.cac.ca.gov/

第2章　損失部分への補塡：公貸権制度という調整方法

家の居所不明により販売者が90日以内に利用料の支払いができない場合、価額の5％相当額はカリフォルニア・アーツ・カウンシル（CAC）に送付される[179]」。価額の5％相当額が送付された後「CACが、この条文に従って報酬金を受け取れる美術家を捜索する。CACが美術家を捜索しても見つからない場合及び、美術品の販売が行われてから7年以内にCACが受け取った報酬金の請求書を美術家が保存していない場合に、美術家の権利は終了し、その報酬金はカリフォルニアのArt in Public Buildings programに従って、美術品を獲得するための委員会に移される[180]」とされている。このように、CACの役割は不明者の報酬金の一部を預かる役割にすぎない。また、カリフォルニア州の報酬金の徴収は各々の販売者が直接著作者に支払うため、実際どの程度の支払いが行われているのか把握することは難しい[181]とも言われている。

　以上検討してきたように、既存の追及権制度は美術品に限定されているものであるにもかかわらず、②③の問題を明確に解決できているとは思われない。フィンランドでは、中央徴収システムを採用しているために、相対的にこの制度が実効性をもって機能していると言われている。しかし同国以外の国では徴収システムに限界があり、再販売が行われるごとに必ず報酬金が支払われる制度にはなっていない。

　これらを踏まえて、公立図書館の書籍の貸出しに関する権利である公貸権をこの追及権の一種として規定することを検討してみる。公立図書館の書籍の貸出しは書籍の再販売ではないから、それ自体追及権の対象となるかが問題となる。むしろ、書籍にも追及権を認めるということは、直接には古書店等での書籍の再販売から経済的利得を得る権利の設定を意味する。公立図書館での書籍の貸出しは、これに準ずる行為（あるいは一種の脱法行為）として追加的に規定すること、換言すれば公貸権は追及権の派生的権利のひとつであるということになろう。こうした形で公貸権を拡張的に認めた場合、図書

---

179) Cal Civ. Code §986 (2009), (2).
180) Cal Civ. Code §986 (2009), (5).
181) 小川明子「アメリカにおける追及権保護の可能性」（『季刊 企業と法創造』2006年9月、8号）179頁。

375

館が著作権者と契約して契約書籍の貸出しについて報酬金を支払うという態様をとることになるであろう。しかしそこでは契約者と契約事項等が固定しており、その支払契約は公共団体（国を含む）と私人との契約になるので、現在美術品について運用されている追及権の場合のような私人間の契約とは構造が異なるものとなる。これらの点は、一面において追及権制度に関係する上述の問題を回避できるものである。他方で、上記のように公貸権を追及権の一種とするということは、前提として書籍の再販売に係る追及権を設定することを意味するのであって、その運用場面全体ではなお問題は解決しえない。

そして何より、公貸権の基礎として追及権を使用するには重大な問題が残されている。追及権は、アメリカ合衆国では一般的に認められた概念ではなく、ましてやこれを書籍について導入し、さらにその派生的権利として公貸権を認めるのは、いかにも立法政策としては迂遠であるということになる[182]。

このようにして、追及権は、その本来の性質の独自性とアメリカ合衆国にもともと存在していない概念であるという点を考慮すると、これを基礎として公貸権認めるというアプローチにはかなりの無理があるということになろう。

3　ファースト・セール・ドクトリンの例外規定

公貸権をアメリカ合衆国著作権法の中に規定する場合、ファースト・セール・ドクトリンが最大の障害になる。なぜならばアメリカ合衆国においては、ファースト・セール・ドクトリンこそが、書籍を公衆に貸し出す権利を図書館に与える根拠とされているからである。

アメリカ合衆国著作権法の下では、書籍の著作権者はその最初の書籍の販売からロイヤリティを得ることができるが、当該書籍が再販売されてもそこから経済的利益を得ることはできない。すなわちいったん販売された書籍の次の頒布において、著作権者の権利は存在しない[183]のである。この法理

---

182) Schneck, op.cit., p.905.

は、一般にファースト・セール・ドクトリンと呼ばれている。

　ファースト・セール・ドクトリンは、アングロ・アメリカン法に深く起源し、1909 年著作権法に先立って、裁判所で確立された[184]原則であり、著作物一般に係る法理として 1909 年法に組み込まれた。しかし、連邦議会は著作権法を改正（1984 年のレンタルレコード改正法[185]）して貸与権を導入した際に、この原則の例外を創設している。同改正の直接の目的は、「レコードを貸与する時に一緒に、未使用のカセット・テープを販売することで、著作権のある音楽を無許諾で録音することを勧めるレコード店の営業を抑制する」というものである。なおこの改正に際して、連邦議会は公立図書館における無料のレコード貸出しについては貸与権の適用を免除している[186]。

　レコードのレンタルと同じように、ファースト・セール・ドクトリンの例外として公貸権規定を導入することは可能であり、法的強制手段の点からもハードルは決して高くない。すなわち、図書館が書籍の貸出しを行っているにもかかわらず著作権者に支払いをしないのであれば、書籍の貸出しを禁止すればよいからである。しかし、この方向で公貸権を採用するために著作権法を修正するには、重要な問題が伴う。それはアメリカ合衆国著作権法では、ファースト・セール・ドクトリンの例外となる貸与・リース・あるいは貸出しについては、レンタルレコードによる安価な複製テープ蔓延への対抗措置であったという立法経緯から、「直接あるいは間接的な商業的利益の目的のため[187]」のものでなければならないと規定されている。公立図書館の書籍の貸出しを、直接的あるいは間接的な商業的利益のためであると主張することは難しい。なぜなら公立図書館は、非営利の目的で運営されているからである。著作権法の規定により、公立図書館による書籍の貸出しはファースト・セール・ドクトリンの例外から明らかに除外されているが、これは単

---

183) Schneck, op.cit., p.901.
184) Harrison v. Maynard, Merrill & Co., 61 F. 689, at 691（2d Cir. 1894) および、Bobbs-Merrill Co. v. Strauss, 210 U.S. 339, at 349-350（1908）の判例に遡ることができる。
185) P.L. No.98-450, 98 STAT.1727（1984）.
186) Schneck, op.cit., p.902.
187) 17 U.S.C. § 109 (b)(1)（1984）.

なる法技術的理由によるのではなく、現行法がファースト・セール・ドクトリンそのものを維持しつつ、レンタルレコードというビジネス・モデルに対して例外を設定していることに起因する。換言すれば、レンタルレコードに対するファースト・セール・ドクトリンの例外の設定と、公立図書館での書籍に対するそれは、現行法上立法目的レベルで同視することが困難なものである。

　さらに問題となるは、公立図書館が利用者への「無料原則」を目標としているという点である。換言すればこの方法での公貸権の制度化は、単に著作権法の改正だけでは済まないのである。こうしてみると、連邦議会がファースト・セール・ドクトリン法理の規定に干渉したくないのは明白である[188]と言われるのも納得できるところである。

　しかしながら、先に検討した2つの方法と比較すると、ファースト・セール・ドクトリンに対する例外設定という方法での公貸権導入は、著作権法の枠内での公貸権導入としてはハードルが低いようにも思われる。1984年改正法は、その萌芽を示している。

II　公貸権を著作権法（Copyright Act of 1976）の枠外に制定する場合

　公貸権を著作権法の枠外に制定する場合、公貸権は、現行著作権法の観点からの整合性を必要とはしない。むしろ公貸権自体の目的に役立つように制度構築をすることが可能である。これは、著作権法の改正によって公貸権を創設するという連邦議会の負担と比較して「軽い」ものであると言えよう[189]。

　しかし1980年代の議論において、公貸権を著作権法の枠外に制定する立場の最大の理由は、それによって、アメリカ合衆国が加盟している著作権関係国際条約[190]が要求する相互関係を避けることができることである。公貸権の立法化を著作権法の枠内で行う場合、アメリカ合衆国の著作者に認めら

---

188) Schneck, op.cit., p.902.
189) Schneck, op.cit., p.906.

378

第 2 章　損失部分への補塡：公貸権制度という調整方法

れるのと同様の貸出権を外国の著作者にも認める必要が生じる。そうなるとアメリカ合衆国政府は、アメリカ合衆国の図書館にあるすべての著作者の書籍に対して、公貸権の支払いをするように求められるのである。著作権の枠外に公貸権を構築するならば、アメリカ合衆国は外国の著作者に補償するという義務を行わなくて済む[191]。公貸権制度を導入している他の国々では、相互条約に基づいて外国人の著作者にも補償をしている。しかしアメリカ合衆国が公貸権を導入した場合、相互条約に基づいて、外国人へ補償することは難しいと思われる。また、公貸権での保護を母国語について行うことを基本[192]として、自国民だけに部分的に支払いをすることを正当化している国も多い[193]。

　また、著作権法の枠内に公貸権を規定すると、図書館との関係でも問題が生じてくる。アメリカ合衆国の公立図書館の運営は州政府の管轄[194]であり、図書館システムは非中央集権化されている。そのために公貸権のような全州にまたがる計画を企図することは、大変難しい[195]ということになる。

　このようにしてみると、著作権法とは別に公貸権制度を導入するアプローチは、アメリカ合衆国においては相対的に支持されやすいものであるように思われる。しかし他方で、そもそも公貸権制度を導入する意義との関係では、1980年代においても現在においてもなお一般的な支持があるものとは言えないのである。

　たとえば1988年の段階で、アメリカ合衆国の公貸権議論を整理したこの問題についての代表的な論文の中でSchneckは、「連邦議会が、他の国が行

---

190) 1988年当時、アメリカ合衆国はベルヌ条約（Berne Convention）に加盟していないため、加盟している国際条約とは万国著作権条約（Universal Copyright Convention）のことを指している。アメリカ合衆国は当時、登録によって著作権が発生する方式主義をとっていたため、ベルヌ条約に加盟することができなかった。著作権法を改正して1988年にベルヌ条約実施法（the Berne Convention Implementation Act of 1988: Pub. L. No.100-568〈1988〉）を成立させ、1989年3月1日にベルヌ条約に加盟した。
191) Schneck, op.cit., p.906.
192) スウェーデン、デンマーク、ノルウェーなど、北欧の諸国に多い。
193) Schneck, op.cit., p.908.
194) アメリカ合衆国は、公立図書館の運営に関する事項について、州の権限を留保しているため、州ごとに図書館法が制定され、管理運営されている。
195) Schneck, op.cit., p.906.

ってきた手法によって公貸権を形成することは可能である。公貸権の究極の目標が、著作者が（訳注：著作権に基づき）すでに受け取ってきた以上の利益をさらに与えるということであれば、他の方法でその目標を達成できないかどうか考えることが重要である[196]」と述べている。Schneck はこの主張の中で、公貸権を制定することの意義についても述べているが、その前提として、著作者は書籍が販売された時点ですでに利益を受け取っているのに、販売された書籍を購入した図書館（書籍の所有権はすでに図書館にある）の貸出しに対して、「さらに著作者に補償することはできない」という考えを表明している。この考え方は、公貸権制度の導入にあたりアメリカ合衆国での一般的な考え方となっている。もっとも Schneck が、著作権法の枠外で問題を検討している場面において、他の方法で目標が達成できないかと主張していることの意味は必ずしも明らかではない。ひとつには、公貸権概念自体を認めつつその制定については、著作権法の貸与権という概念と切断された形で行うべきであるという意味にとれる。また他方では、「公貸権」概念自体を否定し、もし必要ならばまったく別の（たとえば社会政策的）アプローチを採用すべきことを示唆しているようにもとれる。

　アメリカ合衆国においては、著作権法の枠外で公貸権を認めるほうが現実的な回答となるようにも思われる。しかし未だに、アメリカでは公貸権制度は導入されていない。

　次に、アメリカ合衆国が今日に至るまで公貸権制度を導入していない理由を、明らかにしていくことにする。

第5節　アメリカ合衆国が公貸権制度を導入しなかった理由

I　法律的理由

1　著作権法との関係

　公貸権が著作権法との関係で、著作権法の枠内に導入されなかった理由

---

196) Schneck, op.cit., p.908.

は、著作権法109条(a)のファースト・セール・ドクトリンの原則との衝突にある。ファースト・セール・ドクトリンの規定があることで、図書館に書籍を公衆に貸し出す権利が与えられているので、公貸権が著作権の枠内に制定されたら、ファースト・セール・ドクトリンは最大の障壁になる。

著作権者は書籍の販売により許諾料を受け取った後、その次の頒布において著作者の権利は存在しない[197]のである。したがって、書籍（著作物の複製物）を購入もしくは譲渡された所有者は、それを再販し、貸与し、寄贈し、製本し直し、もしくは破壊する権利がある。しかしこの同じ所有者が、著作権者に無許諾で、「当該書籍を複製もしくは公に実演」すれば著作権侵害になる[198]。図書館は、著作権者よりすでに書籍を購入しているために、購入した書籍について、利用（貸出し）・収益（貸出しによる課金）・処分（破棄）をしても構わないということになる。この考え方は、ファースト・セール・ドクトリンの判例法理を形成してきた3つの判例[199]において、確立してきたものである。

ファースト・セール・ドクトリンの3つ目の例外として、レコードレンタルおよびソフトウェアに続いて、書籍の貸出し（公貸権）が規定されなかったのは、もともとの原則に修正を加える可能性が求められてこなかったからである。アメリカ合衆国は、国際条約でも、貸与については同様の措置をとっている。TRIPs協定11条[200]で創設した「貸与権」が適用する著作物は「コンピュータ・プログラム」と「映画」だけに限定している。「レコード」については14条で「実演家、レコード製作者及び放送機関の保護」として規定されている。

TRIPs協定およびWCT（Wipo Copyright Treaty）[201]の双方の条約において、「レコード、コンピュータ・プログラム、映画」については貸与権を付与している。つまり著作物の複製物で商業的貸与が行われているものの中で

---

197) Schneck, op.cit., p.901.
198) *H. R. Rep. No.94-1476*, 94th Cong., 2d Sess. 79 (1976).
199) 61 Fed. 689 (2d Cir. 1894), at 691. Harrison v. Maynard, Merrill & Co. 210 U.S. 339 (1908), at 350-351 Bobbs-Merrill Co. v. Strauss 293 F.2d 510 (3d Cir. 1961), at 518-519. Independent News Co. v. Williams.
200) https://www.jpo.go.jp/shiryou/s_sonota/fips/trips/ta/mokuji.htm

貸与権が付与されなかったのは、書籍だけである。ECは、上記の条約および協定の採択以前に、1992年にEC理事会指令を発令して書籍にも貸与権や公貸権を付与するように加盟国に求めている。本指令の要求に応じてEC加盟国では公貸権を導入する国が増えている。このようにEC加盟国は、本指令により書籍の貸与権は付与されるようになった。

一方アメリカ合衆国は、WCTとTRIPs協定に書籍の貸与権が規定されなかったことに加えて、もともと書籍にはファースト・セール・ドクトリンの法理により貸与が付与されていないため、今後も書籍に貸与を付与することはないと思われる。

公貸権の立法化を著作権法の枠内で行うとしたら、国際条約との関係で次のような問題が発生する。アメリカ合衆国が署名している著作権の国際条約が要求する相互関係から、アメリカ合衆国の著作者に許可される同様の貸出権を外国の著作者にも許可しなければならなくなる。そうなるとアメリカ合衆国政府は、アメリカ合衆国の図書館にあるすべての著作者の書籍に対して、公貸権の支払いをするように求められるのである[202]。

以上のように、アメリカ合衆国で公貸権を導入するには、2つの要因が障壁となる。第1に、アメリカ合衆国著作権法の原則を修正しなければならないこと、第2に国際条約との関係で、アメリカ合衆国の公立図書館に所蔵されている外国人の書籍の貸出しについて公貸権の支払いをしなければならな

---

201) 著作権に関する世界知的所有権機関条約。1996年12月20日に、ベルヌ条約第20条に基づく「特別な取極」として採用された世界知的所有権機関（WIPO）の新しい条約である。http://www.wipo.int/treaties/en/text.jsp?file_id=295166
ベルヌ条約は1971年の改正から20年経過した1990年代に入った頃から、改正の必要が議論されるようになった。同条約は、加盟国の満場一致で賛成しない限り改正できないこと、および過去の改正において発展途上国への特別措置を規定したことで加盟国が100カ国以上に膨れ上がっていたこと等から、通常の改正は困難であると判断された。同条約の20条に基づく「特別な取極」として「議定書」を付け加えることで、より高い水準の保護を実施できる国のみがこれを締結する、という方法が採用された。
著作権に関する世界知的所有権機関条約に規定された権利は、次のとおりである。①コンピュータ・プログラムの保護の確認（4条）、②データの編集物の保護の確認（5条）、③頒布権（消尽可能）（6条）、④商業的貸与権（7条）、⑤公衆への伝達権（8条）、⑥写真著作物の保護期間の延長（9条）、⑦技術的手段に関する義務（11条）、⑧権利管理情報に関する義務（12条）等である。
202) Schneck, op.cit., p.906.

くなることの2点である。この2つの要因のうち第1の要因の修正が当分行われないと思われることが、最大の障壁となっている。

2　議会提出法案不成立の要因

　公貸権成立のために、4つの法案が連邦議会に提出された。しかし、いずれも法案の審議のために小委員会に付託されたままで、公聴会も開かれずに消滅していった。4番目の法案は3番目の法案と同じ内容であるため、ここでは詳しくは扱わない。3つの法案の連邦議会での審議過程は以下のとおりである。

　第1番目の法案は、下院議員の Ogden R. Reid が「図書館が作家の書籍を貸出しすることで、作家に補償する方法について望ましい状況と実現可能性について検討し、提言するための法案」と名づけられた H.R.4850 を1973年2月27日に下院の 1st Session に提出した[203]。この法案は、公貸権を成立させることを検討するために委員会に提出された[204]が、Committee on House Administration において公聴会も開かれなかった。この法案は、著作者の許諾料の立法行為として最初の試験的なステップで終了した[205]。この当時は法案を提出することに意味があったようである。

　2番目の法案は、上院議員 Mathias が PLR の提案を研究するための法案として提出した。1983年11月18日に、「National Commission on the public lending of books を設置するために、図書館が作家の書籍を貸出しすることで、作家に補償するための望ましい状況と実現可能性について検討し、提言するための法案」と名づけ、National Commission における1983年の書籍に関する公共貸与権法として、S.2192 Bill を上院議会の 1st Session に提出した[206]。この法案は、議会図書館に対する支配権を持っている「規

---

203) *Congressional Record*, Vol.119-Part 5, p.5534.
204) *76th ANNUAL REPORT OF THE REGISTER OF COPYRIGHTS for the fiscal year ending June 30, 1973*, LIBERARY OF CONGRESS, WASHINGTON, 1974, p.5.
205) Hyatt, Dennis, "The Background of Proposed Legislation to Study Public Lending Right in the United States: Issues in Policy, Law and Administration" *Journal of Library Administration*, Vol.7, No.4, June 1987, p.126.
206) Bill Summary & Status 98th Congress (1983-1984) S.2192 All Information.

則委員会（Committee on Rules）」に委託された[207]。この法案は、結局上院の小委員会における公聴会も開かれずに終了している[208]。

　上院の規則管理委員会（Mathias 議員が議長を務めている）に送付された提案には、まったく動きがなかった。なぜなら、その委員会の支配権は議会図書館も含まれていて、指名された書籍の公共貸与に関する全国委員会は、議会図書館の中から任命されていたからである[209]。委員会は、議会図書館の支配権を有していたことに加えて、Mathias 議員が議長であった。しかし委員会のメンバーは議会図書館の中から任命されたので、議会図書館の意向で審議されたため動きがなかったということのようである。

　3番目の法案は、1985年3月14日に Mathias 議員が、「作家の著作物の非営利貸出目的において、作家を補償するために、著作権法改正の望ましい状況と実現可能性について、検討し提言をする委員会を設立する法案」と名づけた S.658 Bill を上院の 1st Session に提出した[210]。この法案は、上院司法部の特許・著作権と商標の小委員会に送付された[211]。

　今回指名された著作物の貸与に関する委員会（National Commission on the Lending of Authors' Works）には、議会図書館の中からは任命されなかった。この法案は、上院司法部の特許・著作権と商標の小委員会に送付されたが、この小委員会の議長は Mathias であったにもかかわらず、3番目の法案の時も、公聴会は開催されずに終了している[212]。2番目も3番目の法案の時も、小委員会の議長が Mathias であったにもかかわらず、法案が通らなかったということは、委員会の中で公貸権に対する賛同者が少なかったということであろう。

　最後の法案は、1986年9月22日に、法案 H.R.5571 として、下院の 2d Session に提出された[213]。H.R.5571 A Bill の条文は、S.658 A Bill とまった

---

207) Hyatt, "The Background" p.126.
208) Ibid., p.126.
209) Ibid., p.126.
210) *Congressional Record*, Vol.131-Part 4, p.5187.
211) Hyatt, "The Background" p.126.
212) Hyatt, "The Background" p.126.
213) *Congressional Record*, Vol.132-Part 18, p.25374.

く同じである。S.658 と H.R.5571 の両法案とも、99 期連邦議会の終了までに消滅した。

　最初から 3 つの法案の相違点は、それぞれの法案のキャプションや連邦議会の委員会への付与の構造によるものであった。またこれらの相違点は、いずれの公貸権計画も説明しなければならない基本的な問題への理解を示すものである。公聴会は開かれなかったけれど、Mathias 上院議員と彼のスタッフは、徐々に公貸権立法行為が提供していく政治、法と管理の問題点について批評したり理解したりできるようになっていった[214]と言われている。つまり法案を提出するごとに、提出議員たちはより法案の内容に詳しくなっていったが、委員会の中で公聴会を開催する勢力を持つまでには至らなかったという状況のようである。

　Mathias 議員が引退した後、公貸権に理解のある議員が続かなかったということも公貸権の導入についての議論が進まなかった原因のひとつと思われる。

　アメリカ合衆国の連邦議会での審議過程は、委員会に付託された法案は、さらに専門の小委員会に回され、審議され、公聴会の開催を経る。そして承認されると、委員会に戻され、委員会で承認を得ると本会議に対して提案を通過させるように勧告がされるという流れである。下院が通過したら、上院でも同じように行われる。公貸権の法案は最初の段階の小委員会で消滅したということなので、連邦議会では審議はほとんど行われなかったということになる。

II　経済的理由と支援体制の欠如

1　経済的理由

　アメリカ合衆国が、もし公貸権計画を導入したと仮定した時に、基金が連邦政府の基金から出るのであれば、公立図書館の大部分は影響を受けることはない。この状況は、図書館組織と基金が実質的に国のレベルに集中し、図

---

214) Hyatt, "The Background" p.126.

書館員が基金の額の不安を強調して主張してきたヨーロッパの公貸権導入国とは、明確に対照的である[215]。しかし、アメリカ合衆国はこの当時レーガン政権であり、レーガン大統領の経済政策は「レーガノミックス (Reaganomics)」と呼ばれた、減税・歳出配分転換・規制緩和・インフレ抑制などを行っていた。予算が歳出配分転換で軍事に転換したことにより福祉予算が削減された[216]ため、連邦予算から公貸権基金の予算を取れる可能性が低い状況にあった。したがって新たに予算を必要とする公貸権の導入については、消極的にならざるをえない状況にあった。そのために、法案も連邦議会の委員会に付託されただけで終了している。

2　支援体制の欠如

1983年にErnest Seemannは、作家組合（Authors Guild）以外のアメリカ合衆国での作家協会では、公貸権を支持することに興味を持っていないと指摘した[217]。アメリカ合衆国には、作家組合以外に作家の利益集団が他にもあったにもかかわらず、公貸権獲得運動をしていたのは作家組合だけであった。1つの利益集団の運動だけでは、作家集団の全体を巻き込むまでの運動にはなりえなかったのである。

さらに公貸権の支持者たちでさえ、少しも協力的ではなかった。作家のGore Vidalは、次のように述べている。「すべての文化的な国々が公貸権法を持っているが、アメリカ合衆国は持たないかもしくは、いつまでも持つことはないだろうということは当然である[218]。」Vidalの見解から、国の財源から個人の著作者に経済的援助を行うという制度に、作家自身でも納得できていないということがわかる。

---

215) Hyatt, "The Background" p.128.
216) Blanchard, Olivier Jean, "Reaganomics" *Economic Policy*, Vol.2, No.5, October 1987, pp.19-26.
217) Seemann, Earnest, "A Comparative Look at Public Lending Right from the USA" in *Reports of an ALAI Symposium and Additional Materials*, ed., H. Cohen Jehoram, p.141.
218) Goodman, William, "Readers' Rights & Writers' Property: The Public Lending Right" *the American Scholar*, Summer 1985, p.391.

アメリカ合衆国の公立図書館は州政府の管轄であるため、図書館システムは非中央集権化である。そのために、効果的で手ごろで実現可能な計画を考案することは大変難しいことである[219]。公貸権について話合いをするだけでも困難であった。1983年9月23日に議会図書館の書籍センターが、シンポジウムを開催した時に、アメリカ図書館協会（ALA）の専務理事（executive director）のRobert Wedgeworthは、「アメリカの図書館のコミュニティから重大な話合いを聞き出してこなかったため、当協会は、公の立場を取らない[220]」と述べ、協会の見解を明らかにしなかった。ALAが公立図書館をまとめる気がなければ、図書館全体で公貸権を支援していくことは不可能である。

　Mathias議員が、1983年に法案提出にあたり、上院議会で「私は次のように考えている。議会が作家の権利を保護することで、2つの貴重な目標が達成できた。1つ目は、質の高い著作物を創作し続けられること、2つ目は公衆に作家の著作物を読んでもらうことで、その著作物を広範囲に広められることである。公貸権の考え方は、この2つの目標を基礎にして検討する時期にきていると思う」という演説をしている[221]。この演説の内容を考察すると、Mathias議員は、「アメリカ社会は、公貸権を権利として確立するよりもむしろ社会の福祉として促進するために採用するべきである[222]」と主張している。1985年提出の法案の時には、Mathias議員は公聴会が開けるほど研究をしていたそうであるが、当初からの担当議員が運動趣旨を十分に理解して臨まなかったことは、運動の敗因のひとつである。

---

219) Schneck, op.cit., p.906.
220) Cole, John Y., "Appendix: Public Lending Right: A Symposium at the Library of Congress" *Library of Congress Information Bulletin*, Vol.42, No.50, December 12, 1983, pp.427-432.
221) *Congressional Record*, Vol.129-Part 24, p.34542.
222) LeCome, Richard, "Writers Blocked: The Debate over Public Lending Right in the United States during the 1980s" *THE CULTURAL RECORD*, Vol.44, No.4, 2009, p.404.

Ⅲ　導入できなかった理由の総括

　アメリカ合衆国において公貸権制度を導入できなかった法律的な理由は、著作権法との関係と連邦議会の立法との関係である。公貸権が著作権法との関係で、著作権法の枠内に導入されなかった理由は、著作権法109条(a)のファースト・セール・ドクトリンの原則との衝突が原因である。つまり、公貸権が著作権の枠内に制定されたら、ファースト・セール・ドクトリンが図書館に書籍を公衆に貸し出す権利を与えているため、ファースト・セール・ドクトリン自体が最大の障壁になったからである。
　また立法の審議の場で不成立になったのは、法案を提出する連邦議会の議員がそもそも公貸権制度の趣旨を理解していなかったため、公聴会も開けず、実質的な審議が行われなかったことが、最大の要因であると思われる。
　経済的な理由は、当時のレーガン政権の経済政策に適応するものではなかったため、予算が取れない状況にあったことである。
　公貸権制度導入の支援体制も、作家・図書館・連邦議会の議員の活動がバラバラで、集結して運動を行うという体制になっていなかった。
　アメリカ合衆国の公貸権運動は、公貸権は著作権法を修正して制定するのか、独自の法律を制定するのか、支払う報酬は著作権に基づく許諾料なのか、文化政策として報酬請求権とするのか、公貸権の支払いの方式は貸出方式なのか、図書館の所蔵方式なのかという議論について、図書館側からの議論だけで、連邦議会で議論されずに終わったということが大きな問題点として残された。さらに、当事者の中で、運動の深まりや広がりができなかったことと、アメリカ合衆国で検討した公貸権の類型は、「著作物の利用にかかわらず」著作者全員が報酬を受け取る「社会保障型」であり、「権利としての公貸権」の導入を目指したわけではなかったことが、公貸権を導入できなかった原因である。

第3章

調整方法の提案

第1節 提案に至る理由

　本部第1章から第2章において、図書館の無料原則と著作者の権利との調整方法の3つのうち、第2の「公立図書館での図書貸出しに関する権利の創設」および第3の「損失部分への補填：公貸権制度という調整方法」の2つの方法について検討してきた。
　この2つの調整方法のうち、本書では「損失部分への補填：公貸権制度という調整方法」を採用することを提案する。
　本書の目的は、図書館貸出サービスの無料原則を維持することで生じる三者の構造の調整、つまり図書館とその利用者および図書資料の提供者である著作者の三者の調整を試みるところにある。
　第Ⅲ部の調整の考え方でも述べてきたように、この調整が必要であると考える理由をあらためて見ていくと、次の2点に要約されるのである。
　第1は、この構造は、経済的観点からすると、もっぱら著作者の負担によって成立しているものであり、それが適正なバランスであるかどうかを再検討する必要があると考えるからである。この点、留意が必要なのは、著作者の「得られるであろう経済的利益そのもの」、換言すれば、経済的負担額を問題としているのではないということである。額がどのようなものであれ、もっぱら著作者の負担によってこの三者関係が成立しているという、制度・構造そのものの妥当性が常に検証されるべきであるということができる。その際における重要な考慮要素のひとつが、「損失」額であるということにすぎない。この第1の理由は、調整方法の提案をするにあたり、もととなる考

389

え方である。

　第2は、この構造は、そもそも、国民の知る自由に奉仕することに資することを目的としているが、経済的負担のあり方に加え、すでに述べたように図書館で利用できる情報に電子情報等が導入されており、新しい状況の下では、著作者や出版者が既存構造の下での活動を継続する意欲やインセンティブを失うようになる。結果として国民の知る自由に逆行する事態が生じるという危険を内包することになる。典型的には、「図書資料の無料貸出し」によって経済的利益を得られないのであれば、ビジネス・モデルを図書資料の販売ではなく、電子データへのアクセス権設定へと変更するという考え方が台頭している。第2の理由は、本書で今後の課題として、最後に述べている問題のもとになる考え方である。

　調整方法の提案については、第1の理由をもとに、次のように考えるものである。貸出権の創設を提言した場合は、①日本語の貸与は商業的貸与と非商業的貸与の区別がないが、図書館資料の貸出しについては、非商業的貸与にあたるため、非商業的貸与を区別する必要があること、②非商業的貸与（貸出権）を創設すると、もともと著作者が有している貸与権（著作権法26条の3）が併存することになり、図書館の資料提供（資料の貸出し）が利用者に無料で行われるためには、貸与権を制限しなければならないこと、③図書館資料の貸出しに貸出権を行使する場合、利用料を支払うのは図書館になり、図書館が図書の選択について絶対的な力を有するようになる可能性がある。図書館および国に都合のよい図書の選択つまり思想統制が行われる可能性が考えられ、国民の知る自由が守られない可能性も出てくる。本書では著作者の「得られるであろう経済的利益」のみを追求するという経済的負担額を問題としているのではないため、額がどのようなものであれ、もっぱら著作者の負担によってこの三者関係が成立しているという、制度・構造そのものの妥当性を問題としているため、「貸出権」の創設には慎重な判断が必要である。

　公貸権制度の場合は、著作者の権利ではなく、①制度の目的が損失補償と文化支援であること、②公貸権は著作権法の権利ではないため、これを行使するためには別に「受給資格者」「対象書籍」「支払いの上限・下限」等、細

かく規定を定めないといけないため、補償する著作者が特定できること、③公貸権制度は国の基金により行われるため、安定した損失補償が行えるが、国の支援を受けることは思想統制につながる可能性があることなどに、注意が必要である。

　アメリカ合衆国の公貸権運動は、公貸権は著作権法を修正して制定するのか、独自の法律を制定するのか、支払う報酬は著作権に基づく許諾料なのか、文化政策として報酬請求権とするのか、公貸権の支払いの方式は、貸出方式なのか、図書館の所蔵方式なのかという議論について、図書館側からの議論だけで、連邦議会で議論されずに終わったということが大きな問題点として残された。さらに、当事者の中で、運動の深まりや広がりができなかったことと、アメリカ合衆国で検討した公貸権の類型は、「著作物の利用にかかわらず」著作者全員が報酬を受け取る「社会保障型」であり、「権利としての公貸権」の導入を目指したわけではなかったことが、公貸権を導入できなかった最大の原因である。日本で公貸権制度の導入を検討する際には、アメリカ合衆国の導入の失敗についても検証する必要があると考える。

　本書の目的は、図書館貸出サービスの無料原則を維持することで生じる三者の構造の調整、つまり図書館とその利用者および図書資料の提供者である著作者の三者の調整を試みるものであるから、英国の制度およびアメリカ合衆国の失敗事例を考慮して、公貸権制度の導入が適切であると考える。

第2節　調整方法の提案と今後の課題

Ⅰ　提　案

1　調整の対象となる著作者

　本書の目的は、図書館貸出サービスの無料原則を維持することで生じる三者の構造の調整、つまり図書館とその利用者および図書（書籍）資料の提供者である著作者の三者の調整を試みるところにある。

　図書館とその利用者および図書資料の提供者である著作者の三者の調整が必要であるという構造は、経済的観点からすると、もっぱら著作者の負担に

よって成立しているものであり、それが適正なバランスであるか自体を再検討する必要があると考えるものである。この点、留意が必要なのは、本書は著作者の「得られるであろう経済的利益」そのもの、換言すれば、経済的負担額を問題としているのではないということである。もっぱら著作者の負担によってこの三者関係が成立しているという、制度・構造そのものの妥当性が常に検証されるべきであるということができ、その際における重要な考慮要素のひとつが、「損失」額であるということにすぎない。

　しかし文章を創作する著作者には、2つのタイプが考えられている。第一は、文筆を生業とする職業作家であり、第2には、専門書を執筆している著作者である。一般図書「小説・ビジネス書・実用書」等に加えて「児童書」の著作者が、これらの図書を創作し販売することで生計を立てている職業作家に相当する。一方、専門書の著作者は、概ね大学等研究機関に所属する研究者が研究の成果を論文として執筆し専門雑誌等に発表するか、あるいは研究の成果を図書として作成し販売している者である。専門書関係の著作者は、主たる職業における研究をもとに専門書または研究論文を執筆しており、それで生計を立てているわけではない。また一般図書の著作者と専門書関係の著作者とは、ほとんどの場合重なることはない。

　文筆を生業とする職業作家の著作物は、市場でも入手しやすいものが多いため、国民の「知る自由」を確保するためというより、国民のリクリエーションを増進することに貢献する図書館資料と言える。しかし、2001年に文部科学省が定めた「図書館の設置及び運営上の望ましい基準」に掲げられている利用図書館（市町村立図書館）の資料収集・提供の具体的内容の1番目[1]は、「住民の要求に応えるため、新刊図書及び雑誌の迅速な確保」であるため、新刊図書雑誌の迅速な確保つまり、職業作家の著作物を迅速に確保する必要があるのである。この項目は、2012年に改定され、㈡図書館資料の組織化「市町村立図書館は、利用者の利便性の向上を図るため、図書館資料の分類、配架、目録・索引の整備等による組織化に十分配慮するとともに、書

---

1)「公立図書館の設置及び運営上の望ましい基準」二　市町村立図書館　㈡資料の収集、提供等

誌データの整備に努めるものとする」とし、次に、3㈠貸出サービス等を置き、「貸出サービスの充実を図る」とし、貸出サービスを充実させることに変わりない。

図書に貸与権が付与されて以来[2]、「市場で売れていると考えられる図書」を供給している著作者は、利用図書館（市町村立図書館）で提供している図書資料の利用頻度が高くても（貸出回数が多くても）、図書館資料利用の無料原則を維持するために、貸与権行使を制限され利用料を徴収することができないという損失が生じていると考えられる。

一方専門図書に関しては、特定の分野に特化した内容のため、一般の利用者の利用頻度は少ない。専門図書は主に保存図書館（都道府県立図書館および市町村立の中央図書館など）で保存され広域的に利用されている。また専門図書は市場で購入しにくいため、図書館で購入され保存され利用されることで、国民があらゆる情報にアクセスできること（「知る自由」）に貢献している。国民に利用されることで、専門図書を作成している著作者に貢献することになる。

貸与権が創設されてから、「市場で売れていると考えられる図書」を提供している著作者には、利用料の未払いという負担をかけ続けているのである。

「市場で売れていると考えられる図書」と思われる一般図書を提供している職業作家の著作者の権利と図書館の資料提供との調整については、損失部分への補塡として「公貸権制度」という調整方法を提言するものである。

2　提案する公貸権制度の概要

日本において公貸権制度を導入すると仮定した場合、公貸権制度の具体的な内容について次のような提案を行う。

日本に公貸権制度を導入すると仮定した場合、今まで考察してきたように英国の制度が望ましいと考える。そのため英国の公貸権制度を基礎として検

---

[2] 広義には、1984年に著作権法に貸与権が創設され、図書館の図書資料の貸出しに対して貸与権の行使に制限がかけられた時期のこと。狭義には2004年に書籍・雑誌等の経過措置が廃止され貸与権が付与された時期のこと。

討する。公貸権の権利の目的についても「図書館の貸出しによる著作者の収入減の損失への補償」および「文学と著作者への文化支援」の2つが望ましいと考える。

公貸権は、「図書館の貸出しによる著作者の収入減の損失への補償」をするものであるから、著作権者の権利ではなく著作者の権利とする。公貸権を著作権法の枠内に制定すると、英国の制度を事例として公貸権と貸出権には次のような相違点が考えられる。公貸権は、①金銭受領権または報酬請求権であり、利用の許諾権ではない、②対象資料が限定されているため、全著作物を対象としていない、③国籍要件や居住地要件が必要である、④報酬額の受領の上限金額と下限金額が定められている、⑤公貸権に基づく報酬の受領には「登録」が必要である、⑥公貸権にかかわる利用料について支払うのは、利用者(図書館)ではなく国の基金より支払う。著作物の利用対価は、利用者が支払う必要があるので、著作権法で公貸権を適用すると国の基金から支払うというような形態はとれない[3]。公貸権制度を導入すると、利用者の無料原則は守られるということになる。

公貸権は「著作者の権利」として定めることに意味があるため、特別法として制定するのが望ましいと考える。特別法により制定すると、著作権法の規定に縛られることなく自由に規定できるという利点もある。

また公貸権の2つの目的とは、「逸失利益の損失補償」および「文化支援」という相反するものである。しかしこの2つの目的そのものが公貸権の本質を示している。この2つの目的により逸失利益の補償について、損失を全面的に補償するものではなく、あくまで「文化支援」としての範疇で行うということを意味することができる。文化支援に対する助成金を著作者全体で分け合うというのが趣旨であるため、報酬金はなるべく公平に分配することが望ましい。またたくさん売れているベストセラー小説の報酬金は売れていない作家へ援助するようにして、報酬額の平準化を図ることが望ましいと考える。

---

3) 南亮一「『公貸権』に関する考察―各国における制度の比較を中心に」(『現代の図書館』40巻4号、2002年) 219-220頁。

公貸権の受給資格者は、著作者（作家・図案家・編集者・翻訳者・翻案者）とする。
　公貸権により報酬を受けられる著作物については、「書籍」のみとする。書籍の貸出しは図書館の貸出サービスの根幹をなすサービスであるため、他の著作物の複製物の貸出しより販売への影響が大きいと考えられるからである。受給対象書籍は、日本で発行された日本語で書かれた書籍とする。
　公貸権制度に関する図書館の範囲であるが、「公立図書館」とする。著作権法38条4項では「営利を目的とせず、かつ、その複製物の貸与を受ける者から料金を受けない場合」に制限規定を設けている。この場合、条文では主体を限定していないために、大学図書館等の学校図書館も含まれることになる。大学図書館等の貸出しについては、貸出点数の集計が公表されていないため、市場での販売にどの程度の影響を及ぼしているのか不明であることと、貸出しの利用に対する報酬の財源の確保について不透明であることなどにより公貸権制度に組み入れることは適正ではないと考える。したがって、毎年貸出回数の実数が公表されて販売への影響力を計ることができ、しかも報酬の財源の確保がしやすいと思われる公立図書館に限定する。
　新刊資料の館外貸出しについては、館外貸出しの禁止期間を設定し、その期間中について利用者は館内閲覧のみとする。
　次に、報酬の支払いの根拠についてである。英国の公貸権制度は書籍の「貸出回数」を根拠にして報酬金を決定している。貸出回数を根拠として報酬金の支払いを行うと、貸出回数×基準額で明確に報酬金額が計算できる。そのため貸出回数により支払われる著作者の間で格差が生じることになる。公貸権制度が「逸失利益の損失補償」と「文化支援」との「均衡」で成り立っていると考えるものであるから、支払方法についても全体の「均衡」がとれる方法が望ましい。一方で支払いの根拠はある程度明確にする必要性があるので、貸出回数をもととして公貸権制度に登録をしている著作者全員に基礎報酬金額を加えるというような方法が相応しいのではないかと考える。
　運営面では、次のように提案する。公貸権の基金は、国が定めた基金をもとに行い、補償を配布する作業と補償を配布する著作者の管理については、特別な団体を別組織にて準備する。その団体が図書館の貸出データを収集し

集計し分析をして国民に報告をする。報告の内容は、著作者や出版者が次の出版企画に参考にすることで活用していく。

　公貸権制度を運用していくにあたり、次のようなことに注意が必要であろうと考えられる。公貸権制度は、著作者と図書館が別々のところで関係性を保つ仕組みになっている。資料の有効活用という観点からも著作者と図書館が話合いの場を設けて、書籍と図書館の有効活用について協議していくことが必要であると考える。

　さらに著作者と図書館の共存共栄を図るために、「著作者が図書館並びに地域住民への文化支援をする」という目的を付け加えることも必要ではないだろうか。

　著作者が図書館という場を利用して、住民に著作の読書会を開いたり講演会を開いたりというような啓蒙活動を行って、地域住民が本に親しめるようにする。その結果として本を読む人口を増やしていくことが可能となるであろう。さらに読書会に参加する人たちの分だけ特別の著作を作成して配付する（購入も含めて）などもデジタル化が進んでいるので可能であろう。著作者も、読者と直接話ができる機会を得れば、どういう書籍が好まれるのか調査ができることと思われる。

　公貸権制度が、「著作者を支援する」制度でありかつ「著作者が図書館を支援する」という制度になれば、著作者と図書館の双方の利益が一致していくと思われる。

　以上、英国の制度を基礎として、日本での公貸権制度による著作者の保護の可能性について提案を行った。日本の公立図書館は図書の貸出しにサービスの重点を置いているため、著作者の中には書籍の販売の機会を失っている者がいる可能性が生じていると考えられている。国民の知る自由を守るための社会的装置である図書館の無料原則と著作者の書籍販売に対する逸失利益を補償するための調整の方法として、日本における公貸権制度による著作者の保護について提案をするものである。

II　今後の課題

　本書の目的とは、図書館貸出サービスの無料原則を維持することで生じる三者の構造の調整、つまり図書館とその利用者および図書資料の提供者である著作者の三者の調整を試みるものである。本書第III部第2章第2節の調整の考え方および前節の提案に至る理由でも述べてきたように、この調整が必要であると考える理由は2点に要約される。第1の理由は、前述したとおり、調整方法の提案とかかわるものである。第2の理由は、本書の今後の課題として述べている問題のもとになる考え方である。確認のため、以下に記述する。

　図書館貸出サービスの無料原則を維持することで生じる図書館とその利用者および著作者の三者の構造の調整は、そもそも、国民の知る自由に奉仕することに資することを目的としている。しかしこの構造は経済的負担のあり方に加え、すでに述べたように図書館で利用できる情報に電子情報等が導入されており、新しい状況の下では、著作者や出版者が既存構造の下での活動を継続する意欲やインセンティブを失う可能性が生じている。結果として国民の知る自由に逆行する事態が生じるという危険を内包することになる。典型的には、「図書資料の無料貸出し」によって経済的利益を得られないのであれば、ビジネス・モデルを図書資料の販売ではなく、電子データへのアクセス権設定へと変更するという考え方が台頭している。

　この理由と深くかかわり、今後問題となってくると思われるのが、本書の「図書館の無料原則が及ぼす今日的課題」の第4番目の「日本の『電子情報等』と『費用負担のあり方』」についてで取り上げた「維持費がかかるデータベースの費用を、図書館設置者である地方公共団体の裁量に委ねるのか、利用者に課金するのか」という問題である。

　この問題について文部科学省は、1998年10月27日の生涯学習審議会での『図書館の情報化の必要性とその推進方策について―地域の情報化推進拠点として―（報告）』により、今後公立図書館が新たに商業用オンラン・データベースやインターネットによる情報サービスを導入する際の指針を、次のように示した。ネットワーク系（ないし通信系）のメディアを「図書館資

料」の範囲外とし、CD-ROM や DVD などのパッケージ系のものは、図書館が購入したり使用権を得たりしてメディアそのものを図書館が管理しているのであれば、「図書館資料」の範囲内、と示した。そのうえで、図書館資料外とされた商業用オンライン・データベースやインターネットによる情報サービスを公立図書館が導入する際に、通信料金やデータベース使用料を徴収するか否かについて、図書館の設置者である地方公共団体の裁量に委ねることとしたのである。

さらにデータベース等ネットワーク系は、電子情報提供者によって図書館の関与しないところで情報の中身そのものの改変が可能であり、「図書館資料」と言えるかどうかの分岐点と言われている。その理由は、「図書館資料」とは、外部から改変や閲覧中止を求められても「図書館の自由」に基づいて、図書館が主体的に判断して対応できる[4]ものとされているからである。

以上のように、公立図書館での電子情報等の利用については、利用ごとの費用の負担を誰がするのかという問題および電子情報の改変や中止については、図書館が関与しないところで可能であるため、図書館が電子情報の改変等に図書館資料として主体的に判断して対応できるか否かという問題の2点が、次の重要な問題となってくると思われる。

本書で行った提言は、比較法によるものとは言い難く、また日本法の図書館の書籍の貸出しについても論じ尽くせなかった部分も多い。今後の課題として引き続き検討していくこととしたい。

以上。

---

4) 糸賀雅児「図書館専門委員会『報告』の趣旨と〈無料原則〉」(『図書館雑誌』92 巻 12 号、1998 年) 1098 頁。

参 考 文 献 一 覧

青野正太・余野桃子「都立中央図書館における利用者サポートの実践」(『情報の科学と技術』61 巻 12 号、2011 年)。
朝比奈大作 (2013 年)『図書館員のための生涯学習概論 (JLA 図書館情報学テキストシリーズⅢ 別巻)』日本図書館協会。
芦部信喜 (2013 年)『憲法 第 5 版』岩波書店。
アビゲイル・A. ヴァンスリック (川崎良孝・吉田右子・佐橋恭子訳) (2005 年)『すべての人に無料の図書館―カーネギー図書館とアメリカ文化 1890-1920 年』日本図書館協会。
井内慶次郎 (2001 年)「図書館法の解説」(『日本現代教育基本文献叢書 社会・生涯教育文献集Ⅵ 52』日本図書センター)。
石井敦 (1989 年)『図書館史 近代日本篇』教育史料出版会。
石田香「イギリスにおける公貸権制度導入までの経緯」(『東京大学大学院教育学研究科紀要』43 巻、2004 年)。
石塚栄二 (1987 年)「地方自治体における情報公開制度と公立図書館の役割」(〈図書館と自由 第 8 集〉『情報公開制度と図書館の自由』日本図書館協会)。
石村善治「知る権利とマスコミ」(『ジュリスト』422 号、1969.5.1)。
磯崎辰五郎 (1936 年)「公物・営造物法」(『新法学全集 第 4 巻 行政法』日本評論社)。
伊藤昭治・山本昭和 (1989 年)「1970 年以降の公立図書館図書選択論」(『現代の図書選択理論』日外アソシエーツ)。
伊藤白「ドイツの図書館事情」(『明治大学図書館情報学研究紀要』4 巻、2013 年)。
糸賀雅児「図書館専門委員会『報告』の趣旨と〈無料原則〉」(『図書館雑誌』92 巻 12 号、1998 年)。
糸賀雅児 (北から南から)「『図書館資料』と「『費用負担』のあり方をめぐって―図書館専門委員として考える」(『図書館雑誌』93 巻 6 号、1999 年)。
今村武俊編著 (1972 年)『社会教育行政入門』第一法規。
岩猿敏生「戦前のわが国公共図書館における有料制の問題について」(『同志社図書館情報学図書館学年報 別冊』No.14, 2003 年)。
ウェイン・ビヴェンズ-テイタム (川崎良孝・川崎佳代子訳) (2013 年)『図書館と啓蒙主

義』日本図書館協会。
内田晋「1979 年公貸権法」(『外国の立法』19 巻 1 号、1980 年)。
内田晋「(M) 公貸権法 (1979 年、英国)」(『図書館情報学ハンドブック』丸善、1988 年)。
大滝則忠「図書館蔵書をめぐる米国憲法判例の動向」(『法律時報』52 巻 11 号、1980 年)。
岡崎俊一「信書の範囲と通信の秘密」(『千葉大学法学論集』10 巻 3 号、1996 年)。
小川明子「日本における追及権保護の可能性」(『季刊 企業と法創造』2006 年 3 月、6 号)。
小川明子「アメリカにおける追及権保護の可能性」(『季刊 企業と法創造』2006 年 9 月、8 号)。
奥平康弘「『知る権利』の法的構成」(『ジュリスト』No.449, 1970.5.1)。
奥平康弘 (1971 年)『表現の自由とはなにか』(中公新書) 中央公論社。
奥平康弘 (1981 年)『知る権利』岩波書店。
奥平康弘「図書館を利用する権利の法的位置づけ―図書館所蔵資料の閲覧請求を中心に」(『現代の図書館』41 巻 2 号、2003 年)。
奥平康弘　陳述書 (『法律時報』87 巻 5 号、6-19 頁、2015 年 5 月号)。
小倉親雄「パブリック・ライブラリーの思想とわが国の公共図書館」(『図書館学会年報』12 巻 1 号、1965 年)。
小倉親雄「アメリカの公共図書館―その起源と伝統」(『図書館界』19 巻 5 号 January 1968)。
梶井純 (1979 年)『戦後の貸本文化』東考社。
加藤寛・浜田文雅編 (1996 年)『公共経済学の基礎』有斐閣。
金子善次郎 (1977 年)『米国連邦制度―州と地方団体』良書普及会。
川崎良孝「アメリカ公立図書館と財政危機―有料制論議への問題提起を含めて」(『みんなの図書館』69 巻 2 号、1983 年)。
川崎良孝「図書館サービスと有料制(1)〜(4)」(『図書館界』35 巻 5 号 1984 年、35 巻 6 号 1984 年、36 巻 2 号 1984 年、36 巻 4 号 1984 年)。
川崎良孝「公立図書館の無料制(下)―英米での有料化論議から」(『図書館雑誌』84 巻 5 号、1990 年)。
川崎良孝 (2009 年)「英米における無料原則の由来と動向」(塩見昇・山口源治郎編著『新図書館法と現代の図書館』日本図書館協会)。
川崎良孝「〈講演記録〉全域サービスを考える―日米での歴史と現状」(『京都大学生涯教育学・図書館情報学研究』9 巻、2010 年)。
菊池仁 (2008 年)『ぼくらの時代には貸本屋があった―戦後大衆小説考』新人物往来社。
金容媛「米国の図書館・博物館政策の動向―関連法規および政策諮問機構の統合を中心

に」(『文化情報学』15巻2号、2008年)。

組原洋・西川馨 (2003年)「英国の図書館法 Public Libraries and Museums Act 1964」(『改革を続ける英国の図書館―最新事情・見学報告』リブリオ出版企画)。

栗原嘉一郎・冨江伸治「日野市立図書館に見る15年の変容―公共図書館の設置計画に関する研究―」(『日本建築学会大会学術講演梗概集』1986年7月)。

小谷誠一「フリー・パブリック・ライブラリー」(『図書館雑誌』昭和10年1月29巻1号)。

後藤仁・鈴木庸夫監修 (1999年) (まちづくり資料シリーズ28:地方分権2)『変革期を迎えた情報公開制度の設計と運用―情報公開法とこれからの自治体条例』地域科学研究会。

財団法人自治体国際化協会編 (稲澤克祐) (2006年)『英国の地方政府改革の系譜』。

財団法人地方自治総合研究所監修 (2000年)『逐条研究 地方自治法 IV』敬文堂。

斉藤啓昭「インターネット上の情報流通について」(『情報の科学と技術』47巻9号、1997年)。

斉藤博 (2002年)『著作権法』有斐閣。

斉藤博 (2005年)「第2章 EC‐閣僚理事会指令と公貸権」(公貸権委員会編『公貸権制度に関する調査・研究』著作権情報センター)。

齊藤雅俊「憲法21条の『通信の秘密』について」(『東海法科大学院論集』3号、2012年)。

酒井仁志「出版物に『貸与権』を獲得するための活動―出版界での『貸与権』とその周辺」(『コピライト』43巻509号、2003年9月)。

坂口静一「図書館大会感想」(『図書館雑誌』1952年8月号)。

作花文雄 (2004年)『詳解 著作権法 第3版』ぎょうせい。

作花文雄 (2010年)『詳解 著作権法 第4版』ぎょうせい。

佐藤幸治「『自由な情報流通』のための権利」(『中央公論』1972年1月号)。

佐藤聖一 (2007年) 第93回全国図書館大会の東京第12分科会の基調報告「障害者サービスの理念と具体的サービス、この1年の特徴」。

佐藤信行「アメリカ合衆国連邦控訴裁判所における『公式に刊行されていない判決』と『引用禁止ルール』― Anastasoff v. United States にみる違憲論―」(『釧路公立大学紀要 社会科学研究』13号、2001年3月)。

佐藤信行「カナダにおける『法資料へのアクセス』と『法の支配』の一断面―CCH Canadian Ltd. v. Law Society of Upper Canada を例として―」(『尚美学園大学総合政策研究紀要』2号、2001年10月)。

塩見昇・天満隆之輔「図書館の自由―とくに"中立性論争"について―」(文献レビュー)(『図書館界』23巻1号、1971年)。

塩見昇（2009年）「憲法・教育基本法と図書館法」（塩見昇・山口源治郎編著『新図書館法と現代の図書館』日本図書館協会）。

芝田正夫「イギリス公共図書館法の成立とエワート報告」（『図書館界』1976年1月号）。

清水一嘉（1982年）『作家への道』日本エディタースクール出版部。

清水一嘉（1994年）『イギリスの貸本文化』図書出版社。

清水英夫「知る権利の法的・社会的構造」（『自由と正義』22巻10号、1971年）。

清水英夫（1987年）『言論法研究2』学陽書房。

ジョン・J・ボル「ALAと知的自由」裏田武夫訳（『図書館雑誌』48巻5号、1954年）。

須賀千絵「英国における公共図書館経営改革策―『モデル基準』と『全国基準』の比較を中心に」（*Library and Information Science*, No.45, 2001）。

須賀千絵「英国の公共図書館・博物館法と中央政府の役割の変容」（『情報の科学と技術』59巻12号、2009年）。

そうや生「図書館の主体性が根本問題」（『図書館雑誌』1952年12月号）。

高橋郁夫・吉田一雄「『通信の秘密』の数奇な運命（憲法）」（『情報ネットワーク・ロー・レビュー』Vol.5, 2006年）。

田中嘉彦「英国における情報公開―2000年情報自由法の制定とその意義」（『外国の立法』No.216, 2003年5月）。

田中嘉彦（2006年）「英国における権限委譲」（『諸外国における地方分権改革―欧州主要国の憲法改正事例』国立国会図書館の国会関連情報『調査資料』）。

地方行政改革研究会（2007年）『地方公共団体のアウトソーシング手法』ぎょうせい。

中小公共図書館運営基準委員会報告（1963年）『中小都市における公共図書館の運営』日本図書館協会。

坪田護・佐藤晴雄（1995年）『社会教育と生涯学習』成文堂。

東京自治問題研究所編著（2005年）『指定管理者制度 「改正」地方自治法244条の概要と問題点』東京自治問題研究所。

永井憲一「国民の知る権利と図書館の任務」（『季刊教育法』No.37, 1980年）。

中島太郎（2000年）「社会教育行政論」（『日本現代教育基本文献叢書 社会・生涯教育文献集Ⅱ 12』日本図書センター）（1955年有斐閣出版の復刻版）。

中島正明「アメリカ公立図書館制度に関する研究―州図書館行政機関の設立を中心にして」（『安田女子大学紀要』No.24, 1996年）。

永田治樹「オランダ公共図書館訪問調査：図書館法人と課金制」（『St. Paul's librarian』27巻、2012年）。

中村睦男・永井憲一（1989年）『生存権・教育権』（現代憲法大系7）法律文化社。

西川馨編（2003年）「1–3英国の図書館法 Public Libraries and Museums Act 1964」（『改革を続ける英国の図書館』リブリオ出版企画）。

西川馨編（2004 年）『オランダ・ベルギーの図書館 独自の全国ネットワーク・システムを訪ねて』教育史料出版会。

西崎恵（1999 年）『図書館法』新装第 2 刷、日本図書館協会。

楡周平「図書館栄えて物書き滅ぶ」（『新潮 45』2001 年 10 月号）。

根本彰（2012 年）『理想の図書館とは何か―知の公共性をめぐって』ミネルヴァ書房。

バゼル山本登紀子「米国における市民の知る権利と図書館」（『情報の科学と技術』47 巻 12 号、1997 年）。

林望「図書館は『無料貸本屋』か」（『月刊文藝春秋』2000 年 12 月号）。

原秋彦「懐かしの貸本屋」（『コピライト』43 巻 512 号、2003 年 12 月）。

平松毅（1974 年）「通信の秘密―盗聴」（『体系・憲法判例研究 有倉遼吉教授還暦記念 2』日本評論社）。

廣瀬淳子「アメリカ情報公開法の改正― 2007 年政府公開法」（『外国の立法』No.237, 2008 年 9 月）。

藤間真・志保田務・西岡清統「公共図書館における有料データベースの導入について」（『図書館界』59 巻 2 号、2007 年）。

文化庁内著作権法令研究会監修（1999 年）『新版 著作権事典』出版ニュース社。

堀部政男「図書館の自由と知る権利」（『法律時報』52 巻 11 号、1980 年）。

堀部政男（1980 年）「図書館法の法学的検討―図書館の自由を中心として」（『図書館法研究―図書館法制定 30 周年記念 図書館法研究シンポジウム 記録』日本図書館協会）。

本多健司（千葉家庭裁判所判事補）公立図書館図書破棄事件（『判例タイムズ』1215 号、2006 年 9 月 25 日）。

松下満雄（2011 年）『経済法概説 第 5 版』東京大学出版会。

松島諄吉（1984 年）「公物管理権」（『現代行政法大系』9 巻、有斐閣）。

松本英昭（2011 年）『新版 逐条地方自治法 第 6 次改訂版』学陽書房。

松本英昭（2012 年）『地方自治法の概要 第 4 次改訂版』学陽書房。

間部豊「公共図書館における電子書籍の導入状況について」（『図書館雑誌』2013 年 12 月号）。

三田誠広「図書館が侵す作家の権利」（『論座』2002 年 12 月）。

三田誠広（2003 年）『図書館への私の提言』勁草書房。

南亮一「『公貸権』に関する考察―各国における制度の比較を中心に」（『現代の図書館』40 巻 4 号、2002 年）。

村上泰子・北克一「1994 年ユネスコ公共図書館宣言改訂の動向」（『図書館界』47 巻 5 号、1996 年）。

森耕一（1969 年）『図書館の話』（改訂版）（至誠堂新書 35）至誠堂。

森耕一「図書館立法の歴史と現代的課題（図書館法の 30 年〈特集〉）」（『法律時報』52 巻

11号、1980年)。
森耕一「公立図書館の無料制(上)—日本の場合」(『図書館雑誌』84巻4号、1990年)。
森耕一編（1995年）『図書館法を読む 補訂版』日本図書館協会。
森耕一（2004年）「図書館の自由に関する宣言」(『図書館の自由に関する宣言の成立』〈図書館と自由・1〉《覆刻版》日本図書館協会)。
柳与志夫「CA939『ユネスコ公共図書館宣言』改訂へ」(「カレントアウェアネス」No.177, 1994.05.20).
柳与志夫（2010年）『千代田図書館とは何か 新しい公共空間の形成』ポット出版。
山田光夫（2004年）『パリッシュ』北樹出版。
山中伸一「貸与権、貸出権、隣接権に関するEC指令について」(『横浜国際経済法学』2巻1号、1993年12月)。
鑓水三千男（2009年）『図書館と法』(JLA図書館実践シリーズ12) 日本図書館協会。
山家篤夫（2009年）「第6章 図書館の自由と図書館法」(塩見昇・山口源治郎編著『新図書館法と現代の図書館』日本図書館協会)。
ユルゲン・ゼーフェルト、ルートガー・ジュレ（伊藤白訳）（2011年）『ドイツ図書館入門—過去と未来への入り口』日本図書館協会。
渡辺重夫（1989年）『図書館の自由と知る権利』青弓社。
渡辺進「これが公共図書館だ—生活の中にはいった図書館—日野市立図書館の活動の実態」(『図書館雑誌』61巻10号、1967年)。
和田万吉（1922年）『図書館管理法大綱』丙午出版社。
IAM（行政管理研究センター）編（2006年）『情報公開制度改善のポイント』ぎょうせい。
JLA図書館調査事業委員会「公共図書館の条例・規則調査の結果について」(『図書館雑誌』2000年8月号)。
K生「図書館の自由と責任」(『図書館雑誌』1952年10月号〈意見募集のため、本名が不明〉)。
sarah 共通目的事業 社団法人著作権情報センター附属著作権研究所『平成16年度公貸権制度に関する調査・研究』、2005年3月、資料編。

──────────

「朝倉雅彦ロングインタビュー 東京の図書館振興を体現した人」(『ず・ぼん』10号、2004年12月)。
「アメリカ図書館協会・アメリカ出版者協議会共同宣言『読書の自由』」(『図書館雑誌』47巻10号、1953年)。
「アメリカ図書館協会の『図書館の権利宣言（Library Bill of Rights)』」(『図書館雑誌』1952年12月号)。

参考文献一覧

『上野図書館八十年略史』国立国会図書館支部上野図書館、1953 年。
「貸本屋をどう見るか」(『図書館雑誌』50 巻 5 号、1956 年)。
「公共図書館と電子書籍のいま」(『図書館雑誌』2013 年 12 月号)。
「公共図書館は沈滞しているか」(『図書館雑誌』1960 年 9 月号)。
「公立図書館の設置及び運営上の望ましい基準」平成 13 年 7 月 18 日文部科学省告示 132 号。http://www.mext.go.jp/a_menu/01_l/08052911/1282451.htm
「国際人権規約 B」(『法学セミナー 5 月臨時増刊』1979 年 5 月号)。
「国民の『知る権利』」(『法律時報』526 号、1972 年)。
「国立国会図書館・平成 24 年度障害者サービス担当職員向け講座」2012 年 12 月 4 日のレジュメ。
『埼玉県立浦和図書館 50 年誌』埼玉県立浦和図書館、1972 年。
「座談会 日野市立図書館の活動に学ぶ『これが図書館だ 書庫が空になる!』」(『図書館雑誌』61 巻 10 号、1967 年)。
「《実態調査》大衆文学の読まれ方」(『文学』25 号、1957 年 12 月)。
『市民の図書館 増補版』日本図書館協会、1976 年。
「事務局通信 議題(5) 図書館憲章拡大委員会」(『図書館雑誌』1953 年 8 月号)。
『情報公開制度と図書館の自由』(図書館と自由 第 8 集)日本図書館協会、1987 年。
『諸外国の公共図書館に関する調査報告書』「第 4 章 ドイツの公共図書館」「第 5 章 アメリカの公共図書館」文部科学省生涯学習政策局社会教育課、2005 年。
世界人権宣言(外務省仮訳文)
1997 年の神戸連続児童殺傷事件における少年被疑者の顔写真を掲載(『フォーカス』1997 年 7 月 9 日号)。
1997 年の神戸連続児童殺傷事件の検事調書を掲載(『文藝春秋』1998 年 3 月号)。
「全国図書館一覧表」(『図書館雑誌』115 号、昭和 4 年 6 月)。
「第 7 回全国図書館大会議事録」(『図書館の自由に関する宣言の成立』〈図書館と自由・1〉《覆刻版》日本図書館協会、2004 年)。
「第 7 回日本図書館協会総会」(『図書館雑誌』1953 年 7 月号)。
『特命全権大使 米欧回覧実記 第 3 篇』太政官記録掛蔵版、明治 11 年 10 月。
「図書館憲章(委員会案)(『図書館雑誌』47 巻 10 号、1953 年)
「『図書館憲章(仮称)』制定を埼玉県図書館大会で申し入れ」(NEWS)(『図書館雑誌』47 巻 2 号、1953 年)
『図書館振興に関する提言』滋賀県図書館振興対策委員会、1980 年。
『図書館政策の課題と対策(東京都の公共図書館の振興施策)』図書館振興対策プロジェクトチーム、1970 年。
「図書館における指定管理者制度の導入の検討結果について 2009 年調査(報告)」日本図

書館協会図書館政策企画委員会、2009 年。
「図書館における指定管理者制度の導入の検討結果について 2010 年調査（報告）」日本図書館協会図書館政策企画委員会、2010 年。http://www.jla.or.jp/Portals/0/images/committe/torikumi/siteii2010.pdf
『図書館年鑑 2008』日本図書館協会
『「図書館の自由に関する宣言 1979 年改訂」解説 第 2 版』日本図書館協会図書館の自由委員会編、日本図書館協会、2007 年。
『図書館の自由に関する宣言の成立』（図書館と自由・1）《覆刻版》日本図書館協会、2004 年。
「図書館の情報化の必要性とその推進方策について―地域の情報化推進拠点として―（報告）」文部科学省生涯学習審議会、1998 年。
「図書館の設置及び運営上の望ましい基準」平成 24 年 12 月 19 日文部科学省告示 172 号。
「図書館の抵抗線」（『図書館雑誌』1952 年 46 巻 10 号、46 巻 11 号、46 巻 12 号、1953 年 47 巻 2 号、47 巻 3 号）。
『日本の図書館 統計と名簿 2011』日本図書館協会、2012 年。
『はだしのゲン』閉架措置・松江市事件：
・朝日新聞デジタル版 2013 年 8 月 28 日「松江市教委、『ゲン』閲覧制限撤回を謝罪 臨時校長会で」
・朝日新聞デジタル版 2013 年 10 月 17 日「『はだしのゲン』、大半が開架に戻る 松江市の小中学校」
『はだしのゲン』回収・泉佐野市事件：
・愛媛新聞 ONLINE 2014 年 3 月 26 日社説「『はだしのゲン』回収 教育への公権力介入は問題だ」
・NHK ニュース 2014 年 3 月 20 日「大阪泉佐野市『はだしのゲン』一時回収」
http://www3.nhk.or.jp/news/html/20140320/k10013126291000.html
『広島市の図書館（要覧）2011 年度』広島市立図書館。
『平成 21 年度共同研究「図書館運営のあり方研究会」報告書「今、図書館がやるべきこと！」』財団法人大阪府市町村振興協会おおさか市町村職員研修センター、2010 年。
防長新聞 1973 年 8 月 31 日 11 面の記事「課長が特定書籍隠す 県教組など教育長に抗議」
防長新聞 1973 年 9 月 5 日 3 面社説「県教育行政の姿勢を問う」
「明治 15 年の文部省の『図書館示論事項』おける思想善導の思想」（『図書館雑誌』第 21 年 1 号、昭和 2 年 1 月）。
読売新聞 2013 年 9 月 20 日「県立図書館電子資料 電子書籍に」
読売新聞 2013 年 12 月 20 日夕刊「電子書籍にも『出版権』法改正へ」

Adams, Herbert B. (1900), *Public libraries and popular education* (*Home Education Bulletin*), New York, University of the State of New York.

Aspens, Grieg (1981), "INFORM: An Evaluation Study" in Drake, Miriam A. (ed.) *User Fees: A Practical Perspective*, Littleton, Colorado, Libraries Unlimited, Inc.

Astbury, Raymond, "The Situation in the United Kingdom" *Library Trend*, Summer 1981.

Baldwin, Gordon B., "The Library Bill of Rights- A Critique" *Library Trends*, Summer 1996, Vol.45, No.1.

Berninghausen, David K. (1975), *The Flight from Reason: Essays on Intellectual Freedom in the Academy, the Press, and the Library*, Chicago, ILL., American Library Association.

Billings, John S., "The public library" *Library Journal*, Vol.28, 1903.

Blanchard, Olivier Jean, "Reaganomics" *Economic Policy*, Vol.2, No.5, October 1987.

Butler, Pierce (1933), *An Introduction to Library Science*, Chicago ILINOIS, The University of Chicago Press.

Cole, John Y., "Appendix: Public Lending Right: A Symposium at the Library of Congress" *Library of Congress Information Bulletin*, Vol.42, No.50, December 12, 1983.

Copinger and Skone James on Copyright, 14th ed. Vol.1 (1999), London, Sweet & Maxwell.

Crockett, Ethel, *UCLA Librarian*, No.32, June 1979.

De Gennaro, Richard, "Pay Libraries and User Charges" *Library Journal*, No.100, February 15, 1975.

Dempsey, Beth, "Surveys Libraries on Fees for Service: For Love or Money" *Library Journal*, Vol.135, September 15, 2010.

Dewey, Melvil (1904), "On libraries for librarians" in *New international encyclopedia*, New York, Dodd, Mead & Company.

Drake, Miriam A. (1981), "Fee for service in libraries: Who pays? Who should pay?" in *User Fees: A practical Perspective*, Miriam A. Drake (ed.), Colorado, Libraries Unlimited, Inc.

Dworak, Robert J., (1980) *Taxpayers, Taxes, and Government Spending: Perspectives on the Taxpayer Revolt*, New York, Praeger, Publishers Inc.

Fleury, Joachim, "The Status of Certain Recent Copyright Developments in the European Community" *Fordham Intellectual Property, Media & Entertainment Law Journal*, Vol.4, No.1, Summer 1993.

Flint, Michael, Nicholas Fitzpatrick and Clive Thorne (2006), *User's Guide to Copyright*, 6th ed., Tottel Publishing.

Fry, James W., "LSA and LSCA, 1956-1973: A Legislative History" *Library Trend*, Vol.24, 1975.

Garson, G. David, "Economic Opportunity Act of 1964." http://wps.prenhall.com/wps/media/objects/751/76950/Documents_Library/eoa1964.htm

Gell, Marilyn Killebrew, "User Fees Ⅰ: The Economic Argument" *Library Journal*, January 1, 1979.

Goldhor, Herbert, *A Summary and Review of the Indexes of American Public Library Statistics: 1939-1983*, Library Research Center, Graduate School of Library and Information Science University of Illinois at Urbana-Champaign, November 1985.

Goodman, William, "Readers' Rights & Writers' Property: The Public Lending Right" *the American Scholar*, Summer 1985.

Hanna, Patricia Brennan (1978), *People Make It Happen: The Possibilities of Outreach in Every Phase of Public Library Service*, London, The Scarecrow Press, Inc.

Held, Raymond E. (1973), *The Rise of the Public Library in California*, Chicago, American Library Association.

Horn, Zoia (1978), "Charging for Computer-Based Reference Services: Some Issues of Intellectual Freedom" in *Charging for Computer-Based Reference Services*, Peter G. Watson (ed.) Chicago, American Library Association.

Hyatt, Dennis, "Legal Aspects of Public Lending Right" *Library Trends* ,1981 Spring.

Hyatt, Dennis, "The Background of Proposed Legislation to Study Public Lending Right in the United States: Issues in Policy, Law and Administration" *Journal of Library Administration*, Vol.7, No.4, June 1987.

Joeckel, Carleton Bruns (1939), *The Government of the American Public Library*, Chicago Illinois, The University of Chicago Press.

Kelly, Thomas and Edith (1977), *Books for the People*, London, Andre Deutsch.

Kenyon, Frederic (1927), *Report on public libraries in England and Wales*. Presented by the president of the Board of education to Parliament by command of His Majesty, London, HMSO (Cmd.2868). (『ケニヨン・レポート』)

Koren, Marian, "Libraries in the Netherlands" in *Libraries the early 21th Century*, Ravindra N. Sharma (ed.) Vol.2, De Gruyter Saur 2012.

Ladenson, Alex (1982), *Library Law and Legislation in the United States*, Muchen, N.J. & London, The Scarecrow Press, Inc.

Lawson, John and Harold Silver (1973), *A Social History of Education in England*, London, Methuen & Co Ltd.

Leach, Robert and Janie Percy-Smith (2001), *Local Governance in Britain*, London,

Palgrave.

Leaffer, Marshall (2005), *Understanding Copyright Law*, 4th ed., LexisNexis.

LeCome, Richard, "Writers Blocked: The Debate over Public lending Right in the United States during the 1980s" *THE CULTURAL RECORD*, Vol.44, No.4, 2009.

Lifer, Evan St. and Michael Rogers, "ULC Reports most members without fee-charging policies" *Library Journal*, 118(8), May 1, 1993.

Locher, Lilo, "Public Library Fees in Germany" *Journal of Cultural Economics*, Vol.29, Springer 2005.

Mayer, Daniel Y., "Literary Copyright and Public Lending Right" *Case Western Reserve Journal of International Law*, Vol.18, 1986.

McColvin, Lionel (1937), *Libraries and the Public*, London, G. Allen & Unwin, Ltd.

Morris, R. J. B. (1980), *The Public Lending Right Handbook*. Chichester, West Sussex, Barry Rose Publishers Ltd.

Munford, W. A. (reprinted 1968), *Penny Rate: Aspects of British Public Library History 1850-1950*, London, The Library Association.

Murison, W. J. (1988), *The Public Library: Its Origins, Purpose, and Significance*, 3rd ed., London, Clive Bingley Ltd.

Nimmer, Melville B. and David Nimmer (1963), *Nimmer on Copyright: a treatise on the law of literary, musical and artistic property, and the protection of ideas*, New York, Matthew Bender.

Perkins, Frederic B., "Public Libraries and the public" *Library Journal*, Vol.10, 1885.

Reinbothe, Jörg and Silke von Lewinski (1993), *The EC Directive on Rental and Lending Rights and on Piracy*, London, Sweet & Maxwell.

Samek, Toni (2000), *Intellectual Freedom and Social Responsibility in American Librarianship, 1967-1974*, North Carolina, and London, McFarland & Company, Inc. Publishers.

Schneck, Jennifer M., "Closing the Book on the Public Lending Right" *N.Y.U. Law Rev.* Vol.63, No.4, October 1988.

Seemann, Earnest "A Comparative Look at Public Lending Right from the USA" in *Reports of an ALAI Symposium and Additional Material*, H. Cohen Jehoram (ed.).

Seymour, Jr., W. North and Elizabeth N. Layne (1979), *For the People: Fighting for Public Libraries*, New York, Doubleday & Company, Inc.

Shera, Jesse H. (reprinted 1965), *Foundations of the Public Library*, The Shoe String Press, Inc.

Shores, Louis (1968), "Public Library U.S.A." in *Libraries for the People*, Robert F.

Vollans (ed.) London, Library Association.

Sumsion, John (1988), *PLR in practice A Report to the Advisory Committee*, Great Britain, Public Lending Office.

Sumsion, John (1991), *PLR in practice A Report to the Advisory Committee*, Great Britain, Public Lending Office.

Sumsion, John (1999), "PLR: The Early Year" in *Whose Loan is it anyway ?* Registrar of Public Lending Right (ed.), Great Britain, Public Lending Office.

Vollans, Robert F. (1968), *Libraries for the People*, London, Library Association.

Weaver, Fredrick Stirton and Sernerna Arpene, "For Public Libraries: The Poor Pay More" *Library Journal*, Vol.104, February 1, 1979.

Williams, Patrick (1988), *The American Public Library and The Problem of Purpose*, Connecticut, Greenwood Press, Inc.

A Charter for Public Libraries, London, The Library Association, 1993.

A.L.A. Glossary of Library Terms, Chicago, American Library Association, 1943.

Amended proposal for a Council Directive on rental and lending right and on certain rights related to copyright in the field of intellectual property, COM(92) 159 final-SYN 319 Brussels, 30 April 1992.

Annotated Laws of Massachusetts Act 351 of the 2010 Legislative Session Part 1 Administration of the Government Title 7 Education Chapter 78 Libraries §3. Use of Libraries.

By the Comptroller General Report to the Congress of the United States, *Proposition 13- How California Governments Coped with a $6 Billion Revenue Loss*, GGD-79-88, September 28, 1979.

California Library Statistics and Directory 1980, Sacramento, California State Library.

City Document-No.37., *REPORT of the trustees of the Public Library of the City of Boston*, July 1852.（『1852年報告』）

Comprehensive, Efficient and Modern Public Libraries: Standards and Assessment, DCMS, 2001.

Council Directive 92/100/EEC of 19 November 1992 on rental rigth and lending right and on certain rights related to copyright in the field of intellectual property.

Directive 2006/115/EC of the European Parliament and of the Council of 12 December 2006 on rental right and lending right and on certain rights related to copyright in the field of intellectual property (codified version).

EUROPEAN FILE "Copyright and neighbouring rights in the European Community"

September 1991.

Financing Our Public Library Service: Four Subjects for Debate, 1988 (cm324).

FOLLOW-UP TO THE GREEN PAPER: Working programme of the Commission in the field of copyright and neighbouring right, COM(90)584 final, 17 January 1991.

Green Paper on Copyright and Challenge of Technology − Copyright Issues Requiring Immediate Action, COM(88)172 final, 7 June 1988.

Harrod's Librarians' Glossary and Reference Book, 7th ed., (1990), London, Gower Publishing Company Ltd.

Intellectual Freedom Manual, 7th (2006), Compiled by Office for Intellectual Freedom of American Library Association, Chicago, American Library Association.

Ministry of Education, *The Structure of the Public Library Service in England and Wales: Report of the Committee appointed by the Minister of Education in September 1957 (Chairman, Sir Sydney Roberts)*, London, HMSO, 1959 (Cmnd660). (『ロバーツ・レポート』)

Model Statement of Standards, London, The Library Association, 1995.

Paris Act of July 24, 1971, as amended on September 28, 1979.

Parker, Jim, *PUBLIC LENDING RIGHT IN THE UK*, www.plr.uk.com, 2009.03.

Proposal for a Council Directive on rental right, lending right, and on certain rights related to copyright. COM(90)586 final, 24 January 1991.

Public Lending Right Review, Department for Culture, Media and Sport Museums, Libraries & Archives Division, 2002.

Public Library Statistics Centre for Library and Information Management, Dept of Library and information Studies, Loughborough University, 1974/1984.

Public Library Statistics 2008-09 Estimates and 2007-08 Actuals, CIPFA.

Public Papers of the Presidents of the United States John F. Kennedy 1963, Containing the Public Massages, Speeches, and Statements of the President, January 1 to November 22, 1963, U. S. Government Printing Office, Washington, 1964.

Reading the Future: A Review of Public Libraries in England, Department of National Heritage, 1997.

Report from the Commission to the Council, the European Parliament and the Economic and Social Committee on the Public Lending Right in the European Union, COM (2002) 502 final. http://eur-lex.europa.eu/LexUriServ/LexUriServ.do?uri=COM:2002:0502:FIN:EN:PDF

Report from the Select Committee on Public Libraries: together with the proceedings of the Committee, minutes of evidence, and appendix, ordered, by the House of

Commons, to be printed, 23 July 1849.（『エワート報告』）

S.I.1991/2712. The Library Charges (England and Wales) Regulations 1991.

Smithsonian Reports (1851), *Notices of Public Libraries in the United States of America*, by Charles C. Jewett.

Standards of Public Library Services in England and Wales: Report of Working Party, HMSO, 1962.

Statistical Abstract of the United States, Department of Commerce, 1970, 1971, 1973, 1976, 1977, 1978, 1979, 1980, 1981, 1982-3, 1984, 1985, 1986.

Statistical Abstract of the United States: 2012, Department of Commerce, 2012.

The Citizen's Charter: Raising the Standard, 1991 (cm1599).

The Law Reports, King George the fifth, 1919, Vol.LVII, London, Eyer & Spottiswoode, Ltd.

THE STATUTES of THE UNITED KINGDOM of GREAT BRITAIN AND IRELANDS, 13 & 14 Victoria, 1850, Vol.90, London, Her Majesty's Printers.

THE STATUTES of THE UNITED KINGDOM of GREAT BRITAIN AND IRELANDS, 29 & 30 Victoria. 1866, London, George E. Eyre and William Spottiswoode.

U.S. Bureau of Education, *Public Library in the United States of America: 1876 Report*, by William F. Poole, Washington, D.C. Government Printing Office, 1876.

United Nations Educational, Scientific and Cultural Organization, *The Public Library: a living force for popular education*, UNESCO/LBA/1 (Rev.) Paris, 1949.

"2 The Library (4)Public Lending Right" in Halsbury's Laws of England, Fourth Edition Reissue, Lord Hailsham of St. Marylebone, Lord Hight Chancerllor of Great Britain (1970-74 and 1979-87), London, Butterworths 1997, Vol.28.

(20 U.S.C. 9101 note) Enacted September 30, 1996, P.L. 104-208, title Ⅶ, sec.702, 110 Stat. 3009-295. (United States Code Congressional and Administrative News 104th Congress-Second Session 1996, Vol.3, Public Laws 104-208 to 104-325, West Group, 110 STAT. 3009-295)

外国の法案・法律・国会議事録・条約等

PUBLIC LIBRARIES, *House of Commons Deb 15*, March 1849, Vol.103, cc751-5.（『エワート報告』の記載）

1番目の公貸権法案（1959-60 Bill145）

Parliamentary Debates (Hansard) House of Commons Official Report, Vol.627, c732.

2番目の公貸権法案（1960-61 Bill35）

412

参考文献一覧

Parliamentary Debates (*Hansard*) *House of Commons Official Report*, Vol.630, cc1135-1136.
(1960-61 Bill35) の第2読会
Parliamentary Debates (*Hansard*) *House of Commons Official Report*, Vol.631, cc1645-1674.
TIG 報告書「公貸権：技術的経済的諸相の調査報告書」
PUBLIC LENDING RIGHT: An account of an investigation of technical and cost aspects, Great Britain Dept. of Education and Science, March 1975.
TIG の最終報告書
PUBLIC LENDING RIGHT: Final report of an investigation of technical and cost aspects, London, HMSO, October 1975.
5番目の公貸権法案（1975-76 Bill144 Public Lending Right Bill [H.L.]）
Parliamentary Debates (*Hansard*) *House of Lords Official Report*, Vol.361, c11.
6番目の公貸権法案（1975-76 Bill246 Public Lending Right Bill [H.L.]）
Parliamentary Debates (*Hansard*) *House of Lords Official Report*, Vol.369, c367.
7番目の公貸権法案（1977-78 Bill41 Public Lending Right Bill [H.L.]）
Parliamentary Debates (*Hansard*) *House of Lords Official Report*, Vol.379, c330, cc1492-1514.
最後の政府の公貸権法案（1978-79 Bill5）
Parliamentary Debates (*Hansard*) *House of Commons Official Report*, Vol.957, c355.
ベルヌ条約
of September 9, 1886（ベルヌ条約の制定），
completed at PARIS on May 4, 1896（パリ追加規定），
revised at BERLIN on November 13, 1908（ベルリン改正条約），
completed at BERNE on March 20, 1914（ベルヌ追加規定），
revised at ROME on June 2, 1928（ローマ改正条約），
at BRUSSELS on June 26, 1948（ブラッセル改正条約），
at STOCKHOLM on July 14, 1967（ストックホルム改正条約），
and at PARIS on July 24, 1971（パリ改正条約），
UNESCO Public Library Manifesto 1994.
Scheme 1982, 5(1). (S.I.1988/2070 の委任命令より「英国国籍及び英国に2年以内に1年以上の居住要件」が削除され、S.I.2000/933. Schedule 5 の受給対象国の改訂があり、EEA 諸国に拡大した）
Congressional Record, Vol.119-Part 5, p.5534.（1番目の法案）
76th ANNUAL REPORT OF THE REGISTER OF COPYRIGHTS for the fiscal year

413

ending June 30, 1973, LIBERARY OF CONGRESS, WASHINGTON, 1974.
Bill Summary & Status 98th Congress (1983-1984) S.2192 All Information（2番目の法案）
Congressional Record, Vol. 131-Part 4, p.5187.（3番目の法案）
Congressional Record, Vol. 132-Part 18, p.25374.（4番目の法案）
Congressional Record, Vol. 129-Part 24, p.34542.（Mathis議員の演説）

判 例 一 覧

最大判昭和44年10月15日刑集23巻10号1239頁（「悪徳の栄え」事件）
最大決昭和44年11月26日刑集23巻11号1490頁（博多駅フィルム事件）
最大判昭和58年6月22日民集37巻5号793頁（よど号ハイジャック記事抹消事件）
最三小判昭和56年4月14日民集35巻3号620頁（前科照会事件）
最三小判平成12年2月29日民集54巻2号582頁（「エホバの証人」輸血拒否事件）
最三小判平成14年9月24日集民207号243頁（「石に泳ぐ魚」事件）
最一小判平成17年7月14日民集59巻6号1569頁（船橋市西図書館の蔵書破棄事件）

大阪高判昭和41年2月26日高刑集19巻1号58頁（通信の秘密）
東京高判平成14年1月29日。判例集未登載。平成13年（行コ）第212号（雑誌閲覧禁止処分取消請求事件）
東京高判平成16年3月3日民集59巻6号1604頁（船橋市西図書館の蔵書破棄事件）

大阪地判昭和33年8月20日行集9巻8号1662頁（「拘禁中の死刑囚と基本的人権」に関する事件）
東京地判昭和33年12月24日民集20巻5号1118頁（名誉及び信用毀損による損害賠償及び慰藉料請求事件）
富山地判平成10年12月16日判タ995号76頁（昭和天皇コラージュ訴訟事件）
名古屋高金沢支部判平成12年2月16日判タ1056号188頁（昭和天皇コラージュ訴訟事件）
東京地判平成13年7月18日。判例集未登載。平成12年（行ウ）第175号（雑誌閲覧禁止処分取消請求事件）
東京地判平成15年9月9日民集59巻6号1579頁（船橋市西図書館の蔵書破棄事件）
東京地判平成16年3月24日。判例集未登載。平成14年（ワ）28035号（「ヨミウリ・オンライン（YOL）記事見出し」事件）
大阪地判平成16年7月7日判時1882号87頁（通信の秘密）
大阪地判平成19年6月8日。判例集未登載。平成17年（ワ）第10224号（大阪府熊取町

立図書館の協力拒否損害賠償請求事件)

Bobbs-Merrill Co. v. Strauss, 210 U.S. 339 , at 349-350 (1908).
Harrison v. Maynard, Merrill & Co., 61 F. 689, at 691(2d Cir. 1894).
Independent News Co. v. Williams.
Pico v. Board of Education, Island Tress Union Free School District.
Presidents Council, District 25 v. Community School Board No.25.
Right to Read Defense Committee of Chelsea v. School Committee of the City of Chelsea.
Sony Corp. v. Universal City Studio (464 U.S. 417, at 429).
Read Defense Committee of Chelsea v. School Committee of the City of Chelsea
Nordling v. Hahn

225 Cal. App. 3d 1259.
293 F.2d 510 (3d Cir. 1961), at 518-519.
454 F. Supp. 703 (1978).
457 F.2d. 289 (2d. Cir. 1972).
474 F. Supp. 387 (E.D.N.Y.1979).
638 F.2d. 404 (1980).
61 Fed. 689 (2d Cir. 1894), at 691.
210 U.S. 339 (1908) at 350-351.
409 U.S. 998 (1972).
457 U.S. 853 (1982).
505 U.S. 1 (1992).

索引

ア

アウトリーチ・サービス　144, 157, 211
アクセス権　5, 20, 63, 296
悪徳の栄え事件　12
アメリカ合衆国教育局（U.S. Bureau of Education）　81, 86
アメリカ図書館協会（ALA）　43, 45, 46, 77
「石に泳ぐ魚」事件　72
一括許諾方式　241, 327
一般図書　4, 198
営造物　67, 114, 244
越権行為の法理　132
『エワート報告』　183
公の施設　4, 38, 40, 67, 72, 158, 171, 244, 247, 251, 254
オランダ公共図書館憲章　212, 214
オンライン文献情報サービス　269

カ

カーネギー図書館　146, 151
会員制図書館　77, 124, 142, 188, 197
改正図書館令　54, 88, 107, 109, 123, 197, 299
カウンティ・ライブラリー　146, 147, 177
学問の自由　51, 60, 102
貸出し　37, 314
貸出回数主義　304
貸出回数方式　327
貸出権　182, 298, 301, 314
貸本屋　79, 89, 112, 223, 227, 234, 237
貸レコード店　234
学校図書館　36, 37, 39, 40, 49, 108, 207, 299, 365, 395
教育委員会　104, 110, 114, 158, 245, 250, 267, 268
教育を受ける権利　20, 21, 29, 60, 98, 103
行政財産　38, 114, 115
強制使用許諾理論　369, 370, 372
『ケニヨン・レポート』　141
ケネディ大統領の特別教書　150
検閲　2, 17, 18, 20, 25, 41, 44, 47, 48, 54, 64, 65, 97, 109, 123, 211, 299
権利独立の原則　302
言論、出版の自由　12, 49
言論、出版の権利　50
公開　42, 145, 173
公開性　2, 3, 32, 35, 75, 81, 83, 84, 85, 90, 92, 109, 116, 131, 145, 182, 210, 213, 269
公共財産　38, 114
公共図書館　108, 109
公設民営　4, 111, 223, 247, 257
公貸権　241, 325, 329, 334, 339, 366, 368
　——制度　7, 241, 298, 303, 314, 320, 325, 329, 334, 349, 364, 368, 380, 389, 391, 393
　——登録官（Registrar of Public Lending

417

Right) 333, 344, 347
──法 (Public Lending Right Act 1979 〈c.10〉) 329, 332, 339, 341, 343, 353
公費支弁　2, 3, 5, 32, 42, 75, 81, 83, 84, 92, 116, 131, 145, 173, 174, 182, 213, 259, 267
幸福追求権　20, 100
公有財産　38, 114
公用財産　38, 114
公立図書館　1, 31, 32, 34, 35, 38, 108
「公立図書館の設置及び運営上の望ましい基準」　110, 118, 119, 158
公立図書館の設置及び運営上望ましい基準（図書館法18条）　158, 170, 267
国際公貸権ネットワーク（International PLR Network）　360
国際人権規約　17, 60
国際図書館連盟（IFLA）　336
コミックス　235, 241, 324

サ

再販売価格維持契約　199
再販売価格維持行為　199
参政権　18, 60, 98
サンプリング図書館　352
施設系サービス　159, 171, 249
思想善導　54, 64, 98, 109, 123, 289, 299
『実施要綱（Scheme）』　340, 346, 349, 351, 353, 359
指定管理者　4, 246, 249
──制度　4, 112, 158, 165, 246, 247
指定再販　199
児童書　173, 198, 220, 236, 277, 297, 358, 392
『市民の図書館』　119, 159, 161, 171, 229, 232, 239, 287

社会教育　5, 29, 89, 99, 102, 122, 230, 245, 254, 258, 259, 261, 264, 265, 266, 268
──機関　98, 245, 254, 259, 263
──施設　30, 103, 120, 259, 260, 267
社会権　11, 20, 28, 98, 99
受益者負担　5, 89, 108, 216, 258, 268, 271
出版物貸与権管理センター　324
生涯学習　5, 19, 29, 191, 258, 261, 265, 266, 268
生涯教育　21, 258, 261, 264, 265
障害者サービス　118, 167
障害者の権利に関する条約　167, 168
障害者への支援　102
商業データベース　113
商業的貸与　301, 323, 390
情報公開請求権　21, 22
情報公開制度　21, 22, 23, 62, 98
昭和天皇コラージュ訴訟事件　73
職業作家　4, 236, 240, 288, 392, 393
書籍館　121, 122, 261
所蔵冊数主義　304
職工学校　76, 124, 184, 188
私立図書館　112
資料収集の自由　44, 57, 66, 101, 300
資料提供の自由　44, 57, 66, 101, 298, 300
資料の館外貸出し　197, 395
知る権利　11, 14, 15, 18, 21, 23, 25, 27, 29, 43, 45, 50, 52, 53, 60, 62, 69, 73, 191, 230
知る自由　2, 11, 12, 15, 17, 18, 20, 21, 23, 25, 27, 29, 30, 41, 45, 53, 57, 60, 62, 101, 198, 215, 275, 293, 390
『新潮45』（または雑誌）閲覧拒否事件

68, 69
すべての住民を対象　131, 167, 170
生存権　20, 60, 98
世界人権宣言　17, 60
全域サービス　117, 132, 137, 141, 145, 149, 157, 159, 163, 167, 171, 223
全国基準　140
専門図書　198, 236, 237, 393
蔵書破棄事件　71, 104
ソーシャル・ライブラリー　76, 79
属地主義の原則　302

　タ
大学図書館　38, 39, 40, 193, 203, 218, 284, 345, 353, 395
貸与権　37, 314
チェルシー事件　50
知的自由　2, 44, 46, 48, 54, 161, 162, 230
中央図書館制度　55
『中小都市における公共図書館の運営』　57, 118, 159, 160, 162
「中小レポート」　112, 160, 161, 162, 171, 229
町立図書館協力拒否損害賠償請求事件　68, 70
著作権と技術の挑戦に関するグリーンペーパー　311
追及権　369, 372
通信の秘密　19, 21, 25
「提案13号」　271
デジタル経済法（Digital Economy Act〈2010 c.24〉）　357, 362
電子出版　5
電子情報等　113, 199, 202, 273, 283, 285, 290, 294, 296, 390, 397
電子書籍　198, 199, 220, 283, 297

東京書籍館　86, 87, 88
東京図書館　86, 87, 88
登録官（Registrar）　342, 345, 354, 360
特定文化政策法　194, 213
図書館憲章（日本）　56
——（アメリカ）　43, 56
図書館サービスの基準　136
図書館サービス基準のモデル　140
図書館資料　1, 27, 35, 36, 67, 73, 111, 179, 196, 197, 198, 201, 236, 242, 275, 288, 294, 296, 299, 304, 367, 390, 392
——の利用　5, 91, 108, 196, 197, 202, 246, 282, 284, 287, 290, 294
図書館振興策（日本）　159, 162
——（アメリカ）　152
図書館設置　114, 116, 131, 133, 146, 164, 170, 186, 252
——率　131, 170
図書館と中立性　43, 56
図書館の3命題　67
図書館の自由　2, 27, 41, 44, 45, 58, 60, 64, 102, 113, 285, 299
図書館の自由に関する宣言　41, 44, 45, 57, 58, 61, 62, 98
「図書館の情報化の必要性とその推進方策について―地域の情報化推進拠点として―（報告）」　199, 285, 294, 397
「図書館の設置及び運営上の望ましい基準」　112, 119
図書館の設置及び運営上望ましい基準（図書館法7条の2）　109, 110
図書館利用の権利性　67, 68, 71
図書館類似施設　247, 251, 252, 257
図書館令　34, 88, 100, 107, 196, 197, 260, 261

ナ

内国民待遇の原則　302, 322, 330
日本図書館協会　38, 44, 56, 108, 112, 122, 159, 252
入館料　91, 107, 196, 246, 257, 282, 287
「望ましい基準」　110, 111, 118, 158, 165, 170, 247

ハ

博多駅フィルム事件　12
『はだしのゲン』の閉架措置（閲覧制限）　299, 300
パブリック・ライブラリー　75, 81, 85
　――要件　2, 42, 80, 82, 83, 84, 91, 92, 131, 269, 293
万国著作権条約　379
非印刷体書籍　361, 362
非営利目的の貸与　37
ピコ事件　51
非商業的貸与　301, 323, 390
日野市立図書館　57, 161, 162, 164
表現の自由　2, 12, 18, 20, 24, 26, 47, 49, 59, 63, 69, 97
平等権　18
ファースト・セール・ドクトリン　369, 376, 381, 382
ファンパーク・モデル　216, 218
フェア・モデル　216, 218
複本問題　233, 239
ブック・クラブ　79
フリー・パブリック・ライブラリー　78
不利な条件下の人々　156
プレジデンツ・カウンシル事件　49
文化支援（政策）　7, 298, 299, 303, 305, 334, 359, 390, 394
文芸関係の作家型　240

ベストセラー作家　240, 358
ベルヌ条約　302, 322, 329
包括的かつ効果的な図書館サービス　137
包括的権限　132
報酬権　318, 319, 337
報酬請求権　7, 303, 314, 329, 332, 334, 336, 343, 364, 388, 394
法定再販　199
法的根拠　2, 3, 81, 84, 91, 213
ボストン公立図書館設置　80, 127
保存図書館　35, 111, 120, 199, 202, 237, 253, 283, 393

マ

無方式主義の原則　302
無料貸本屋　230, 232, 239
「無料貸本屋」論　162, 232
無料原則　2, 3, 32, 75, 81, 83, 84, 91, 182, 213, 269
無料公開　91
無料制　42, 86, 145, 173, 222
無料図書館　126, 177, 178, 180, 188
無料の貸本屋　4, 230

ヤ

山中湖情報創造館　251
有料制　3, 34, 86, 88, 182, 222, 268, 269, 275, 277, 286, 289
ユネスコ公共図書館宣言　2, 42, 82, 84, 91, 189, 191, 205, 213, 289
よど号ハイジャック記事抹消事件　68

ラ

利用図書館　35, 119, 236, 239, 253, 293, 296, 393

索 引

レーガノミックス　386
レンタルコミックス　235, 241
レンタルレコードの問題　288
『ロバーツ・レポート』　134

1850年の図書館法　32, 132, 182, 185
『1852年報告』　32, 55, 80, 81, 127, 173, 175
『1876年報告』　81
『1982年公貸権実施要綱』　339
1991年の図書館課金規則　281
92年EC閣僚理事会指令　298, 301, 305, 309
　　　──の制限条項　317

CAC（California Arts Council）　374
DCMS（文化・メディア・スポーツ省）　355
Decisions（決定）　310
Directives（指令）　310
EU　233, 302, 309, 310, 311, 312, 313
EU法　309, 310
INFORM　273
ISBNコード　327, 351, 354, 364
lending right　301, 303, 305, 323
Lending right　333, 354, 355
PLR Office　356, 360
Public Lending Right（PLR）　303, 306, 316, 325, 333, 355
Public Libraries and Museums Act 1964（c.75）　32, 136, 181, 280
Regulations（規則）　310
rental right　301, 303, 305, 323
Rental right　354
TRIPs協定11条　381
WAG（Writers Action Group）　325, 327
WCT（Wipo Copyright Treaty）　381

421

著者紹介

稲垣 行子（いながき ゆきこ）

1954年生まれ。
2004年3月早稲田大学大学院法学研究科修士課程修了。
2014年3月中央大学大学院法学研究科博士後期課程修了。
博士（法学）（中央大学）
1978年3月福武書店（1994年にベネッセコーポレーションと社名変更）入社。東京支社勤務。1998年4月進研ゼミ高校講座赤ペン先生の指導・出版部門の営業担当・東京総務部勤務ののち、ベネッセコーポレーション退社。
2016年4月中央大学日本比較法研究所嘱託研究所員
〈主な論文〉
「特許独立の原則と属地主義について」（2006年2月）中央大学研究年報第35号。
「著作権法附則第4条の2の廃止後の営利を目的とする貸与権」（2009年4月）*Law & Practice* 第3号。
〈所属学会〉
国際私法学会、著作権法学会。

公立図書館の無料原則と公貸権制度
2016年7月25日／第1版第1刷発行

著　者　稲垣 行子
発行者　串崎 浩
発行所　株式会社日本評論社
〒170-8474　東京都豊島区南大塚3-12-4
　　　　　電話　03-3987-8621（販売）
　　　　　　　　03-3987-8601（編集）
https://www.nippyo.co.jp/
印刷所　平文社
製本所　松岳社
装　幀　菊地 幸子

©2016　Yukiko Inagaki　検印省略
Printed in Japan
ISBN 978-4-535-52146-9

|JCOPY| 〈（社）出版者著作権管理機構　委託出版物〉
本書の無断複写は著作権法上での例外を除き禁じられています。複写される場合は、そのつど事前に、（社）出版者著作権管理機構（電話03-3513-6969、FAX 03-3513-6979、e-mail: info@jcopy.or.jp）の許諾を得てください。また、本書を代行業者等の第三者に依頼してスキャニング等の行為によりデジタル化することは、個人の家庭内の利用であっても、一切認められておりません。